数字风控体系
设计与实践

北京数美时代科技有限公司 / 组编

唐会军　梁　堃　魏平顺　孙晓晗　裘舜伟
唐博凯　卢　明　陈海潇　宋赛飞　魏天星
李学漪　温学平　宋继超　王艺璇　孟　婷
王紫嫣　许德清　陈雨初　王　震 / 著

本书系统地讲解了基于人工智能技术搭建数字风控体系的原理与实践，并通过典型行业的风控实践对风控体系的每个部分进行了详细的讲解。以帮助风控从业人员从黑产、用户行为事件、特征、模型算法、策略、处置方法等方面系统地理解风控系统原理，并掌握将这些原理在业务中落地的能力，建立完整的风控运营体系。同时，也希望能够帮助企业的CEO/CTO/CIO/产品经理/产品运营等产品规划、设计、运营人员理解风控的必要性和原理，在产品规划设计运营中兼顾风险控制，以便更好地推动产品的发展。

本书适合企业 CRO、风控策略、风控算法等风控从业者阅读，也可供企业 CEO、CTO、CIO、产品经理、产品运营等产品规划、设计、运营人员参考学习。

图书在版编目（CIP）数据

数字风控体系：设计与实践／北京数美时代科技有限公司组编；唐会军等著．—北京：机械工业出版社，2023.9（2024.10重印）
ISBN 978-7-111-73746-9

Ⅰ.①数… Ⅱ.①北…②唐… Ⅲ.①人工智能-应用-企业管理-风险管理-研究 Ⅳ.①F272.3-39

中国国家版本馆 CIP 数据核字（2023）第 162780 号

机械工业出版社（北京市百万庄大街22号　邮政编码100037）
策划编辑：李晓波　　　　　　责任编辑：李晓波
责任校对：张　征　丁梦卓　　责任印制：刘　媛
北京中科印刷有限公司印刷
2024年10月第1版第2次印刷
184mm×260mm·18.25印张·451千字
标准书号：ISBN 978-7-111-73746-9
定价：119.00元

电话服务　　　　　　　　　网络服务
客服电话：010-88361066　　机　工　官　网：www.cmpbook.com
　　　　　010-88379833　　机　工　官　博：weibo.com/cmp1952
　　　　　010-68326294　　金　书　网：www.golden-book.com
封底无防伪标均为盗版　机工教育服务网：www.cmpedu.com

自 序

为什么数字化与在线化的业务需要数字风控？数字风控的原理是什么？如何在实践中系统化地构建数字风控体系以应对平台运营中面临的各种风险挑战？这三个问题不仅需要我们从理论层面去探索和研究，更需要我们从业务实践中去认识和总结。

互联网的发展极大地推动了我国数字经济的发展，与此同时，平台在拉新、留存、促活、交易、内容生产与传播等运营环节也面临着越来越严峻的欺诈风险。黑产遍布在互联网的各个领域，无论一个平台提供的是什么样的产品服务，都有可能成为黑产的套利目标。如果平台做拉新活动，黑产就会注册大量的虚假账号"卖"给平台；如果平台做促销活动，黑产就会造大量的虚假活跃用户"卖"给平台；通过技术手段黑产"羊毛党"将平台原本给予用户的优惠转化成自己的利益。在下单交易中，黑产可能采用盗刷、恶意退款等方式，让平台货、款两空。如果平台上存在着有价值的数据，黑产就可能盗爬数据并进行倒卖。如果平台存在榜单，黑产就可能通过提供"刷榜"服务来获利。如果平台存在 UGC（User Generated Content，用户生成内容），黑产就可能会通过发送大量违法诈骗广告进行套利。总之，对于黑产来说，产品是什么不重要，利益才是唯一的目的。另外，最近几年各个国家对在线业务的监管趋严，重拳打击了很多涉及刷榜单、诈骗、传播不良内容等行为的产品。互联网不是法外之地，在此背景下，加强互联网平台业务和内容风控意识，建立完善的风控制度，体系化地构建数字风控系统和机制显得尤为重要。

本书基于作者团队近十年一线风控经验的沉淀与总结，从两个方面阐述数字风控。前一部分重点阐述数字风控的原理，后一部分则针对典型的风控场景详细地介绍风控的实践。力求使读者能够对数字风控原理有一个完整的体系化认识，并且能够在业务风控实践中应用这些理论与方法。

作 者

目 录

自 序

第1章 数字风控概述 / 1
1.1 风控简介 / 1
　　1.1.1 风控的定义 / 1
　　1.1.2 风控的发展 / 2
1.2 风控的目的 / 4
1.3 认识数字风控 / 5
1.4 数字风控的特点 / 6
　　1.4.1 布控体系 / 6
　　1.4.2 策略体系 / 7
　　1.4.3 画像体系 / 8
　　1.4.4 运营体系 / 9

第2章 风险分析 / 10
2.1 基础工具与资源 / 11
　　2.1.1 手机号与微信号资源 / 11
　　2.1.2 设备工具 / 13
　　2.1.3 IP资源 / 20
　　2.1.4 验证码 / 21
　　2.1.5 真人认证 / 22
2.2 风险场景 / 23
　　2.2.1 账号安全 / 23
　　2.2.2 营销场景 / 31
　　2.2.3 刷量 / 41
　　2.2.4 广告导流 / 46
　　2.2.5 网络诈骗 / 49
　　2.2.6 交易场景 / 55
　　2.2.7 其他风险场景 / 70
2.3 风险发展趋势 / 74

第 3 章　数字风控体系建设　/　75

3.1　体系架构　/　75
3.1.1　体系构成　/　75
3.1.2　体系运行　/　76

3.2　布控体系　/　78

3.3　识别体系　/　79
3.3.1　名单　/　80
3.3.2　关联策略　/　82
3.3.3　频度策略　/　82
3.3.4　时域策略　/　85
3.3.5　聚集策略　/　86
3.3.6　趋同策略　/　86
3.3.7　设备指纹　/　87
3.3.8　算法体系　/　95
3.3.9　画像体系　/　120

3.4　处置体系　/　123
3.4.1　二次验证类　/　124
3.4.2　限制提示类　/　128
3.4.3　人工审核类　/　128

3.5　运营体系　/　129
3.5.1　发现问题　/　129
3.5.2　分析问题　/　131
3.5.3　解决问题　/　132

第 4 章　数字风控平台设计　/　133

4.1　数字风控平台整体设计　/　133

4.2　数字风控平台组件　/　133
4.2.1　策略管理平台　/　133
4.2.2　变量管理平台　/　135
4.2.3　模型管理平台　/　139
4.2.4　实验管理平台　/　140
4.2.5　案例管理平台　/　141
4.2.6　报表管理平台　/　142

4.3　数字风控平台的架构设计　/　142
4.3.1　架构与模块设计　/　142
4.3.2　调用流程设计　/　145

4.4　数字风险识别引擎设计　/　145

4.4.1　决策引擎　/　145

4.4.2　实时统计引擎　/　155

4.4.3　模型引擎　/　163

4.4.4　画像引擎　/　168

第 5 章　账号安全保护　/　**172**

5.1　账号注册与登录　/　172

5.1.1　注册登录方式　/　172

5.1.2　风险差异　/　174

5.1.3　风险分类　/　175

5.2　账号安全保护　/　176

5.2.1　布控目的　/　176

5.2.2　布控方式　/　176

5.2.3　布控案例　/　180

5.3　账号风险识别　/　187

5.3.1　恶意注册与恶意登录账号识别　/　189

5.3.2　交易账号识别　/　189

5.3.3　盗号撞库账号识别　/　190

5.3.4　机器注册模型识别　/　192

5.4　账号安全中的处置　/　196

5.4.1　注册处置　/　197

5.4.2　登录处置　/　198

5.4.3　小结　/　199

5.5　监控　/　199

5.5.1　实时监控与报警　/　200

5.5.2　核心指标监控　/　201

第 6 章　营销风控　/　**202**

6.1　拉新营销风险　/　202

6.1.1　拉新风险分类　/　202

6.1.2　活动常见类型　/　203

6.1.3　相应黑产路径　/　204

6.2　拉新风控布控　/　205

6.2.1　行为事件埋点及特殊参数　/　205

6.2.2　布控体系及样例　/　207

6.3　拉新风险识别　/　208

6.3.1　农场设备识别　/　209

6.3.2　拉新团伙识别　/　209

6.3.3　拉新风险用户分级算法　/　210
● 6.4　**拉新风险处置与监控**　/　**212**
　　　6.4.1　典型拉新风险处置方法　/　212
　　　6.4.2　拉新风险监控　/　213
● 6.5　**促活营销风险**　/　**215**
　　　6.5.1　常见活动类型　/　215
　　　6.5.2　常见黑产路径　/　216
● 6.6　**促活风控布控**　/　**216**
　　　6.6.1　行为事件埋点及特殊参数　/　216
　　　6.6.2　布控串联体系及样例　/　217
● 6.7　**促活风险识别**　/　**218**
　　　6.7.1　设备风险识别　/　218
　　　6.7.2　行为风险识别　/　218
● 6.8　**促活风险处置与监控**　/　**219**
　　　6.8.1　处置方法　/　219
　　　6.8.2　监控方法　/　221

● **第 7 章　交易支付风控　/　222**
● 7.1　**交易支付风险分类**　/　**222**
　　　7.1.1　盗卡盗刷　/　222
　　　7.1.2　诈骗交易　/　222
　　　7.1.3　恶意退款　/　223
● 7.2　**交易风控布控**　/　**224**
　　　7.2.1　布控目的　/　224
　　　7.2.2　布控方式　/　227
　　　7.2.3　布控案例　/　228
● 7.3　**交易风险识别**　/　**231**
　　　7.3.1　交易风险识别策略　/　231
　　　7.3.2　恶意退款识别策略　/　234
　　　7.3.3　盗卡盗刷识别算法　/　235
　　　7.3.4　交易欺诈团伙识别算法　/　242
● 7.4　**交易风险处置与监控**　/　**245**
　　　7.4.1　典型交易风险处置方法　/　245
　　　7.4.2　交易风险监控　/　247

● **第 8 章　应用内生态风控　/　249**
● 8.1　**广告导流风控**　/　**249**
　　　8.1.1　广告导流风险　/　249

8.1.2　广告导流布控　/　251

8.1.3　广告导流风险识别　/　255

8.1.4　广告导流风险处置方法　/　263

8.1.5　广告导流生态风险监控　/　264

8.2　刷榜刷单风控　/　266

8.2.1　刷榜刷单风险　/　266

8.2.2　刷榜刷单布控　/　269

8.2.3　刷榜刷单识别算法　/　271

8.2.4　刷榜风险处置方法　/　280

8.2.5　刷榜风险监控　/　282

后　记　/　283

第 1 章　数字风控概述

1.1　风控简介

从 2007 年开始到 2014 年左右,高速移动网络和智能手机迅速在大众中普及,开启了移动互联网时代。在这个背景下,企业的产品与服务也出现了两个重要的趋势。

第一个趋势是企业业务的数字化与在线化。在 PC 互联网时代,互联网的主要作用是以文字和图片为主的新闻与信息的传播,比较典型的如门户网站、论坛、电子邮件、搜索引擎等。到了移动互联网时代,大量企业将自己的产品与服务在线化,通过手机上的一个 App 提供给用户,使得用户能够随时随地、更便利地使用这些服务。短短几年间,人们日常生活中的衣、食、住、行、金融等,很大部分都可以通过手机完成,而不再是通过线下完成。不同行业业务数字化与在线化的深度和广度仍然在高速地拓展中。可以预见的是,未来几乎所有面向最终用户的企业,都会将自己的核心产品与服务数字化,并利用移动互联网提供出来。

第二个趋势是企业经营理念从交易成单型转向用户运营型。传统上,一个企业仅仅关注"交易成单"而不关注"用户运营"。例如,一个咖啡店,顾客进门购买咖啡、支付、拿咖啡、出门,这一单就结束了,咖啡店和顾客之间再没有关系。在移动互联网时代,企业通过 App 和用户建立联系,不仅仅关注成单,同时也关注用户。通过用户的评论反馈与流失分析改进自己的产品与服务;通过"种草"文章给用户介绍不同的产品;通过给用户发放优惠券或者"小样"鼓励用户尝试自己可能喜欢的产品等。企业通过对用户进行精细化的运营,更好地服务了用户,提升了用户的满意度,同时,也给自己带来了更多的成单量。

企业将自己的产品与服务放到了移动互联网上,为用户提供了更便利、满意度更高的服务。与此同时,企业在营销、交易、生态、内容的生产与传播等互联网核心业务环节面临着越来越严峻的安全挑战,业务风控逐渐成为一个企业的基础设施。

1.1.1　风控的定义

风控,即风险控制,是一个应用非常广泛的词,在不同的领域,有着不同的含义。本书所说的风控是指针对企业在线业务中出现的各类业务层面风险的识别与防控。下面以几个典型的场景来进一步明确本书所指的风控。

营销是企业做用户运营的有效手段。营销的形式非常多样化,不过,从营销的目的来看,大体上可以分为两类,详见表1-1。

表1-1 营销的目的和典型形式

营销目的	典型形式
拉新	邀请有奖、注册有奖、新人券等
促活	签到积分、秒杀、抢购、看视频有奖等

无论具体的形式是什么,拉新营销活动的本质逻辑都是"奖励新用户",或者说是"花钱买用户"。只要拉新营销的本质逻辑不变,黑产总可以用各种手段造一批假用户"卖"给企业;各种促活类营销活动的本质逻辑都是"奖励活跃",或者说是"花钱买活跃"。只要促活营销的本质逻辑不变,黑产也总能够用各种手段制造假活跃"卖"给企业。对于企业而言,要理解营销中是存在风险的,因为营销费用的损失很少出现在账面上,将预算投入营销活动,活动后留存不好,很多企业会认为是由于"投放人群不对"或者"产品体验不好"等因素,而忽略了营销活动中大量参与者可能都是"假"的用户——事实上,如果没有良好的营销风控,这个是大概率会发生的事情。

交易是很多业务完成的必要场景。比如,购买商品、服务等,都不可避免地有支付交易这个环节。交易也是风险最敏感的场景之一,因为,这里的风险通常直接和钱相关。交易环节的风险通常包括伪冒交易、电信诈骗、恶意退款、无意退款等。用伪冒交易举例,即黑产通过买卖等多种方法,盗取用户的银行卡信息,在线完成支付盗刷交易。伪冒交易通常会选择容易变现的商品,或者与小商家串通变现,或者通过服务打赏等途径变现。最近几年,盗刷还采用过一种极其隐蔽的方式:每张卡每天仅伪冒支付几元到十几元,连续很多天持续不断地进行。因为每个人每天都会有很多小额支付,而且很多小额支付是没有银行短信提醒的,所以,人们很难发现自己的卡被多支付了十几块钱。

应用内的生态包含的内容比较多,最常见的生态之一是"榜单"或者"热榜"。App希望优质的商品、内容排到前面,被更多的用户购买、看到。同时也鼓励了商家或内容生产者不断提供优质的商品与内容,形成良性循环。无论是商品还是文章、视频,同样的内容,在某个品类榜单的前几名和在榜单的3页以后,吸引的流量通常有着数量级的差别。由于榜单潜藏着巨大的利益,就存在购买"刷榜"服务的风险。通过购买刷榜服务,利用虚假的观看、点赞、收藏、好评等动作,将一个商品或者内容刷到榜单前面。如果这种风险不加制止,就会形成劣币驱逐良币的情况,平台中的商品内容质量不断降低,损害用户体验,严重影响平台的长期发展。

上面是业务风险的一些典型场景,业务风险在不同的行业可能会有更具体的表现形式,比如,航旅行业的抢占低价座倒卖、抢占低价客房倒卖;电商行业的占库存、秒杀特价商品、虚假交易套利;游戏行业的资源号、iOS恶意退款等。

通过上面的描述,相信大家对"业务风控"解决什么问题有了一个直观的了解。

1.1.2 风控的发展

业务风险和业务风控并不是新出现的,也不是一成不变的,而是伴随着在线业务而产生的，并且不断演进。

从风控的形式来看，风控经历过两个阶段。

第一个阶段，风控的形式是"尽量提高认证的强度，通过高强度的认证来防止风险的发生"。比如，PC 时代的网上银行。当时想要通过网上银行转账，需要"登录密码""支付密码"，以及一个像钥匙一样的硬件 token，需要把这个硬件 token 插入计算机才行。也有些是通过一个带显示器的硬件 token，这个 token 上展示着一组每分钟都会变化的数字，需要输入这组数字才能完成需要的操作。这种形式的风控策略简单，对服务器计算量的要求也不高。不过，这种风控通常有几个缺点：第一，提高了用户的使用门槛，容易对用户体验造成比较大的影响；第二，这种形式的风控能够识别的风险种类受限，主要针对的是"非本人操作"类的风险，对于像电信诈骗等类型的风险可能就无能为力了。由于这两个问题，目前的风控系统越来越多地倾向于采用第二阶段的形式。

第二个阶段，风控的形式是"实时检测风险并针对高风险操作进行实时阻断"。目前业内流行的"零信任"本质上是第二阶段的比较理想的状态。在这个阶段，风控尽可能做到用户感觉不到又无处不在，用户只要根据需要完成的目标执行自己的行为就好。在这个过程中，系统根据用户的行为、用户 App 所在的环境等信息，通过算法策略实时识别当前操作是否有风险。如果风险极低，用户就完全感知不到这个风控系统的存在。当系统发现存在风险的时候，再根据风险的类型、程度给出不同的处置。例如，弹出交易密码认证或者阻断当前操作等。这个阶段的风控对于网络延时、服务端的计算实时性和计算量要求都提高了很多。这种风控形式的好处也非常明显：极大地提高了用户体验，并且能够适用于各种不同类型的风险，对于新型风险的防控部署速度也会很快。

从风控中对风险识别的方法来看，经历了如下一些阶段：黑灰名单、简单规则、基于统计与数据挖掘的规则、机器学习与 AI 模型。

- 黑灰名单是较早出现的风险识别方法。原理非常简单，作为一个企业，如果发现某个账号是欺诈账号，那么就把这个账号加入黑灰名单，系统限制黑灰名单中账号可以执行的操作。有着相似业务和风险的企业，有时会自发组织成一个联盟，并在联盟内共享各自的黑灰名单。对一个企业而言，黑灰名单通常是风险发生并造成损失后才能收集到的，实效性差，并且对未来风险的识别能力也很差。当黑灰名单存在共享时，黑灰名单的准确率也是一个很大的挑战。
- 简单规则也是出现较早的一个风险识别方法。简单规则时代，风控人员会根据自己的经验制订能够对未来可能出现的风险有一定识别能力的识别规则。例如，换城市登录、凌晨大额度转账等。规则识别的优点是对抗性非常强，只要有一类新的欺诈被风控人员了解到，就能迅速制订一组规则。不过，规则的不足也比较明显，一是非常依赖风控人员的经验，另外规则的准确率和召回率通常都不会太好。当规则多的时候，对规则的管理也会成为一个挑战。
- 基于统计和数据挖掘的规则本质上是对规则系统化、量化的改进版本。在这个阶段，规则的选择和制订更加科学而不仅仅依赖于经验。首先，风控人员仍然要分析欺诈路径，定义大量可能的特征。这些特征本身就有很多需要统计与数据挖掘的方法得出。比如，"连续活跃时长""常在城市""惯常活跃时段"等。有了这些可能有用的特征之后，通过关联分析、相关性分析的方法，可以指导风控人员应该针对哪些特征制订规则。通过类似分布分析和异常点分析等的方法，可以指导风控人员为规则制订合理的阈值。这个阶段，规则的准确率和召回率都有大幅度的提升。

- 在前一个阶段，仍然很难解决的一个问题是"特征组合识别风险"，这个问题是被机器学习和 AI 模型解决的。当风控人员通过分析欺诈路径得到了大量的风险特征之后，开始针对特征做统计分析，制订规则。很快就会发现一个问题：规则的阈值严格些，就会导致很多误识别；放松些，又会有很多漏识别。并且，很多案例都有这样一个特点：多个特征都在可疑区间，但是没有一个达到了规则的阈值。此时，一个自然的想法是使用"特征组合"来识别风险。例如，A 特征大于 0.6 且 B 特征大于 0.5 且 C 特征大于 0.7。如果通过组合特征设置规则，那么规则的数量是指数增加的，靠风控人员直接设置这些规则是不可实现的。比如，假设系统中有 100 个风险特征（真实风控系统中的特征数会比这个高 2~3 个数量级），那么两两特征组合的数量将会接近 5000 个，三三特征组合的数量将超过 16 万个，更不用说更多的特征组合了。此时，通过引入机器学习和 AI 模型，让机器自动学习特征组合与风险之间的关系，很好地解决了多个特征共同判断风险的问题。机器学习和 AI 模型不仅仅在特征组合层面起作用，像非线性的时序模型、神经网络模型，本身也能学习到更多的特征。

在当前的风险识别中，常常将上面几种方法联合起来使用。系统中既有黑灰名单，也有规则，也有机器学习与 AI 模型。不同的方法相互配合，共同识别风险。用规则体系搭建风控框架，机器学习与 AI 模型填充这个框架。

1.2　风控的目的

风控的目的是什么？直接的含义就是控制风险，防止损失的产生。这里有一点需要重点论述下，风控的目的并不是"把所有的风险都找出来，加以防止"，这个实际上是做不到的，或者做到的成本远比让风险发生的损失更大。

风控的目标应该是在最坏的情况下，让全局风险可控。

这个目标表现在两方面，一方面是风控体系，尤其是风控体系中的规则体系，一定要从全局考虑，要根据业务场景制订的"保底"设计。以营销场景为例，包括同一归属地一天的营销金额的累计消耗小于某个值；同一个账号能够购买的特价商品的数量等；另一方面是风控不纠结于个别案例，而是控制风险比例。本质上这是一个成本收益的权衡。比如，对于营销场景，最佳的权衡可能是让营销投入的损失低于 3%，而不是低于 0.5%，因为后者带来的风控投入可能更高，或者后者由于用户体验变差带来的营销效果的损失可能更高。

风控的最终收益通常体现在降低欺诈损失、提升运营效率、打造平台良性生态等方面。

1. 降低欺诈损失

降低欺诈损失是风控最基本的收益之一。欺诈带来的直接损失可以分为两类：企业的损失和用户的损失。在营销活动中，企业投入大量的资金，希望能够获得新用户或者提升用户的活跃度。风控的目标就在于保护这些资金用在真正的用户身上，而不是被黑产通过欺诈手段套走。在支付交易中，直接损失可能是用户的，也可能是企业的，这取决于谁最终承担了资金的损失。即便直接损失是用户的，由于用户对产品和服务的信任降低，最终也会对企业造成长久的损失。

2. 提升运营效率

用户运营已经成为很多企业经营产品与服务的一部分。通过风控识别出黑产账号、积分墙账号，运营活动可以更精准地定向到平台的正常用户，提高运营活动的 ROI。

3. 打造平台良性生态

平台的生态包括榜单、社交关系、内容与评论等。以榜单为例，良好的平台生态有助于平台内的用户、商家、内容生产者形成良性的循环。如果榜单是真实的，质量越高的产品与内容，越能吸引用户，越能排到榜单靠前部的地方，进一步增加用户的数量。这个机制也反过来促使商家或者内容生产者提供更高质量的产品与内容。这样就会形成一个良性的循环。反之，如果平台中普遍存在刷榜带来的榜单，就会损害真正努力提高产品与内容质量的商家与内容生产者的利益，并迫使他们离开或者拿出本应投入在产品或内容上的成本投入到刷榜中。

1.3 认识数字风控

数字风控在 1.1.2 节"风控的发展"介绍的基础上有了进一步的演进，主要体现在体系化与智能化两个方面。

从风控形式上看，数字风控并不是不断加强认证手段，而是延续了基于用户行为、环境等信息实时识别并阻断风险的风控思路，既在所有关键行为环节有严格的风控，又让绝大多数用户无感知，提升用户体验。从风险识别方法上看，数字风控包含系统化的特征，并深度整合了 AI 模型。

数字风控体系的核心数据流模型如图 1-1 所示。

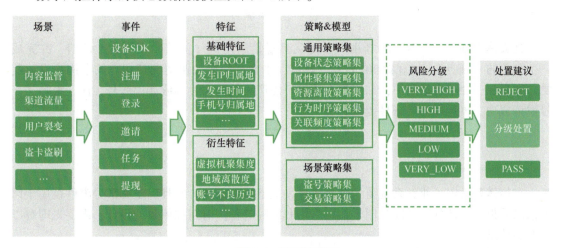

• 图 1-1 数据流模型

针对一个业务风控场景，设计该场景下的风控系统要在哪些用户行为事件上进行识别。当某个账号的这些事件之一发生的时候，业务服务端要将这个事件以及事件的参数实时发送给风控系统。风控系统会根据新收到的事件实时更新该账号大量的风险特征，风险特征的更新又触发了模型、策略对该账号的风险评分和风险分级划分。最后，系统根据更新后的风险分级做出相应的处置，让无风险的账号无感知地完成这个行为，阻断极高风险的账号，对可疑账号进行不同级别的验证。

1.4 数字风控的特点

数字风控包含以下 4 个核心的体系：布控体系、策略体系、画像体系和运营体系。AI 模型主要在策略体系中。本节将以一个典型的场景——用户裂变营销，来介绍数字风控体系。

用户裂变营销本质上是一种以拉新为目的的营销活动，如图 1-2 所示。

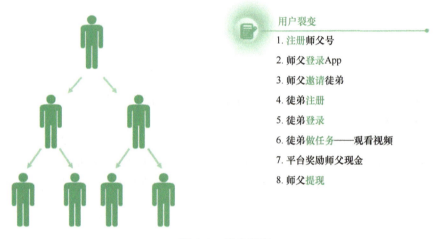

• 图 1-2 用户裂变

其大体规则是，平台上的老用户（师父）邀请新用户（徒弟）在平台上注册，并完成一个简单的"任务"，如观看 30s 视频。这样，平台就给成功邀请到新用户的老用户发放奖励，如现金。在这个场景中，如果没有风控，黑产会伪造大量的假徒弟账号，让一组师父账号邀请成功，再通过师父账号提现。

1.4.1 布控体系

布控体系决定了业务系统要把哪些事件发送给风控系统，并且确定哪部分事件仅用于风险信息采集，哪部分事件同时用于信息采集和风险处置。对布控体系的设计，需要先理解以下两类信息。

1）场景的业务逻辑，正常用户的行为。
2）欺诈路径图，即黑灰产在该场景下使用的欺诈手段。

在理解这两类信息之后，就要和风控策略一起来设计该场景下的布控体系。以用户裂变为例，这个场景的事件大体上包含以下几类。

1) 通用事件：App 启动（设备 SDK）、注册、登录等。
2) 获利事件：邀请、看视频等。
3) 套现事件：提现等。

其中，App 启动、看视频属于信息采集事件，其他事件都可以同时用于信息采集和风险处置。

1.4.2　策略体系

策略体系是风险识别的核心。策略体系也是风险特征体系，从简单的关联、频度，到时序、团伙，再到复杂的 AI 模型。

黑产通常以"团伙"的形式出现，这种形式造成的损失也是最大的，对黑产团伙的快速准确识别成为风控的关键。本书在多年的风控实践中逐渐总结出了"风控三定律"，基于这三个核心定律可以建立起策略体系中的团伙识别体系。

风控定律一："好人"是多种多样的"好"，"坏人"是类似的"坏"。

定律一背后的原理是对于一个由正常用户构成的社群，每个人都有自己的喜好、个性、习惯，会表现出各种各样的行为特点；而对于一个黑产团伙，其中的大量账号其实是由 1 个或少数几个人控制的，并进行目的和操作流程都非常明确的欺诈套利活动，所以会表现出相似的行为特点。

举例来讲，同一场所的人构成的一个社群（通过同一时间出现在同一个 WiFi 上关联形成一个社群），大家使用的手机品牌各不相同，有华为、苹果、三星、小米等；这些手机的操作系统版本互不相同；当前电池电量也各不相同，分别为 100%、73%、45% 等。这就初步表现出一个正常用户组成的社群的特点，即在使用的设备上是多种多样的。作为对比，如果发现另一组同一时间出现在同一个 WiFi 上的 50 个用户，他们中有 45 个使用的手机的品牌、操作系统版本、电池电量等都相同，此时，这个社群大概率是一个黑产团伙，有可能使用了伪造设备或者设备农场。基于定律一，可以构建团伙识别体系中的"行为属性聚集"类特征与算法。

风控定律二："好人"不同行为之间表现出的信息高度一致，"坏人"则常常出现信息不一致。

定律二背后的原理是正常用户通常不会刻意伪装自己的行为，不会刻意对自己的信息造假，所以在不同时间、不同行为之间表现出的隐含信息存在着天然的一致性；黑产用户则需要伪造信息、伪装自己的行为，比如篡改设备、使用代理 IP、使用"猫池"号码等，所以在不同时间、不同行为之间表现出的隐含信息常常存在不一致（冲突）的地方。

举例来讲，同一会议室的人构成的一个社群，大家上周都使用过 X 应用（可能是老用户，可能是上周刚注册开始使用），今天又都使用了 X 应用。在上周的行为到今天的行为之间，大部分同事使用的设备是同一个（一致的），当然，可能会存在某几个同事刚好在此期间换了手机的情况，但不要紧，大部分同事的设备是一致的。类似地，这个社群中，大部分同事历史行为中表现出的隐式信息"常在城市"和今天上网使用的 IP 归属城市也是一致的，同样，可能会存在某几个同事在出差的情况，但不要紧，大部分同事是一致的。这些一致性已经表现出了正常用户组成的社群的特点。作为对比，如果在同一个 WiFi 上出现了 50

个用户（所在的 IP 是同一个，IP 归属城市也是同一个），其中 45 个用户在 1 周内换了设备；或者这 50 个用户历史行为表现出的"常驻城市"分散在全国 30 多个不同的城市，此时，这个社群大概率是个黑产团伙，这个 IP 也很可能是伪装的代理 IP。基于定律二，可以构建团伙欺诈识别体系中的"隐式信息离散"类特征与算法。

风控定律三："好人"的朋友通常也是"好人"，"坏人"的朋友通常也是"坏人"。

定律三背后的原理是正常用户和黑产用户都不是孤立存在的，正常用户通常和一组正常用户相关联（如同一时段使用过同样的 WiFi 等）；黑产用户也通常和一组黑产用户相关联。由于黑产用户是"伪造"出来的，正常用户社群和黑产用户社群之间的关联则是比较弱的。

定律三的第一个应用就是社群发现。定律一和定律二的例子中，都依赖"社群"，基于社群去发现行为属性聚集和隐式信息不一致。

定律三的第二个应用是风险传播。如果一个用户所在的社群 70% 以上都是正常用户，那该用户大概率也是正常用户；反之，如果一个用户所在的社群 70% 都是黑产用户，该用户大概率也是黑产用户。

举例说明，再来看定律一中的社群：50 个用户中，其中 45 个用户使用的手机品牌、操作系统版本和电池电量相同，那么这 45 个用户大概率是黑产用户。此时，这个社群中另外 5 个用户，即便在这三个属性上可能稍有区别，但由于他们和黑产用户在同一个社群，通过一级风险传播，这 5 个用户大概率也是黑产用户。风险传播还可以继续传播下去，进行多级的风险传播，每传播一级，风险信息都进行加权衰减。基于定律三，可以构建团伙欺诈识别体系中的"社群发现"和"风险传播"算法。

1.4.3　画像体系

画像体系，也是风险识别的核心组件之一。画像在风险信息的传递方面起着巨大的作用。

首先，风控系统中大量的风险判断，并不仅依赖于当前事件的输入和风险特征，还依赖于系统对账号前序事件的风险判断。当一个账号刚刚注册时，系统可能并没有判断出来这是个欺诈账号，而仅仅是有少量风险特征。此时，注册环节可以没有任何风险处置，但是，在这个环节更新了账号的风险画像。之后，该账号进行了一系列的登录、浏览、下单等事件，在系统对每一个事件的风险判断上，都会同时考虑这个账号所有前序事件识别到的风险特征和本事件的风险特征，然后进行综合判断。账号行为越多，就越容易做出风险判断。所以，画像的第一个作用就是将前序事件的风险传递到当前事件，使得风控系统可以对当前事件做出更准确的风险判断。

其次，画像还会将风险沿时间反向传播。比如，一个账号在下单事件时被发现是欺诈账号（有可能是风控系统直接判断出来的，也有可能是风控系统判断为可疑账号，通过二次验证的方法验证出是欺诈账号），此时，系统会找出历史上和这个账号在同一个 IP、同一个小时注册的其他账号，并且将风险信息传播到那些账号上。

最后，当多个业务线都在使用这个风控系统的时候，不同业务线之间可以通过画像进行风险信息共享，达到联防联控的效果。

1.4.4 运营体系

风控系统和一般的功能软件系统不同。一个功能软件系统上线的时候，其开发工作基本上已经完成了，后续更多的可能只是少量维护工作了；但是，对于风控系统而言，上线的时候，真正的工作才刚刚开始。风控不是一个静态的过程，而是一个持续和风险对抗的过程。这个过程因为和产品的持续运营类似，也称为"风险运营体系"。

在风险运营体系中，一个完整的闭环包括从攻防分析开始，到策略和特征的设计、特征开发与模型训练、离线与在线试验、上线、效果监控、CASE 分析，再回到攻防分析。风险运营的闭环在风控团队的日常工作中不停地循环，这个体系不仅仅是为了解决一个具体的风险案例，而是每循环一次，策略体系就会更完善一些，风控效果也会不断增强，逐渐变成对抗黑灰产的壁垒。

第 2 章 风险分析

根据相关机构统计，2021 年全球范围内的黑产损失达到了 6 万亿美元，损失非常巨大。然而如此严重的影响并不是表面上看到的一些"羊毛党"能够完成的，他们背后有着相当庞大且专业的一个黑产产业链，如图 2-1 所示。

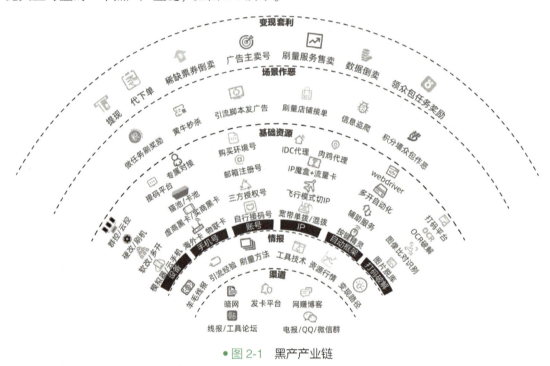

图 2-1 黑产产业链

从图 2-1 中可以看到，黑产产业链有着严格的划分，专人做专事，互相之间分工明确协作紧密。从下到上黑产分 5 类角色：渠道、情报、基础资源、场景作恶和变现套利，层层递进。渠道为该产业链的源头，黑产通过不同渠道可以获取不同的行业信息；从渠道提取出来的信息就变成了情报，黑产团伙每天有专门的人去分析各类情报，看哪些情报利润够大从而进一步研究；当确定情报后，黑产团伙需要准备大量的基础资源（如设备、手机号、账号、IP、自动化框架、验证码等）来支持他们后续的作恶；当基础资源准备好后，不同领域的黑产就开始在各自的场景作恶；最终为套现环节，拿薅羊毛举例，并不是所有黑产薅到商品后都能够很顺利地变现，有时候会砸在自己手里。这时变现渠道就尤为重要，一些优质的渠道可以"吞掉"大量的货物，而且一般不会有什么风险。本章将主要介绍基础资源层黑产的作恶行为和不同场景下所面临的风险。

2.1 基础工具与资源

2.1.1 手机号与微信号资源

1. 手机号资源

手机号是注册一个 App 账号的基础资源之一。黑产的手机卡产业链如图 2-2 所示。卡源卡商掌握手机卡（手机号）货源，他们利用各种渠道（如开皮包公司、与代理商打通关系等）通过运营商或代理商办理大量的手机卡，然后加价转卖给下游卡商赚取差价。卡商从卡源卡商那里购买大量手机黑卡，然后通过卡商平台接各种验证码业务获利。猫池是一种插上手机卡就可以模拟手机进行收发短信、接打电话、上网等行为的设备（见图 2-3）。猫池厂家负责生产猫池设备，并将设备卖给卡商使用。

• 图 2-2 黑产手机卡产业链

• 图 2-3 猫池设备

常见的卡商平台是接码平台，如图 2-4 所示。除接码平台以外，黑产还会使用 QQ 群来发送接收验证码，此类 QQ 群被称为跑码群，如图 2-5 所示。

黑产售卖的手机号按照归属地分为国内卡和海外卡。随着国内禁卡行动的开展，以及国内对手机号的风控越来越严格，黑产开始使用海外手机号注册。大量的美国卡和东南亚卡进入国内手机黑卡产业，这些卡支持 GSM 网络，国内可直接使用，无须实名认证，基本是 0 月租，收短信免费；黑产售卖的手机号按运营商分类分为虚拟运营商卡和三大运营商卡。虚拟运营商就像三大运营商移动、联通、电信的代理，它们从移动、联通、电信运营商代理一

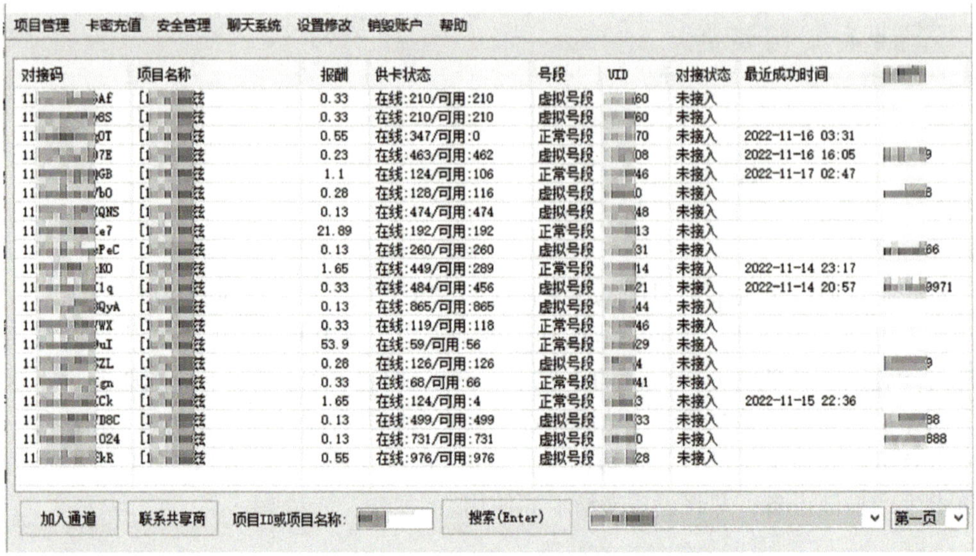

• 图 2-4 接码平台

• 图 2-5 QQ 跑码群

部分通信网络业务，然后通过自己的计费系统、客服号、营销体系、管理体系卖给消费者，与三大运营商的手机卡相比资费更便宜。近几年还出现了隐蔽性更好的拦截卡，拦截卡是黑产利用设备硬件后门与软件 App 植入木马两种方式对手机进行控制利用。当短信验证码发送到被控制的手机上时，会被硬件后门再次转发到黑产手中。这种拦截卡具有无须养卡、与真实用户共用、风险识别属性较弱等特性。

2. 微信授权平台

目前很多 App 都支持使用微信授权注册登录，且不需要再使用手机号验证码进行验证，微信号也在逐渐成为一个基础资源。随着手机号风控的越来越严格和微信小程序的兴起，黑产开始收集微信号资源，且出现了类似于接码平台的微信授权平台。

微信授权平台是黑产通过一定的方法获取到微信 Cookie 后，以发送协议的方式向需要登录的平台发起三方授权登录的请求，从而实现成功登录。微信授权平台如图 2-6 所示。

- 图 2-6 微信授权平台

2.1.2 设备工具

为了实现多账号获利，黑产一方面需要大量不同的设备资源。在对抗过程中，黑产使用的设备资源逐渐从虚假设备（如多开工具、模拟器）向真机篡改演变。而真机篡改从软改向硬改、底层改机转变，群控从真机自动化操作向云控转变。另一方面，在业务生态中，设备的地理位置和黑产获利强相关，如出行行业的打车、基于地理位置的陌生人社交、特定位置的优惠券等，黑产需要使用篡改地理位置的工具。

1. 虚假设备

（1）多开工具

安卓端的多开工具大致分为三类：第一类修改沙盒 files 目录，单击此类多开应用中的分身，打开的都是原 App，只是更换原 App 的 files 目录，以达到替换 App 数据的目的，从上层观察就像是运行了多个 App 一样；第二类是宿主多开，此类多开工具会利用反射或其他 hook 技术，将自身与系统交互的 API 改成代理类，所有安装到此宿主上的 App 不会直接安装到系统中，而是通过宿主 App 与系统交互，如此就可以自行管理包名，避免了同一个设备中不可安装相同包名的限制；第三类系统类多开，基于安卓的多用户机制实现。安卓端多开工具如图 2-7 所示。

（2）PC 模拟器

模拟器主要是指透过硬件或软件使得一台计算机系统（称作主机 host），在行为上类似于另一台计算机系统（称作客户 guest）。模拟器一般允许在主系统上运行给客户系统设计的软件或者外部设备。PC 端模拟器即在计算机端模拟安卓端或 iOS 端系统，原理是利用软件模拟 CPU、外设等影响行为，arm 版本镜像在此类模拟器上运行需要有大量的跨 ABI 指令转换，即所有 arm 指令都需要经过 x86 指令翻译，所以前期模拟器运行时会存在卡顿或运行缓慢的现象。现在所有 PC 版模拟器都基于 x86 版本镜像定制，运行效率大幅提高。

（3）安卓端虚拟机

安卓端虚拟机是在安卓系统中运行的模拟器。原理是基于 anbox 开源项目将运行在 Linux 平台的虚拟机移植到安卓手机。软件自带虚拟 root 环境，支持多开系统，且提供了一个

• 图 2-7　安卓端多开工具

独立的虚拟空间，与宿主系统同时运行互不冲突，资源不共享，可以在一个安卓设备上拥有两个系统。

（4）云手机

云手机指的是运行在云端服务器的虚拟手机。原理是将服务器端运行的设备屏幕视频流投射到客户端 App 视频播放器中，然后将播放器组件收到的触摸坐标信息返回到服务器端的设备上，使用类似 adb shell input 的命令将坐标信息输入设备。云真机与云手机的区别在于，云真机是将真实的物理设备放到服务器机房；云手机后端实现有可能是真机，也有可能是虚拟机。图 2-8 所示为云手机平台示意图。

• 图 2-8　云手机平台示意图

iOS 的远程真机使用 WebDriverAgent 自动化操作手机，WebDriverAgent 是 Facebook 推出的一款新的 iOS 移动测试框架。它通过连接 XCTest.framework 和调用 Apple 的 API 直接在设备上执行命令。WebDriverAgent 在 Facebook 上开发并用于端到端测试，被 Appium 成功采用。

2. 真机篡改

（1）软改工具

安卓端的软改工具需要和 hook 框架配合使用，hook 框架有 Xposed、Edxposed 等。Xposed 通过替换系统关键方法实现 hook，如将原始方法修饰符修改为 native，这样系统调用时就会优先调用 native 方法；Xposed 接收到 native 方法后再做决策，如调用原方法返回原始值或者直接返回一个虚假值以达到篡改的目的。Android 7.0 版本以后操作系统需要使用 Edxposed 进行 hook 操作，Edxposed 保留了 Xposed 的 API。但是内部 hook 实现方式替换成了 Sandhook 或 YAHFA，后者是 ArtMethod hook，通过修改 native 层 ArtMethod 函数指针达到 hook 目的。安卓端的软改工具操作流程如图 2-9 所示。

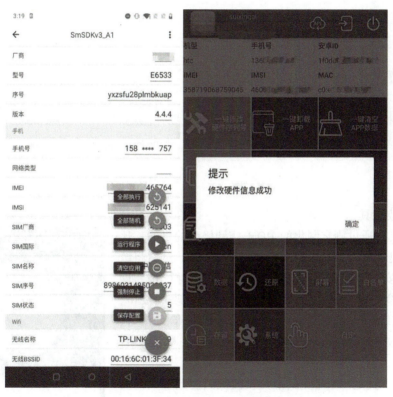

• 图 2-9 安卓端的软改工具操作流程

iOS 端常见的软改工具包括佐罗（Zorro）、爱伪装（AWZ）、爱新机（AXJ）等。佐罗支持功能包括一键新机、一键清理、模拟机型、全息备份、随机参数（手机型号/系统版本/通信运营商/网络类型）、多账号切换、导出导入、智能飞行模式、虚拟定位、文件管理、强效清理、防越狱检测和脚本调用等。原理是利用 hook 框架（如 CydiaSubstrate、HOOKZZ 等）来 hook 关键的系统函数欺骗 App 端调用的 C 层或 OC 层的关键函数，如获取系统、手机型号、网络状态、App 依赖库、mnc、mcc、idfa 等。

Web 端篡改通过修改浏览器的某些属性,如 User-Agent、Platform、Plugins 等,生成新设备。Web 端篡改如图 2-10 所示。

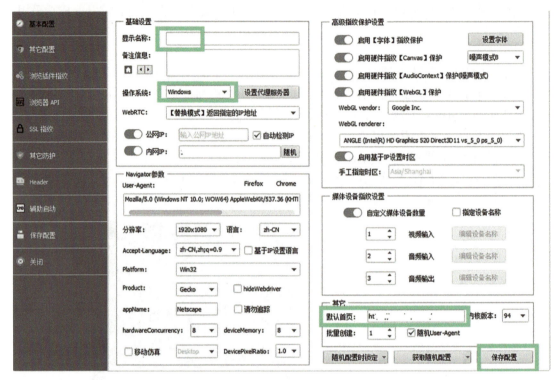

• 图 2-10　Web 端篡改

(2) 硬改工具

硬改工具是通过刷定制化的 ROM 达到修改的目的,比如悟空宝改机在手机中刷入黑产发布的 ROM 包,然后将改机工具 APK 安装到特定手机中,单击"一键变身"按钮即可修改手机参数。原理是使用源码插桩,预留改机接口,再通过 ROM 绑定的 APK(系统级 App)调用 ROM 接口,传递需要修改的 imei/imsi 等硬件序列号信息,如图 2-11 所示。

UA 硬改工具是一个常见的黑产硬改工具。此工具需要安装到 Windows 系统的计算机中,先用数据线连接手机和计算机,使用 UA 读取设备信息。然后生成随机参数,写入手机成功后,手机中的参数被成功修改。该工具的原理是利用线刷脚本将定制版 ROM 刷到指定设备上。一般 ROM 不会预留改机接口,基本与正常系统表现一致,如果需要其他修改功能,则需要重新刷入其他 ROM,如图 2-12 所示。

2021 年年初,iOS 端出现了一款硬改工具——K8 魔

• 图 2-11　ROM 改机

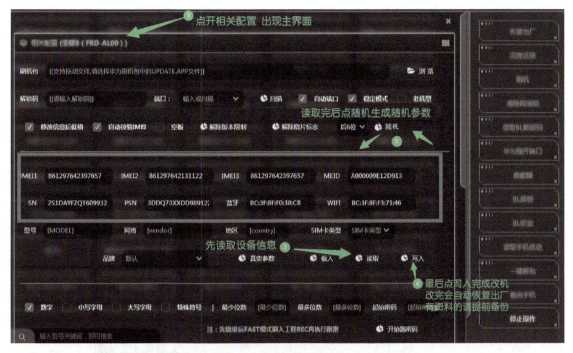

● 图 2-12 UA 硬改工具

盒,将苹果设备通过 USB 接口连接 K8 魔盒硬件,使设备进入紫屏模式(工程模式)。进入紫屏模式后,就可以改写设备的数据,包括 imei、udid、蓝牙地址、网卡 MAC 地址等。K8 魔盒中内置了苹果的 udid 等真实参数信息,手机维修人员常用这种方式绕过设备锁去修改设备信息等。

3. 群控设备

(1)自动化点击工具

安卓端的自动化点击工具简单划分为两类:第一类基于 AccessibilityService 服务,可以通过服务获取手机 window 的各层级 view 信息(AccessibilityNodeInfo),通过 Accessibility-NodeInfo 实现相关 UI 空间的点击、滑动等动作;第二类使用 adb shell input 功能直接向设备输入点击、滑动事件,以达到控制屏幕控件的目的。

iOS 端自动化单击工具触动精灵是利用私有 API,构造 IOHIDEvent 对象,向 SpringBoard 发送伪造的事件来伪造点击、滑动等动作。完成此操作需要设备具有 root 权限才可以,否则构造的对象无法成功发送。如果不具备 root 环境,通常使用自动化 XCFramework 测试框架完成自动化操作。

(2)真机群控

TotalControl 是最常用的真机群控工具之一,支持安卓手机的批量操作和控制。TotalControl 原理与云手机类似,不同点在于群控工具往往会提供一个桌面应用程序,通过 adb 有线或无线连接到多个真实手机(一般为同型号手机),拉取多个手机屏幕,并将一个手机屏幕上的操作投射到其他屏幕上,完成批量操作。屏幕录屏的实现方法是向 SurfaceFlinger 增加一个虚拟显示设备,关键方法如下。

```
mVirtualDisplay =
android::SurfaceComposerClient::createDisplay(android::String8("capname"), true)
android::SurfaceComposerClient::setDisplaySurface(mVirtualDisplay, mBufferProducer);
```

然后将此虚拟显示设备生产的 mBufferProducer 信息，经过转码最终生成录屏视频流。

iOS 端的群控工具是在一个局域网内，PC 通过群控软件操控多台具有 root 权限的手机，局域网内通过 socket 发送数据，这些群控大多利用现成的群控框架实现，socket 传输内容包括设备的实时页面、操作等，设备接收到 PC 的操作后，结合私有 API 实现自动化操作，如图 2-13 所示。

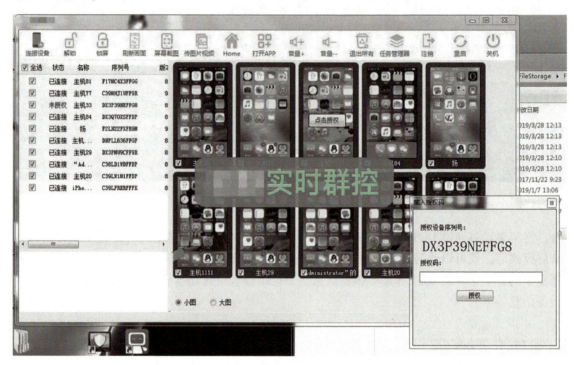

• 图 2-13　iOS 端群控

（3）箱控

箱控是计算机加上多个手机主板组成的集成主板，如图 2-14 所示。原理是把手机核心组件都集成到一个箱子中，一个箱子可操控多台手机的多个 App。箱控使用了基于 Google UiAutomator2 的安卓自动化测试工具 appium，通过文字、控件 id、控件名称等直接定位到 App 的控件进行操作。

（4）云控

云控通过云端协议外挂的形式，发送数据包与服务器进行交互，自定义登录互联网账号、绑定邮箱、更改密码等操作实现。一

• 图 2-14　箱控

台计算机、一个账号就可以操控上万个账号，如图 2-15 所示。

● 图 2-15　云控界面

4. 篡改地理位置工具

（1）软件篡改

安卓端常用的篡改地理位置工具有两种模式：一种是非 root 模式，需要打开开发者选项，选择模拟位置信息应用，选择带有修改位置功能的应用包。这些包会使用 LocationManager. setTestProviderLocation（"gps"，mock-Location）方法向 LocationManager 中添加模拟位置信息，设备获取到 GPS 定位信息后，就会得到 mockLocation 信息；另一种是 root 模式，直接修改 LocationService 信息或者修改 Location 类的返回值，以达到欺骗的目的。地理位置篡改工具如图 2-16 所示。

iOS 端虚拟定位功能的篡改原理是利用 libimobiledevice 向设备发送虚拟定位坐标，libimobiledevice 源于 iTunes，结合 libimobiledevice，底层调用模拟地理位置的私有 API。该 API 本来是供开发者调试使用的，利用这种方式可以修改设备全局的 GPS 信息。

（2）硬件篡改

iOS 外设硬件通常被用于虚假打卡和出行行业司机端的篡改位置和路线。

此工具开发符合苹果 MFi 协议的 GPS 辅助外设，通过这样的外设可以篡改设备的地理位置，篡改的地理位置信息不仅对某一个应用生效，对整个设备都生效。MFi 认

● 图 2-16　地理位置篡改工具

证（"Made for iPhone/iPod/iPad"）是用于苹果 iPod、iPad 和 iPhone 的硬件和软件外部设备开发者的许可程序。该认证涵盖各种设备连接器，包括耳机插孔、原 dock 连接器和新的 Lightning 接头，以及 AirPlay 支持。

2.1.3　IP 资源

1. 飞行模式切 IP

飞行模式切 IP 指的是手机插入 SIM 卡，使用移动数据网络，打开飞行模式后关闭移动数据网络，IP 即可切换。

（1）手机卡

移动终端通过基站连接 SGW，SGW 会给移动终端分配一个内网地址。在 PGW 上会对内网地址做 NAT 转换，每个 PGW 会绑定一个 IP 地址池，PGW 会随机选取一个 IP 地址作为移动终端的外网地址，这是上网的原理。飞行模式切 IP 的原理其实就是越区切换当中的硬切换，即在开始新的连接之前，切断上一个连接。因为在现行的运营商规则中，如果前一个信号中断，下一次会建立新的连接，因此 IP 会变，不过 IP 数量取决于 PGW 所绑定的 IP 池。

（2）流量卡

物联网流量卡支持省内各个城市切换、国内各省份切换。

（3）IP 魔盒

IP 魔盒是将流量卡整合在一个黑盒子里，并且将飞行模式切 IP 的功能整合，可以实现一键全部切换，且以 WiFi 的形式提供服务。

2. 传统代理 IP

市面上有很多代理 IP 工具，用户登录代理 IP 的应用账号即可实现一键切换 IP。此类 IP 的来源是通过扫描全网的代理服务器或者爬取代理 IP 网站获取到的有效 IP 和端口。代理 IP 工具如图 2-17 所示。

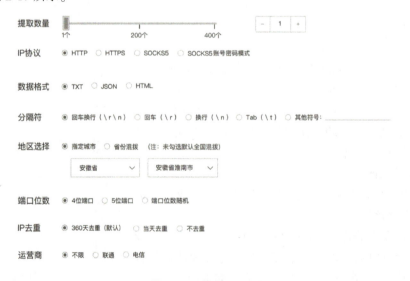

图 2-17　代理 IP 工具

3. 秒拨 IP

秒拨 IP 可调用全国甚至国外的 ADSL 宽带动态 IP 资源，和正常用户使用同一个 IP 池，可以实现 IP 的自动切换、秒级切换、断线重拨、清理 COOKIES 缓存、虚拟网卡（MAC）信息、多地域 IP 资源调换等服务，以规避网站的限制策略。秒拨分单拨和混拨两种。单拨只能拨一个区域的 IP 资源，混拨可以打通多个省市地区的秒拨资源，以实现跨地区、跨运营商切换 IP。秒拨 IP 的操作界面如图 2-18 所示。

● 图 2-18　秒拨 IP 的操作界面

2.1.4　验证码

验证码分两种：第一种是短信验证码，用于验证个人身份，这一类在手机号资源中已有介绍；第二种是区分真人和机器的验证码，比较常见的如滑块验证码、文字点选验证码、语序点选验证码等。本小节将主要介绍此类验证码。

1. 技术手段

技术手段包括以下两种。

- 协议破解式攻击方式：此类方式是黑产攻击者通过逆向验证码 JavaScript 获取验证码核心加密流程，通过识别图像缺口位置，伪造滑动轨迹和客户端行为的方式，将加密数据上报给服务端，以此达到绕过验证码的效果。此类黑产攻击方式攻击速度快，一般会造成请求数激增。
- 模拟滑动式攻击方式：此类黑产攻击方式通常是使用自动化工具来模拟滑动验证码的动作。经常使用的自动化工具有 selenium、appium、按键精灵等。此类攻击方式速度较慢，但是对攻击者技术水平要求低，上手容易。

2. 打码平台

提供验证码识别服务的平台叫作打码平台。有一部分打码平台背后是人工输入验证码，这类打码平台其实也是网络兼职平台。打码平台的服务端将验证码发送到兼职人（即打码工）的客户端，根据验证码完成数量支付打码工佣金。

2.1.5 真人认证

验证真人身份所需要的信息包括实名认证和人脸识别两大类：实名认证是认证与身份证相关的信息，包括身份证号、身份证正反面照片、手持身份证照片；人脸识别用于活体检测和无人直播。活体检测方式包括静默活体、炫彩活体和动作活体3种。静默活体检测只需要用户将脸部对准屏幕摄像头，不需要做指定动作；炫彩活体检测用户同样不需要做动作，通过屏幕闪烁在面部打光及颜色序列复原分析进行识别；动作活体检测需要用户根据指令做动作，比如眨眼、摇头、张嘴等。无人直播值守是将预录好的视频在多设备多平台展出，可以降低人力成本。

1. 实名认证

实名认证的信息可能来源于内部数据泄露或者黑客攻击、线下租用等，黑产中有料商专门售卖。

2. 人脸识别

人脸识别作弊的方法是伪造人脸动作视频，HOOK摄像头接口，让平台方误以为视频是摄像头拍摄到的画面。

完成人脸识别需要的资源和工具见表2-1。

表2-1 完成人脸识别需要的资源与工具

资源	身份证	高清的、没有被滥用过的身份证正反面照片
	计算机	Windows系统计算机（推荐Win10）、模拟器
	手机	推荐机型OPPO R9s
工具	定制系统包：系统包内含Root权限+虚拟摄像头	
	虚拟摄像头工具：如Mycam/Vcam	
	图片转人脸工具：如Crazytalk	
	视频转码工具：如格式工厂	
	过三色校验工具：在视频内加入三色闪光元素，针对绕过三色炫彩活体检测	

人脸作弊具体路径包括两种：一种是在安卓模拟器中实施，此方法在没有风控时可用；另一种是使用真机作弊，目前都是使用真机。

（1）安卓模拟器作弊步骤

1）在计算机端安装安卓模拟器。

2）在安卓模拟器中安装虚拟摄像头工具（Mycam/Vcam）。

3）将高清的身份证人像面通过图片转人脸工具Crazytalk转成活动人像MP4视频文件。

4）在手机中创建my文件夹，将MP4文件放入my文件夹中，修改文件名为44.MP4。

5）启动需要人脸识别的App。

6）通过设备管理器禁用计算机前置摄像头，虚拟摄像头替换前置摄像头画面并播放MP4文件，实现人脸识别作弊。

（2）真机作弊步骤

真机和模拟器的区别在于虚拟摄像头工具的不同，具体步骤如下。

1）将对应设备的定制系统包刷入设备中。
2）将高清的身份证人像面通过图片转人脸工具 Crazytalk 转成活动人像 MP4 视频文件。
3）在手机中创建 my 文件夹，将 MP4 文件放入 my 文件夹中，修改文件名为 44.MP4。
4）启动需要人脸识别的 App。
5）手机启动前置摄像头，虚拟摄像头会替换前置摄像头画面并播放 MP4 文件，实现人脸识别作弊。

2.2 风险场景

2.2.1 账号安全

1. 恶意注册

（1）注册资源及产业链

腾讯发布的《互联网账号恶意注册黑色产业治理报告》中对恶意注册进行了定义：互联网账号的恶意注册是指，不以正常使用为目的，违反国家规定和平台注册规则，利用多种途径取得的手机卡号等作为注册资料，使用虚假的或非法取得的身份信息，突破互联网安全防护措施，以手动方式或通过程序、工具自动进行批量创设网络账号的行为。

恶意注册主要依赖资源和工具，注册需要的资源见表 2-2。

表 2-2 恶意注册需要的资源

注册所需资源	资源举例	获取方式举例
设备	Android、iOS、PC、小程序、Web	改机工具、破解协议
IP	IPv4、IPv6	代理 IP 工具、开关飞行模式
手机号	虚卡、实卡、国外卡	接码平台、跑码群
三方号	微信、微博、QQ、邮箱	微信授权平台
验证码	滑块验证码、点选验证码	打码平台
身份信息	头像、实名信息、人脸信息	料商

注册黑产产业链如图 2-19 所示。

恶意账号涉及的两个核心角色是号商和下游黑产。号商通过出售账号获利，下游黑产通过发广告引流、诈骗、薅取平台营销活动奖励等方式获利，他们都需要大量的账号。

黑产账号的来源按照注册方式可分为机器注册和真人注册两类。机器注册的特征是量大低质，量大是注册账号数多，低质是注册资源质量差。机器注册需要的注册资源多，黑产为了控制成本，会选择低成本的资源，如使用运营商小号。机器注册的账号通常在下游用于广告引流、刷量等不需要高质量账号的场景。随着风控水平提高，对抗越来越激烈，且新账号无法满足下游黑产的需求，所以真人注册方式开始流行，特征是量少质高。真人注册使用的资源是合法用户持有的，在注册登录环节和合法账号无差异，只是经过账号交易之后会被黑产利用，通常用于诈骗。

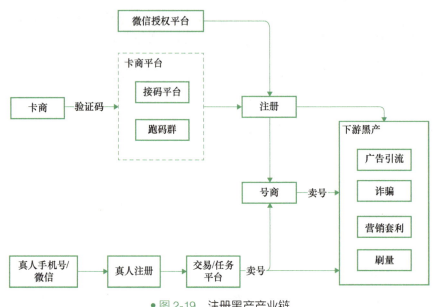

• 图 2-19 注册黑产产业链

注册时所用的账号资源主要是手机号或者微信号。卡商从各种渠道获得手机号后，通过卡商平台交易，为有注册需求的黑产提供手机号和验证码，卡商平台主要是接码平台和跑码群；很多平台支持微信号授权注册，微信授权平台则提供了注册需要的微信资源。真人注册的资源就是用户本身正常使用的资源，号商或下游黑产会在任务平台（如"众人帮""悬赏帮"等、QQ 群）中发布账号注册任务、购买账号的信息，从真人手中收号。

（2）注册方式

注册方式分两种，机器自动注册和真人手动注册，机器自动注册又分协议破解注册和模拟点击注册。

1）机器自动注册。

① 协议破解注册。协议破解注册指的是通过破解注册时客户端与服务端的交互逻辑、各参数的构造加密方式，来按照正常用户访问接口的顺序进行模拟访问。账号注册机如图 2-20 所示，注册机中对接接码平台、微信授权平台、打码平台等，可以自动切换 IP，使用动态拨号或者代理 IP，设置延迟时间和随机的账号信息（如密码、昵称）。

② 模拟点击注册。模拟点击注册是使用自动化操作工具模拟真人点击注册的动作。自动化操作工具包括 Web 端的 Selenium、App 端的 Appium、按键精灵、触动精灵等。模拟点击注册通常是广告引流脚本中的一个功能，如图 2-21 所示。引流脚本支持自动注册账号，脚本中对接了接码平台，注册账号之后可以自动发广告引流。

2）真人手动注册。手动注册适用于注册规则较为严格，且单个账号注册所得的利润较高的场景。随着与黑产对抗越来越激烈，账号资源获取方式会从黑产工作室批量注册逐渐转向真人注册，但是账号注册需要的资源是不变的，主要是设备、手机号、微信号资源等。只是不同时期使用资源的类型会发生变化，手动注册会使用真机按照平台正常的流程注册账号，但是单个真机注册账号有限，一般会配合改机工具注册更多账号。

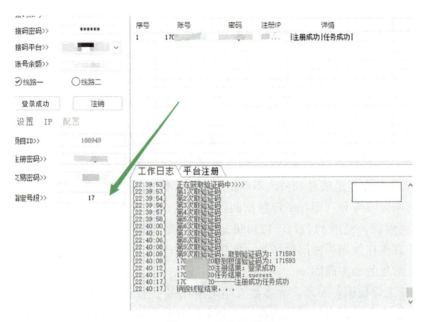

• 图 2-20　账号注册机

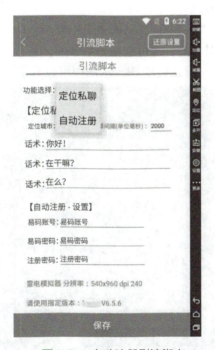

• 图 2-21　自动注册引流脚本

2. 盗号撞库

盗号分拖库、洗库和撞库 3 个阶段。

- 拖库：拖库分技术手段和社工手段两类，技术手段是指黑产直接入侵目标服务器、数据库获取账号密码等信息；社工手段即社会工程，主要是通过钓鱼邮件等方式从用户处获取其相关信息。
- 洗库：黑产根据信息类型进行分类，如将账号划分为金融账号、游戏账号等。在此阶段黑产团伙会建立社工库，即将盗取的各类信息按照用户进行归纳，需要某个人的信息即可在库中调取。此外，还会计算密码表，即根据用户某一应用账户的密码、生日和地址等个人信息推算其他应用账户可能使用的密码。
- 撞库：撞库在英文中的表述为 Credential Stuffing（密码嗅探），说明撞库的主要场景是试图获取正确的账号/密码组合。撞库的目的有两种，一是盗号，二是验证某个账号是否在平台注册过。因为平台对于登录失败会返回不同的原因提示，"密码错误"表示账号存在但是账号和密码不匹配，"用户不存在"表示账号没有在平台注册过。

撞库有弱密码嗅探和利用社工库数据两种方式。

1）弱密码嗅探：使用 111111、123456 这样的简单密码去试探大量的账号，就有一定概率能发现一些真正在使用弱密码的账号。实施这样的攻击一般要求攻击者手上已经掌握了大量的账号以及常见的弱密码库。

2）利用社工库数据：原理是大多数人倾向于在多个平台上使用同一个密码，当攻击者成功入侵一个安全防护能力很弱的站点 A，并拿到其数据库的所有用户名密码组合后，再拿着这些组合去站点 B 尝试；如果两个站点都注册过并且使用了同样的密码，撞库就成功了，这是攻击成功率更高的一种方式。

图 2-22 所示为盗号工具"扫号器"。从图中可以看出，Data 一栏中是账号和密码。黑产获得的账号和密码可能是一对一的，也可能是一对多的。账号可以是手机号码、邮箱、用户名等。图中的账号是邮箱，Proxy 是代理 IP，从图中可以看出一对账号和密码对应了一个代

• 图 2-22 盗号工具"扫号器"

理 IP。右下角 DATA 的总数是 1100 个，说明共有 1100 个账号和密码，Hits 数（也就是命中数）为 8 个，PROXIES 中显示代理 IP 总数为 8193 个。除了工具中的账号、密码和 IP 资源之外，还需要设备指纹资源。设备指纹资源获取通常通过破解 Web 端接口，可以在盗号前几天生成需要的设备指纹，也可以在登录事件时破解设备指纹接口，账号密码、IP、设备资源准备好之后，黑产通常在夜间构建登录接口实现盗号目的。

3. 账号交易

（1）分类维度

恶意账号产业链中涉及的重要一环是账号交易。因下游黑产对账号的需求不同，号商售卖的账号有不同的类型，且为了避免风控会有不同的登录方式。账号分类维度详见表 2-3。

表 2-3 账号分类维度

分类维度	细分维度	可选项
账号信息	年龄	
	性别	
	是否实名	实名/未实名
	是否绑定银行卡	已绑定银行卡/未绑定银行卡
	注册时长	新号/老号 当天号/隔天号/满月号/一年号
	账号等级	
	账号内资产	虚拟币/粉丝数
登录方式	跳转号	QQ 跳转号/微博跳转号/微信跳转号
	接码号	
	直登号	
	数据包号/环境号	爱思数据包号/华为包号/小米包号/AWZ 数据号/备份号
	串码号	
	通信录号	
	远程号	
	云机号	红手指/多多云/河马云

在账号信息中，年龄、性别、实名和绑卡状态都可以根据下游黑产的需求定制。注册时长决定了账号的稳定性，注册时间越长，账号越稳定，价格越贵。新号一般指当天号或隔天号，当天号指当天注册的账号，注册时长小于 1 天，隔天号注册时长为 1~2 天，满月号注册时长大于 30 天。账号等级和账号内资产视具体的 App 而定。

（2）账号类型

账号交易中由于注册方式和平台的风控不同分为多种登录方式，也就有多种账号类型。

一是与注册方式有关的，如跳转号和接码号。跳转号通过第三方应用账号登录，本质上是通过第三方账号注册的。如果黑产没有描述账号登录方式，那么就是通过手机号加验证码的方式登录，这类账号叫作接码号或者二次接码号，是通过手机号加验证码的方式注册的；直登号通常是通过账号加密码的方式登录，不需要其他的验证方式。

二是与平台风控相关的，如串码号、通信录号、数据包号、远程号、云机号等，这些类型在账号稳定性的需求下应运而生。账号卖出之后，如登录环境和注册环境不一致，账号可能会被风控。其中串码号、通信录号出现较早，数据包号在串码号之后出现，远程号和云机号是新出现的账号类型。由于各个平台的风控差异，目前不同平台依然存在不同的账号类型。

- 串码号：也叫 IMEI 号，即除了账号和密码之外，附带串码、手机型号等信息的账号。登录时需要修改相应的硬件信息，然后再登录，以保持注册与登录设备环境一致。
- 通信录号：即账号信息内附带了一个通信录，登录时需先将通信录导入手机，然后使用通信录匹配登录。
- 数据包号/环境号：数据包号也叫作环境号，是将账号注册时的环境和登录的状态保存打包，然后通过还原数据的工具将数据包还原到模拟器、真机上的一种账号。此类账号打开 App 界面即是登录之后的状态，不需要登录的操作。还原数据的工具和方法有很多，大致可分三类：第一类是手机助手，如爱思助手、华为手机助手等；第二类是改机工具的备份功能，如 AWZ、佐罗、抹机王等；第三类是专门的备份还原工具，如钛备份、锤子精简等。
- 远程号：使用 PC 端的远程控制工具去控制号商 PC 端的账号。
- 云机号：使用云手机登录的账号，黑产常用的云手机是红手指、多多云、河马云等。

（3）交易方式

下游需要账号资源的黑产获取账号的途径包括 QQ 群、微信群、积分墙 App 等。收号者提出对账号的年龄、性别、注册时长、是否实名等要求，然后卖号者按照要求将账号转移给收号人登录，收号人在登录成功后给卖号者一定的佣金，收号人可能是下游实施诈骗、广告的黑产，也可能是买卖账号的中间商。账号交易环节及要求，详见表 2-4。

表 2-4 账号交易环节及要求

环节	要求选项
注册	年龄
	性别
	是否实名
	是否绑定银行卡
	注册时长
任务	无任务/完成××任务：如新手任务
密码	设置位置：不设置/注册时设置/在个人中心设置
	密码内容：无/随意内容/指定内容
登录	手机号验证码/手机号密码登录
交易完成	无要求/卖号人注册设备卸载 App

图 2-23 所示是新注册账号黑产交易路径。卖家使用自己的注册资源完成账号注册，IP 和手机号的归属地通常是一致的。注册完成后与买家建立联系，在买家的设备上登录。图中的 smid 代表设备，登录时 IP 和注册时 IP 不一致，手机号是注册手机号。

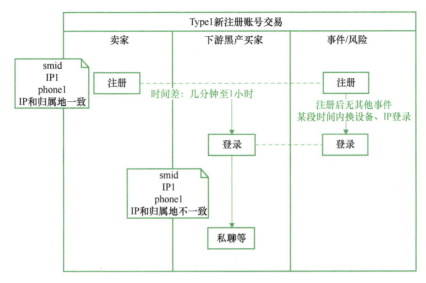

• 图 2-23 新注册账号黑产交易路径

图 2-24 所示是老账号黑产交易路径。老账号和新账号交易的区别在于，老账号是卖家不经常使用的账号，在卖家登录之前大概率有一段时间的沉寂。

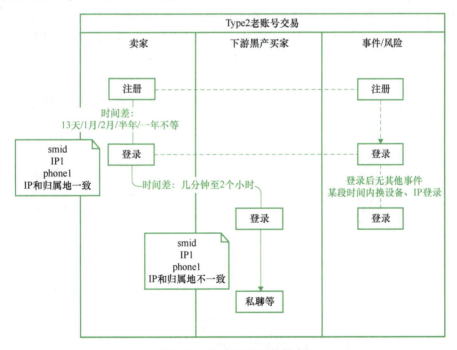

• 图 2-24 老账号黑产交易路径

图 2-25 所示是中间商交易真人注册账号的路径。流程涉及的角色有三个：注册人、中间商、下游黑产。真人使用自己的设备、IP、手机号完成账号注册后，转卖给中间商；中间商使用的设备为图中的 9655 设备，为了卖给下游黑产，中间商需要将手机号换绑成为自己手中的手机号，也就是图中的 phone2；卖给下游黑产时，使用 phone2 接码登录。

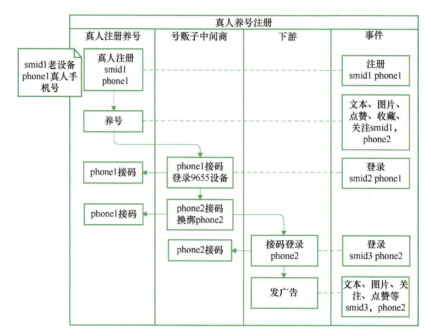

• 图2-25 中间商交易真人注册账号的路径

图2-26所示是中间商交易机器注册账号的路径。该流程和真人注册账号的区别在于，在转交中间商之前是机器注册的账号，设备由破解协议的方式生成。在转交给中间商之后换绑手机号，下游可能有黑产打接口发广告，也可能有诈骗的黑产登录第三方设备使用该账号。

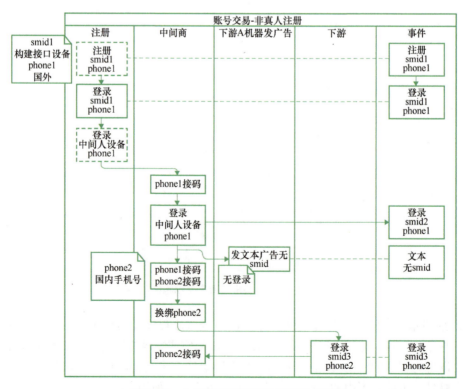

• 图2-26 中间商交易机器注册账号的路径

2.2.2 营销场景

1. 虚假用户裂变

用户裂变的核心是邀请关系的建立，业务活动的形式主要是促进用户增长的拉新和助力活动。拉新的逻辑是利用老用户的资源获取新用户，方式为通过一定的奖励，吸引老用户拉新。助力活动是利用好友来帮助自己获取利益，实现的方式是通过分享给好友，让好友通过一定的操作，使自己得到收益。

邀请和被邀请的账号也称为师徒账号，师父账号邀请徒弟账号。师徒账号建立邀请关系的方式为徒弟账号通过师父账号的链接、二维码、口令进入平台或者填写邀请码。师父账号可以获得活动奖励，活动形式主要包括邀请新用户下载/注册和邀请老用户助力，奖励形式包括砍价、抽奖、优惠券、实物、现金、会员卡等。

虚假用户裂变的作案方式通常有 4 种：一是使用自动化作弊工具；二是手动操作（又叫作"搬砖"）；三是积分墙发布任务；四是购买服务。

（1）使用自动化作弊工具

自动化作弊工具如图 2-27 所示，此类工具属于自动注册账号并完成邀请的协议破解类工具。设置区域填写接码平台和打码平台的账号、密码、项目 ID、注册数量、注册密码、注册线程等信息，填写师父账号的邀请码，右边注册表单中会显示注册成功的账号的密码和状态。

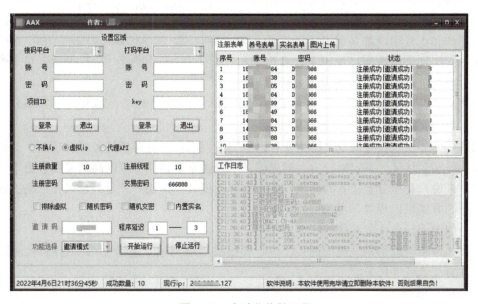

● 图 2-27　自动化作弊工具

黑产使用全自动邀请工具邀请虚假账号薅现金奖励的流程如图 2-28 所示。

图 2-29 中，左侧为通过小程序转码的邀请链接，右侧为全自动邀请工具。有专门的黑产群提供转码的服务，将邀请二维码或者小程序链接发到黑产群中，转码机器人会将其转化为左侧带邀请码的链接自动发到群里。

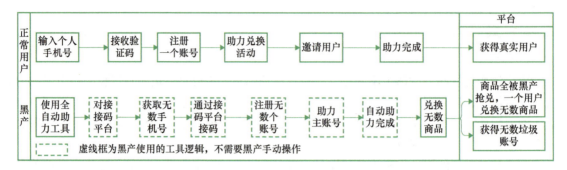

● 图 2-28 邀请虚假账号薅现金奖励的流程

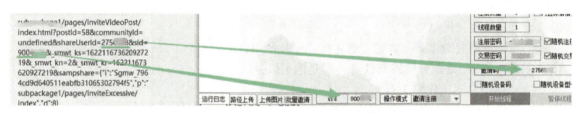

● 图 2-29 转码链接及工具

（2）手动操作

黑产通过手动操作获得奖励叫作"搬砖"。图 2-30 所示是黑产群中发布的一些"搬砖"任务，黑产和正常用户都是通过手动操作的方式做任务，区别是黑产通过接码平台获得手机号，通过改机工具获得设备资源，这样就可以无限邀请注册获得奖励。

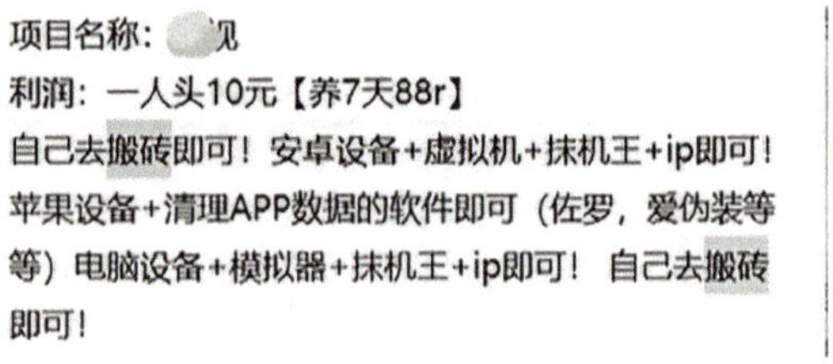

● 图 2-30 "搬砖" 任务情报

（3）积分墙发布任务

通过积分墙发布任务获取奖励主要有以下三个因素：一是邀请任务难度较高，如徒弟账号需要人脸实名认证、绑定银行卡、提现等；二是通常邀请任务难度高的奖励也更丰厚，成本对黑产来说只是积分墙任务的佣金，具有良好的投入产出比；三是平台风控严格，通过真人做任务的方式可以规避平台的风控。

积分墙邀请任务作弊案例如图 2-31 所示。

可以通过填写邀请码、邀请链接、口令和扫描二维码建立邀请关系，之后再完成助力、下载、注册、认证等任务。

（4）购买服务

如图 2-32 所示，黑产正在出售"人头"，"人头"即建立邀请关系的账号。一般有两个价格，一个是散户价格，另一个是代理价格。区别在于购买量，散户购买量少，达到一定的购买量则为代理。"3 头 1"的意思是拉新/助力 3 个用户 1 元（散户价格），"代理 0.5 元"的意思是拉新/助力 3 个用户 0.5 元（代理价格），"3 头一张免费券"即一个账号邀请/助力 3 个用户就可以获得一张兑换券。

• 图 2-31　积分墙邀请任务作弊案例

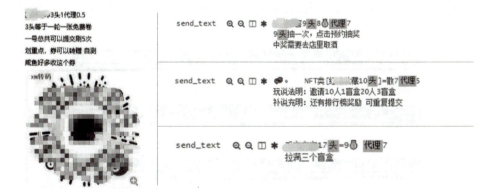

• 图 2-32　黑产出售"人头"情报

2. 单击任务作弊

单击任务对应到业务活动中主要是以促活为目的的签到、浏览、分享、评论、点赞、转发等，通常出现在积分体系中，用户通过完成积分体系中的任务获得积分，积分可转化为可变现的奖励。

用户裂变和单击任务都是为了增加平台的活跃用户量，单击任务的特点有以下 4 个。

1）单账号即可完成，没有账号之间的邀请关系。
2）具有重复性，每天都可以做任务。
3）具有长期性，长期持续做任务才可以获得良好的收益。
4）操作简单，如签到、浏览/观看/阅读、评论、转发等。

单击任务作弊有两个目的：一是养号，保持账号的高活跃，方便后续作案；二是薅羊毛，获得平台奖励，奖励通常是积分、金币。积分、金币可以兑换现金、实物、抽奖机会、优惠券等。

由于单击任务的单账号、重复性、长期性、操作简单的特征，通常是使用协议破解类工具作弊。

（1）养号工具

图 2-33 所示养号工具的功能是批量登录和签到，以达到养号的目的。

• 图 2-33　养号工具

（2）薅羊毛工具

薅羊毛工具有两种：一种是适配单个平台有操作界面的协议破解工具（见图 2-33）；另一种是脚本管理运行工具，此类更常见。

常见的脚本管理运行工具包括青龙面板、V2P、Quantumult X（圈 X）和支持 Python3、JavaScript、Shell、TypeScript 的定时任务管理。

使用方法如下。

1）拉取或者直接下载脚本，手动添加到脚本管理工具中，如图 2-34 和图 2-35 所示。

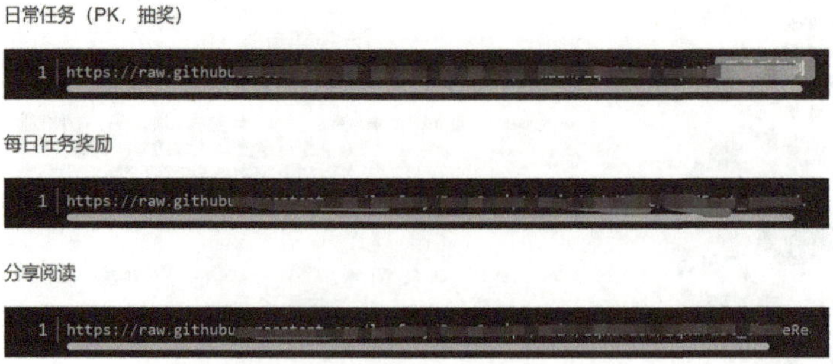

• 图 2-34　薅羊毛脚本

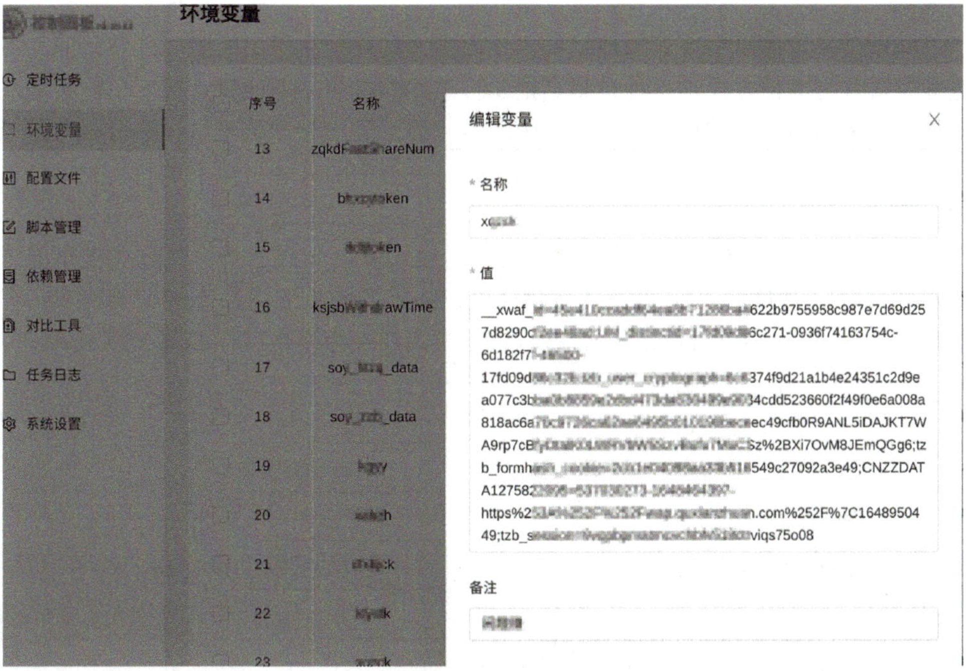

• 图 2-35　脚本管理工具

2）使用抓包工具，如 HttpCanary，获取 Cookie 等变量。
3）把抓取到的变量填写进面板中。
4）运行脚本，如图 2-36 所示。

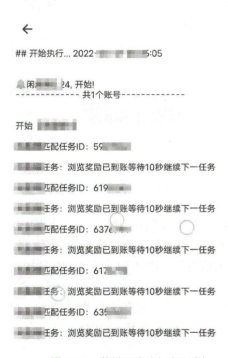

• 图 2-36　薅羊毛脚本运行示例

3. 秒杀

秒杀场景指的是在供小于求的环境中，从商品上架开始在极短的时间内获得商品。按照平台业务逻辑分为两种方式：一种是整点抢购秒杀，即在商品上架时直接下单购买商品；另一种是抽奖，采用抽奖方式是因为秒杀作弊泛滥，秒杀黑产和秒杀工具让平台服务器无法支撑，所以平台采用报名后抽奖的方式选择购买人，被抽中的人才可以下单购买。

（1）整点抢购秒杀

1）抢购模式。整点抢购按照获取下单商品的模式可以分成三类：收藏购物车模式、直抢模式和 BP 模式。购物车模式即真人登录软件，将需要购买的商品添加至购物车；直抢模式，即打接口获取需要抢购的商品。收藏购物车模式和直抢模式流程如图 2-37 所示。

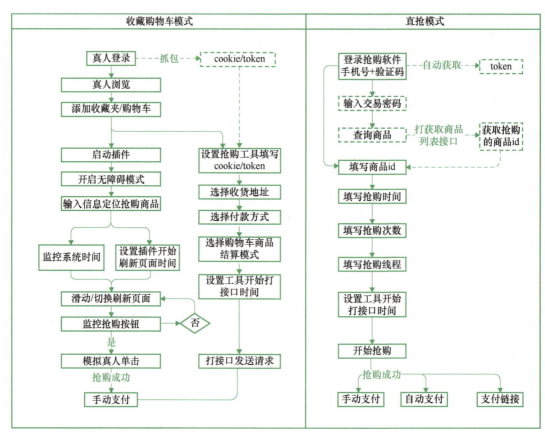

● 图 2-37　收藏购物车模式和直抢模式流程

BP（By Pass）模式，也叫 BP 链接模式，BP 链接是抢购中使用的直接可用于下单的商品链接。可以跳过商品页缓存、选择商品规格等烦琐的步骤，直接进入订单确认页。

图 2-38 所示为正常用户抢购流程，图 2-39 所示为 BP 链接抢购流程。

BP 链接如图 2-40 所示，生成 BP 链接需要 3 个要素：商品 ID、数量、商品 SKUID。商品 ID 没有颜色、重量和大小等规格，没有选择购买数量，就是单一的商品链接。只有选择了全部要购买的必选属性，才显示商品 SKUID；同一个商品，不同属性具有不同的 SKUID。

- 图 2-38　正常用户抢购流程　　　　• 图 2-39　BP 链接抢购流程

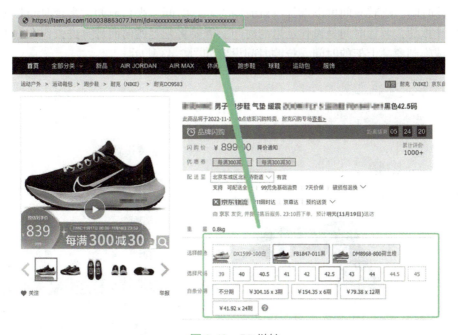

- 图 2-40　BP 链接

2）自动化方法。自动化方法分为破解接口和自动化点击两类，自动化点击又分为物理自动化点击工具和辅助服务自定义手势。

破解接口抢购如图 2-41 所示，通过抓包请求、代码轮询请求实现抢购，优势是抢购成功率比较高。

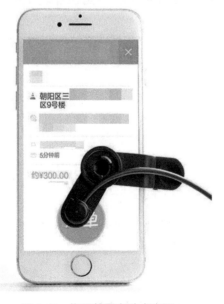

• 图 2-41　破解接口抢购

手机辅助服务自动点击可以根据设置指定的任何间隔，在任何位置重复点击。优势是手机自带辅助服务功能，但其同时也是劣势，即会因此带来检测到设备的风险。

图 2-42 中的工具是物理外置的自动点击器，优势是可以以较快的频率点击，和真人相比不仅是频率快，而且没有设备的风险。

3）精确抢购时间。秒杀作弊能够成功很关键的原因是快，黑产为了达到快的目的需要精确地计算时间。跳转时间可以选择本机时间、北京时间、平台时间。平台时间是黑产根据抢购经验计算的，偏移时间是操作延迟的时间，需要将延迟的时间计算进去，在点击开始时刚好可以精确到商品上架的时间，抢购时间设置如图 2-43 所示。

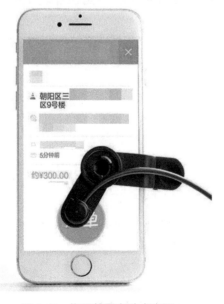 

• 图 2-42　物理外置自动点击器　　　　• 图 2-43　抢购时间设置

（2）抽奖

抽奖活动的形式是在抽签开始时报名参加抽奖，一段时间后报名窗口关闭，公布中签结果，中签的人可以下单购买。

此类秒杀的作弊方法是增加报名账号，增大中签概率。增加报名账号的方法即批量注册登录，具体使用哪一种方法取决于平台的风控程度和黑产的投入产出比。

4. 活动套利

活动套利可以指一个作弊环节，也可以指一种作弊手段。

当活动套利作为作弊的最后一个环节时，指的是黑产将通过作弊获得的实物商品、虚拟商品转化为现金，是一种变现方式。套利可能是跨平台的，如在平台 A 作弊获得平台 B 的商品，将平台 B 的商品变现。在套利之前，黑产的作弊方式可能是上文描述的恶意注册、虚假用户裂变和单击任务或者秒杀，套利的作弊人只有黑产，套利内容可以是实物商品、虚拟商品，此类套利方法包括倒卖、代下单、兑换等。

当活动套利作为一种作弊手段时，指的是电商场景的商家与黑产联合薅平台券，作弊人包含商家和黑产，套利内容是平台发放的优惠券。

（1）套利内容

1）实物商品。实物就是现实生活中以物理形式存在的商品。实物虽然可以通过闲鱼等交易平台转卖，但变现周期长，以及有收货囤货成本，因此一般会选择生活必需品和当下流行的交易火热的商品。

2）虚拟商品。虚拟商品指的是通过互联网获取并使用的非物质对象或货币，如虚拟货币、优惠券、会员、电商平台购物卡、兑换券、游戏道具、话费等。虚拟商品中的优惠券比较特殊，在电商场景有单独的作弊方式。平台为了激励用户消费，经常会发放优惠券。优惠券的形式比较多的是满减券，如满 200 减 30；还有小额购买券，如 0 元购、1 元购等。

优惠券包括：新人注册时以礼包形式发放的优惠券，小额购买优惠券通常在新人礼包中出现；大促活动时发放的优惠券，如 618、双十一、双十二等活动发放的优惠券，面值以及数额较大，大部分需要自行领取或者抢券；日常活动发放的优惠券，相比大型活动中的优惠券，优惠力度相对较小，同样需要自行领取或抢券；会员优惠券、会员福利优惠券，包括打折券、满减券、福利购等。

（2）套利方法

倒卖/代下单。通过 3 个案例进行说明。

案例 1：平台内薅券倒卖。

平台内薅券倒卖的流程如图 2-44 所示。黑产工作室注册平台账号参与营销活动，营销活动的类型是助力。助力的方法有两种：一是没有助力工具的人可以向黑产购买助力人头，由有自动助力工具的黑产提供助力服务；二是有工具的黑产可以对接微信授权平台，自动助力注册好的主号。助力完成之后，主号可获得兑换券，然后将兑换券放在闲鱼上交易，也可以转赠到个人账户中，也还可以提供代下单服务。

案例 2：跨平台薅餐饮兑换券。

跨平台薅餐饮兑换券的流程如图 2-45 所示。黑产工作室在 QQ 群中发布领平台 A 兑换券的信息，薅券人通过完成其他平台的任务领取兑换券，再将兑换券发给黑产工作室。黑产工作室可以通过此方法低价收购一些兑换券，然后在淘宝、闲鱼上交易。交易方式分两种：

一种是用户直接将兑换券兑换到个人账户；另一种是黑产工作室使用带有兑换券的账号给个人用户下单，然后将取餐码告知用户，用户直接取餐。

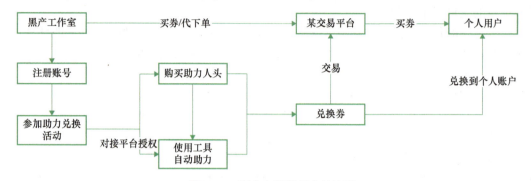

● 图 2-44　平台内薅券倒卖的流程

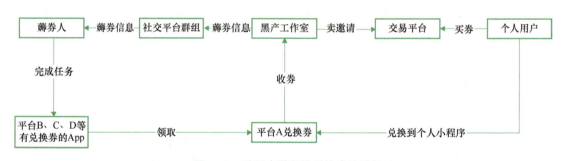

● 图 2-45　跨平台薅餐饮兑换券的流程

案例 3：商场会员卡福利变现。

商场会员卡福利变现的流程如图 2-46 所示。左半部分主要是积累积分升级会员卡用来兑换福利，右半部分主要是用会员卡福利进行变现。

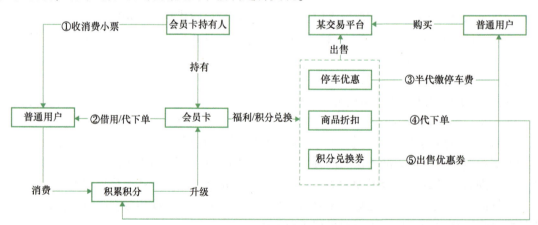

● 图 2-46　商场会员卡福利变现的流程

路径主要有以下 5 种：一是会员卡持有人向普通用户收没有兑换过积分的消费小票，然后将消费小票积分兑换到自己的账户中；二是会员卡持有人将会员卡借给普通人使用折扣消费，或者使用会员卡给普通用户下单，积累消费记录和积分；三是会员卡有停车优惠，会员卡持有人以低价出售停车费代缴的服务，价格基本上相当于没有会员卡的半价；四是会员卡会有一些商品折扣，持有人会出售代下单服务，会员卡持有人可以积累积分；五是会员卡积分可以兑换一些优惠券，持有人直接出售优惠券变现。

（3）联合薅券

联合薅券指的是收券黑产勾结商家直接使用优惠券购买赚取平台补贴部分差额，商家进行虚假发货即可，具体流程如图 2-47 所示。

收券黑产在 QQ 群、微信群、闲鱼等渠道发布收券的信息，卖券人按黑产的要求或者自主按照平台的活动规则获得优惠券。收券黑产和卖券人获得联系之后，会指定某家店铺购买。该店铺卖家即恶意薅券的卖家，通常小额券买家可以随意拼凑购买店铺的商品，超过 10 元的券，收券者会提供购买方案，即指定购买某些商品。

卖券者到指定商户下单，使用真实收货地址、收货电话等完成刷单订单。专门的黑产工作室会有报单系统，这个系统是方便收券黑产和商家统计卖券用户的订单信息的，后续方便支付佣金和虚假发货，也方便卖券用户查询自己的卖券情况。报单后台需要填写的数据通常包括优惠券的种类、面额、实付金额、姓名、QQ/微信号、支付宝账号、支付宝账号对应姓名、查单密码等。商家根据报单后台的数据确认哪些订单不需要真实发货，大概 7 天以后，卖券人会收到订单的实付金额+券的卖价，券的卖价即卖券人的佣金。收券黑产和商家获得的是平台优惠券的面额价格以及订单量。

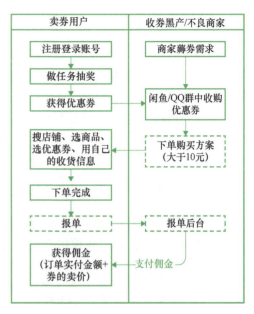

● 图 2-47　联合薅券流程

2.2.3　刷量

刷量的目的是提升热度，通常作用于博主、帖子、视频、直播、店铺、商品等。依据作用对象和刷榜动作，将刷量分为三类：第一类刷内容热度，作用于博主、帖子、视频等。刷榜的动作通常包括关注、点赞、收藏、分享、发弹幕等；第二类刷店铺商品热度，通常叫作刷单，刷榜动作通常是浏览、下订单等；第三类作用于直播间，刷榜动作包括直播间在线、送礼物等。

1. 刷内容热度

有专门提供刷量服务的网站可以刷内容热度，提供的服务包括粉丝、点赞、收藏、浏览。有机刷和人刷两种方式，机刷价格很低，人刷价格较高。

（1）机刷

- 打接口：通过破解 App 与服务端请求协议，伪造行为操作请求来实现自动化刷榜。
- 自动化操作脚本：通过借助设备农场、虚拟机、云手机等辅助设备，并借助触动精灵、按键精灵等实现自动化刷榜。

（2）人刷

人工刷量（简称人刷）的需求来源于机器刷量容易被平台识别出来的情况，且基本是死粉。因此刷量工作室会吸收想要赚钱的闲散网民，由刷量工作室寻找需要拉粉和刷量的客户。谈好价钱后，把刷量的任务分给网民，网民完成任务后会有一定的报酬。

人刷方式如下。

- 群互刷：通过拉群的方式，寻找同样有刷榜需求的个人，在群中通过商议的方式相互进行刷榜。
- 群精刷：通过拉群的方式，寻找专做网络任务的刷手，并且在群中发布刷榜流程及任务的方式进行刷榜。
- 积分墙：通过积分墙软件发布刷榜任务的方式进行刷榜。

2. 刷单（刷店铺商品热度）

刷单是在刷搜索权重的基础上，加了一步下单的操作，而且刷单的账号一般等级较高，一般为自有账号或者养号。刷单方式包括协议破解和刷手刷单。

（1）协议破解

通过破解协议打接口进行下单、支付、评价的方式刷单，效率较高。由于操作行为比较固定，一致性较高，所以难模拟真人行为，容易被发现，如图 2-48 所示。

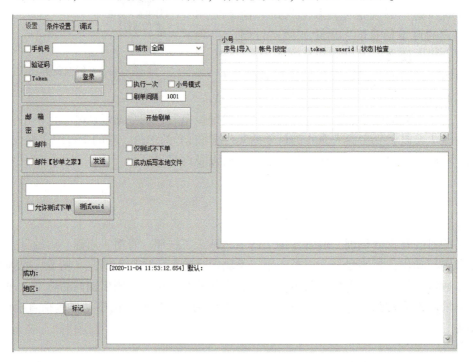

- 图 2-48　协议破解刷单

（2）刷手刷单

有专门的刷单团队承接商家的刷单需求，刷单团队会建立自己的刷手群。普通刷手群进群之后可以根据放单要求和自身情况直接进行接单；高端刷手群如图 2-49 所示，进群审核比较严格，佣金相对较高，进入刷手群根据群中发放的任务及要求进行接单。

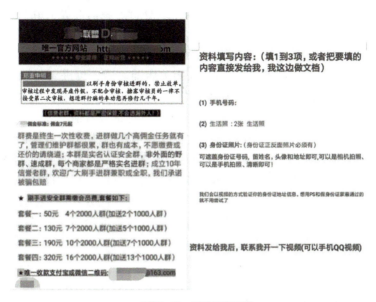

● 图 2-49　高端刷手群

刷单流程如图 2-50 所示。刷单分为商家、刷单团队和刷手三个角色，商家主要负责发任务、发货和支付佣金；刷单团队负责沟通商家和刷手，组织刷手完成刷单；刷手负责刷单。

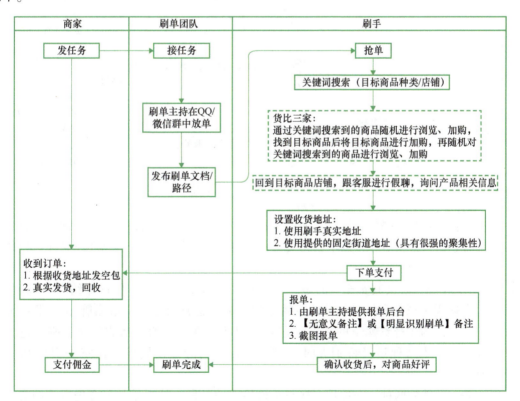

● 图 2-50　刷单流程

流程是商家向刷单团队提出需求，刷单团队在QQ群、微信群等渠道发布任务和刷单的步骤文档；刷手看到任务之后接收任务，开始刷单。刷单一般分五步。一是模仿正常人浏览，然后锁定目标店铺和商品。模拟浏览的过程叫作货比三家，方法有随机浏览通过关键词搜索到的商品、加入购物车；或者浏览1~3家相关店铺之后，再进入目标店铺，进入商品主页后会浏览几个相关商品，商家可以为刷手指定页面的停留时间和访问深度。二是设置收货地址，一般有两种选择，分别为使用刷手真实的收货地址或者使用刷单团队提供的收货地址，并在收货地址中填写暗号。三是下单支付，支付有垫付方式（直接由刷手全额垫付）和银行卡远程二维码付款两种方式。四是报单，下单完成之后，在刷单团队提供的报单系统中填写个人下单信息。五是收货评论，刷单后会继续附上好评，帮助提高商家信誉。

商家根据报单系统进行发货，对于刷单的订单有两种物流方式：一是真实发货，但是需要刷手下单时新增新地址，方便统一收货，可能出现收货地址聚集的情况；二是虚假发送空包，直接在空包网下单，填入刷手收货地址。

3. 刷直播间热度

（1）角色

直播黑产角色分工如图2-51所示。

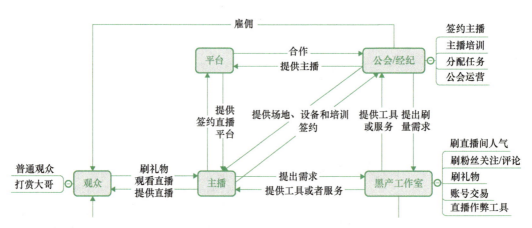

● 图2-51 直播黑产角色分工

- 平台：平台是直播的载体，它为主播们提供了一个可以获取大量粉丝和收益的机会，同时它会与公会合作，以求获得更多的主播入驻，获得更多的观众，提升平台的用户量和影响力。
- 公会/经纪：公会其实充当的是一个主播经纪人的角色。它负责签约和培训主播；为主播提供场地和设备，并给主播分配任务；运营公会，打造品牌IP，聚集更多的人气；为了捧红旗下的主播，它会雇佣部分观众去给主播刷礼物、刷评论，刷人气等，当这种量级特别大时，它就会找专门的黑产刷量工作室去提供相应的服务。
- 主播：主播分两种，一种是直接与平台签约的；另一种则是与公会进行签约的。一般主播刚出道时会选择进入公会，以便得到固定的底薪保障。主播为观众提供视频直播，为了快速增加自己的人气，也会向黑产工作室购买软件或者服务。
- 黑产工作室：黑产工作室专门为主播或者公会服务。它为主播与公会提供刷人气、刷粉丝、刷弹幕、买卖账号、代刷礼物、直播作弊软件等服务。同时，考虑到刷量的质量，黑产也会雇佣真人进行刷量服务，或者为观众提供代充服务。
- 观众：观众负责观看直播内容，并给主播打赏、点赞等，增加平台的知名度。

（2）刷人气利益分成

从利益分成的角度来讲，刷量也是一个对平台无利而对主播与公会有利的行为。
- 主播：与平台签约的主播能够从平台获得一笔不小的签约费。同时，主播通过雇佣黑产进行刷量，增加自己的人气，从而获得更多的打赏金额和更大的分成金额，然后拿出一小部分支付给黑产；而与公会签约的主播则会从公会获得固定的底薪，然后依靠公会的力量，在分成中获取更多利益。
- 公会/经纪：公会会与平台进行合作，从而获得充值补贴或者直播间推荐位等，如公会充值时获得 5 折优惠，充 1000 万虚拟币实际能获得 2000 万。同时公会为了运作旗下主播，会向黑产工作室购买刷量软件或者服务，变相提高主播的人气和收入，从而在与主播的分成中获取更多收入；除此之外，如果主播人气够高，公会还能通过接广告和拍摄任务的方式获取额外的收益。
- 黑产工作室：黑产工作室通过给主播刷量、卖软件获得收入。同时，还能通过给主播刷礼物进行洗钱、洗号等操作，将违法所得顺利变现；为观众提供苹果手机代充业务，然后自行退款获取收益。
- 观众：在直播平台充值，然后给主播打赏进行消费。
- 平台：平台的支出主要来自三方面，即不时发放虚拟币或者礼物以提高用户的活跃度，如直播间打赏时掉落的金币、签到获得的金币、虎牙直播的船票等；签约名气大的主播，增加平台的吸引力和知名度；补贴公会，分担管理责任和增加主播数量。平台的收入主要来源于和主播的分成。

（3）刷直播间人气方法

1）人气协议。人气协议是用来刷主播人气的一种软件，它能够批量控制账号进行登录、关注、点赞、进入直播间、聊天、评论等功能。它还可以批量发布作品，功能上它可以通过代理来切换 IP，避免 IP 出现聚集。基本上每个直播平台都有对应的人气协议。

2）购买服务。图 2-52 所示是刷量网站中直播间的服务，包括如下。
- 点赞：本场直播间点赞。
- 跟播互动：全程真实地实时互动，如主播说扣 666，刷量人会立即全部扣 666，在直播过程中实时地配合互动。
- 自定义弹幕：购买服务的人可以自定义弹幕内容，刷量人会在本场直播间重复发自定义弹幕内容。
- 观看人数：观看人数的服务有下单数量要求，有最低和最高下单数，如 500～5000 指的是最少购买 500 人，最多购买 5000 人。
- 灯：赠送灯牌，增加亲密度。
- 团：加入粉丝团，增加亲密度。

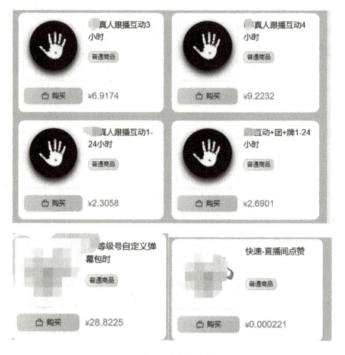

• 图 2-52　刷量网站中直播间的服务

2.2.4　广告导流

1. 黑产角色介绍

恶意引流黑产有四类角色：广告主；引流工作室及出粉人；引流脚本工作室；基础资源供应商。

（1）广告主

广告主类型有微商、付费的社群、网站运营人员、公众号运营人员和杀猪盘类的黑产团伙等。从需求角度分类，广告主一般有三种：一是直接购买自己需要的粉丝类型，通过提供自己的微信号让下游的黑产将粉丝添加到微信号上或者直接购买已经加好粉丝的微信号进行运营；二是找工作室直接对自己的平台进行宣传，这种一般适用于网站、公众号推广等场景，会将自己的公众号名字或者网站链接提供给下游的黑产，下游的黑产会直接帮它们进行宣传；三是资源和技术实力比较完善的广告主会选择自己做，充当整个链条中所有的角色。

一般广告主内部交易的粉丝简称 JZ 粉（兼职）、WZ 粉（网赚）、CP 粉（彩票）、QP 粉（棋盘）、BJ 粉（保健）、GP 粉（股票）、宝妈粉、男粉、女粉等。

（2）引流工作室及出粉人

引流工作室根据需求方的粉丝类型来挑选对应的平台去做引流，一般需要需求方自己提供微信号或者是 QQ 号。

黑产可挑选的平台类型有交友类、游戏类、房产类、买卖闲置类、招聘类、音乐类、视频直播类、金融股票类、美食类、电商社区类、咨询类、校园类、汽车类、生活服务类等。

出粉人则会自己吸粉引粉，然后去找需求方进行售卖，出粉人聊天记录如图 2-53 所示。

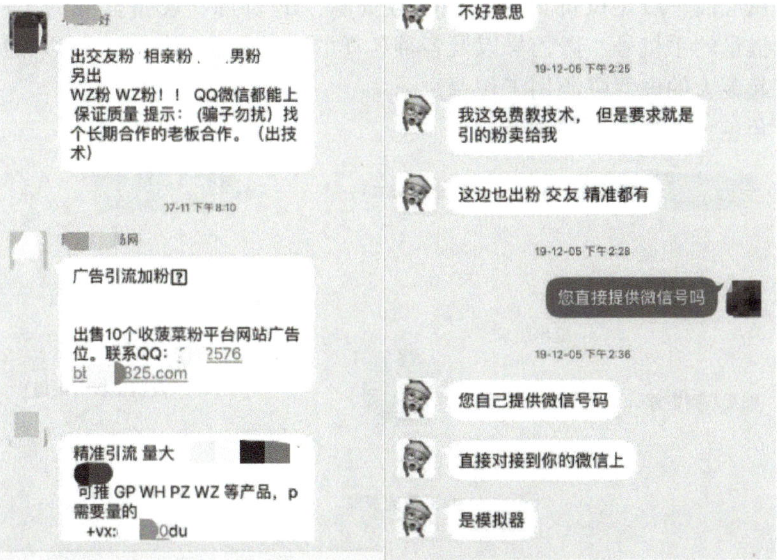

• 图 2-53　出粉人聊天记录

（3）引流脚本工作室

引流脚本工作室提供引流脚本定制开发，基本的引流只是一些周边资源，如图 2-54 所示。脚本工作室会员制价格一般是 300~800 元/年，购买后可以使用该工作室的所有脚本和服务。协议工具一般是 1 对 1 售卖，价格一般在 1000~2000 元/年。中控软件和群控软件一般也是单独售卖，价格一般在 1000~2000 元/年。

• 图 2-54　引流脚本工作室

（4）基础资源供应商

基础资源供应商一般是负责提供各种账号资源、IP 资源、设备资源的黑产团伙，他们手里掌握着大批量的手机号、微信号以及各种各样的改机工具和技术，可以帮助下游的黑产规模化地组织起庞大的虚假资源用于作恶。

引流黑产角色关系如图 2-55 所示。

● 图 2-55　引流黑产角色关系

从图 2-55 中可以看出，广告主是整个链条的核心，他会向不同的黑产工作室提出需求，而黑产工作室之间也有一定的上下游协作关系，并不是各自为战。

2. 引流套路

引流套路分行为套路和内容套路两个方面。

（1）行为套路

黑产引流过程中的核心目标就是在合适的地方将引流内容曝光给合适的群体。曝光所利用的场景大致上分为 5 类，社区公开、社区群组、社区私聊、朋友圈、个人资料。不同场景对应不同的引流方式，下面针对每个场景介绍一种引流方式。

1）社区公开：找新帖或者是冷帖（能够占据比较高的"楼层"）→在"高楼层"发一条广告评论→通过刷评论或者点赞将该帖刷热顶上去。

2）社区群组：建群→在公告发广告内容→小号加群→引导大家看公告→退群→去另一个群（循环）。

3）社区私聊：【通过主动搜索/系统推荐/按条件筛选的方式寻找目标→建立社交关系】（循环）→在已经建好的好友列表里按顺序或者随机挑选好友发送广告。

4）朋友圈：批量加一些好友→在朋友圈中发布广告信息。

5）个人资料：个人资料一般要配合其他场景一起完成，设置带有广告内容的个人资料→找好人帖→在每个帖子下面刷带有语义诱惑或者是无意义的广播消息来曝光账号。

（2）内容套路

黑产为了吸引更多精准的粉丝，需要构造一套指向性明确、具有吸引力且可以绕过风控检测的话术。

根据引流粉丝的类型去选择不同的话术。为了在吸引粉丝的过程中快速抓住"潜在客户"的注意力，语言的表述上需要尽可能地带有诱惑性的话术。为了绕过风控系统检测，黑产需要构造很多文字上的干扰来进行对抗，如文字变体、文字截断、话术倒叙、藏头诗等。黑产在和风控系统对抗的过程中也会利用一些 Unicode 编码的原理去做，黑产文字干扰示例如图 2-56 所示。

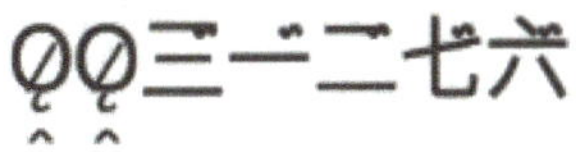

• 图 2-56　黑产文字干扰示例

图 2-57 所示为黑产为对抗内容识别模型而打出的联系方式。从视觉效果来说，肉眼可以清晰地看到这条 QQ 信息以及一些"杂质"，但真实情况是每一个汉字和字母后面都填充了非常多的异常字符。图中用"方框"框起来的为最终想表达的字符，而每一个元素后面都是用来干扰的字符。由于这些字符本身带有隐藏和叠加的功能，所以在视觉上不会影响观感，但是内容识别模型处理过程中检测到的是很长的一段字符，会在一定程度上影响模型的判断，从而绕过风控检测。

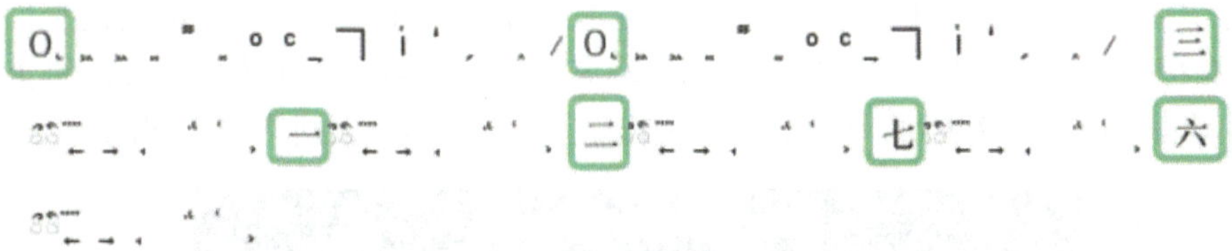

• 图 2-57　黑产为对抗内容识别模型而打出的联系方式

3. 变现方法

引流黑产有对接客户和对接产品两种变现方式。

第一种为对接客户，很多自媒体或做营销的人非常需要大量的粉丝来扩充自己的流量池，所以根据不同类型的粉丝，黑产可以售卖给不同的人。不同类型的粉丝价格不一样，一般情况下价格较低的粉一个 2.5 元左右，黑产一天的收入最多能到 1000~2000 元。有非常多的第三方平台提供了买卖粉的服务，平台里收粉卖粉的很多。除了第三方平台外，大部分的引流群里也有很多广告主会购买粉丝。

第二种为对接产品，如微商产品。把自己当作产品的领头人，不仅是卖产品也是卖这一套引流方法，让代理用这个方法去引流并且招更多的代理，形成一个组织生态。这种情况下，售卖一套方案大概在 2000 元左右，这种单次的收入会非常可观，但是对黑产自身的专业性也有很高的要求。

2.2.5　网络诈骗

1. 网络诈骗背景及现状

（1）背景

网络诈骗属于电信诈骗的一个分支，电信诈骗是指通过电话、网络和短信方式，编造虚假信息，设置骗局，对受害人实施远程、非接触式诈骗，诱使受害人打款或转账的犯罪行为。通常以冒充他人及仿冒、伪造各种合法外衣和形式的方式达到欺骗的目的，如冒充公/检/法等国家机关、商家、公司、厂家、银行等各类机构工作人员，通过伪造和冒充招工、婚恋、贷款、中奖、手机定位等形式进行诈骗。这其中"诱使受害人打款或转账"表明了电信诈骗的支付行为是受害人主动发起的，而在受害人不清楚的情况下，发生的支付欺诈并不属于电信诈骗这一类。

2012年前后，随着网络、智能手机的普及，网络诈骗开始呈现出上升的趋势。诈骗分子通过各种钓鱼网站、盗取社交网络账号等方法实施诈骗。2015年左右，随着大数据技术的兴起，人们在互联网上的个人信息变得越来越丰富，而诈骗分子也通过各种技术手段盗取了受骗者更全面的信息，从而博取受害人的信任进而实施诈骗。可以看到，网络诈骗是指以非法占有为目的，利用互联网采用虚构事实或者隐瞒真相的方法，骗取数额较大的公私财物的行为。

（2）现状

随着科学技术的发展，互联网渗透到了人们生活的各个角落。日常生活中的聊天、购物、转账、出行都可以通过网络完成，这在一定程度上提高了人们日常生活的便利性。然而便利总是和风险共存的，诈骗分子也开始利用网络来实施诈骗，近年来发生在网络上的诈骗事件屡见不鲜。从图2-58中可以看出，网络诈骗已经成了第二大网络安全问题。

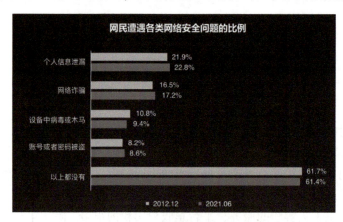

• 图2-58　网民遭遇各类网络安全问题的比例

如图2-59所示，根据公安部所报道出来的网络诈骗情况，2019~2021年网络诈骗案件数处于一个上升的态势。我国也开始对诈骗团伙实施进一步打击，2021年公安部拦截的涉嫌诈骗资金达到了3265亿元。其实从图2-59中也可以看出，网络诈骗案件数的增长趋势也开始放缓了。

2. 网络诈骗路径

（1）诈骗链路

2020~2022年，随着各种社交平台的兴起，诈骗团伙开始大批量地利用各

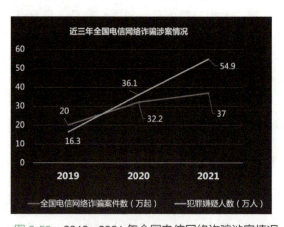

• 图2-59　2019~2021年全国电信网络诈骗涉案情况

种具备聊天功能的 App 进行诈骗，诈骗黑产产业链如图 2-60 所示。

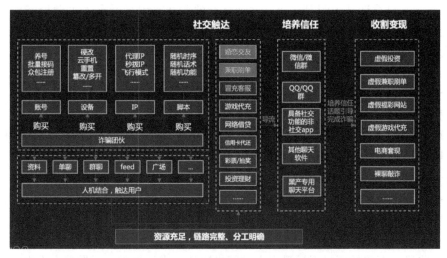

● 图 2-60　诈骗黑产产业链

整个链条分三个阶段：社交触达、培养信任、收割变现。第一阶段为社交触达，在这个阶段中诈骗团伙用事先准备好的账号资源、设备资源、IP 资源和脚本资源，在陌生人社交 App 的各种业务场景（私聊、群聊等）中去传播各种具备吸引力的话术内容。初步搭讪的话术类型一般分为婚恋交友、兼职刷单、冒充客服、游戏代充、网络借贷、信用卡代还、彩票/抽奖、投资理财等，从而将具备诈骗潜质的人群引流到第二阶段。在第二阶段培养信任中，诈骗团伙需要和受害人进一步建立信任机制。该环节一般发生在微信、QQ 等具备支付功能的社交 App 中，方便直接进行转账。或发生在一些具备社交功能但非社交属性的 App 中，一般这种 App 对于诈骗的识别较弱、风控较低，更有甚者，黑产会开发属于自己的聊天 App，并利用其对受害者进行诈骗。在建立了足够的信任后，诈骗团伙会进入第三阶段收割变现。在这一阶段中，黑产会通过各种具备交易属性的项目对受害者进行金钱欺诈，这其中虚假投资和兼职刷单类在近期最为泛滥。

在众多黑产的诈骗套路中，杀猪盘和杀鸡盘一直是黑产惯用的手法，成功率以及收益率也非常高。下面会分别举例介绍这两种诈骗手段。

（2）杀猪盘

杀猪盘是指诈骗分子利用网络交友，诱导受害人投资赌博的一种诈骗方式，常见黑产套路如下。

1）伪造身份。杀猪盘的黑产为了更好地吸引受害人，会去包装自己的身份、职业、家庭背景、经历等，一个新奇的身份会更容易让黑产找到目标对象。近两年黑产伪造的身份大体上分为以下几类。

- 伪装成外国人。伪装成外国人是近两年非常常见的一种诈骗手段，主要用于欺骗一些大龄的妇女。常见的一种套路是，建立了一定的情感基础后，告诉受害人自己人在国外要往国内寄送一些物品，但是被海关扣留需要帮忙去取包裹。这里就涉及了海关清税等需要各种支付的相关操作，从而实施诈骗。常见的打招呼示例如下。

我是美国的一名医生，但目前被派往也门，担任联合国军队的外科医生。

- 伪装成精英人士。黑产也常会伪装成各种精英人士来博得受害人的信任，如在海外工作、来自香港某集团等。通过这种高端的职业来引导受害人去做投资理财等相关的业务，从而实施诈骗。常见的打招呼示例如下。

  我在海外某企业担当高管，最近可能需要回趟国。

- 伪装成退役军人。这是近年来黑产常用的诈骗身份。一般来说，军人更容易给人安全感，所以黑产会伪装成这样的身份实施诈骗。常见的打招呼示例如下。

  我来自广东江门，现在南京军区服役。你呢？

2）实施诈骗。黑产在伪造好身份以后，会通过各种各样的套路欺骗受害人，从而达到进一步转账的目的，具体方法如下。

引导受害人去一些小众 App 进一步实施诈骗。由于网络诈骗已成为一个比较严重的问题，大家都做了一些相应的策略来防止当前问题的发生，所以诈骗团伙会选择将受害人引导去一些非常小众的 App 中。由于这些 App 的监管较弱，所以更方便黑产实施诈骗，如小众加密 App 等。

推荐一些稳赚不赔的项目引导受害人进行投资从而实施诈骗。引导受害人投资是黑产惯用的手法之一。有非常多的团队专门帮助诈骗的黑产搭建这种虚假投资的资金平台，黑产会通过搭建好的这种以假乱真的资金平台来告诉受害人通过该项目可以得到高额回报，从而让受害人和自己一起进行投资。虚假投资平台如图 2-61 所示。

- 图 2-61 虚假投资平台

将受害人引入骗局后，诈骗团伙有一系列的话术套路将其引入深渊，网赌诈骗话术套路如图 2-62 所示。

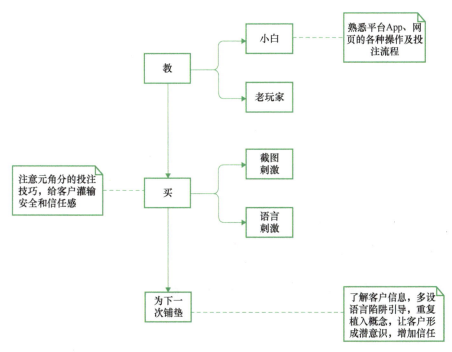

● 图 2-62　网赌诈骗话术套路

在和受害人建立了一定的情感关系后，一些黑产也会说自己有一些债务或投资赔了不少钱，让受害者一起来帮助自己还款，从而实施诈骗。

（3）杀鸡盘

杀鸡盘专门针对那些没有固定工作的群体，他们没有稳定的经济来源，一般都想利用假期或闲暇时间赚点外快。骗子以"刷单""兼职"为名吸引受害人来做单，从而实施诈骗。该类诈骗非常常见，之前非常火的一种方式是以帮助抖音点赞的方式将用户吸引过去，实际做信用卡助还的任务，从而实施诈骗。图 2-63 所示为黑产通过抖音点赞的方式将用户吸引到其他平台后发布的任务截图。

【项目一】信用卡助还：信用卡助还是需要流动资金才能接单的，平台最低充值500，最低接单200，新人一天可以赚 100-150 不等，每天有充足的订单，充值进去的资金还是你自己的，本金在平台上面是随时可以提现的呢。
注：为什么会有助还（助还就是当使用信用卡，自己出现了还款困难的情况，找第三方公司帮忙还款，公司收取一定的手续费，将这订单发布到平台上，让我们接单，让我们理取1.8 的儒金，所以我们需要充值 500 到平台，上面，我们用这 500 进行还款，一个订单时间在 15 分钟到 20 分钟左右，然后完成之后你还款 500 这个 500 直接返款到你平台号上面，加你的佣金）
【项目二】抖音点赞：下载 App，帮商家指定抖音短频，点赞每一个订单三块，每日可接五个订单操作流程，下载 App 抢单，抢到订单然后复别，打开抖音，点赞其中一个作品微图，并上传至 App 点击提交，等待审核，抖音提现要求完成五个抖音订单，加一个助还订单即可提现。
【项目三】手工活：组装等，钻石画，串珠子，等手工活，需要做手工活的朋友，联系助理进行详细了解(做项目一可以提拿手工活)

● 图 2-63　黑产通过抖音点赞的方式将用户吸引到其他平台后发布的任务截图

从图 2-63 中可以看到"项目二"和"项目三"应该为该团伙的幌子，他们顺便会做相关的生意，而"项目一"才是他们真正要做的项目。而下载"项目一"的 App 后发现，该 App 名义上是一个还款平台，帮助别人去做还款操作，如图 2-64 所示。

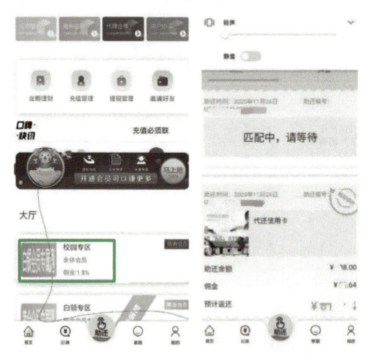

• 图 2-64　虚假还款 App

而实际上该 App 是黑产开发的一个虚假的信用卡助还软件，通过恶意欺骗别人还钱进行返利的话术吸引受害人进行操作。一般前两笔诈骗人员会把钱返还给受害人，但是金额都较小，后面随着金额的增大，诈骗人员会以各种理由不归还金钱，直到受害人发现后骗子删除联系方式跑路。在对数据进行了分析后，可以发现这批人基本都是活跃在中缅边境的一些城市，明显是东南亚的诈骗集团，IP 分布详见表 2-5。

表 2-5　诈骗黑产 IP 分布

IP	地　区
37.×××.×××.94	缅甸仰光
37.×××.×××.138	缅甸仰光
37.×××.×××.135	缅甸仰光

3. 黑产趋势

随着对抗黑产技术的提升，黑产也在一直进行着演变。现在的黑产非常关注时事政治，常用的套路也都会紧跟时事热点。最近国内数字人民币很火，黑产也会用利用这种概念进行诈骗。

诈骗新闻曝光如图 2-65 所示。

综上，可以看出黑产的迭代也非常迅速，对抗将一直持续下去。

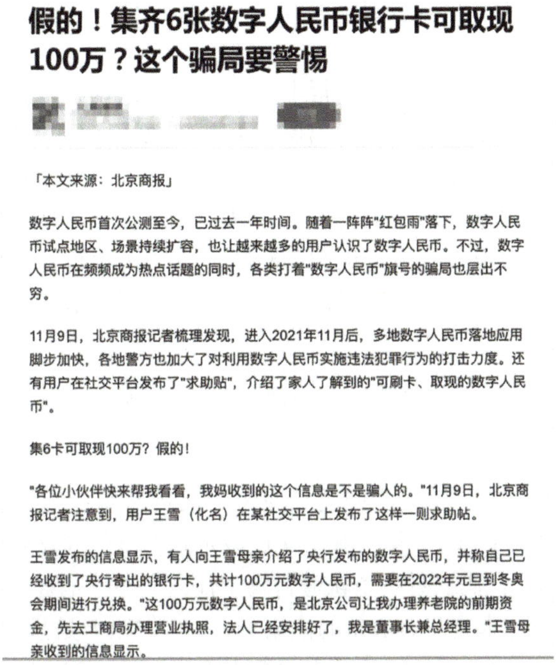

假的！集齐6张数字人民币银行卡可取现100万？这个骗局要警惕

「本文来源：北京商报」

数字人民币首次公测至今，已过去一年时间。随着一阵阵"红包雨"落下，数字人民币试点地区、场景持续扩容，也让越来越多的用户认识到了数字人民币。不过，数字人民币在频频成为热点话题的同时，各类打着"数字人民币"旗号的骗局也层出不穷。

11月9日，北京商报记者梳理发现，进入2021年11月后，多地数字人民币落地应用脚步加快，各地警方也加大了对利用数字人民币实施违法犯罪行为的打击力度。还有用户在社交平台发布了"求助贴"，介绍了家人了解到的"可刷卡、取现的数字人民币"。

集6卡可取现100万？假的！

"各位小伙伴快来帮我看看，我妈收到的这个信息是不是骗人的。"11月9日，北京商报记者注意到，用户王雪（化名）在某社交平台上发布了这样一则求助帖。

王雪发布的信息显示，有人向王雪母亲介绍了央行发布的数字人民币，并称自己已经收到了央行寄出的银行卡，共计100万元数字人民币，需要在2022年元旦到冬奥会期间进行兑换。"这100万元数字人民币，是北京公司让我办理养老院的前期资金，先去工商局办理营业执照，法人已经安排好了，我是董事长兼总经理。"王雪母亲收到的信息显示。

• 图 2-65　诈骗新闻曝光（源自北京商报公开报道）

2.2.6　交易场景

1. 盗卡盗刷

银行卡发生的盗刷从方式上主要分为轨道盗刷、cvv 盗刷、移动支付类 App 绑卡盗刷。

（1）轨道盗刷

轨道盗刷也就是常说的复制卡，黑产通过一定的技术手段提取出银行卡中的轨道信息，从而进行复制。在黑产圈中，采集轨道的方式一般有如下三种。

一是通过在 ATM 机上安装采集卡口或者内插芯片，然后在输入密码的地方安装钮盘采集别人银行卡的轨道信息，通过安装针孔摄像头来采集密码，从而制成新卡。

二是通过改装 POS 机，在 POS 机里加装采集芯片，使得客户在刷卡消费的时候，POS 机自动采集银行卡的轨道数据和密码。

三是银行内部工作人员出售轨道数据和密码。

这里需要注意的是，黑产在采集轨道时，采集卡口需要安装在外部。内插芯片就像插银行卡一样插进去，对于黑产来说会比较隐蔽和安全。ATM 每个插卡口不一样，所以采集卡口也有区别。ATM 采集器的电池一般只能维持 8 小时左右。采集完毕以后，需要将其取出并用专业的设备把数据读取出来。如果采集器在采集的过程中丢失，则所有数据都会丢失。目前市面上的设备数据均为本地保存，无法通过网络进行远程传输。POS 机采集时，黑产一般会注意商家场合，会分析潜在被盗刷的客户群体是一直固定的还是分散在各地，如一个小区的停车场和一个景点商场的客户群体是有非常大的区别的。黑产为了对抗警方在最终做案件归集时发现破绽，所以对于采集到的每条料一般至少沉淀 3~6 个月再实施盗刷。沉淀时间太短容易被监测到,沉淀时间太长则用户容易修改密码或者挂失银行卡,导致轨道料的转换率较低。

轨道料在黑产圈内分内轨和外轨,银行卡一般有三条数据轨道,但是有效的数据一般分布在其中两条轨道上。国外银行卡的轨道数据一般在轨道 1 和轨道 2,国内银行卡的轨道数据一般在轨道 2 和轨道 3,所以国内的轨道料叫作内轨,国外的轨道料叫作外轨。当读取银行卡信息的时候,读出的数据会出现在轨道 2 和轨道 3,或者出现在轨道 1 和轨道 3。无论内轨还是外轨,轨道 1 和轨道 3 都属于记载型轨道,仅用于银行记载信息。而轨道 2 属于使用型轨道,该轨道一般用于写入信息,所以黑产为了盗刷而写卡的话,一般只需要将数据写入轨道 2 即可。

下面通过一个真实案例(非必要部分已脱敏)具体分析一下。

```
60368xxxxxx04902626=24102201xxxxxxxx
```

这是一条外轨料的轨道 2,等号前面的是原卡的银行卡号,等号后面第 1 和第 2 位数是到期年份(24 就是 2024 年到期),第 3 和第 4 位数是到期月份(这张卡是 10 月到期),第 5、6、7 位数是 220,属于国际代码。看一条轨道料属于什么卡种就是看 5~7 位是什么,如有 101、120、201、220 等。101 的原卡是只有磁条的信用卡,120 的原卡是只有磁条的储蓄卡,201 的原卡是一面是磁条另一面是 IC 芯片的信用卡(简称复合卡),220 的原卡是一面是磁条另一面是芯片的储蓄卡。大家目前手里的卡不出意外的话国际代码应该都是 201 或者 220 的。

当拿到轨道信息以后,就需要用写卡器将盗取或者购买的轨道数据写进卡片中。银行卡的原理本身是 FRID 技术,所以从黑市上可以购买到类似于银行卡的白卡,也可以重写自己的卡,更有甚者会通过一些私密渠道购买别人已经挂失的银行卡。当写入数据后,通过 ATM 机或者是 POS 机将钱刷出来,这样就实现了一张卡的复制并进行了盗刷。图 2-66 所示为一个写卡器对应的软件,其中"Read"是读卡,"Erase"是擦除,"Write"是写入。

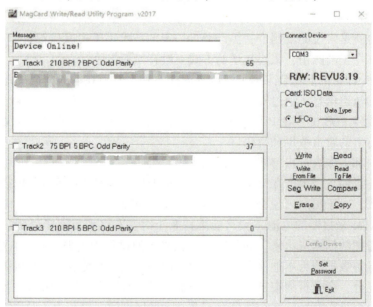

• 图 2-66 写卡器对应的软件

将数据刷入备用卡后，就剩下变现的问题了，复制卡的变现一般是 ATM 机和 POS 机两种方式。

1）ATM 机变现：黑产在使用 ATM 机变现的时候，首先会注意自己的踪迹，因为一路上都有监控，可以溯源并且在 ATM 机现场会留下样貌和指纹。所以黑产在这个时候一般会选择找帮手去取，然后在约定的洗手间埋包（埋包是指利用洗手间没有监控，将放入现金的手机防水袋存放进马桶中）。另一种方式就是打车断点，踩好四个地点，分别是 A、B、C、D，A 为黑产根据地，B 和 C 是没有监控的公共场所，D 是 ATM 取款机。中途的两站打车换装，在这个过程中黑产会注意他们自己的体型、着装、发型、配饰等。并且这种情况涉及黑产自己去取钱，所以一般会对复制卡做提前的测活（通过某些方式确定当前的信用卡为可用状态），防止 ATM 机吞卡，尽可能地保证取款的成功率。

2）POS 机变现：POS 机在国内用第三方支付公司办理的都不可以刷外料，一般只能做国内的套现。如果要盗刷国外的卡必须办理商户的 POS 机，这需要在银行办理。并且 POS 机的到账时间都是第二天中午之前，而不是秒到账，所以在使用 POS 机变现的时候黑产都非常谨慎。

需要注意的是，该类型技术难度相对较高，随着整体风控水平的迭代，这种轨道盗刷的量已经逐渐在减少。

（2）cvv 盗刷

在信用卡盗刷场景中，黑产常用语详见表 2-6。

表 2-6　黑产常用语

黑产常用语	释　　义
卡料	信用卡资料
通道	可以刷货的地方，刷货是指黑产盗取用户的信用卡购买大量的商品套现
挑头	信用卡的 bin 码（开头的前六位数字），部分挑头在某些指定通道购买下单成功率高
鱼料	通过钓鱼网站骗取持卡人而获得的信用卡信息
测活	需要测试该信用卡是否可用
毛料	一堆没有测活的料比较便宜，需要自己去测活

1）伪装环境。

为了防止被追查，黑产需要伪装自己的真实环境，主要伪装 IP 和设备两个方面。IP 伪装方式详见表 2-7。

表 2-7　IP 伪装方式

伪装方式	释　　义
流量卡	购买专门用于上网的大范围流量卡，最好是走机房流量，这样通过简单的 IP 查询找不到对应的位置
流量卡路由器	网上购买可用于插流量卡的小型路由器，以 WiFi 的形式使用 4G 流量
VPN	专业提供纯匿名的 VPN，数据加密且不留日志，必须使用比特币购买用于隐匿买家的身份
S5	一种代理 IP 的方式，以前这种代理方式的 IP 属于动态 IP，不是长久有效的，定期会换。现在是否有比较新的技术还需要进一步调研，有专门的公司提供了 S5 的工具，可以精准地模拟到某个省的某个市

(续)

伪装方式	释义
SSH	也是一种类似于 S5 的 IP 代理，和 S5 的作用一样，但是相比于 S5，该种方法的 IP 更加稳定
RDP	这是一种远程桌面协议，可以通过远程控制的方式控制被黑客入侵的计算机来进行操作，此时的 IP 为肉鸡的 IP

设备伪装详见表 2-8。

表 2-8 设备伪装

伪装方式	释义
虚拟机	一般在使用 RDP 的时候，会在入侵的主机中再次安装一个虚拟机来进行身份的伪装
二手计算机	从市面上购买一台二手计算机，用于第一层伪装，使用几次后直接销毁再购买下一台二手计算机
指纹伪装浏览器	市面上提供了多款指纹伪装浏览器，可以根据 IP 自动匹配对应的语言时区，然后自动设置对应的分辨率、UAG 代理头以及 WGL 渲染参数
MAC 地址转换器	篡改本机 MAC 地址
CCleaner	清除所有不需要的数据（cookie/访问历史/临时数据等），有一些浏览器自带了该功能

2）cvv 料介绍。

伪装环境后，黑产开始挑选 cvv 料。一般会从国际 6 大信用卡组织进行选择，从目前的情报渠道了解到，盗刷组织大部分情况下盗刷的主要是表 2-9 所示的 1~4 这 4 个组织的卡。

表 2-9 国际信用卡组织

序 号	中 文 名	英文及简称
1	威士国际组织	VISA
2	万事达卡国际组织	Master
3	美国运通国际股份有限公司	AMEX
4	日本信用卡株式会社	JCB
5	大来卡	Diners Club
6	中国银联	China UnionPay

黑产盗取 cvv 料的常见方式有黑客拖库和钓鱼网站两种。

① 黑客拖库：由于国外的电商平台购物大多都是通过信用卡购物，所以在信用卡的信息会上传到购物网站，而黑客通过入侵购物网站的数据库可以盗取 cvv 料。这种料由于是从数据库中直接读取的，所以部分是明确挑头（信用卡开头的 6 位或 8 位数字）的。该种料数量多、质量稳定、资料少，价格便宜。

② 钓鱼网站：模仿知名电商平台制作的钓鱼网站，让用户在上面发起虚假购买从而盗取用户的资料。该种料比较稀少，资料很详细，但是大部分不可以挑头，价格稍贵。

黑产交易 cvv 的渠道有料站和私有渠道两种。料站可以理解为专门售卖 cvv 料的电商平台；私有渠道由专门的担保商或者中间商进行售卖。

从使用方式的角度看，不同的料有着不同的特性和用法，一般分为如下 3 类。

① 有 C 料：一般网站只需要卡的卡号、日期和安全码。在很多场景下，姓名并不重要，没有做强校验。

② 无 C 料：一些网站不需要 cvvcode，部分电商只需要姓名、日期、卡号。

③ 比较特殊的料：免 3 头的料（不需要 3D 验证的料）。

前两种料一般可以直接用于 2D 通道，这类通道只需要卡的三要素这些验证信息。但是还有部分通道需要 3D 验证，提供验证的方式很多，如密码、社保号、邮箱验证码等。

国外流行的验证方式以及对应黑产使用的料如下。

① 卡号+有效期：无 C 料。

② 卡号+有效期+CVV2：有 C 料、2D 通道。

③ 卡号+有效期+CVV2+3D 验证：有 C 料、3D 通道。

④ 卡号+有效期+CVV2+AVS：有 C 料、2D 通道、绕过 AVS 的技巧。

当黑产购买到一个具体的 cvv 料后，是如何分析的？下面以一个"日料"（日本的 cvv 料）举例说明，cvv 料如图 2-67 所示、卡 bin 码查询如图 2-68 所示、cvv 料详情介绍详见表 2-10。

• 图 2-67 cvv 料

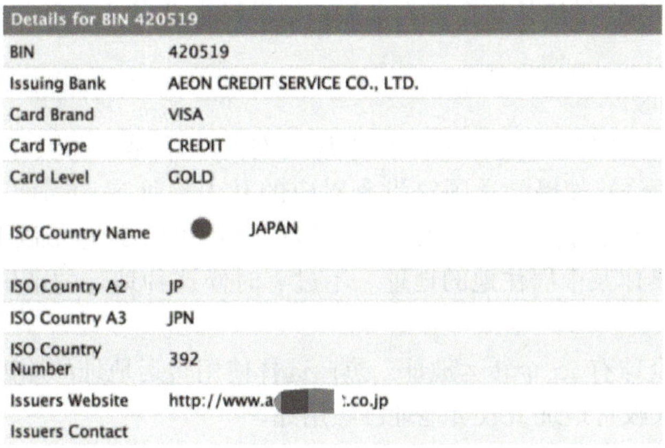

• 图 2-68 卡 bin 码查询

表 2-10 cvv 料详情介绍

示 例	含 义
**	分隔符，不同料的分隔符不一样
JP	国家或者是地区缩写，这里指的是日本
Taga×× ××××chi ** 铃×× 纪**れ**き	英文名+正常书写名+平假名，日本的网站需要填写平假名。具体填写要求见网站说明

（续）

示 例	含 义
420519××××××700	卡号；前 6 位是卡 bin 码，可以查料的级别
012022	信用卡的有效期
251	cvvcode、JCB、VISA、万事达的卡是 3 位，美国运通卡是 4 位
plan×××××××ji@ yahoo.co.jp	料主的邮箱（会进行邮箱轰炸）
079××××63	料主的手机号
兵庫県	日本的某个县
宝塚市川面	日本的某个市
＊＊5-x-××-×07＊＊	账单地址
＊＊665-0842	日本的邮政编码

3）黑产的刷货流程。

第一步 购买/注册邮箱。

美国电商平台选择谷歌、微软、美国雅虎的邮箱；日本电商平台选择日本雅虎和以 .jp 结尾的邮箱；一般推荐选择 gmail、hotmail、微软、edu 的邮箱。提前用注册好的邮箱去注册网站，然后进行分析调研。邮箱名建议和料主的名字一致。

第二步 买料分析。

具体分析过程比较复杂，不同网站对料的使用和要求不一样。有一些日本网站刷"日料"就会被风控，但是刷"台料"更容易通过。黑产的通用套路是：在一个料站买一个料，如果料刷成功了，那么会继续按这个料头来买；如果料头没有了，会再重新找一个料头，然后重复之前的动作。

第三步 购买地址。

在注册网站后分析网站的过程中，有非常关键的一步是，需要了解货物的配送情况（配送周期和配送国家）。如果配送国家没有对应的私人地址或者当前私人地址已经用完，那就需要选择注册转运公司，通过转运地址来送货。购买的地址包括以下 3 种。

① 私人地址：具体某个居住地的地址。不过有时候这种地址的范围会相对比较大，这和当地的配送方式有关。

② 转运地址：全球有 75 个转运地址。黑产选择使用转运地址的原因有以下两个。

a. 当地没有私人收货地址或收货地址已经用完。

b. 国内的盗刷团伙会邮寄回国，需要通过转运的方式回国。

③ 不动产地址：一些公寓或房产。

这里需要注意一个政策：AVS 验证。AVS 全称 Address Verification System，意思是通过验证持卡人地址的数字部分来确认持卡人的身份。目前只有美国、加拿大、英国的 VISA 和万事达以及美国的 American Express、Discover 发行的信用卡支持 AVS 验证。例如，某玩家在某电商渠道购物时，输入的地址为"7xx2 NW xx ST, MIAMI, FL 2xxx4-4xx3"，AVS 会将数字 7xx2 和 2xxx4-4xx3 与发卡机构记录的地址进行对比，并通知商家结果是否匹配，从而尽可能地帮助商家做出关于授权交易的正确决定。

当商家向发卡机构请求 AVS 验证时，发卡机构会返回一个代码来表示 AVS 验证的结果，商家可以根据代码来决定是否接受这笔交易。不同代码所表示的验证结果详见表2-11。

表2-11 不同代码所表示的验证结果

代码	VISA	MasterCard	Discover	American Express
Y	地址、邮编正确	地址、邮编正确	地址正确、邮编错误	地址、邮编正确
A	地址正确、邮编错误	地址正确、邮编错误	地址、邮编正确	地址正确、邮编错误
R	系统异常，等一下再试	系统异常，等一下再试	系统异常，等一下再试	系统异常，等一下再试
U	信息不可用	信息不可用	系统异常，等一下再试	信息不可用
Z	邮编正确、地址错误	邮编正确、地址错误	邮编正确、地址错误	邮编正确、地址错误
N	全错	全错	全错	全错

只要地址或者邮编错误，就有可能发生信用卡欺诈，但是商家一般不会直接拒绝，会由客服进行人工审核，综合多个因素，最后决定要不要接受这笔订单。因为可能发生地址、邮编不匹配的情况，如客户来自美国、加拿大、英国以外的国家；客户刚搬家，还没有来得及更新地址；客户输错了地址中的数字或者邮编（这个比较常见，开卡时间久了，很容易忘记开卡时填写的账单地址）等。

针对这种方式目前黑产有一种绕过方式：通过地址填塞的手段把受害者的账单地址填在第一个地址行，以便它通过检查；然后利用第二个和第三个地址行输入实际想要发送的地址。有时这会使执行系统感到困惑，结果是欺诈者通过其选择的地址（第2个和第3个）收到了包裹，同时攻破了AVS验证。

第四步 配置IP：S5+VPN+手机卡+RDPIP。

第五步 配置设备环境：二手计算机+虚拟机+RDP+虚拟机+指纹浏览器。

第六步 注册网站养号。

养号的核心是模拟人的正常行为：浏览+添加购物车。不要只浏览想买的商品，还要浏览和商品无关的信息。不同商城会有自己的风控策略，这里没有一个固定的模式，全靠黑产多次试出来的。

浏览日本亚马逊的方法是：随意浏览商品并加入购物车至少10件以上的商品；花一段时间浏览没用的东西，可以进行刷好评和差评，然后加入购物车；退出网站账号，间隔3～10h后再次登录。

第七步 货比三家购买小件。

建议选择价格在10～100美元之间的小件，且必须选有库存且可以当日发货的。浏览相似的物品几分钟后加入购物车，删除之前添加的物品直接购买，选择最快的运送方式，建议开通会员。

第八步 填写地址。

填写地址时，尽量手动输入，指纹浏览器的〈Ctrl+M〉快捷键可以模拟人手动输入。很多时候黑产其实不是很在意小件，会直接写账单地址邮寄给普通人。

第九步 邮件确认。

在发货前，如果日本亚马逊发来的是一些无关痛痒的确认邮件，则可以去询问客服该商品是否正常发货了，如果没有问题的话那基本测试成功了。如果发回来的是异常邮件，则说明存在问题,邮件内容会明确告知哪些地方存在问题。

第十步 购买大件。

如果邮件确认没有问题了,那么可以开始购买大件了。大件物品的价值在 400~700 美元,国外银行的风控范围在 0~999 美元会相对较松,不能超过 2000 美元,超过的话会被风控。购买大件时和小件一样,也需要选择最快的发货方式。

(3) 移动支付类 App 绑卡盗刷

移动支付是人们普遍使用的支付方式。在使用移动支付时,需要绑定对应的银行卡,而黑产正是利用用户绑定银行卡这一环节进行作恶。在绑定银行卡时一般需要用户提供 4 要素(手机号、验证码、银行卡号、银行卡密码),很多时候只会校验前三个。手机号和银行卡号在很多社工库可以购买到,而验证码则需要在绑卡时盗取。黑产盗取验证码的方式一般有两种:第一种为诈骗,黑产通过各种手段诱导受害者输入验证码;第二种为用短信嗅探的方式获取,该种方式为通过一定的技术手段,在被害人不知情的情况下盗取验证码,具体原理介绍如下。

当前发生的短信嗅探问题,主要是由 2G 的 GMS 网络漏洞造成的。该网络存在如下两个问题。

1)GMS 网络只做单向鉴权,GMS 签权流程如图 2-69 所示。只有运营商的鉴权中心会通过基站对移动端进行单向的"挑战-应答"来验证移动终端是否合法,但是移动终端并不会验证运营商的基站是否合法,并且倾向于连接信号比较强的基站,从而带来了"伪基站"攻击的问题。

2)短信的 SMS 协议在国内为明文传输。黑产截获信息后,并不需要解密就可以看到其中的内容。

国内的运营商除了中国电信的 2G 网络是 CDMA 以外,中国移动和中国联通的 2G

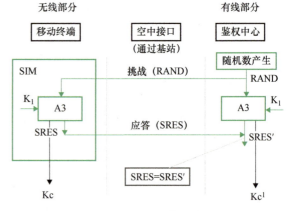

● 图 2-69 GMS 签权流程

网络均为 GMS。目前还有相当一部分手机卡是 2G 网络。对于当前新注册的手机卡默认支持 2G、3G、4G 或 2G、3G、4G、5G。只要在移动终端的硬件支持的情况下,当搜索不到 3G、4G 或 5G 网络的时候,就会默认切换成 2G 网络来进行通信。

利用上述介绍的通信协议漏洞,黑产可以通过伪造终端进行短信捕获,从而实施欺诈,具体流程如下。

当移动终端在面对基站时,基站并不会向某一个特定的方向或区域来建立连接,而是通过向周围广播的形式来发送信号。也就是说,移动终端其实是可以读取到所有的信号数据的,只是会根据插入不同的 SIM 卡来选择自己需要接收的信息。此时黑产只需要改装出一套嗅探设备(根据国外开源的项目 OsmocomBB 进行开发,可以实现移动终端从物理层(layer1)到 layer3 这三层,能够对 GMS 协议下的 2G 短信进行解析)不丢弃掉来自基站广播且不属于自己的信息并再次分析就可以解析出其中的短信内容。

图 2-70 所示伪基站盗刷流程,具体如下。

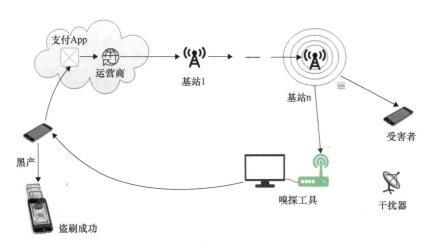

• 图 2-70　伪基站盗刷流程

1）黑产使用干扰器将受害者移动终端周围的信号做降维打击，使其无法连接 3G、4G 和 5G 网络，从而切换到 2G 网络。

2）远端的黑产通过某移动支付 App 向对应的服务器发起获取验证码的请求。

3）某移动支付 App 通过运营商将验证码发送给距离自己最近的一处基站，并一层层地传输到距离目标移动终端最近的基站处。

4）黑产通过嗅探工具对基站下发的 2G 网络短信进行获取解析，从而获得某移动支付 App 验证码。

5）获得验证码后，传输给远端的黑产从而转账成功。

图 2-71 所示是黑产常用嗅探工具展示。左图中安装 Linux 系统的平板计算机通过 wireshark 获取了附近的短信验证码，而右图中为一个短信嗅探器，用来获取基站附近的下行短信。

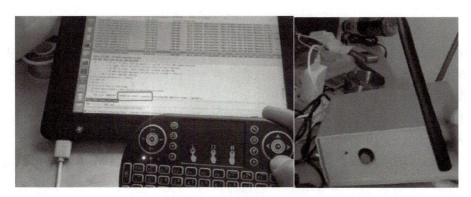

• 图 2-71　伪基站劫持短信

2. 诈骗交易

网络诈骗中，黑产通过各种伪装手段来对受害人进行欺骗，并将骗到的钱转移走。上文主要讲述的还是黑产如何一步步骗取受害人的信任，下面将会介绍两种黑产转移钱的手段："电商平台"刷单转移和明雷暗雷。

(1)"电商平台"刷单转移

随着国内大平台自有电商做得越来越多,黑产开始利用这些平台可以线上支付的功能实施诈骗,诈骗交易黑产路径如图2-72所示。

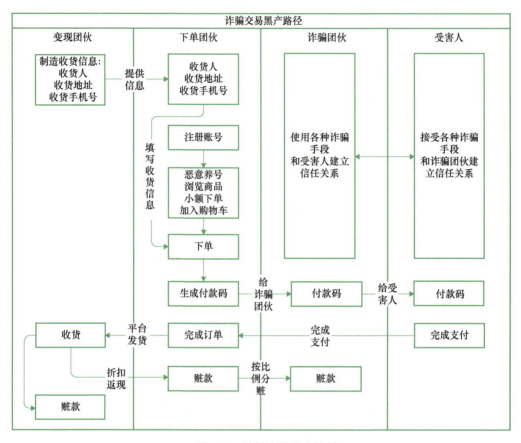

● 图 2-72 诈骗交易黑产路径

从图2-72中可以看到,黑产团伙分为三个角色:变现团伙、下单团伙、诈骗团伙。

变现团伙:该团伙主要负责从各种渠道收集各种低风险的收货人信息,包含姓名、收货地址、收获手机号,以防止赃物转移过程中被追查。

下单团伙:该团伙主要负责挑选风控较弱的电商平台去注册账号、养号、加购物车订单,并从变现团伙中购买对应的地址信息,最终生成可供受害人支付的付款码。

诈骗团伙:该团伙主要负责通过各种话术欺骗受害人,并通过从下单团伙中获取的对应付款码让受害人去转账。

具体流程如下。

诈骗团伙在精心筛选了潜在的受害人后,会通过各种投资套路骗取对方的资金,而其中帮助店铺刷单就是黑产常用的一种手段。诈骗团伙会告诉受害人通过虚假下单帮助店铺刷销量,从而获得相应返点报酬。当受害人为了返点进行刷单时,诈骗团伙会把下单团伙生成的付款链接发送给受害人,受害人在支付时看到是正规的电商平台从而降低了警惕性。付款结束后,下单团伙会按照和变现团伙提前沟通好的地址,让电商平台将货物快递到变现团伙手中。该团伙可以通过自有的线上渠道或者当地的二级市场将物品变现，一般购买的都是一些奢侈品、电子产品、潮流品等。这些在二级市场很受欢迎，所以变现十分容易。最后，三个黑产团伙按照比例分赃，而受害人的钱就这样被转移走了，等醒悟过来时已经联系不上黑产了。

（2）明雷暗雷

明雷暗雷是前几年黑产非常猖狂的一种交易诈骗方式，有如下几种类型。

1）支付宝暗雷：该方式产生的效果是，用户在支付时看到的金额是 10 元，但是实际扣款会显示 1000 元（黑产可以自己设置金额）。目前支付宝主流的唤起支付接口的方式有两种，第一种是直接调用支付宝 App 的接口，第二种是调用网页版的支付宝接口。而支付宝暗雷一般发生在网页版的支付宝付款通道。在研究的过程中发现，黑产可以在后端提前设置好支付金额，当进入支付环节后，App 会调用 WebView 修改付款详情页面，将原本大额付款修改为小额付款。

2）微信明雷：不同于支付宝暗雷，微信明雷主要是依托微信 App 本身，通过篡改前端的支付详情展示而趁用户不注意的时候支付大额资金，如图 2-73 所示，前端展示的支付金额只有 2 元，而真实支付时金额是 200 元。

3）微信暗雷：顾名思义该方式类似于支付宝暗雷，用户在看不到真实的支付金额的情况下进行了支付。但是通过调研以及一些黑产的描述，该方式没有真实出现过，更

• 图 2-73　微信明雷

多的是作为一种噱头用于欺骗圈内的小白购买，相当于入圈费。

3. 恶意退款

（1）应用内购退款产业链

iOS 和 Googlepay 是目前应用内购的两种方式，为了方便用户使用均提供了退款的功能。但是该退款接口很容易就会被黑产利用来做恶意行为，通过这种恶意退款的方式给正常用户提供低价充值的服务，从而使平台产生坏账。下面主要介绍了 iOS 内购充值的黑产情况，很多手段曾是历史上出现过的，当前已不适用，仅作了解。

iOS 内购充值流程如图 2-74 所示。

iOS 代充产业链如图 2-75 所示。

养号人：所谓养号就是模拟真实用户的行为。一般是选择最低配的 iOS 设备，定期安装几个 App 再卸载，让苹果公司认为这个账号是正常用户在使用。养号人养号成功后，把 AppleID 卖给"接单人"，并消除机器识别码，让苹果公司无法识别这台 iOS 设备上曾经有过另一个 AppleID，黑产收购 AppleID 如图 2-76 所示。随着养号人机器老旧更新，有一部分设备会流入到二手市场，这些没有了识别码的低价机器就是养号人曾经使用过的设备。

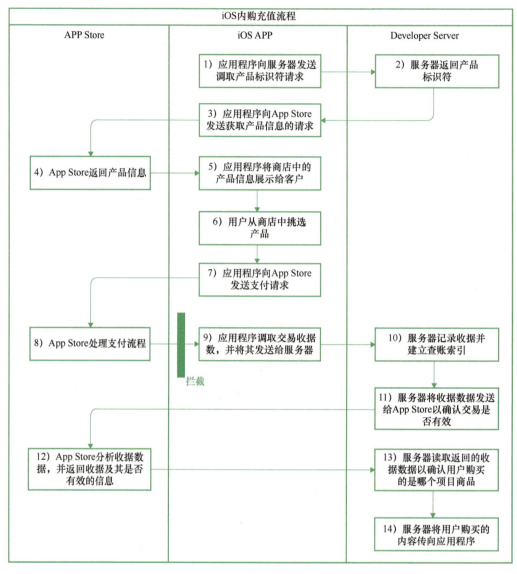

- 图 2-74　iOS 内购充值流程

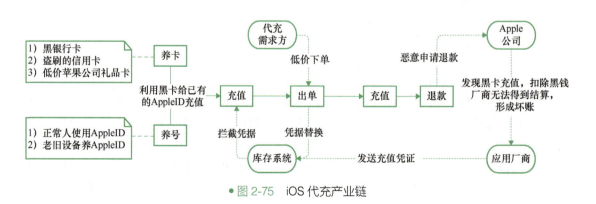

- 图 2-75　iOS 代充产业链

充值：在进行游戏充值时，黑产利用大量的黑银行卡、盗刷的信用卡或者底价获得的苹果公司礼品卡进行充值。苹果公司在用户 App Store 账号里面正常扣款后，会返回一个凭据给游戏公司，游戏公司收到凭据后，再到苹果公司校验，无误就发放道具。然而，库存系统会在苹果公司返回凭据给游戏公司的时候，把这个凭据拦截并保存起来，不让游戏公司现在发放道具，如图 2-77 所示。

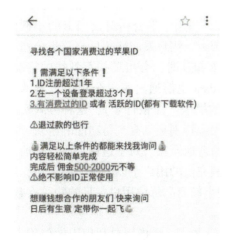

● 图 2-76　黑产收购 AppleID

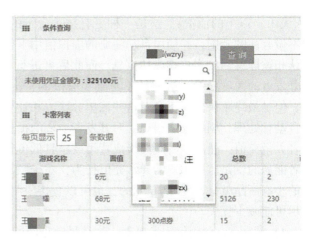

● 图 2-77　库存系统

出单人：出单人负责在淘宝、微信等平台低价招揽充值订单，获取用户的 AppleID 等信息后，用机器模拟图 2-74 第 1）~7）步的过程，到第 8）步的时候，把库存系统中保存的凭据发送给目标应用程序，游戏公司收到凭据后，正常发货，这样就实现了凭据的使用。

退款人：盗刷信用卡充值的账号，50 天内会因为结算异常而被终止交易，AppleID 内的充值金额被追回，那么已购的 App 服务产品商则无法与苹果公司进行正常结算，形成坏账。

在一定时间内，黑产对之前代充的账户发起恶意退款申请，常用原因包括 "小孩误购" "游戏更新后闪退严重" "游戏道具丢失" 等，通常会有固定的话术和手段。

苹果充值常见漏洞（其中漏洞 1 和漏洞 3 为历史漏洞，已经修复）如下。

1）漏洞 1：重复使用 receipt-data。这种问题发生的原因是，虽然已经用安全的方式检查了 receipt-data 的有效性，但是没有检查 receipt-data 的唯一性。苹果公司验单接口返回的数据为 json 格式，其中 status 值为 0 表示该 receipt 有效，但是苹果公司只负责真假，而不负责检查是否已被使用过。同一个有效的 receipt，无论使用多少次、相隔多长时间去苹果公司接口验证，都会返回成功。如果只检查了 status 为 0 即发货，则非法用户可以先真实充值一笔，截取到 receipt-data 后，再多次使用到购买中以骗过服务器端验证。防范的方法是，在确定 status 值为 0 后，进一步解析出数据中的 transaction_id 并存入数据库。每次发货前先检查数据库中是否已经有本次的 transaction_id 存在，如果已存在则拒绝发货。还有一种情况需要注意，有些游戏道具购买前先有一步创建订单的行为，在服务器端记录购买的商品、时间等，且发货时是按照订单记录中的商品发货，那么需要比较苹果公司返回信息中的 product_id 与订单表中的记录值是否一致。

2) 漏洞2：利用外币卡折扣赚取差价。在一些新兴市场，如墨西哥、土耳其等，苹果公司有专门的优惠折扣，使用这些货币充值，折扣后的差额即刷单的获利。还有一种情况是利用汇率的变化，如著名的南非币事件。为防范这种手段，客户端应获取用户支付使用的货币类型并发给服务器端验证，在服务器端建立货币白名单，只允许使用人民币或稳定国家和地区的货币支付。

3) 漏洞3：利用苹果公司对小额消费不做验证规则的"36技术"（小额消费为40元（人民币）以下的消费）。这是一种更有技术含量的手段，利用苹果公司对信用卡的小额消费不做验证的规则，并使用自动注册的虚拟信用卡完成绑卡。用户发起购买后，苹果公司不确认扣款即返回给客户端成功信息，而此后再进行信用卡扣款时，会出现扣不到钱的情况。从开发者的角度来看，这笔订单是真实有效的，receipt-data也能通过苹果公司服务器的验证，但是最终苹果公司不会对这些账单分账。相比传统的黑卡（黑银行卡），这种方式实现了自动化处理，刷单效率很高，对开发者造成的损失更大。特别是具有交易功能的游戏，刷单者大量充值，然后在游戏内换成货币或道具低价售卖给普通玩家。对于这种手段，目前开发者能做的就是监控用户的异常充值行为，对于频繁小额充值的用户予以限制。手游中，常见的小额商品就是6元和30元的，也可以直接限制这些小额商品每位用户每日的购买次数，以尽可能减少损失。

4) 漏洞4：利用信用卡黑卡。这是最常见的刷单手段之一，是指用户利用无效信用卡，在App Store中进行消费，由于信用卡已在银行冻结，因此银行不会将款项结算给苹果公司，苹果公司自然也不会分成给开发者。通常的形式是用户去交易网站找代充，代充的商家用绑定了黑卡的AppleID给用户的账号充值，并收取远低于正常价格的金额。也有的代充商户是召集大量非游戏用户接单，给指定的账号充值后再申请退款，并给这些参与者一定返利来达到"共赢"。可以通过监控和分析数据尽可能减小损失。对于最常见的代充形式，我们可以推测：用户充值时不在自己的常用设备上，而是由商户在自有设备上操作；商户的充值设备可能为多个账号充值。可以通过用户日常的游戏记录分析用户的常用设备。如果只有在充值时会切换到不常用设备上，那么可以判定为可疑用户。如果某些设备只在充值记录中出现，却不属于任何用户的常用设备，那么使用这些设备充值的用户也可以判定为可疑用户。对可疑用户可以进一步分析，确定后执行扣除非法所得、封停账号等处罚措施。

（2）平台政策退款

除了通过应用内购的方式进行退款外，黑产会利用平台政策的方式进行退款。目前很多平台为了提高用户的体验质量相应地推出了很多退款政策，如商品有损伤直接退款或者是换一个新的（原物品并不会收回）。很多黑产就利用该优惠政策在验收过程中的漏洞，注册大批量的账号来向平台发起恶意退款从中获利。

4. 赌资转移

近年来网络赌博盛行，东南亚很多黑产搭建了博彩平台吸引我国的人去进行线上赌博。在我们国家线上赌博是明令禁止的，而黑产提供了很多方式绕过国家的监管来诱导赌民进行非法充值。跑分平台就是其中最为常见的一种方式。黑产通过搭建跑分平台，让众多普通的跑分客，将自己的银行卡、支付码等可用于转账的资源提交到平台上，并质押一部分押金，同时把这些收集到的资源上传至对接的赌博网站。赌客在赌博网站进行充值时，其实并不是充给赌博平台，而是充值到跑分平台的跑分客手中。这样跑分客通过在跑分平台不断地接单（赌博平台下发的充值单），从而变相地收回自己质押的押金，并从中获取提成。下面以三方支付码为例，详细介绍一下跑分平台的功能。在跑分平台中，三方支付码分为静态码和动态码。

（1）静态码

静态码指的是生成付款码以后该码是长久有效的或者是有效性很久，生成一次可以使用很长时间。

1）跑分平台的三条准入门槛。

① 跑分平台的下载链接需要通过渠道找人领取，网上搜索不到。

② 所有的跑分平台都需要"邀请码"。

③ 跑分平台注册时需要提供手机号，部分业务比较齐全的平台需要通过短信验证跑分客的身份。

2）跑分平台中角色划分。

① 上级：负责从平台接单和去各种跑分群吸引跑分客，让他们成为自己的下级，然后一方面自己接单做，另一方面通过给下级派单来从中赚取佣金（如下级帮忙完成一单的起点是 x，而上级的起点是 x+0.4，从中可以赚 0.4 的差价）。

② 下级：负责接上级传过来的单子来跑分，也可以自己抢单。

③ 平台 App：用来转接上游传递下来需要"洗钱"的量，然后进行分配生成订单，并向跑分客提供。

3）跑分 App 提供的功能。

绑定银行卡：用于提取赚得的抽成。

充值：给跑分平台充钱，充钱后才有资格进行抢单。抢单的金额小于等于充值的金额，充值范围为 x00~x00000。（x 为 0~9，不同平台不一样）。

提供二维码：把自己的二维码上传，不同平台提供的接码支持不一样，除了上传自己的二维码也可以上传商家码。

手动抢单：App 平台会提供一个接单界面，里面会实时更新订单，然后用户可以手动单击进行抢单。

自动抢单：相当于代替人手动抢单，启动该功能后，App 会自动帮用户进行抢单，然后用户只需要单击确认即可。

提现：把赚取的佣金提取出来，提取的门槛金额为 x00~x0000，手续费为：提现额×0.01×y+n（x、y、n 为 0~9，不同平台不一样）。

提成：上级给下级派单，下级完成订单后抽取的提成。

图 2-78 所示为跑分平台单笔订单的流程，可循环操作。

（2）动态码

动态码指的是生成的付款二维码有一定时间限制，十几秒或者几十秒后就会失效，需要重新生成新的二维码。

动态码不依靠普通的跑分平台来做，一般博彩网站会对接一套专业的跑分平台的原生系统，并且由专门的动态码供应商提供二维码资源，散户几乎不参与其中。

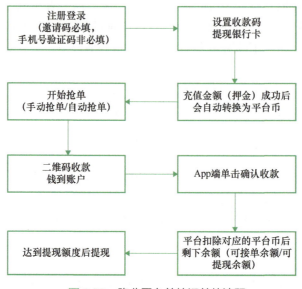

• 图 2-78 跑分平台单笔订单的流程

2.2.7 其他风险场景

1. 智能出行作弊

随着互联网行业的发展，人们打车逐步由线下招手的方式转换为线上实时下单的方式。这种方式不仅可以让乘客足不出户叫车并实时观测车辆动态，还可以让司机提前接单，大大提升了打车的效率。但是，随之而来的黑产也应运而生，目前市面上典型的黑产大致分为如下几类。

（1）刷分服务

打车软件一般分为司机账号和乘客账号，而出行平台为了更好地鼓励司机提供更加优质的服务，为司机账号设定了出行分和服务分相关的激励机制。如果司机有多次拒单行为、服务态度恶劣就会被扣分。在平台派单时会有所限制，而服务分高的人一般会有优先派单的资格。因此，很多黑产对外提供了刷分服务，如图 2-79 所示。

黑产刷分无非就是伪造真实的出行路线，不需要司机真实跑单，进而刷高出行分。根据对黑产的长时间研究，黑产的刷分工具进行了三次迭代。第一代的刷分工具在伪造行程路线时只能伪造直线，在风控非常弱的情况下可以疯狂刷分。而随着风控策略的升级，该类型黑产工具都可以被识别，进而衍生出了第二代刷分工具。第二代刷分工具在模拟的过程中可以模拟转弯，不再是一直走直线，从轨迹上看更像一个真实的行程路线。但此类工具的缺陷是全程速度为匀速，也很容易被发现。随着对抗的升级，黑产研发出了第三代刷分工具。该类工具可以模拟真实路况，十分逼真。图 2-80 所示为黑产伪造轨迹的一种工具。

从图 2-80 可以看到黑产需要外接一个类似于充电宝的设备辅助伪造，而伪造轨迹的 App 安装在手机上，该 App 提供的功能如下。

1）模拟方式：步行、骑行、汽车。

• 图 2-79　黑产刷分服务

• 图 2-80　黑产伪造轨迹的一种工具

2）导航策略：短用时、短距离、避拥堵。
3）达到终点：停止、返回、循环。

4）速度选择：低速、中速、高速。

5）调整速度：该模块为一个进度条，可以通过拖拽进度条来控制速度。

6）动态速度：该模块的选择可以帮助当前速度有一个动态的变换，如设定速度为75km/h，加上动态变换后，速度可调整为75km/h（1±20%），整体速度在20%上下浮动，这样更接近真实的行车情况。

伪造轨迹工具原理如图2-81所示。

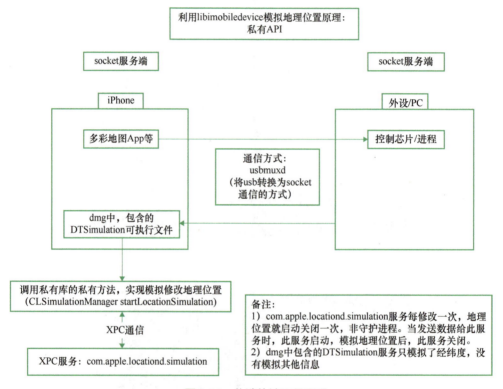

• 图2-81　伪造轨迹工具原理

（2）伪造公里数

该方式一般用于真实接单的司机，司机可以从黑产那里购买能够伪造公里数的工具。当将乘客送到目的地后，可以通过一定的技术手段将公里数多增加几百米，为了避免被发现一般不会增加很多。乘客在很多时候并没有察觉，但实际的行程距离比真实的要多出一部分。从单次行程来说其实没多多少，但是积少成多，长久下去司机可以从中获利颇多。

（3）抢单工具

黑产工作室通过破解网约车平台的协议接口，或者直接使用外挂设备帮助司机进行抢单。黑产通过设备农场的方式，开启非常多的App同时进行抢单，成功率很高。从攻击角度来看，破解接口的方式比较方便，但是容易被发现。而外置设备自动点击的方式十分难防，从行为上看上去和真人几乎一样。

（4）恶意代下单

出行行业也有很多代下单的黑产，这种黑产和营销场景中的代下单有着很大的区别。营销场景的代下单是黑产通过各种方式薅到优惠券后，以一个高于折扣后的和低于原价的价格出售给消费者，从中赚取差价。而打车行业的代下非常恶劣，黑产通过接码平台或者直接从卡商手中购买大量的手机卡注册出行平台的账号。注册账号后开始打车，并将打到的车的信息（如车牌号、车型、手机尾号）同步给购买了代下单服务的乘客，乘客正常乘坐网约车到达目的地后，黑产拒付然后将该账号废弃。对于司机来说如果发生恶意拒付，平台会将钱补贴给司机，但是长久以往，平台会产生大量的坏账造成很不好的影响。

2. 黄牛占座抢票

近年来，我国不断地增加列车航班的线下投入，提升线上购票体验，目的是为了满足旅客出行的刚需，以提高民众出行的便捷性，而黄牛也在随之进化，黄牛代抢如图 2-82 所示。

• 图 2-82　黄牛代抢

提及黄牛，很多人的第一印象还是穿插于售票窗口低声交谈兜售的"票贩子"形象。其实，随着铁路、航司（航空公司）票务系统的数字化、现代化，黄牛也正在逐步用新技术"武装"自己，同步踏上快速轨道，化身为大数据时代网络黑产的一部分，用层出不穷的技术手段给正常的票务销售带来巨大冲击。

黑产们的抢票一般依赖于同时控制大量账号模拟真人进行下订单、占座等操作来实现，因此海量的账号资源是黑产作恶的基本资源。为了获取大批量的账号，黑产通过自动执行的脚本、注册机或者是专门接收验证码的接码平台来进行批量注册，获得大量的虚假新账号。而认证方式的便利化也催生了微信授权（代授权）的新方式，让黑产更加进阶。

在获取账号后，黑产进入作恶的下一个步骤——获取票务信息。以航空公司为例，黑产利用爬虫程序，操纵账号自动访问航空公司网站以查询需要的航司舱位、机票价格、航班动态等信息。获取到相关信息后，黑产就可以进行恶意占座的操作了。部分黑产也会将信息移至第三方平台进行展示，甚至售卖用于短信诈骗等违法行为。盗爬信息会明显提高航司的服务器压力，提高商业信息的泄露风险，更增加了航司向中航信（中国民航信息网络股份有限公司）的访问查询次数，造成高查询下单比，浪费航司支付的巨额查询费用。

前文提到的"恶意占座"操作，恰恰是现代网络黑产和传统票贩子的不同之处。现在一般的平台都对票务订单设置了支付时限（即生成订单并分配座位之后支付票款的时长期限），常见的有 15min～1h 不等，如图 2-83 所示。

黑产团伙就是利用了这一规则，将掌握的账号分批次进行预订操作且不支付票款。待支付时限到期，黑产第一批占到的票重新回到票务系统时，就有第二批次自动开始抢票操作，如此循环，网络黑产就能保证手中长期掌握着一定数量的票源。当要对外出售时，只要将买家的账号信息加入批次，便可将票源变现。这部分票源在黑产手

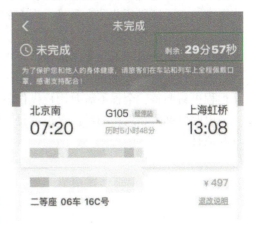

• 图 2-83　票务平台支付时限

中循环往复地等待售出，但对于真实的交易双方，便面临了乘客无票可买、航司无票可卖、订单循环往复而无人付款或只有少量付款的情形。

3. 搜索引擎外推黑产（恶意 SEO）

搜索引擎外推黑产指的是黑产通过在搜索引擎搜索具备高权重的平台恶意刷大量的黑灰色关键词，从而导致在搜索引擎搜索相关关键词时展示黑产期望展示的内容。搜索引擎外推黑产产业链如图 2-84 所示。

● 图 2-84　搜索引擎外推黑产产业链

广告主：有刷关键词排名需求的黑产团伙，其中以洗钱盗刷团伙、买卖违禁物品团伙等为主。

刷排名黑产：可以广义地理解为一种引流工作室，他们通过一些自动化的工具，在各大内容平台进行广告内容的投放，并留下自己的联系方式。不断地增大曝光量，从而刷高搜索引擎上的排名，几乎所有可以被搜索引擎收录的内容平台都受到了波及。

有需求的散客：有需求的散客会自发地在搜索引擎上，搜索他们想知道的内容，这样黑产刷上去的内容就会很自然地被找到，从而被引流。

2.3　风险发展趋势

黑产渗透在各行各业当中，只要有利润的地方都可以看到黑产的身影。不仅如此，黑产还紧跟热点，2022 年年初国际上 NFT 的火爆带动了国内数字藏品的爆发，而最早盯上这个行业的同样也是黑产。从我们的情报中心监测到，在国内刚刚推出数字藏品相关的活动后，黑产在两个月后就开发出了相关的黑产工具用于抢购。而当民众开始普遍了解这个新兴事物时，黑产已经赚得盆满钵满准备退场了。黑产的产业链发展得不仅完善庞大，智能化程度也非常高。在验证码环节尤为明显，现在的黑产也开始引入深度学习的模型来对抗各种验证码模式，而且黑产为了给自己的消费者提供更好的服务，黑产工具也开始做得越来越智能化和人性化。早期的黑产工具基本都是单一平台的，现在黑产为了方便大家使用，出现了很多整合了一个行业所有 App 的工具。并且黑产会实时分析当前的风控策略，来对自己的工具进行远程更新调整，全程不需要用户操作就可以完成更新。

由此可见，和黑产的对抗永远都是一个动态的过程，需要不断地迭代风控策略才能够比较好地打击黑产。

第 3 章 数字风控体系建设

互联网黑产攻击具有团伙性、专业性、强对抗性、跨行业等特点,为了有效地打击黑产、实现各行业不同平台业务的良性发展,建设一套通用化的风控体系尤为重要。随着人工智能的崛起,用算法为风控体系赋能并形成数字风控体系成为可能。

本章将以账号安全、营销活动、交易支付、广告导流等场景为例,着眼数字风控体系建设全流程中的各个环节,以与黑产多年作战的实际经验为依据,探讨如何切实有效地构建数字风控体系包含的详细架构,为互联网业务健康发展筑起一道坚固的屏障。

3.1 体系架构

本节主要介绍数字风控体系包括的详细架构和整体数据流模块之间的流转两部分。

3.1.1 体系构成

数字风控体系主要由布控体系、识别体系、处置体系、运营体系 4 部分构成,其结构图如图 3-1 所示。

● 图 3-1 风控体系结构图

布控体系:在业务的交互流程中,设计布控的埋点事件和每个事件上要采集的参数,提供数据给识别体系进行黑灰产识别,同时供处置体系进行交互干预,实现对黑产的有效防御作用。如在设备的启动环节,埋点采集设备的参数,进而识别使用的设备是否存在风险。

识别体系：根据布控体系采集的事件参数，通过各种策略算法识别多种类型黑产，是整个风控体系的眼睛，让隐藏在庞大数据中的黑产无所遁形。想要眼睛看得清、看得准，关键要有成体系的防御网，从多个维度的数据、多个维度的策略算法去识别黑产，提升黑产绕过成本。

处置体系：在业务流程中进行处置干扰，识别体系不可能识别得100%的精准，通过合理的处置手段，可以让黑产无功而返，同时可以保证误召回的用户不受影响。处置体系是直接关系业务结果的一环，如何将决策引擎返回的结果用好、用哪种方式以及什么时间点用都决定了用户的体验以及最终的风控效果。处置体系需要考量的方面比较多，并且各公司根据业务逻辑会对决策结果分为不同场景不同阶段的处置方式。

运营体系：持续地攻防对抗、不停迭代，保证整体防御效果的稳定。通过多种手段发现潜在的效果问题，再深入分析问题总结规律，快速迭代识别体系和处置体系，确保潜在问题提前修复、已知问题快速修复，尽最大可能保证业务安全。

通过图 3-1 所示的四部分体系结构，构建了整个数字风控体系，每一部分都承担着独立重要的角色，后文将深入介绍每个体系包含的内容。

3.1.2　体系运行

体系运行主要介绍整体数据流向，便于理解上述提到的体系，包括两部分：在线数据流和离线数据流。在线数据流是指从一条请求进入系统开始，在各系统模块之间流转，计算特征，得出最终结果的过程，在线数据流的流转保证了识别处置的实时性。离线数据流是指从离线日志出发，在各计算模块之间流转，计算特征，给出最新结果，并最终将结果更新到画像系统中的过程。

1. 在线数据流

当一条请求发生时，是如何得到最终的处置结果并且发挥作用的？答案是通过请求数据在各个体系模块内的流转最终得到决策建议。通过长期的实践，数美形成了一套独特的在线数据流转系统，其在线数据流处理流程如图 3-2 所示。

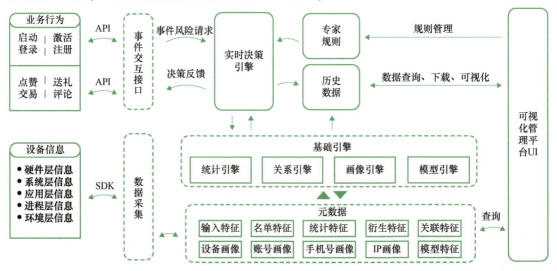

● 图3-2　在线数据流处理流程

下面依据数据流在各模块之间的流转顺序进行介绍，如下所示。

1）图 3-2 左下角位置，在设备启动或页面打开时，首先通过 SDK 采集设备或浏览器相关信息，主要包括硬件层、系统层、应用层、进程层、环境层等相关数据。采集到的设备数据首先上传到设备指纹服务端，该服务器会根据这些数据生成设备唯一标识。设备标识可以看作是设备的唯一身份证号，从此这个设备在数据中就是唯一存在的，然后生成的设备标识会加密处理下发到客户端。

2）设备指纹服务端会根据采集的信息计算设备风险特征，为设备生成各种标签，如篡改设备、伪造设备、农场设备、多开设备等，这些画像（标签）会实时更新到设备画像系统中。画像系统是一个包含设备画像、手机号画像、IP 画像、账号画像等的数据库，无论是设备、手机号、还是 IP，在发生请求的时候都会在画像系统更新自己的特征。因为黑产的资源也是有限的，这些画像会随着时间的增长、接入数据的增多而逐渐沉淀，这就迫使黑产无法使用旧资源从而寻找使用新资源，这也会使其付出更昂贵的代价。

3）图 3-2 左上角位置，在客户端发生各种业务行为时，会进行布控，将行为发生时的信息连同设备标识上传到业务系统。业务系统会将信息传入风控系统，主要包括事件类型、账号标识、IP 地址、设备标识、发生时间等。从这里开始，请求会进入在线数据流的实时决策引擎。

4）实时决策引擎，首先会请求不同类型的基础引擎进行特征计算和组装、这些特征过决策引擎输出决策结果，实时将决策结果反馈给业务系统。

基础引擎主要是进行特征计算和组装，包括名单引擎、关系引擎、画像引擎、统计引擎、模型引擎等。这些引擎主要是计算不同类别的特征，引擎是有挂载顺序的，下游的引擎可以使用上游引擎输出的特征。名单引擎主要是判断输入特征是否命中名单，为灵活配置，名单的匹配方式比较灵活，包括相等、包含、相似等匹配方式，如设备黑名单、文本包含黑名单等。关系引擎是根据输入的 ID 类信息读取关联关系，如读取账号关联的设备等。画像引擎是 ID 类信息，读取 ID 相关的画像特征，如读取设备基础特征、设备风险特征等。统计引擎是计算统计类特征，如同 IP 下一天关联的去重账号数等。模型引擎主要是计算监督模型特征，如设备评分模型、账号评分模型等。

实时决策引擎主要运行专家规则。专家规则都是通过可视化 UI 管理配置的，如图 3-2 右上角所示。专家规则使用的特征都是由基础引擎计算得到的，专家规则支持与或条件迭代，支持大于、等于、小于、包含等逻辑计算。如果命中规则，实时决策引擎会返回策略编号、处置建议、风险等级等给业务系统。业务系统会根据自己的业务处置逻辑对结果进行处置，从而完成整体在线数据流。

2. 离线数据流

在线数据流存储和计算能力有限，需要使用长周期、全局计算的模型策略，对存储和计算能力要求较高，因此会在离线数据流中进行处理计算，然后将结果回写到在线画像引擎中。离线数据流处理流程如图 3-3 所示。

离线数据流在各个模块之间的流转顺序如下所示。

包含原始行为数据与设备数据的在线日志会传入数据仓库，形成离线日志。离线特征引擎会根据特征依靠关系进行逐级计算存储，主要计算各种实体的关联特征、聚集特征、相似特征、地域特征等。完成计算的特征进入离线决策引擎，经过专家规则给出结论，即实体的

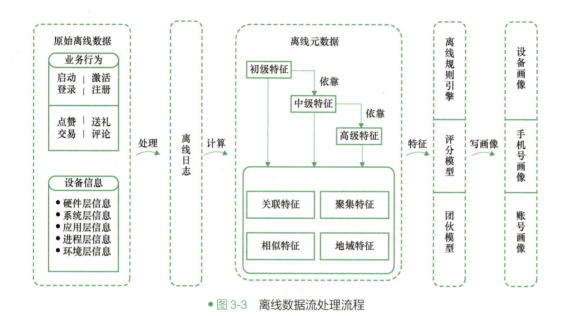

• 图 3-3 离线数据流处理流程

各种高级特征，如是否为团伙账号、是否为高频账号等。然后将这些实体的特征回写入画像系统中以供后续使用。

如上所示，在线数据流、离线数据流构成了整个风控体系运行的载体，保证整个风控系统的正常运行。

3.2 布控体系

布控体系主要关注点包括黑产必经之路布控事件、流程全链路布控事件、黑产必用资源参数。

黑产必经之路布控事件是成本与效果的平衡点，可以减轻整体处理数据量，以节省自己成本。布控事件粒度可粗可细，分为三个不同层次。

1) 业务行为层：业务关键行为，注册、搜索、下单。
2) 操作行为层：在 App 或者页面内进行文本框键盘输入、文本框选择复制、控件失焦、文本框复制输入、按键单击、TAB 切换、页面跳转、页面进入、页面下滑、列表上滑等操控。
3) 控件行为层：控件的按下、控件的抬起、按钮-按压面积、按钮-按压压感等，如图 3-4 所示。

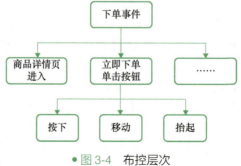

• 图 3-4 布控层次

如果布控事件要求过细，处理和存储的数据量都会非常大，如果太粗，事实描述不精准，损失信息。因此，在黑产绕不过去的关键业务行为上布控，如在进行拉新场景奖励现金活动时，黑产要建立师父和徒弟的关系，要进行提现，因此徒弟助力、师傅提现就是关键业务行为。针对关键业务行为再进行细化，在操作行为层再采集数据。

在业务流程全链路布控事件，提升黑产试探识别体系成本。在黑产必经之路尽可能多布控事件，每个事件都是对黑产进行的一层打击，实现层层打击效果。黑产试探风控策略成本直线上升，对于黑产识别是在前面层级识别，但对于黑产处置是在后面的事件上，黑产不知道是哪个层次出现问题。如在启动 App 或注册的环节识别到黑产，但是在真正下单的环节才进行处置，这样黑产很难判断在哪出问题。

严控黑产必用资源参数，提升黑产资源成本。黑产在业务流程的不同环节需要使用不同的资源，才能完成整体业务流程。设备启动环节需要使用设备资源和 IP 资源等。注册环节需要使用手机号等资源，下单环节需要使用收货地址等资源等。采集资源相关参数后，首先可以提升黑产资源准备的成本，包括各种设备、手机号、IP、收货地址等资源。其次黑产资源在进行各种拼接的时候，容易露出各种马脚，如黑产在进行设备资源准备的时候，会篡改设备型号（设备很多属性和设备型号都是存在校验关系的），这样就会形成不一致特征。黑产在准备 IP 和手机号资源时，就容易暴露地域上不一致的特征。

图 3-5 所示是一个全链路布控图，在不同的布控事件点分别识别哪些风险类型问题。

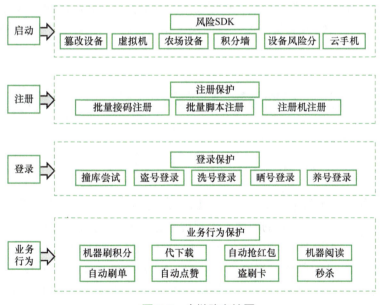

• 图 3-5 全链路布控图

3.3 识别体系

整体识别体系包含内容如图 3-6 所示。

• 图 3-6 整体识别体系

3.3.1 名单

名单背后其实使用的是匹配算法，根据输入的变量，进行各种匹配，返回决策结果。描述一个名单可以从使用输入变量维度、返回决策结果维度、匹配方式维度进行描述，详见表 3-1。

表 3-1 名单分类示例表

名 单 分 类	名 单 示 例
输入变量维度	账号、设备、IP、文本等
返回决策结果维度	黑、白
匹配方式维度	相等、包含、相似

因此，完整描述一个名单也是从这三个维度进行，如文本包含黑名单等。目前的风控系统中黑白名单模块是优先级最高的模块，也就说数据流首先会根据各种维度与黑白名单进行匹配。如果命中，无论是白名单还是黑名单都会直接返回处置结果，省去策略与模型的计算。这就要求黑白名单要有绝对的准确性，数美经过多年的反欺诈实践，建立维护了一套包括 IP、账号、手机号、设备、邮箱等在内的名单系统，并推出相关服务供给甲方公司使用。

1. 名单的作用

名单分为黑名单与白名单。其中黑名单往往代表着该设备、账号或者 IP 曾经发生过极度危险的行为，从而被拉进黑名单数据库，这也是黑名单数据库的数据来源。通常用相关强策略进行筛选，命中策略则被拉黑。命中黑名单的用户，其行为也会受到一定限制，一般是拒绝或是转为人工审核。如通过技术手段判断一批设备为农场设备，使用这批设备的用户很可能用其对目标公司的业务发起攻击，这批设备以及登录在这些设备上的账号、手机号都会加入黑名单，下次发生请求会被直接拦截。白名单是需要保护的用户，保证其行为不会被风控策略拦截。如某些公司的管理员账户、临时加入的大量压测账号、直播行业的某些大主播账号、游戏行业的知名玩家账号等，为了防止被策略误杀所以加入白名单。命中黑库（黑名单数据库）的相关处理流程如图3-7所示。

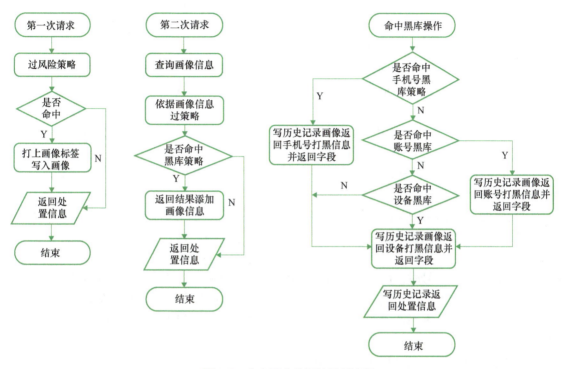

● 图3-7　命中黑库的相关处理流程

2. 名单的优缺点

实践证明名单是最简单有效的防御手段。通过长时间不断地积累，黑名单数据库中的资源越来越多，这也意味着黑产可以使用的资源也就越来越少。一般被拉黑的手机号、设备等具有全局性，也就是说黑产曾经在一家公司用过的手机号、设备等，当其向其他家发起攻击的时候，这些手机号、设备也会在注册、登录等各个阶段被风险识别并且观察到。这对于需要快速推广的新业务，并且来不及制订完善的风控策略时，作用价值巨大。另外，基于关联关系可以迅速扩展相关资源，如在一批由于设备农场拉黑的设备中，关联到登录这些设备的账号、手机号、IP等。再根据这些资源的行为模式，通过数据分析、团伙挖掘等手段做出针对性更强的策略或者模型。

但是名单缺乏灵活性、持续有效性，往往也是造成大规模误杀的主要原因。名单的存在可谓是一把双刃剑，如何用好这把剑至关重要。名单是经过长时间积累的一份数据，一般存储的是过去命中某些强策略、发生过高危行为的账号和设备等，因此名单的准确率很大程度上取决于拉黑策略的准确率。业务中经常出现策略不准导致加黑不准而出现误杀，这时就会出现数据污染。一般的处理方式为，策略下线调整并且将相关误杀的账号、设备、手机号等在黑库中清除。

3.3.2 关联策略

1. 关联策略介绍

关联策略是指在同一个维度下关联的实体数量。对于黑产来说，想要在有限的资源中获利，就必然会产生多关联。如在养号刷榜场景，最常出现的是设备关联多账号，多个账号在同一个设备注册登录预示着可能在批量养号。关联策略的组成要素如下。

1）维度：维度一般是指最基础的资源，如设备、账号、IP、手机号等。当然可以根据具体的业务场景进行灵活关联，如拉新场景中使用邀请账号 ID 作为维度，关联邀请的账号数。

2）关联实体：关联实体比较多样，根据业务关键点灵活运用。常见的有设备、账号、IP、手机号、IP 城市、IP 省份、订单数、收货人手机号、商户 ID、商品 ID 等。

3）时间窗口：分别为 10s、5min、1h、1d 等，根据黑产发起攻击的时间聚集程度灵活选取。

4）阈值：阈值的选取至关重要，一个合理的阈值不仅可以精准拦截黑产，又可以减少误杀。通常的做法是根据数据分布、专家经验与黑产作案特点进行有针对性的设定。

2. 关联策略举例

在处理积分墙账号时，用到了手机号关联疑似积分墙账号的策略。黑产路径为：真人注册账号后，卖给黑产，黑产用于诈骗导流等风险行为。策略的目的是抓到在黑产手中的账号，并及时拦截。根据黑产作案特点，积分墙账号的定义为注册 IP 省份与手机号省份一致、登录 IP 省份与手机号省份不一致、注册设备与登录设备不一致并且账号注册时间小于 7d（距离此时）。时间窗口为 1d，阈值为 4d，经过离线挖掘验证此策略准确率较高，1 天可新增召回几百个账号。

在账号买卖场景中，针对允许手机号注册多账号的平台，下游黑产用手机号注册账号后，真人养号一段时间，再卖给中游的号贩子。号贩子收来账号换绑成自己手机号，从而完成账号交易。之后下游黑产又用相同的手机号再次注册养号。针对此场景，设计了同公司同手机号关联多账号策略，压制黑产的产号效率。策略设计：同公司、同手机号关联账号数 $\geq X$（X 为阈值）。

在某平台的漏杀数据中，经分析发现一批疑似接码平台手机号，这些手机号大都有共同特征：3 天内，同手机号关联多公司，且在不同公司下关联不同设备 ID、IP 城市等。根据共有特征并且最大化利用特征，设计了两条关联策略，这些关联策略都含有多关联特征，同 phone_7d 关联的公司去重数、同 phone_7d 关联的 IP 省份去重数、同 phone_7d 关联的设备去重数。

3.3.3 频度策略

1. 频度策略介绍

频度策略是指在同一个维度下对某个业务行为进行频次限制。频度策略的本质就是根据业务行为，限制账号的操作频次，防止出现批量机刷行为，如业务中常见的批量点赞、领券、下单、好友邀请等。因此，制订有效的频度策略可以有效减少平台损失，并减少服务器压力。频度策略拦截的时间窗口均为滑动窗口，即以当前拦截时间往前溯源策略限制的时间长度（如 5min、1h、1d 等）。当账号和设备的操作频度在拦截一段时间后，不再超过策略限制的阈值，则不再进行拦截。频度策略的组成要素如下。

1）维度：一般指设备、账号、IP、手机号等，与关联的维度有相似之处，重点聚焦有限的资源，因为很多资源有限的黑产可能就用一个设备、一个账号进行大量的恶意行为。

2）限制行为：这里的行为指的是业务事件，如下单、点赞、登录、领券、兑换等。

3）时间窗口：分别为 10s、5min、1h、1d 等，根据黑产发起攻击的时间聚集程度灵活选取。

4）阈值：阈值的作用在于区分正常与异常，频度阈值的选取有很多值得思考的地方。

目前主流的阈值算法有以下两种。

1）固定阈值算法，通过不同的接入事件（如登录、注册、抢红包等）的不同时间窗口（如 1d、10s、1min、5min 等）设计不同的固定阈值。如同一账号一天的登录次数阈值定为 30 次。随着黑产技术手段的不断提高，基于时间窗口的固定阈值极易被嗅探从而绕过频度策略。而大窗口阈值较大，通常在达到阈值前黑产已经获利。并且频度策略有其特殊性：某些场景正常人也可以做出高频动作，因此，按事件统一设定一个阈值易造成大量的误杀与漏杀。另外，对于风控系统而言，对所有接入公司的所有同类事件定一个统一的阈值是非常困难的。如 A 公司主要业务是点赞而不是签到，同时 B 公司的主要业务是签到而不是点赞，显然两家公司在点赞业务上的整体数据分布不一样，那么制定的阈值就应该有差异。对每个公司不同应用的不同事件，取个性化阈值会耗费巨大的人力物力。目前对于频度阈值的选取主要是全局取一个兜底的值，为了高命中黑产，同时根据各公司的主营业务进行个性化数据分布取值。

2）动态阈值算法，阈值取到整体数据分布的某个分位点进行请求拦截，具体算法如下。

① 统计不同平台不同应用不同事件下，各个账号在某一时间窗口下的频度。根据大数定律与中心极限定理可知：样本平均值约等于总体平均值。当样本量足够大时，样本均值的分布以正态分布为极限，启示我们处理实际问题时可以用大样本近似处理。而同事件下不同账号流水符合独立随机变量特征，一个账户发生某个事件的次数符合连续型随机变量特征。所以，第一步为统计不同平台不同应用不同事件下，各个账号在某一时间窗口下的频度，形成实际业务的个性化数据分布。

② 异常值检测过滤并记录。需要注意的是，此时的数据分布通常情况下不属于严格的正态分布，处于一种偏离正态分布的状态。造成这种情况的原因有很多，最大的一方面是异常值的影响。如为了稳定性，平台自身的账号对本平台应用进行大量测试，又或者黑产在进行批量的攻击，再或者由于接口调用错误导致重复调用，这些情况都会导致异常值的存在。另一方面，对于风控系统而言，某一天进入系统的账号数相当于从某个平台的总体用户中进行的抽样数，而用户又有时域特征、地域特征，抽样的样本会随着这些特征发生变化从而产生异常值。因此，应用异常值检测算法，将这些异常值尽可能地过滤。异常值检测算法有很多，一般用 Z-Score，根据具体的业务事件设定阈值进行判断。同时，异常值对于风控系统与业务方而言都有巨大价值，值得进一步探索其形成原因。这些值在数据分布过滤后会被记

录下来，这些异常值账号会根据不同的实际业务给出不同的处置建议。

③ 单家公司单家应用单家事件下阈值的选取。通过以上两步，目前的数据分布接近于半正态分布。在正态分布情况下，距离平均值 3σ 之外的值出现的概率为 $P(|x-\mu|>3\sigma)\leqslant 3‰$，属于极个别的小概率事件。而对于某一具体账户的性质判断与处置建议属于点概率范围，无法从正态分布的概率密度得知。为此，运用统计学上的分位数概念取得阈值，具体步骤为，将所有账号频度倒序排列（从大到小），然后取某一分位数的值（根据业务事件取得，一般可以取 1‰分位点阈值、1%分位点阈值、3‰分位点阈值等）作为此平台该应用的事件中所有账号的统一阈值（账户行为频度超过这个值就会被拦截）。需要注意的是，这个阈值并非最终的取值。

④ 同行业公司相同事件下的数据分布的分位数阈值取得。经过第三步已经取得某一个公司的应用的事件中所有账户的统一阈值。但是，由于上文所述，需要减缓抽样的用户带有时域、地域等特征带来的数据分布的偏移，而同行业公司的同事件的数据分布又相差不大，为避免单家公司的阈值取得过小导致误杀，会计算所有同行业公司在此事件下所有账号的数据分布分位点阈值。需要注意的是，这个分位点的取值，一般比单家公司的要大，（如单家公司在某个应用的事件下取 1‰为阈值（设为 T_sorg），而同行业公司的所有相关应用在此事件下的阈值为 3‰（设为 T_aorg）。如果 T_sorg≥T_aorg，那么说明单家公司的业务事件可能超过行业平均水准，阈值会取 T_sorg；如果 T_sorg 小于 T_aorg 说明可能由于抽样或者业务原因导致阈值过小，阈值会取 T_aorg。

⑤ 最小阈值的设定。由于是根据数据分布的分位数取阈值的，那么当某天数据量小或者由于抽样的原因导致数据集中分布在正常范围（如正常登录事件就是每个账户 1~4 次/天，当某一天的数据正好都是 1~4 次时，按照上面的规则，也会进行分位数的计算，那么这一定会拦截正常用户，所以要设计一个最小值）从而导致误杀，这个值设为 T_m，根据业务的不同而不同。

⑥ 选取三者的最大值：T_i = max（T_sorg, T_aorg, T_m）。由上可知，选取最大值的目的就是为了避免误杀。

⑦ 计算固定时间内的平均值：为了让阈值更加泛化，消除时域（某一天由于推出新活动或者黑产攻击，又或者接入错误）导致的数据分布异常，会取一段时间内某个阈值的均值（一般会取前 7 天阈值的平均值，作为当天的阈值）设为 T_avg。

⑧ 特殊时期阈值扩充：由于以上计算过程都为离线计算，无法对突发情况做出有效反应（如某公司设定领券事件前 7 天的平均阈值为 10 次，当天该公司推出领券活动，那么领券的次数就会上升，根据前 7 天的数据分布计算的阈值会小而导致误杀）。一般的处理为，在平均阈值基础上，平台根据活动推广程度设定扩充系数（X），以避免误杀。所以，最终的阈值为 $T = X \times T\_avg$。

动态阈值是基于单平台单应用单事件下，所有账号某个事件的数据分布进行阈值选取的，这样阈值的选取更加贴近个性化业务实践，以减少漏杀与误杀。阈值的选取根据每天的数据分布进行，数据分布发生动态变化，阈值也会发生动态变化，不易被嗅探。作为一种通用性策略，对任何事件都能自动地进行运算，有效减少运算压力。但与此同时，动态阈值也有其局限性，其中最大的就是不可控，无法调节，这给实际业务也带来了很多困难。还有就是没考虑到阈值附近账号的情况，在阈值附近变成了模糊决策，这样可能导致误杀。

两种取值方法都有各自的特点，可以根据业务灵活选取。

2. 频度策略举例

在刷榜场景中，用到了频度策略，黑产路径为真人或者机器给目标用户点赞。在制订频度策略的时候，分两个方面考虑。一方面是给别人点赞的用户，需要限制其一段时间内给别人点赞的总体数量，超过某个数量就认为有刷赞的可能性。另一方面是接受点赞的用户，限制其一天接受点赞的数量。这里需要注意，某些知名人物接受点赞的数量会远远超过正常水平，需要加以辨别以免产生误杀。总体阈值要选的足够大，使其高命中黑产。策略设计：同公司、同应用、同事件、同账号/设备/IP 一天的点赞/受赞数量 $\geq X$（X 为阈值）。

在买卖账号场景，黑产首先会进行批量注册养号，但是黑产资源有限，为此我们制订了针对注册的频度策略，限制设备/IP 注册次数。因为大多数平台的规则是一个账号或者手机号只能发生一次注册事件，所以不必在策略层面加以限制。策略设计：同公司、同应用、同事件、同设备/IP 一天注册数量 $\geq X$。

在下单占库存场景中，频度策略也发挥了关键的作用。在某平台的线上/线下场景黑产批量下订单，导致商家或者平台库存分配不合理，为此我们限制了一个特定资源下的下单数量。需要注意的是，在制订 IP 频度时有其特殊性，因为 IP 具有线下共享属性。如某客户为大型商场或者线下门店，门店里面的顾客会接入同一个 WiFi，那么 IP 频度的阈值要比账号或者设备频度大很多，以避免产生误杀。策略设计：同公司、同应用、同事件、同账号/设备/IP 一天的下单数量 $\geq X$。

3.3.4 时域策略

1. 时域策略介绍

时域主要指时序和地域，时域策略是使用时序和地域相关特征设计的策略，分为行为时间间隔异常特征、时域不一致特征、时域分布异常特征、时域相似特征等。时域策略的组成要素如下。

1）维度：账号，因为时域策略通常研究的是目标账号历史行为的时间规律，所以维度一般为账号。

2）行为时间属性：分别为时间间隔稳定、时域不一致、时域分布异常、时域相似等。

3）时间窗口：分别为 30min、1h、1d、7d 等，要研究时间间隔需要一段比较长的时间序列进行规律分析。

4）阈值：根据具体的业务事件以及黑产模式进行选取，最终阈值的确定可能需要几轮的实验室策略迭代，满足准召率后进行上线。

2. 时域策略举例

在做任务套利场景中，我们发现异常用户行为是，持续以 1min 为时间间隔完成任务（游戏通关奖励），持续稳定操作若干个小时。黑产路径是通过脚本定时打接口的方式完成此作弊动作，因为正常人无法保证游戏始终通关，且保持在稳定节奏上。为此我们制订了时间间隔稳定策略。策略设计：账号 30min 内做任务事件的数量 $>X$ & 30min 内做任务事件时间间隔序列标准差 $<Y$（X、Y 均为阈值）。

在刷榜场景中，我们发现多数刷榜黑产都是真人短时间聚集完成刷榜，并且出现同一个受赞的账号在特殊时段受赞的数量远远高于正常时段，为了标记出点赞与受赞的疑似账号，我们制订了时域分布异常策略。策略设计：7天账号点赞数（包含点赞、收藏、关注）处于异常时段次数≥X，异常时段的定义：receivetoken（受赞账号）一天收赞数（包含点赞、收藏、关注）≥X，并且某一个小时内的受赞数量占全天受赞数量总和的比值>Y，则这一个小时作为异常时段。

在拉新助理场景中，我们发现大量出现积分墙团伙作弊的情况，而当前设备指纹无法识别真人积分墙特征。另外，在积分墙App上，挂出的任务中，拉新、助力、注册认证类居多，此类任务要求的账号留存时间短。为此我们制订了这样的策略：通过手机号历史关联的所有账号及其账号活跃时长，计算出手机号关联的账号中低留存（活跃时长小于1d）的账号占比。进而由此定位积分墙用户，给出低质手机号的标签，进行全局流通，用作活动准入筛选以及风险特征聚集。策略设计：手机号关联账号数≥X，并且同手机号下，最后（活跃时间−初次活跃时间)<(24h的账号总数/历史关联的账号总数)≥Y。

3.3.5 聚集策略

1. 聚集策略介绍

可疑聚集是指在关联的基础上，存在关联的内容在某一维度下聚集的情况。聚集策略属于团伙策略的一种情况，可疑聚集策略的组成要素如下。

1）输入参数：社群ID、个体ID、可疑属性等。
2）超参数：时间窗口、最小分组、最大分组等。
3）计算方法：按照社群ID分组，属于这个组中账号的可疑度。
4）使用方法：拒绝满足可疑度的个体ID、拒绝满足可疑度且可疑属性的个体ID。
5）可疑度=去重后满足可疑属性的个体ID/去重后所有个体ID。

2. 聚集策略举例

黑产在进行设备改机的时候，很多工具需要重启设备才能生效，因此从设备重启到事件发生时间比较短是一个风险特征，但特征准确率不够直接拒绝的条件，因此可以设计在某些维度下的聚集策略。策略设计：同公司同操作系统同事件同应用下IP 1天关联设备去重数≥X，并且同同公司同操作系统同事件同应用下IP 1天关联新开机（3h）设备占比≥Y。

黑产存在账号买卖的行为，有专业的注册账号然后卖账号的黑产，因此会出现账号的注册环境和登录环境不一致的情况，但特征准确率不够直接拒绝的条件，因此可以设计在某些维度下的聚集策略。策略设计：同公司同事件同应用下ipc一天关联账号去重数>X，并且同公司同事件同应用下ipc一天关联设备与注册设备不一致的账号占比>Y（ipc指ipv4地址的前三段）。

3.3.6 趋同策略

1. 趋同策略介绍

相似趋同是指在关联的基础上，存在关联的内容在某一维度下趋同的情况。趋同策略属于团伙策略的另一种常见情况，相似趋同策略的组成要素如下。

1）输入参数：社群 ID、个体 ID、相似属性等。
2）超参数：时间窗口、最小分组、最大分组等。
3）计算方法：按照社群 ID 分组，属于这个组的账号的趋同度。
4）使用方法：拒绝满足趋同度的个体 ID、拒绝满足趋同度且可疑属性的个体 ID。
5）趋同度＝去重后满足彼此相似条件的个体 ID/去重后所有个体 ID。

2. 趋同策略举例

在注册登录等场景，黑产经常使用设备农场作案，为便于控制，设备型号基本都是相同的。策略设计：同公司同应用同事件同操作系统 bssid（连接的无线网络 Mac 地址）1 小时内在各事件关联设备去重数量≥X，并且同公司同应用同事件同操作系统 bssid 1 小时关联同厂商型号的设备占比≥Y。

3.3.7　设备指纹

设备指纹主要是指在 App 启动或页面打开环节，采集终端数据，识别终端存在的风险。因为采集数据和识别方法与其他布控事件差异比较大，因此单独介绍。设备指纹从功能模块维度主要拆分成终端 SDK 和服务端两部分。设备指纹终端 SDK 主要负责数据采集和数据管理，设备指纹服务端主要负责唯一标识和风险标签计算，共同用于风险设备的识别。

设备指纹主要有两大类作用，分别为提供稳定的设备标识，提供准确的设备风险标签。

稳定的设备标识，在风控反欺诈中用于定位唯一一个设备，属于风控体系中核心功能之一。设备标识可用于各类关联、聚集等策略，其应用范围涵盖了风控反欺诈中的各个事件。设备标识稳定唯一，对风控反欺诈的效果有直接的影响。

设备指纹另一个重要功能是识别设备风险。黑产为了"制造"出更多的设备资源，或更快、更便捷地进行各种作恶，通常会使用一些工具或手段，对设备进行"改造"，以便达成相应的目的。这就需要判断关键行为中，所使用的设备是否为真实的设备、是否对设备进行了改机、是否使用了一些自动化工具等。如果存在相关的风险，则可以与实际业务相结合，做出相应的处置。此外，由于手机卡、苹果账号等资源具有一定的稀缺性，黑产可能将无卡设备、未登录 iCloud 的设备用于作恶。识别缺少设备资源也是设备风险识别检测的关键一环。

识别出的设备风险，有两方面的使用。一方面，对于一些恶意程度较重，且正常用户不会涉及的风险，如农场、伪造、篡改、虚拟机等，可以直接在业务中进行处置，禁止其各类业务行为。另一方面，对于其他较弱的风险如无 SIM 卡、使用 VPN、多开等正常用户可能触及的风险，可以通过风险聚集来识别批量作恶的团伙等。

下面将从终端 SDK、服务端唯一标识、服务端风险识别等方面，对设备指纹整体进行介绍。

1. 终端 SDK

终端 SDK 指嵌入在 App、HTML5 页面等平台中，用于采集和分析设备数据，配合一定的后端服务，来完成设备标识及设备风险识别功能的软件开发工具包。

终端 SDK 的第一个功能是数据采集。一般来说，移动端 SDK 采集的数据从数据维度上主要分为设备的硬件层、系统层、软件层、环境层、进程层等数据。从用途上来说，可以分为设备标识特征、设备属性、用户配置信息等维度。整体上，终端 SDK 采集的主要数据见表 3-2。

表 3-2 终端 SDK 采集的主要数据

类别	字段示例
设备硬件特征	Mac 地址、IMEI、序列号、IMSI、ICCID、CPU 架构、厂商、型号、内置传感器信息
设备系统特征	存储空间、内存、ROM 包信息、系统版本、AndroidId、IDFA、系统函数信息、系统文件信息、辅助服务信息、输入法信息
设备软件特征	App 包名、App 版本、App 渠道、App 私有文件路径
设备环境特征	环境变量、电池信息、屏幕亮度、屏幕分辨率、SSID、BSSID、网络状态、基站信息、运营商信息、启动时间、设备名称
设备进程特征	进程加载的动态库信息、进程的函数指令信息

而对于 HTML5 页面来说，终端 SDK 的采集能力主要基于浏览器的能力。因原理上受限于浏览器的能力，采集的字段较移动端少。基于浏览器的能力，Web 端 SDK 会采集浏览器的基本信息，包括浏览器类型、版本、语言设置、插件信息、Canvas、UA、分辨率等，采集浏览器基于的系统相关信息，包括系统类型、系统语言等。除了以上的基础属性信息，HTML5 页面还可以采集当前 URL、页面的来源、移动端按压面积等信息。

终端 SDK 的另一个重要功能是数据管理，主要包括设备标识的安全保存以及设备数据的保护。对于设备标识，一般通过服务端生成并通过动态加密的方式下发至客户端，每次下发加密后不同的密文设备标识，从根源上避免设备标识被破解。对于设备数据的保护，主要是对于采集代码和采集逻辑的保护，以及对采集数据的加密等工作。但对于伪造的识别，不仅限于终端 SDK 的加密及保护，需要同服务端配合进行校验，防止采集数据被破解使用。

2. 服务端唯一标识模块

设备标识，又称为设备 id，是一个物理设备的唯一标识。设备标识有两个重要的评价指标：稳定性和唯一性。稳定性指的是设备标识在各种场景下保持不变的特性，唯一性指的是多个设备不会分配为同一设备标识的特性。在实践中，最理想的设备标识方案是稳定性与唯一性兼顾，都具有较好的效果。但实际应用的过程中，两者是互斥的，稳定性的提高必然伴随着唯一性的降低。因此，设备标识就是在稳定性和唯一性的矛盾中找到符合实际应用场景的平衡。

要实现设备标识，首先要做的是采集数据，可用于设备标识的字段需要有以下特征：对同一个设备，在各种操作、各类场景下保持稳定，且不同设备之间的字段值不同。通常可用于设备标识的字段见表 3-3。

表 3-3 与设备标识相关的数据

字段	字段说明	特性
Android-id	设备启动后生成的随机数，Android 高版本在 App 第一次启动后生成	不需要权限，碰撞概率很小，高版本不同 App 不同，恢复出厂设置会变化
IMEI/MEID	国际移动设备识别码/移动设备识别码	需要权限，碰撞概率极小，可装 SIM 卡的设备才能够获取，Android 10 及以上禁止非系统应用获取

(续)

字　段	字段说明	特　　性
IMSI	国际移动用户识别码	需要权限，与手机卡和手机号相关，Android 10 及以上禁止非系统应用获取
iCCID	集成电路卡识别码，SIM 卡卡号	需要权限，与手机卡和手机号相关，Android 10 及以上禁止非系统应用获取
WiFi Mac	本机无线网卡 Mac 地址	碰撞概率较小，Android 10 及以上设备部分 ROM 可能开启随机 Mac 且重置会发生变化。
Bluetooth Mac	本机蓝牙 Mac 地址	高版本系统采集不到
serial	设备出厂序列号	老旧设备碰撞较多，Android 10 及以上禁止非系统应用获取
model	设备型号	能够区分不同的设备型号
fingerprint	设备的 ROM 包信息	能够区分设备安装的 ROM
TotalSpace	设备总存储空间	相同型号一致比例较高
memory	设备总内存空间	相同型号一致比例较高
boot	设备启动时间	毫秒级及精度更高的时间，碰撞概率较低，重启设备会变化
IDFA	iOS 广告标识	用户可手动限制采集，iOS 14.5 后需弹窗给用户授予权限
IDFV	iOS 应用开发商标识符	与 App 开发商相关，卸载开发商所有 App 后会变化

目前设备标识主要有主动式设备指纹和被动式设备指纹两种。被动式设备指纹指的是终端设备与后台服务连接的过程中，通过对网络传输协议及数据的解析，获取多维的设备特征，通过后端的机器学习等算法识别设备的方式。被动式设备指纹的运行是随着数据传输相伴而生的，但受限于其数据特征少，其稳定性和唯一性相对较差，因此，当前主流的设备标识生成方案还是主动式设备指纹。主动式设备指纹需要单独采集数据，通过采集设备数据和客户端或服务端的计算得到最终的设备标识。主动式设备指纹主要有两类实现方式，一类是强因子关联，另一类是弱因子相似关联。

（1）强因子关联

强因子关联的方式是指在采集了设备标识强相关的数据后，需要通过运算得到设备标识。目前，设备标识的计算和关联绝大多数都在服务端进行，主流的实现方式为服务端存储关键设备数据的因子与设备标识的对应关系，在设备数据上报时，通过相应的因子确定是否为同一设备标识。

对每一条上报的设备数据，首先提取出设备数据中与设备标识相关的关键特征。在经过机器或人工评判后，将部分的关键特征进行交叉组合，生成多个关键因子，作为映射关系的 key，在持久化存储的数据库中查找 key 与设备标识的映射关系。如果一个设备第一次访问，在持久化存储的数据库中无任何计算得到的关键因子，则新生成一个设备标识。对于一个老设备，如果存在关键因子能够查询到相应的设备标识，则表示本设备曾经访问过该系统，设备标识被找回。最后将关键因子与设备标识的映射更新至持久化存储的数据库中，完成设备标识的全部生成过程。强因子关联设备标识识别逻辑如图 3-8 所示。

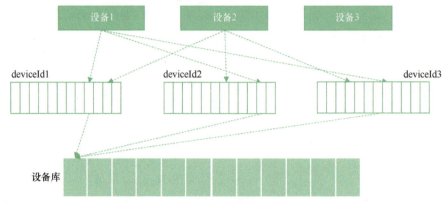

● 图 3-8　强因子关联设备标识识别逻辑

强因子关联的设备标识效果好坏的决定因素就是关键因子的选取是否合理，是否平衡了稳定性和唯一性。如果在选取的过程中，过分追求稳定性，仅使用不可靠的关键特征作为因子，如仅使用 Mac，可能会造成很多真实设备被分配为相同的设备标识，对于部分风控反欺诈的场景来说可能会出现较多的误杀。而过分追求唯一性，则可能会出现不能满足设备标识的稳定，在很多基础场景下设备标识发生了变化，导致风控反欺诈中不能准确识别同一设备而导致漏杀。根据实际业务，在相对严格控制重码率的基础上，保证设备标识的稳定性，对于风控反欺诈或许是更加合适的选择。

（2）弱因子相似关联

弱因子相似关联是在隐私政策不断收紧、能够采集到特征较强的关键特征越来越少、对设备标识的稳定性带来了较大挑战的背景下提出的。从 Android 10 开始，非系统应用均不能采集 IMEI、IMSI、iCCID、序列号等特征，且无线网卡的 Mac 地址在部分型号手机上会随机化，即连接不同的 WiFi 情况下 Mac 地址不同。在 iOS 端，从 iOS 14.5 系统开始，采集用户的 IDFA 需要弹窗给用户授权，大大降低了 IDFA 的采集率。

弱因子相似关联指的是不依赖于设备标识的强特征，使用设备的其他易重复、关联较弱的字段作为特征，如 ROM 包信息、操作系统版本、系统文件信息、存储空间、系统内存、活跃地域等，通过机器学习或其他相似算法，计算相似度得到设备标识。其关联的本质也是在寻找大量具有区分度的弱特征，通过多维度特征计算数据间的相似度，搜索历史数据中与本次数据相似度最高的数据，判断其是否为同一设备。弱因子相似关联设备标识识别逻辑如图 3-9 所示。

弱因子相似关联首先也需要建立索引，使用部分具有一定区分度的特征，如型号、存储空间、分辨率等信息进行交叉组合，建立特征与设备之间的映射关系。并在设备库中，保存历史活跃设备的弱标识特征。当一条设备数据上传时，首先通过索引关联出一批可能是同一设备的历史数据，并逐个计算历史数据与本条数据的相似度。取相似度最高的一个历史设备，如果相似度大于一定阈值，则认为本条设备数据与历史数据为同一设备，下发同一设备标识，并更新设备库中的历史数据，完成设备标识的计算。

弱因子相似关联与强因子关联相比，其劣势比较明显，主要有设备标识不稳定、存储数据量较大、相似度计算复杂等。但其优势也不容小觑，主要包括不依赖于设备标识强特征、受隐私政策影响较小等。但从整体上来说，因其效果一般且传统的强因子关联的设备标识已经处于市场优势地位，因此弱因子相似关联设备标识在实际生产中应用较少。但从未来隐私保护等角度长远来看，弱因子相似关联还有很大的优化空间。

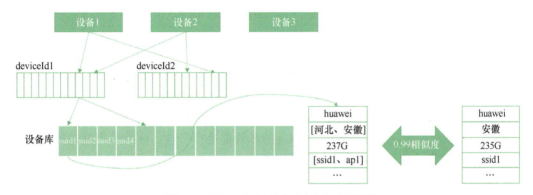

● 图 3-9　弱因子相似关联设备标识识别逻辑

设备标识虽然对于风控反欺诈来说是一个十分重要的维度，但不能仅依赖设备标识来解决所有问题，需要通过更多维度的数据，全面识别各类风险才能更好地提升业务风控反欺诈的效果。

3. 服务端风险识别模块

设备指纹的另一个重要作用是识别设备风险，设备风险根据作案目的及严重程度可以分为虚假设备、风险设备、机器操控等类别。下面将对这几个类别的典型作案场景及识别方法进行详细说明。

（1）虚假设备类

1）伪造设备。

伪造设备是指没有真实的物理设备，通过破解接口协议，直接伪造相应的设备数据或行为数据，通过 Curl、Java、Python 等工具将数据包发送给服务端。伪造数据可能会发生在各类事件的各类场景下，包括注册、登录、秒杀、领券等。由于伪造设备发送数据的成本极低，且可以高并发，大量发送数据，其危害性较其他风险来说更大。

防御伪造设备主要有两类方式：第一类是增加破解协议的难度；第二类是从数据层面进行校验。

增加破解协议的难度层面，主要是通过 App/SDK 的代码加固来实现的。常用的一些加固方法包括变量及函数的混淆、llvm、ollvm、指令翻译、App 加壳等方式，因此类方法大多属于代码安全层面内容，在此不再赘述。

在数据层面，识别伪造设备主要通过对采集字段类型校验、字段格式校验、字段值范围校验、字段缺失校验、字段间逻辑校验等。一般来说，黑产绕过其中一种或几种方式是可能的，但将全部类别校验都绕过依旧存在较大的难度。数据层面的校验示例如下。

① 正常情况下，采集的设备启动时间、总空间、内存、亮度等维度的信息应当是数值类型，如果有非数值类型的数据，则可能存在伪造的风险。

② 设备中采集的部分 ID 是 UUID 格式，可通过是否符合 UUID 格式进行校验。

③ 通过系统方法采集到的电池电量信息，Android 端应当是 0~100 之间的整数，iOS 端是 0~1 之间的小数，如果值不在预期范围内，则可能存在伪造设备的风险。

④ 部分黑产因破解不完全、逻辑不正确造成缺失很多关键采集字段，在排除采集问题后，字段缺失也可用于判断打接口的行为。

⑤ 各字段间是存在一定逻辑关系的，如特定型号的手机，其物理分辨率是一定的，不符合规律的设备可能存在一定的问题。

2）篡改设备。

篡改设备是指通过各种改机工具或直接定制 ROM 等方式，修改设备的参数，以"制造"出新的设备。篡改设备主要有两种方式：一种是传统的软改，主要是指使用各类篡改工具，在 root 或越狱的环境下，通过 hook 系统函数对设备的数据进行修改；另一种为硬改，主要是指通过修改 ROM 包，将整个系统相应的参数都进行修改，使得采集到的数据均为定制 ROM 生成的数据，以达到篡改设备的目的。

识别篡改设备主要有以下几类方式，包括篡改工具识别、篡改框架识别、系统函数 hook 检测、函数指令校验等方式。而对于硬改设备，需要根据其特定工具暴露的特征来进行识别，不一定具有通用的识别方法。主要识别示例如下。

① Android 端检测设备是否包含有 xposed 等篡改框架，此类框架的主要作用就是修改设备参数，用于篡改设备。

② iOS 端可以检测获取系统函数的方法名是否正确，部分黑产通过 hook 方式修改了系统方法，使得实际调用的函数并非系统标准函数。

③ 部分系统函数对应的指令存在固定的起始值，这部分指令也可以用于篡改的识别。

④ 部分硬改设备可能会在系统中留下一些特定的目录或文件，通过这些痕迹也可以识别篡改设备。

3）PC 模拟器。

PC 模拟器是指在 PC 设备上，通过使用模拟器，运行虚拟的移动端操作系统。因 PC 模拟器使用方便，且成本较低，因此成为黑产常用的作案方式。常见的模拟器主要有雷电、蓝叠、mumu、逍遥、夜神等，以及各类开发工具自带的模拟器。

识别 PC 模拟器的主要方法是检测当前 CPU 架构、网卡，以及模拟器的一些特定特征等，例如：

① 设备的 CPU 为 x86 及相关的架构，此类 CPU 主要用于个人计算机，而不是移动设备正常使用的 ARM 架构。

② 设备没有无线网卡，但存在以太网的网卡，这类设备可能是 PC 模拟器。

③ 部分模拟器会在一些特定的路径，或设备的数据中保留一些特殊的标记。

4）云手机。

云手机是指通过云服务器实现云服务的手机，其本质是在云服务端部署了大量的 Android 操作系统，对外提供网络接口，可以远程进行操控的虚拟设备。目前常见的云手机包括红手指、多多云等。

识别云手机需要根据各类云手机暴露的特征去识别，不同种类的云手机特征不尽相同，但存在相似的识别思路。

① 云手机可能存在特定的输入法或辅助服务。因需要进行远程操控，部分云手机会暴

露出定制的远程操控服务或输入法，这类特征可以用于检测。

② 云设备因部署在云服务器中，其网络接口可能和正常的设备不同，且同一云服务器多设备间可能存在一定的通信，这种特性也可作为识别特征。

5）手机模拟器。

手机模拟器主要是指在真实的 Android 手机上，通过虚拟化、沙盒等方式，构建一个虚拟的操作系统，在虚拟的系统中可以便捷地修改参数，实现"制造"出多个设备的目的。手机模拟器因具有使用便捷等优势，因此被黑产较多使用。常见的手机模拟器包括 vmos、x8 沙箱等。由于此类设备仅存在于 Android 端，因此也被称为 Android 端虚拟机。

识别手机模拟器与云手机具有一定的相似性，不同种类的手机模拟器的特征不尽相同，需要根据不同种类的特征进行识别，主要的方式包括如下。

① 传感器信息是否正常，手机模拟器因环境是虚拟的，设备的许多配件厂商信息并非真实的信息，生产商大多数为虚拟厂商，这些可以作为识别真机与手机模拟器的一个重要特征。

② 部分手机模拟器存在 ROM 包、型号、运营商等信息为特殊值的特征，此类特征需要根据实际数据情况进行验证确认。

6）农场设备。

狭义的农场设备指的是使用群控工具，批量、自动化地操作大量真实设备。其核心是使用了群控工具，操控大量设备进行相同或相似的操作，以减轻人工操作的成本。广义的农场设备指的是在一定范围内，具有相同或相似的属性或行为，且批量进行操作的设备。

对于农场设备的识别方法，对应的也分为两类。第一类是安装和使用了群控工具，第二类是风险或属性聚集，示例如下。

① 在采集的设备数据中，从动态库、辅助服务等发现黑产群控工具，可以认为存在农场的风险。

② 在 IP 或 IP 段等维度下，存在型号、ROM 包、启动时间等属性聚集，或无 SIM 卡、多开等风险的聚集。此类行为在正常的使用过程中属于极小概率事件，批量出现此类行为也可以认为存在大量设备相似操作，存在农场设备的风险。

（2）风险设备类

1）无 SIM 卡。

无 SIM 卡的含义相对简单，就是设备未安装 SIM 卡。正常情况下，普通人常用手机一般是处于安装 SIM 卡的状态，但受限于手机卡资源不足，部分黑产设备未安装 SIM 卡，会造成无 SIM 卡的风险。识别无 SIM 卡主要通过手机的网络状态以及 SIM 卡状态来实现，具体如下。

① 正常有卡的情况下，simstate 的值应当是 ready 或 loaded，无卡会出现非正常值。但实际使用中，simstate 存在多种特殊状态，这就需单独进行处置。

② 设备是否有移动网络访问连接或运营商相关信息也是一个重要的判断依据。

2）vpn。

为了能够获取到更多的 IP 资源或修改自己网络的归属地，部分黑产会使用 vpn 工具修改自己设备的 IP，使得自己能够参加多地活动或绕过 IP 相关的频度限制。识别 vpn 的方式主要包括如下。

① 使用 vpn 会在设备上产生一些特殊的虚拟网卡，通过对这些虚拟网卡的检测即可识别绝大多数 vpn。

② 除了系统层面，通过对 IP 的地域解析，分析其规律也可识别部分使用 vpn 的行为，如地域跳变等。

3）多开技术。

正常的系统中，相同的 App 在同一个设备上只能存在一个，但为了实现在单个设备上开启多个相同应用，多开技术便应运而生。多开主要可以分为两类，一类是系统多开，是指手机系统自带的应用或系统多开的功能；另一类是工具多开，即通过第三方工具来实现多开。使用多开不一定是黑产，部分正常人可能也会使用。因为多开是针对特定 App 的，因此识别到的多开也应当仅应用于本 App。识别多开主要有以下思路。

① 正常安装的 App 其私有文件目录路径固定，私有文件目录发生变化则有多开的风险。

② 部分多开工具在动态库中会加载与多开相关的库，这个特征也可作为识别多开的一种方式。

③ 部分多开会 hook 一些系统服务，对系统服务的检测也能够识别一些多开。

4）root。

设备 root 指的是系统或应用被提权，对于 Android 端就是日常理解的"root"，对于 iOS 端主要指的是"越狱"。一般来说，提权主要是修改正常情况下不可操作的文件或配置，或者解锁系统的部分隐藏功能等，是篡改系统的前置条件。同时，在实际应用中，存在部分数码爱好者等也会使用此类的工具，基于此，在风控中 root 应当被认为是一个高危风险而并非一定黑产。识别设备 root 主要有以下思路。

① 对于官方给出的开发版 ROM 或一般的 root 工具，会在系统中留下特定的提权文件，通过检测该文件即可检测 root。

② 部分 root 工具会在系统中残留特殊文件，这部分残留文件也可以用于识别设备是否存在 root 的问题。

5）疑似重置。

黑产可以通过恢复出厂设置的方式来尝试生成新的设备。通常情况下，受限于隐私政策一般不能完全保证恢复出厂设置场景下设备标识稳定。因此，识别出设备可能发生了重置行为也是一个较为重要的风险依据。识别重置的方法包括如下。

① 设备的状态新，即使用空间少、活跃时间短、App 安装少等特征，这些都属于疑似重置设备的重要特征。

② 部分设备可以获取到重置的时间或重置的次数，这也可作为判断重置的一个方式。

③ 恶意重置设备在行为上会表现出较多与新设备相似的操作，这也可作为疑似重置设备的一个参考。

（3）机器操控类

除了前文所提到的黑产的各类风险行为外，还有一类黑产行为是机器操控类的风险。机器操控主要目的是提高自动化操作程度，解放出人力，或用于高频单击秒杀等。识别机器操控工具主要有以下几种方式。

1）通过开启的辅助服务、输入法等，发现机器操作的应用。

2）在动态库中可能会留有实现机器操作工具的部分依赖，这可用于识别是否在使用机器操作。

3）可以采集对应设备的按压、触摸等行为的详情，包括按压力度、按压面积等信息，以区分真人与机器操作。

设备指纹在风控反欺诈的识别中，起到了关键作用。但设备指纹并非一成不变，也需要不断去改进方法、迭代策略，适应不断变化的系统功能及黑产工具。在未来与黑产的对抗过程中，设备指纹需要不断深挖原理、校验数据，不拘泥于现有的黑产识别思路，积极拓展不限于操作行为、行为时序记录等方向的新识别方式，以不断提高黑产在设备维度的成本，为更好地建设数字风控体系提供更多的支持。

3.3.8 算法体系

在策略体系的识别过程中，发现有如下难点。

1）策略是通过已观测到的黑产案例行为，进行精心设计的对应规则。而对未观测到，或存在一定变体情况下的案例，解决能力较差。

2）当前策略的产出方式主要依赖人工分析，对相对简单的黑产类型具有很好的表达方式。而对复杂情况下的黑产，往往需要综合考虑多场景、多维度的特征表达方式，极大地增加了策略方面的工作难度。

3）在策略迭代过程中，策略累积现象相对严重，新策略往往应对的是新黑产类型，而不能完全舍弃老的策略。因此，在迭代过程中，往往会同时维护多套策略以应对复杂多变的黑产类型。这进一步增大了策略方面的维护成本。

而机器学习模型的引入，为解决黑产提供了一种新的解决思路。根据不同用户的历史行为、内容记录，设计相应各项内容、行为特征进行建模，让模型自适应学习黑产和正常用户的各项行为差异，进而实现对黑产行为、账号的判别。

3.3.8.1 有监督算法

1. 逻辑回归

逻辑回归（Logistic Regression）是机器学习中非常经典的一种分类算法（如图3-10所示），常用于二分类，逻辑回归假设数据服从伯努利分布，通过极大化似然函数方法，运用

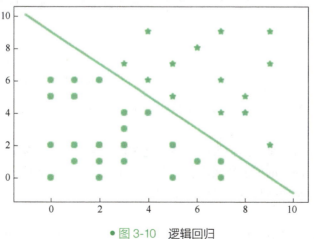

● 图3-10 逻辑回归

梯度下降求解参数,来达到将数据二分的目的。由于算法的简单、高效以及可解释性强的特性,在风控场景中应用非常广泛,如广告引流、恶意访问、虚假账号、伪冒支付等。

逻辑回归算法的整体步骤可分为构造假设函数、构造损失函数、参数优化三个步骤。

(1) 构造假设函数

逻辑回归可以看作是一个线性回归方程的结果经过一个 sigmoid 函数得到的结果,由 d 个属性所描述的 $\boldsymbol{x}=(x_1,x_2,x_3,\cdots,x_d)$ 线性回归可表示如下。

$$z = \theta_0 + \theta_1 x_1 + \theta_2 x_2 + \cdots + \theta_d x_d = \boldsymbol{\theta}^\mathrm{T} \boldsymbol{x}$$

在逻辑回归中,即将线性回归式所产生的值通过 sigmoid 函数,将函数值 z 转换为 0/1,即

$$g(x) = \frac{1}{1+\mathrm{e}^{-z}}$$

将线性回归代入可得假设函数:

$$h_\theta(\boldsymbol{x}) = g(\boldsymbol{\theta}^\mathrm{T}\boldsymbol{x}) = \frac{1}{1+\mathrm{e}^{-(\boldsymbol{\theta}^\mathrm{T}\boldsymbol{x})}}$$

由此可得出样本被预测为正和预测为负的概率分别为:

$$P(y=1|\boldsymbol{x},\boldsymbol{\theta}) = h_\theta(\boldsymbol{x})$$
$$P(y=0|\boldsymbol{x},\boldsymbol{\theta}) = 1 - h_\theta(\boldsymbol{x})$$

合并得:

$$P(y|\boldsymbol{x},\boldsymbol{\theta}) = (h_\theta(\boldsymbol{x}))^y (1-h_\theta(\boldsymbol{x}))^{1-y}$$

(2) 构造损失函数

根据极大似然估计原理,对上述合并结果取似然函数,得:

$$L(\boldsymbol{\theta}) = \prod_{i=1}^{m} P(y^i|\boldsymbol{x}^i,\boldsymbol{\theta}) = \prod_{i=1}^{m} (h_\theta(\boldsymbol{x}^i))^{y^i} (1-h_\theta(\boldsymbol{x}^i))^{1-y^i}$$

两边都去对数得:

$$l(\boldsymbol{\theta}) = \log L(\boldsymbol{\theta}) = \sum_{i=1}^{m} [y^i \log h_\theta(\boldsymbol{x}^i) + (1-y^i)\log(1-h_\theta(\boldsymbol{x}^i))]$$

当似然函数求得最大值时,模型能够最大可能地满足当前的样本。求最大值使用梯度向上法,可以对似然函数加个负号。通过求等价问题的最小值来求原问题的最大值,就可以使用极大似然估计法。

如果取整个数据集上的平均对数似然损失,则损失函数为:

$$J(\boldsymbol{\theta}) = -\frac{1}{m}\sum_{i=1}^{m}[y^i \log h_\theta(\boldsymbol{x}^i) + (1-y^i)\log(1-h_\theta(\boldsymbol{x}^i))]$$

即在逻辑回归模型中,最大化似然函数和最小化损失函数实际上是等价的。

(3) 参数优化

参数优化的主要目标是通过损失函数最小化求目标函数的各个参数。参数朝对应优化方向更新之后使得损失函数的值能够减小,这个方向往往由一阶偏导或者二阶偏导的各种组合求得。常见得优化方法包括梯度下降法和牛顿法。

1) 梯度下降法。

梯度下降法是通过 $J(\boldsymbol{\theta})$ 对 $\boldsymbol{\theta}$ 的一阶导数来找下降方向,并且以迭代的方式来更新参数,

更新方式为：

$$g_i = \frac{\partial J(\boldsymbol{\theta})}{\partial \theta_i}$$

$$\theta_i^{(k+1)} = \theta_i^{(k)} - \eta g_i$$

其中 k 为迭代次数，每次更新参数后，当前后两次损失之差小于特定阈值或达到最大迭代次数后，停止迭代。

2）牛顿法。

牛顿法的基本思路是，在现有极小点估计值的附近，对 $f(x)$ 做二阶泰勒展开，进而找到极小点的下一个估计值。假设为当前 $\boldsymbol{\theta}^k$ 的极小点估计值，那么有：

$$\varphi(\boldsymbol{\theta}) = J(\boldsymbol{\theta}^k) + J'(\boldsymbol{\theta}^k)(\boldsymbol{\theta} - \boldsymbol{\theta}^k) + \frac{1}{2}J''(\boldsymbol{\theta}^k)(\boldsymbol{\theta} - \boldsymbol{\theta}^k)^2$$

然后令 $\varphi(\boldsymbol{\theta}) = 0$，则有：

$$\boldsymbol{\theta}^{k+1} = \boldsymbol{\theta}^k - \frac{J'(\boldsymbol{\theta}^k)}{J''(\boldsymbol{\theta}^k)} = \boldsymbol{\theta}^k - H_k^{-1} g_k$$

其中 H_k^{-1} 为海森矩阵。

逻辑回归的优缺点如下。

① 优点
- 实现简单，广泛地应用于工业问题上。
- 分类时计算量非常小、速度很快、存储资源低。
- 可便利观测样本概率分数。
- 对逻辑回归而言，多重共线性并不是问题，它可以结合 L2 正则化来解决该问题。
- 计算代价不高，易于理解和实现。
- 可解释性强。

② 缺点
- 当特征空间很大时，逻辑回归的性能不是很好。
- 容易欠拟合，一般准确度不太高。
- 不能很好地处理大量多类特征或变量。
- 只能处理两分类问题（在此基础上衍生出来的 softmax 可用于多分类），且必须线性可分。
- 对于非线性特征，需要进行转换。

2. XGB

XGBoost（eXtreme Gradient Boosting，极端梯度提高）是由机器学习领域著名学者陈天奇等人提出的一种基于树的可扩展端到端 boosting 算法。XGBoost 通过集成多棵 cart 树模型的分类结果，构成一个更强的分类器。在多个大数据竞赛项目中，XGBoost 效果显著。同时，也是目前最快、最好的开源 boosted tree 工具包之一。XGBoost 实质是对 GBDT（Gradient Boosting Decision Tree）的改进，与 GBDT 最大的区别是 XGBoost 经过对目标函数作二阶泰勒展开，使得梯度收敛更快、更准确。

（1）梯度提升

XGBoost 是梯度提升（Gradient Boosting）算法之一，梯度提升的本质是梯度下降法在函数空间上的推广，是用于解决提升树利用加法模型与前向分步算法实现学习的优化过程困难的问题，即根据当前模型损失函数的负梯度信息来训练新加入的弱分类器，然后将训练好的弱分类器以累加的形式结合到现有模型中。其中用决策树作为弱分类器的 Gradient Boosting 算法被称为 GBDT。

GBDT 又叫 MART（Multiple Additive Regression Tree），是一种迭代的决策树算法，该算法由多棵决策树组成，通过所有决策树的结果累加得出最终的结果。

GBDT 算法一般包括以下三个步骤。

1）初始化弱学习器：

$$f_0(x) = \arg\min_c \sum_{i=1}^{N} L(y_i, c)$$

2）对每次迭代 m，都有：

a. 对每个样本 i，计算负梯度：

$$r_{im} = -\left[\frac{\partial L(y_i, f(x_i))}{\partial f(x_i)}\right]_{f(x)=f_{m-1}(x)}$$

b. 用 $\{(x_i, r_{im})\}_{i=1}^{n}$ 拟合 cart 树，得到一个新的基学习器。

c. 通过最小化损失函数 L，求得每个叶子节点对应最优的 γ_{jm}：

$$\gamma_{jm} = \arg\min_\gamma \sum_{x_i \in R_{jm}} L(y_i, f_{m-1}(x) + \gamma)$$

d. 更新后的模型：

$$f_m(x) = f_{m-1}(x) + \sum_{j=1}^{J_m} \gamma_{jm} I(x_i \in R_{jm})$$

3）满足终止条件后，输出模型。

（2）XGBoost 算法

XGBoost 就是在 Gradient Boosting 框架下的一种高效系统实现。令样本为 $\{(x_i, y_i)\}_{i=1}^{n}$，最大迭代次数为 T，正则化系数为 λ、γ，则 XGBoost 的训练步骤可表示如下：

1）对当前次迭代 t，有：

计算样本 x_i 对 $f_{t-1}(x_i)$ 基于损失函数 L 的一阶导数 g_{ti}，以及二阶导数 h_{ti}，并通过累加计算所有样本的一阶导数 $G_t = \sum_{i=1}^{m} g_{ti}$，以及二阶导数 $H_t = \sum_{i=1}^{m} h_{ti}$。

2）对每个特征，计算每个特征值再分别划分到左右子树的一阶导数和二阶导数：

$$G_L = \sum g_{ti}, (x_i 在左子树), G_R = \sum g_{ti}, (x_i 在右子树)$$

$$H_L = \sum h_{ti}, (x_i 在左子树), H_R = \sum h_{ti}, (x_i 在右子树)$$

3）计算各个划分点所得的增益：

$$\text{Gain} = \frac{1}{2}\left[\frac{G_L^2}{H_L+\lambda} + \frac{G_R^2}{H_R+\lambda} - \frac{(G_L+G_R)^2}{H_L+H_R+\lambda}\right] - \gamma$$

根据最大的增益分裂左右子树。

4）若增益为 0 或达到最大树深度，则当前树建立完成，更新整体 XGB 强模型，进行下一轮迭代，否则重复 B，C。

相比于传统的 GBDT，XGBoost 主要有以下改进。

- XGBoost 支持线性分类器，相当于带 L1 和 L2 正则化项的逻辑回归或者线性回归。
- XGBoost 对损失函数进行了二阶泰勒展开，同时用到了一阶和二阶导数。
- XGBoost 在损失函数里加入了正则项，以控制模型的复杂度。
- Shrinkage（缩减）相当于学习速率。XGBoost 在进行完一次迭代后，会将叶子节点的权重乘上该系数，以削弱每棵树的影响，让后面有更大的学习空间。实际应用中，一般把学习率设置得小一点，然后迭代次数设置得大一点。
- 列抽样。XGBoost 借鉴了随机森林的做法，支持列抽样，不仅能缓解过拟合情况，同时也减少了计算量。
- 对缺失值的处理。对于缺失特征值的样本，XGBoost 可以自动学习出它的分裂方向。
- XGBoost 工具支持并行。
- 可并行的近似直方图算法。树节点在进行分裂时，需要计算每个特征的每个分割点对应的增益，即用贪心法枚举所有可能的分割点。
- cache 优化，提高缓存命中率、提高计算速度。

XGBoost 通过这些改进在保证了效果的同时，提高了训练效率，在工业界和竞赛当中都得到了广泛应用。

3. DNN

深度神经网络（Deep Neural Network，DNN）是深度学习的基础网络结构，其表征为多层感知机（Multi-Layer Perceptron，MLP）结构（如图 3-11 所示）。与传统的感知机不同，其每个节点和下一层所有节点都有运算关系，也称为全连接神经网络。

按不同层的位置划分，DNN 内部的神经网络层一般可以分为三类：输入层、隐藏层和输出层。单个神经元构成和感知机相同，即 $z = \sigma(\sum w_i x_i + b)$。

感知机学习的目标是求得一个能够将训练数据集正负样本点正确分开的超平面，使误分类的样本点到超平面的距离之和最小。这个模型只能用于简单分类，且无法处理更为复杂的非线性问题。而神经网络在感知机的模型上做了扩展，主要有以下三点。

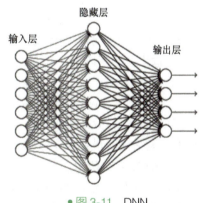

● 图 3-11　DNN

1）加入了多层隐藏层，特征的"等级"随着网络深度的加深而变高，增强了模型的表达能力。

2）输出层神经元可以有多个输出，模型可以灵活地应用于分类、回归、降维和聚类等。

3）对激活函数做扩展。感知机的激活函数是 sign(z)，虽然简单但是处理能力有限，而神经网络中则使用 Sigmoid、Softmax、tanx、ReLU、softplus 等激活函数，加入了非线性因素，提高了模型的表达能力。

（1）DNN 前向传播算法

前向传播算法是利用若干个权重系数矩阵 W，偏移向量 b 和输入值向量 x 进行一系列线性运算和激活运算。从输入层开始，利用上一层的输出计算下一层的输出，一层层地向后计算，一直运算到输出层，得到输出结果为止。

（2）DNN 反向传播算法

反向传播算法（Back Propagation，BP）是使用前向传播计算出训练样本预输出值，然后通过损失函数，得出预输出值和真实样本标签之间的损失。通过对损失函数用最优化方法（如梯度下降法）进行迭代优化，根据权值和偏差进行反向传播，逐层更新模型的参数，最终找到最优的参数，让所有训练样本的模型输出尽可能地等于或接近样本标签。

DNN 训练过程如下。

1）随机初始化各层的线性关系系数矩阵 W 和偏移向量 b。

2）对每次迭代 t：

① 对每个样本 i：

a. 将当前 DNN 的输入向量设置为样本 i 的特征向量 x_i。

b. 从输入层开始，逐层进行前向传播算法：$a^{i,l} = \sigma(z^{i,l}) = \sigma(W^l a^{i,l-1} + b^l)$。

c. 通过损失函数计算输出层的损失：$\delta^{i,l}$。

d. 从输出层开始，逐层进行反向传播算法：$\delta^{i,l} = (W^{l+1})^T \delta^{i,l+1} \sigma'(z^{i,l})$。

② 从输入层开始，逐层更新参数 W、b：

$$W^t = W^{t-1} - \eta \sum_{i=1}^{m} \delta^{i,l} (a^{i,l-1})^T$$

$$b^t = b^{t-1} - \eta \sum_{i=1}^{m} \delta^{i,l}$$

③ 参数变化值小于迭代阈值或到达最大迭代次数后，停止迭代。

3）输出参数矩阵 W、b。

（3）激活函数

激活函数（Activation Function）是一种添加到人工神经网络中的函数，旨在帮助网络学习数据中的复杂模式。类似于人类大脑中基于神经元的模型，激活函数最终决定了要输入给下一个神经元的内容，如图 3-12 所示。

激活函数对于人工神经网络模型去学习、理解非常复杂和非线性的函数来说具有十分重要的作用。它们将非线性特性引入网络中。如图 3-12 所示，在神经元中，输入通过加权求和后，被作用在激活函数上，输出估计值。

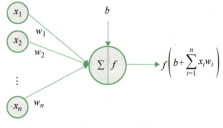

● 图 3-12 激活函数

1）Sigmoid 函数。

Sigmoid 函数又称为 Logistic 函数，用于隐含层神经元输出，取值范围为（0,1），可以用来做二分类。Sigmoid 函数表达式：

$$\sigma(x) = \frac{1}{1 + e^x}$$

Sigmoid 函数的几何形状是一条 S 型曲线，如图 3-13 所示。

优点：

① Sigmoid 函数的输出在（0,1）之间，输出范围有限，优化稳定，可以用作输出层。

② 属于连续函数，便于求导。

缺点：

① Sigmoid 函数在变量取绝对值非常大的正值或负值时会出现饱和现象，这意味着函数会变得很平，并且对输入的微小改变会变得不敏感。在反向传播时，当梯度接近于 0，权重基本不会更新，很容易就会出现梯度消失的情况，从而无法完成深层网络的训练。

② Sigmoid 函数的输出不是 0 均值的，会导致后层的神经元的输入是非 0 均值的信号，这会对梯度产生影响。

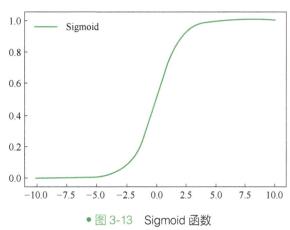

● 图 3-13　Sigmoid 函数

③ 计算复杂度高，因为 Sigmoid 函数是指数形式。

2) Tanh 函数。

Tanh 函数也称为双曲正切函数，取值范围为 [−1,1]。Tanh 函数定义如下：

$$\text{Tanh}(x) = \frac{e^x - e^{-x}}{e^x + e^{-x}}$$

Tanh 函数如图 3-14 所示。

实际上，Tanh 函数是 Sigmoid 函数的变形：

$$\text{Tanh}(x) = 2\sigma(x) - 1$$

Tanh 函数是 0 均值的，因此实际应用中 Tanh 会比 Sigmoid 更好，但是仍然存在梯度饱和与 exp 计算的问题。

3) ReLU 函数。

整流线性单元（Rectified linear unit，ReLU）是神经网络中最常用的激活函数之一，ReLU 函数定义如下：

$$f(x) = \max(0, x)$$

ReLU 函数如图 3-15 所示。

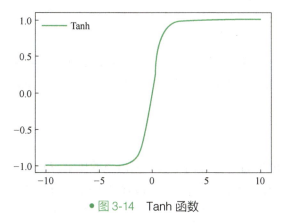

● 图 3-14　Tanh 函数

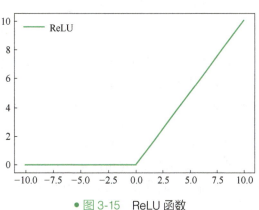

● 图 3-15　ReLU 函数

优点：

① 使用 ReLU 函数的 SGD 算法的收敛速度比 Sigmoid 和 Tanh 快。

② 在 x>0 区域，不会出现梯度饱和、梯度消失的问题。

③ 计算复杂度低，不需要进行指数运算，只要一个阈值就可以得到激活值。

缺点：

① ReLU 函数的输出不是 0 均值的。

② 存在 Dead ReLU Problem（神经元坏死现象）：ReLU 在负数区域被 kill 的现象叫作 Dead ReLU。

ReLU 在训练的时候很"脆弱"。在 $x<0$ 时，梯度为 0。这个神经元及之后的神经元的梯度永远为 0，不再对任何数据有所响应，导致相应参数永远不会被更新。产生这种现象有两个原因：参数初始化问题；学习率太高导致在训练过程中参数更新太快。解决方法为：采用 Xavier 初始化方法，以及避免将学习率设置太大或使用 adagrad 等自动调节学习率的算法。

（4）损失函数、代价函数

损失函数、代价函数是机器学习、统计学、概率学等涉及数理知识研究中的基础概念。具体来说，损失函数是计算单个训练样本的误差，代价函数是整个训练集损失函数的平均。从数学角度讲，损失函数将一个或多个变量的事件映射到与某个成本相关的实数上，而损失函数用于测量模型性能以及实际值 y_i 和预测值 $\hat{y}_i$ 之间的不一致性。模型性能随着损失函数值的降低而增加。若所有可能的输出向量是 $y \in \{0,1\}$ 和带有一组输入变量 $x = (x_0, \cdots, x_m)$ 的事件 X，那么其损失函数表示如下：

$$L(\hat{y}_i, y_i) = \frac{1}{m} \sum_{i=1}^{m} (y_i, (\sigma(x), w, b))$$

以下以 MSE（均方误差）和交叉熵（Cross-Entropy）为例，简单介绍损失函数。均方误差又称平方损失函数，多在线性回归模型中用于评估性能，其公式表示为：

$$L(\hat{y}_i, y_i) = \frac{1}{m} \sum_{i=1}^{m} (y_i - \hat{y}_i)^2$$

具体到深度学习领域，MSE 的缺陷在于，当它和 Sigmoid 激活函数一起出现时，可能会出现学习速度缓慢（收敛变慢）的情况。

交叉熵：在分类中最常用的损失函数之一，其公式表示如下：

$$L(\hat{y}_i, y_i) = \frac{1}{m} \sum_{i=1}^{m} [y_i \log(\hat{y}_i) + (1 - y_i) \log(1 - \hat{y}_i)]$$

损失函数的改进需要能够给模型带来更好的表现。因此，针对不同的需求，可以有能够处理类别不平衡的损失函数（如 Focal Loss）、能够处理精细分类任务的损失函数（如 Triplet Loss）等。

4. GAN 对抗学习算法

（1）GAN 在风控中的应用

风控算法的目标是尽可能提高对风险识别的准召率，特别是对未来出现的风险识别的准召率。相对于新闻分类、推荐等其他应用场景的算法，风控算法面临着以下特有的难点和挑战。

第一个挑战，样本的极度不平衡。在风控场景中，风险样本是非常少的，而且难以准确确认。相反，白样本的数量则非常多，而且白样本的多样性极高，因为正常人在一个应用内的行为模式千奇百怪，总有想不到的使用模式。在这种黑白样本极度不平衡的情况下，如何让模型在众多白样本的行为模式中，区分出黑样本，就成为算法的极大挑战。一般的机器学习实践中，处理样本不平衡通常有两种方法：一是对白样本进行下采样，这种方法很容易导致模型无法充分学习白样本的多种模式，从而导致分类不够准确；二是对黑样本进行上采样或者增加 loss 权重，这样很容易过拟合到历史的黑样本上，导致模型泛化能力偏弱，无法识别新的欺诈模式。

第二个挑战，样本与行为数据噪声大。在风控模型中，准确的样本很难获得。这是因为在不同场景下，很难验证一个样本是黑还是白。如在营销活动或者广告单击风控场景中，一个黑样本很可能只是命中了很多可疑特征，但很难真实确认这个样本确实是来自专业黑产。对于白样本也有类似的问题，为了保证白样本的多样性，建模时并不能只选择有长期付费行为的样本作为白样本，需要同时筛选出很多没有明显可疑行为的样本作为白样本。这样筛选出来的白样本并不确定里面包含多少其实是来自黑产的样本。黑白样本不够准确，对算法带来巨大的挑战。

风控除了业务数据，也非常依赖于用户的行为数据，如登录、浏览、转发、邀请、对话、领券等。很多行为数据并不会像业务或交易数据那样进行严格的一致性和完整性校验，常常会出现行为重复、缺失等情况。基于行为数据的特征的噪声也相对较大，样本和行为数据的噪声进一步加剧了风控模型的过拟合问题。

第三个挑战，欺诈行为的对抗性。在经典的算法应用场景中，如推荐算法，涉及的都是正常用户的喜好、兴趣等，正常用户的兴趣是很稳定的。一个人今天喜欢电子产品，下个星期、下个月大概率还会喜欢电子产品。但是，在风控算法面对的场景中，黑产的欺诈行为是极其易变的，当前这个小时成功拦截了黑产，下个小时黑产的行为模式就会发生变化来对抗模型。这种对抗性或者说易变性，对风控算法的泛化能力提出了极高的要求。

GAN 的提出，为风控算法迎接上面三个挑战带来了新的思路。GAN 全称为生成式对抗网络（Generative Adversarial Networks），其由 Goodfellow 等人在 2014 年提出，其由判别器和生成器构成，是一种基于对抗思想的模型。判别器与生成器可以根据实际情况选择不同的神经网络，例如 CNN、RNN、LSTM 等。生成器的输入为噪声，输出为生成样本；判别器的输入为样本，输出为该样本属于真实样本的概率值。两者的训练交叉迭代进行，生成器输出的样本进入判别器后，判别器输出的结果指导生成器生成与真实样本相似的样本，同时判别器也在根据真实标签与预测概率值的差异调整自身的网络参数。最终期望达到的训练目标是判别器无法判别输入数据的来源，而此时的生成器也为最优，该状态称为纳什平衡。GAN 的目标函数如下所示，对于生成器要使目标函数达到最小值，而对于判别器正好相反，两者的博弈最终会达到一个平衡点。

$$\min_G \max_D V_{(G,D)} = E_{x \sim P_{\text{data}}}[\log D(x)] + E_{x \sim P_G}[\log(1-D(x))]$$

其中 G 代表生成器、D 代表判别器、$x \sim P_{\text{data}}$ 代表 x 从真实样本中采样、$x \sim P_G$ 代表 x 从生成器生成的生成样本中采样、E 代表期望值、$D(x)$ 代表判别器针对样本 x 输出的概率值。上述公式可转化为积分形式，如下所示。

$$V_{(G,D)} = \int_x P_{\text{data}}[\log D(x)]dx + \int_x P_G[\log(1-D(x))]dx$$

GAN 的训练过程为先固定生成器训练判别器，后固定判别器训练生成器。当生成器 G 固定时，若求得判别器 D 的最佳参数，问题转变为使 $V_{(G,D)}$ 最大时 D 的参数值，那么使目标函数导数为 0 即可，最终求得的最佳判别器为：

$$D^*(x) = \frac{P_{\text{data}}(x)}{P_{\text{data}}(x) + P_G(x)}$$

当判别器 D 固定训练生成器 G 时，将最佳判别器 $D^*(x)$ 代入积分形式的原目标函数可得：

$$V_{(G,D^*)} = \int_x P_{\text{data}} \log \frac{P_{\text{data}}}{P_{\text{data}} + P_G} dx + \int_x P_G \log \frac{P_G}{P_{\text{data}} + P_G} dx$$

将上述公式做简单的变换可得：

$$V_{(G,D^*)} = -\log(4) + \text{KL}\left(P_{\text{data}} \,\Big\|\, \frac{P_{\text{data}} + P_G}{2}\right) + \text{KL}\left(P_G \,\Big\|\, \frac{P_{\text{data}} + P_G}{2}\right)$$

$$= -\log(4) + 2\text{JSD}(P_{\text{data}} \,\|\, P_G)$$

其中，KL 表示 KL 散度，JSD 为 Jensen-Shannon 散度（JS 散度），两者分别表示为：

$$\text{KL}(P_A \,\|\, P_B) = \sum_{i=1}^{n} P_A \log \frac{P_A}{P_B}$$

$$\text{JSD}(P_A \,\|\, P_B) = \frac{1}{2}\text{KL}\left(P_A \,\Big\|\, \frac{P_A + P_B}{2}\right) + \frac{1}{2}\text{KL}\left(P_B \,\Big\|\, \frac{P_A + P_B}{2}\right)$$

其中 P_A、P_B 为两个概率分布。综上所述，原始 GAN 判别器的训练较为棘手，因为若判别器训练接近最优，再训练生成器时，优化目标等价为减小两个特征空间分布的 JS 散度。但是当两个特征空间不存在重叠或重叠部分很小时，会导致 JS 散度为一常数 log2，在优化的过程中会直接造成梯度消失，即判别器的损失无法指导训练进程。那么训练判别器的过程需要保证不愠不火，但是这样无疑是困难的。此外原始 GAN 还存在模式坍塌等问题，当生成器生成的某一样本，判别器无法判断其真伪时，生成器便会继续生成与该样本特征空间极其相似的样本来欺骗判别器，进而导致生成的样本过于单一，即模式坍塌。GAN 工作原理如图 3-16 所示。

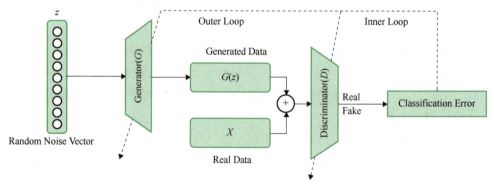

• 图 3-16　GAN 工作原理

- X（真实数据），这些是生成模型 G 要学习生成的目标样本。
- z（随机噪声），这个是生成器的输入，生成器可以基于这个扰动在目标样本空间的分布中，生成一个伪造样本。在后文描述的某些结构的 GAN 网络中，可以通过额外增加一个与 z 平行的输入，来控制生成模型 G 生成的样本的特点，如指定生成某一类型的欺诈样本。
- G（生成模型），该模型学习真实数据 X 的分布，并能够生成伪造样本 $G(z)$，该模型尽可能使得自己生成的 $G(z)$ 和真实数据 X 是无法被区分的。生成模型的损失函数为：

$$E_{x \sim P_G}[\log(1-D(x))]$$

- D（判别模型），该模型学习区分当前的输入是来自真实数据 X，还是来自 G 生成的伪造样本 $G(z)$。逻辑上讲，这个模型的输出是个二分类，用于判断当前输入是真实样本还是伪造样本。判别模型的损失函数为：

$$E_{x \sim P_{\text{data}}}[\log D(x)] + E_{x \sim P_G}[\log(1-D(x))]$$

GAN 的训练过程是一个对抗过程，不断重复下面的循环。

1）固定生成模型 G，用 G 生成的伪造样本和真实样本训练判别模型 D 若干个 epoch，根据损失函数，使用梯度下降更新判别模型 D 的参数。

2）固定判别模型 D，训练生成模型 G 若干个 epoch。训练 G 时，优化目标为判别模型 D 无法区分出来样本是 G 生成的伪造样本。

GAN 的训练过程本质上是生成模型和判别模型之间的一个零和游戏，其中一方变好的时候，另一方必然以同等的程度变差。与所有的零和游戏类似，这两个模型最终可能达到纳什均衡状态，即任何一方都没有办法进一步改善自己的输出。GAN 的训练目标就是达到这样一种特定的均衡：生成模型 G 生成的伪造样本与真实样本是无法区分的，判别模型 D 几乎是随机地判别当前样本是真实样本还是伪造样本。

GAN 在风控算法中应用的思路主要分为以下两大类。

1）通过条件 GAN 网络，生成风险样本，通过生成多样的、模仿真实的黑样本，使得模型能够学习多样化的黑白样本。这个思路类似于使用 GAN 做黑样本的数据增强。

2）通过 GAN 网络更好地学习多样化的白样本分布，再通过这个分布去识别异常的样本。

在真实的场景中，上面两个思路可以组合起来使用。后文将会分别详细讨论这两个思路的模型建设方法以及组合使用的方法。

(2) 经典的 GAN 变体

1）条件生成对抗网络。

2014 年，Mirza 等人提出 CGAN（条件生成对抗网络），其将条件变量加入到 GAN 的训练过程中指导生成器与判别器，条件变量可以是类标签元素等。训练之后的 CGAN 可以使用类标签生成符合要求的样本，CGAN 因此首次实现按类生成所需。其目标函数如下所示，其与原始的 GAN 函数相比，只加入了条件变量 y，生成器与判别器的目标函数同样使用博弈的方法训练。

$$\min_G \max_D V_{(G,D)} = E_{x \sim P_{\text{data}}}[\log D(x|y)] + E_{x \sim P_G}[\log(1-D(x|y))]$$

其中 $D(x|y)$ 代表同时输入判别器样本 x 和标签后判别器的输出，生成器和判别器的目

标函数表达式均基于条件概率公式。

2) 最小二乘生成对抗网络。

2017 年，LSGAN（最小二乘生成对抗网络）由 Mao 等人提出，其将原始 GAN 的交叉熵损失函数替换为最小二乘损失函数，改善生成样本质量的同时稳定训练过程。Mao 等人指出，交叉熵损失函数相对于最小二乘损失函数来说，更容易达到饱和状态，即梯度值更容易趋近于 0，因此最小二乘损失函数是较佳的选择。LSGAN 的损失函数如下所示。

$$\min_D V(D) = \frac{1}{2} E_{x \sim P_{\text{data}}(x)} [(D(x)-b)^2] + \frac{1}{2} E_{z \sim P_z(z)} [(D(G(z))-a)^2]$$

$$\min_G V(G) = \frac{1}{2} E_{z \sim P_z(z)} [(D(G(z))-c)^2]$$

其中 G 为生成器、D 为判别器、z 为噪声，噪声可以服从均匀分布、高斯分布等。

3) WGAN。

2017 年，Arjovsky 等人提出了 WGAN，其衡量标准是使用 Wasserstein 距离代替原始 GAN 的 JS 散度。Wasserstein 距离相比 KL 散度、JS 散度的优越性在于：即便两个分布没有重叠或者重叠部分很小时，Wasserstein 距离仍然能够衡量两者的相似度，即当生成空间与真实空间相差较大时，判别器仍能指导生成器的进程，而不是梯度消失造成生成器的训练紊乱。由于 Wasserstein 距离的优越性，其还能解决部分模式坍塌问题。Wasserstein 距离的公式如下所示。

$$W(P_r, P_g) = \frac{1}{K} \sup_{\|f\|_L \leq K} E_{x \sim P_r}[f(x)] - E_{x \sim P_g}[f(x)]$$

其中 P_r 为真实样本的特征空间、P_g 为生成样本的特征空间、$f(x)$ 为判别器针对样本 x 的输出、K 为一个常数、$\|f\|_L$ 为函数 f 的 Lipschitz 常数。整个公式的含义为：在函数 f 的 Lipschitz 常数 $\|f\|_L$ 不超过 K 的条件下，对所有可能满足条件的函数 f 取到 $E_{x \sim P_r}[f(x)] - E_{x \sim P_g}[f(x)]$ 的上界，最后除以 K。其中 Lipschitz 常数连续即要求连续函数 f 在定义域内的导数均小于一个常数，其公式如下。

$$|f(x_1) - f(x_2)| \leq K|x_1 - x_2|$$

此时称函数 f 的 Lipschitz 常数为 K。在 WGAN 中，之所以判别器需要服从 Lipschitz 约束是因为可以避免判别器出现无穷大和无穷小输出的情况，防止判别器的训练难以收敛。为了使判别器满足 Lipschitz 约束，Arjovsky 等人采取截断判别器参数的方案，即限制判别器所有参数均不超过某个范围，如 [-0.01, 0.01]，此时损失函数关于输入样本 x 的导数自然也不会超过此范围。

相对于原始 GAN，WGAN 的改进部分为：判别器的最后一层不添加任何激活函数；生成器和判别器的损失函数均不取对数；每次更新判别器的参数时，限制参数绝对值不超过一个固定常数；使用不基于动量的优化算法，如 RMSProp、SGD 等。

WGAN 的目标函数如以下公式所示。

$$L = E_{x \sim P_{\text{data}}} D(x) - E_{x \sim P_G} D(x)$$
$$V_G = -E_{x \sim P_G}(D(x))$$
$$V_D = E_{x \sim P_G}(D(x)) - E_{x \sim P_{\text{data}}}(D(x))$$

其中 L 为总的损失函数、V_G 为生成器的损失函数、V_D 为判别器的损失函数。

4）WGAN-GP。

2017 年，Gulrajani 等人提出了判别器约束条件的另一种实现方式，其利用梯度惩罚指导训练进程，优化后的模型命名为 WGAN-GP。由于 WGAN 在处理 Lipschitz 限制条件时，强制对判别器使用权重裁剪，而判别器又希望真实样本和生成样本的分数差尽可能大，这种情况会迫使判别器所有的参数朝向两极化发展，即取范围内的最大值或者最小值，Gulrajani 等人通过实验也证明了此猜测。此外权重裁剪也会造成梯度消失或者梯度爆炸的现象，因为阈值的限制过小或者过大，多层网络梯度的连乘会导致指数衰减或者指数爆炸。故阈值的设置需要合适才能稳定整个模型的训练进程，然而阈值的设置在实际应用中是难以估量的。Gulrajani 等人采取将判别器梯度计算进入损失函数的方式，间接实现了 Lipschitz 限制条件，该方式相当于在损失函数中加入了梯度惩罚项。WGAN-GP 的目标函数如下所示。

$$L = \mathop{E}\limits_{\tilde{x} \sim P_g}[D(\tilde{x})] - \mathop{E}\limits_{x \sim P_r}[D(x)] + \lambda \mathop{E}\limits_{\hat{x} \sim P_{\hat{x}}}[(\parallel \nabla_{\hat{x}} D(\hat{x}) \parallel_2 - 1)^2]$$

$$\hat{x} = \varepsilon x + (1 - \varepsilon)\tilde{x}$$

其中 $\tilde{x} \sim P_g$ 代表 $\tilde{x}$ 从生成样本中采样、$x \sim P_r$ 代表 x 从真实样本中采样、$\hat{x} \sim P_{\hat{x}}$ 代表 $\hat{x}$ 从梯度惩罚空间中采样（$\hat{x}$ 表示生成样本和真实样本的线性插值）、ε 代表 0~1 之间的一个小数、$\nabla_{\hat{x}} D(\hat{x})$ 代表 $D(\hat{x})$ 关于 $\hat{x}$ 的偏导数、λ 代表惩罚系数。梯度惩罚空间的选取并不是采样于所有真假样本，而是仅仅在真假样本特征之间插值取样处理。

5. 有监督风控应用场景

众所周知，样本和特征的产出是整个模型迭代和优化的基础，根据实际项目经验，发现可以通过以下方案，初步产出可行的样本以及特征。

样本方案如下。

1）黑产情报：通过各种渠道获取当前黑产的动态，有针对性地获取相关的黑产样本数据。

2）策略发现：在实际的项目中，策略总是先于模型对线上产生实际效果的。因此在模型样本产出方案中，可通过聚合不同的策略集，进一步获取黑样本量。

3）内容发现：通过研究黑产路径，发现黑产问题关键点，然后根据具体的关键内容进行聚合，发现更多的黑产行为样本。如通过黑产设备号关联出对应的黑产账号，再通过人工标注确定不同业务场景的黑产样本。

4）误漏杀：黑产在运营和后端会存在一定的认知差异，具体体现在后端策略、算法的误漏杀情况中。因此，可通过误漏杀反馈信息，扩增、整理样本，从而在模型层体现对误漏杀场景的更多表达。

特征方案如下。

1）基础信息：账号基础信息，如账号年龄、注册时间、注册 IP 等；环境基础信息，如当前 IP 信息、当前时间、设备标识等。

2）频度特征：用户行为频度，如单位时间内账号私聊量、单位时间内账号图片量等。

3）关联特征：如设备关联账号、IP 关联账号等。

4）时域特征：如地域不一致，注册、使用 IP 不一致，间隔时间等。

5）团伙特征：可分为聚集特征、趋同特征，如同联系方式关联的账号等。

6）内容特征：如是否包含联系方式等。

以诈骗广告类型黑产为例，诈骗广告是当下十分常见的黑产类型之一。黑产用户通过私聊、弹幕、评论等渠道，向正常用户投放各种类型广告或者诈骗信息。这不仅影响了整个平台的调性，同时也会给平台带来各种法律纠纷，严重影响平台的正常运营。而有监督算法为诈骗广告类黑产的识别，提供了一种有效的解决方案。

诈骗广告识别主要从两个方向进行。一是广告内容识别，其主要依赖广告固有话术，通过语义识别手段，识别文案中的广告信息，从而达到对黑产用户进行判别的目的。二是广告行为识别，主要根据黑产用户的特性，不仅考虑用户所发的文案内容，同时也综合考虑账号的注册、登录、私聊、房间等各个行为的行为模式，以及对应设备、IP、地域等多场景敏感信息，识别黑产的行为模型，从而达到识别广告账号的目的。

内容：从成本角度出发，在特定时间内，黑产往往只会产生有限的话术集，然后通过话术集的组合，以及各种不同变体，构成具体的黑产广告文本。而广告内容识别就是通过自然语言处理、语音识别等语意识别技术，识别关键广告话术以及对应变体，从而识别对应的广告账户。

行为：在内容上识别特定广告话术后，对显著广告类型，如确定且直接的类型识别较好，而对不确定类型，如伪装成正常用户的挖人或导流场景的诈骗等。识别上无法确定的将识别结果归属到账号上，仅能判断当前私聊文案疑似黑产。于是，为了判别黑产用户，需要考虑更多的信息。

以下则是对应信息的部分举例。

- 设备信息：从成本考虑，黑产的账号来源往往不是单独注册的，而批量操作更需要依赖对应的多开工具或多开设备。在模型选用特征的时候，可根据上述介绍的设备场景，设计所对应的设备特征，如农场设备、篡改设备、多开工具设备、root 设备等多个设备侧特征。
- 地域信息：依据上述所描述场景，黑产所依赖的 IP 信息、经纬度信息也常常会产生一定维度的聚集，因此，IP 地址、所属位置也可以产出对应特征。注意：由于出口 IP、云设备等情况存在，IP 上的特征需要具体场景具体分析。
- 广告内容频次：依赖内容分频次地统计特征，如挖人广告文本在一天、一小时内的次数。
- 联系方式频次：联系方式也是广告诈骗场景中的重要信息，统计不同时间窗口内的联系方式，如手机号、微信号、QQ 号等的频次，也能辅助对诈骗广告类型黑产的识别。
- 操作行为频次：事件频次统计，如一天内私聊量，一天内进入房间的事件统计数。
- 地域关联：单账号在不同时间窗口内所切换的地域信息量，注意：由于 WiFi 及 4G 的切换常常导致 IP 的变更，因此需要对对应特征做如 ipc 统计等具体的处理。
- 设备关联：单账号在不同设备的登录量。根据时间窗口的不同，也可以设定成不同的特征组。注意：正常用户也会有换设备行为，因此不宜设置过长时间。
- 设备团伙：对应设备号。对黑产账号所使用过的设备可标记为团伙设备，而使用过团伙设备的账号群则可认定为设备团伙，这也是辅助判定的重要信息。
- 地域团伙：同设备团伙。对应地域信息（如 IP、经纬度等），对黑产账号所在的地域可标记为团伙地域，而使用过团伙地域的账号群则可认定为同地域团伙。
- 时域信息：注册、登录是账号的关键行为之一，黑产往往通过各种假数据去伪装正常用户。因此黑产所对应的事件行为，在时域上常常出现不一致的情形。如在新疆登录，然后在海南聊天。因此可通过时域不一致信息构建特征，增加对黑产账号的描述。

6. 自动迭代机制

数字风控中，样本、特征以及不同业务模型的迭代都需要投入人力成本。而在确定的业务场景中，在没有极大变动的条件下，样本、特征的产出可自适应产出。有监督算法自动迭代工作流程如图 3-17 所示：

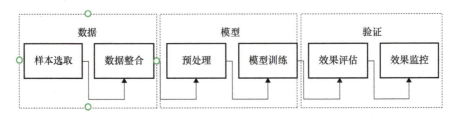

• 图 3-17　有监督算法自动迭代工作流程

自动迭代流程，模型自动化的实现主要需要实现三个模块的自动迭代。

1) 数据模块。通过累计数据中的策略黑库抽取满足需求的黑样本数据；而白样本往往通过随机抽取对应线上未命中任何策略的样本作为白样本，同时控制不同类样本的比例。同时通过样本账号关联特征数据库，选用对应基础、关联、团伙、频度等特征。

2) 模型模块。初始抽取的样本、特征直接入模会带来样本不均衡、噪声过多等各种问题，因此需要对初始样本、特征进行筛选。选定对应的样本、特征后，入模训练，产出对应模型。

3) 验证模型。模型的评估会和模型的数据库进行交互去获取线上的模型数据，再和新训练的模型进行横向的对比。在选出最优的模型之后部署在模型引擎上，并且给模型的数据库返回新的结果，最后完成模型的监控。

（1）样本筛选

1) 样本提纯。由于各种条件的制约（如策略准确度、黑产稳定性等），初步抽取的黑样本中，会存在各种噪声数据，因此需要对黑样本数据进行进一步提纯。在实际项目中，常用提纯方案如下。

① 稀疏性舍弃：舍弃特征缺失率过高的黑样本。
② Pu-Bagging 算法：多轮训练简单模型进行迭代划分，去除噪声数据。
③ 下采样：一般更多的是利用下采样去除噪声，去除冗余样本，对负样本进行聚类，在每个聚类层上按照比例抽取部分样本，以达到在负样本上抽样时尽量不影响原始分布。

2) 样本增强。样本量是限制模型效果的主要原因之一，而真实获取的样本往往难以满足模型在数据量及数据种类上的需求。同时，更多不同表现形式的黑样本也能进一步增强模型的泛化能力。常用的数据扩增方案为：插值、反卷积、反池化等。

3) 样本均衡。黑产数据在大盘的整体占比极低，完全根据真实数据分布构建训练样本存在极大的数据不均衡现象。在数据筛选阶段，构建相对均衡的样本集入模训练。

（2）特征筛选

WOE（Weight of Evidence，证据权重）是风控场景中常用的特征指标之一，是对字符型变量的某个值或者是连续变量的某个分段下的好坏客户的比例的对数。其优点为：解释性强，将变量做成哑变量，实际上就是将变量拆开，数量关系仅仅表示数据顺序，而无法表示数据间隔。可以观察出变量的分布情况，选择符合实际标签分布情况的数据特征。WOE化后的变量值是有正负之分的，也就能从数据上看出来哪些是正向的，哪些是负向的。WOE值的大小就是这种影响的程度。同时原始数据中可能蕴含着某些非线性的信息，如果没有对变量进行WOE化，直接使用数据会导致这些非线性的信息无法表达，从而降低结果的置信度。其公式可描述为：

$$\text{WOE}(某区间\ i/类别\ i) = \ln \frac{\text{bad}_i/\text{bad}_{\text{total}}}{\text{good}_i/\text{good}_{\text{total}}}$$

WOE越大，bad_{rate}越高，即通过WOE变换，特征值不仅仅代表一个分类，还代表了这个分类的权重。WOE可以把相对于bad_{rate}显现为非线性的特征转换为线性的，这对于广义线性模型来说非常有必要。

IV（Information Value）是与WOE密切相关的一个指标，常用来评估变量的预测能力，因而可用来快速筛选变量。而IV的计算公式定义如下：

$$\text{IV}_i = \left(\frac{\text{bad}_i}{\text{bad}_T} - \frac{\text{good}_i}{\text{good}_T} \right) \times \text{WOE}_i = \left(\frac{\text{bad}_i}{\text{bad}_T} - \frac{\text{good}_i}{\text{good}_T} \right) \times \ln \left(\frac{\text{bad}_i}{\text{bad}_T} \bigg/ \frac{\text{good}_i}{\text{good}_T} \right)$$

$$\text{IV} = \sum_{i=1}^{n} \text{IV}_i$$

其可认为是WOE的加权和。IV的计算可分为以下几个步骤。

1）对连续型变量进行分箱（binning），可以选择等频、等距，或者自定义间隔；对离散型变量，如果分箱太多，则进行分箱合并。

2）统计每个分箱里的好人数（bin_goods）和坏人数（bin_bads）。

3）分别除以总的好人数（total_goods）和坏人数（total_bads），得到每个分箱内的边际好人占比（margin_good_rate）和边际坏人占比（margin_bad_rate）。

4）计算每个分箱里的WOE。

5）检查每个分箱（除null分箱外）里WOE值是否满足单调性，若不满足，返回1。计算每个分箱里的IV，最终求和，即得到最终的IV。

备注：好人＝正常用户，坏人＝黑产用户。

基于树模型的特征选择法：在决策树中，深度较浅的节点一般对应的特征分类能力更强，可以将更多的样本区分开。重要的特征更有可能出现在深度较浅的节点，且出现的次数可能越多。可基于树模型中特征出现次数等指标对特征进行重要性排序，从而筛选出相应的特征。

（3）模型评估

为了检验训练好的模型性能，需要对模型进行评估。而且不同类型的模型所使用的评估方法也会有所差异。只有选择与问题相匹配的评估方法，才能快速地发现模型选择或训练过程中出现的问题，迭代地对模型进行优化。模型评估主要分为离线评估和在线评估两个阶段。分类模型的常用评估指标有准确率、精确率、召回率、F1-score、ROC 曲线等，以混淆矩阵表述各评估指标方式如表 3-4 所示。

表 3-4 评估指标（混淆矩阵）

真实情况	预测结果	
	正 例	负 例
正例	TP	FN
负例	FP	TN

TP：预测为正例，真实为正例的样本数。
FP：预测为正例，真实为负例的样本数。
TN：预测为负例，真实为负例的样本数。
FN：预测为负例，真实为正例的样本数。
准确率是指正确分类的样本数占总样本数的比例，即

$$acc = \frac{TP+TN}{TP+TN+FP+FN}$$

准确率是分类问题中最简单也是最直观的评价指标之一，但存在明显的缺陷。如当负样本占 99% 时，分类器把所有样本都预测为负样本也可以获得 99% 的准确率。所以，当不同类别的样本比例非常不均衡时，占比大的类别往往成为影响准确率的最主要因素。

精确率是指预测的正例中真实的正例所占的比例，即

$$Presion = \frac{TP}{TP+FP}$$

其中，分母为预测为正例的样本数，分子为预测的样本中真实正例的样本数。
召回率是指真实的正例中预测为正例所占的比例，即

$$Recall = \frac{TP}{TP+FN}$$

其中，分母为真实正例的样本数，分子为真实的正例中预测为正例的样本数。
ROC 曲线，即曲线下的面积（Area Under Curve，AUC），是作为评估二值分类器最重要的指标之一。ROC 曲线的横坐标是假阳性率（False Positive Rate，FPR）；纵坐标为真阳性率（True Positive Rate，TPR）。TPR 和 FPR 的计算公式如下。

$$FPR = \frac{FP}{FP+TN}$$

$$TPR = \frac{TP}{TP+FN}$$

其中，TPR 是指所有的真实正例中，预测为正例样本所占的比例，和召回率意义相同。FPR 是指所有的负例中，预测为正例的样本所占的比例，如图 3-18 所示。
AUC 指的是 ROC 曲线下的面积大小，可通过沿着 ROC 横轴做积分计算得到，该值能够量化地反映基于 ROC 曲线衡量出的模型性能。AUC 取值一般在 0.5～1 之间，AUC 值越大，说明分类器越可能把真正的正样本排在前面，分类性能越好。

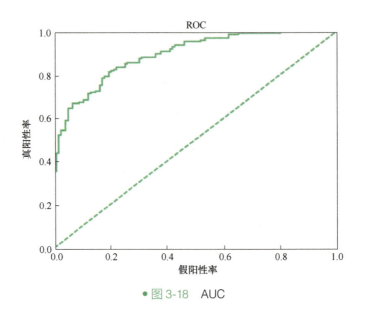

• 图 3-18　AUC

3.3.8.2　无监督算法

通过策略、有监督风控模型等识别方案在确定目标的风控场景中，能够得到有效的控制。但黑产的高对抗性往往使得目标在认知的初期无法明确定义，从而难以给出有监督算法的训练目标。同时，新类型、新场景的黑产往往无法通过历史经验或数据找到合适的表达，解决方案的进化常常落后于黑产的进化。

为了做到各场景的主动检测和事前预防，无监督算法为此提供了一个解决思路。无监督学习是从无标注的数据中学习数据的统计规律或者内在结构的机器学习方法，不依赖于标注样本，而是从全局出发，通过数据之间的关联挖掘新型的攻击模式，主要包括聚类、降维、概率估计等。和有监督学习相比，其主要有以下两个区别。

1）是否有标签，有监督学习的识别结果可具象化为给待识别数据加上标签，因此训练集必须由带标签的样本组成。而无监督学习只要分析数据集本身，根据数据规律，进行相应的聚集性分类，并没有预定义的标签。

2）数据集差异，监督学习的目的是在训练集中找规律，然后对测试集运用这种规律。而无监督学习没有训练集，只有一组数据所构成的数据集，要在该组数据集内寻找规律。

1. 社群算法

由于风控的高对抗性，黑产从早期的单一资源模式，进化到多集群资源模式。而通过传统的有监督算法、专家策略等方式难以及时有效地识别多集群资源的黑产类型。在具体的项目实践中，通过规律发现黑产的资源组或集群，不是各个独立的，往往通过账号、手机号、IP 等信息相关联。这为社群算法的使用，提供了可能。社群算法是通过构建社群网络，根据各社群网络节点的链接强弱，进行社群划分的算法。

（1）Infomap 算法

常见的社区挖掘算法有图分割、基于模块度、基于节点相似度等，而实体间的网络，往往是非欧空间的，结合风控业务的特点，其包含大量的数据，需要算法复杂度低的算法。结合以上特点，工业界中常见的挖掘算法有 Infomap、Louvain、Label Propagation 等。这里将以

Infomap 为例讲解风控中是如何使用这些社群挖掘算法的。

Infomap 算法的核心是使用信息论当中最小编码长度作为目标函数，实现整体最小熵的过程。具体通过随机游走实现，即：令一个目标在节点之间随机游走，并对其走过的路径进行编码；如果对应目标走过节点的次数越多，表明压缩过的字符长度就越小，那么就越应该分为同一个社区。

1) 信息熵与最小编码长度。假设现在只分一个社区，若随机游走中某节点游走过的次数很多，则根据信息熵的公式，可以将概率等价于出现的次数，即可以用信息熵公式来量化数据的编码。在信息论中，最优的编码不可能低于信息熵，那么压缩字符串的极限便是信息熵：

$$H[x] = -\sum_x P(x)\log P(x)$$

以上公式是信息熵走到其他点的概率，$H[x]$ 表示的是这个点出现的平均编码长度，$P(x)$ 表示某个点到其他点的概率。论文中举例的具体实现是参考哈夫曼编码，根据次数来计算哈夫曼编码的值。而信息熵公式表明，游走的长度不可能低于信息熵的值，而建模的目的则是逼近信息熵。

2) 层次编码。Infomap 算法从信息论的角度，通过编码长度实现熵减的过程，即层次编码。层次编码的做法是除了字符本身的编码外，还会引入一个类别编码。类别编码可以理解为编码的前缀，而原本的字符编码则拼接在前缀后面。若对应节点的元素经常一起出现，则可以通过这种方式压缩这些编码，赋予共同的前缀，只通过共用前缀来表示，进而使得整体的编码长度缩小。

社群划分。结合定义的共用前缀，在游走的时候，只出现了两个动作，分别是，在同一个类别中游走和从当前类别跳到另一个类别。其区别是，在同一个类别的时候，共用了编码，而跳到另一个类别的时候，则需要将前缀和后缀补上，多了跳到其他类别的编码。

将这两个部分定义为两个动作，分别记作 q_α 和 q_i。q_α 表示当前点跳到另一个点的概率（包括不同类别的），q_i 表示跳到不同社群时需要的类别符和结束符。那么，根据编码的定义，则可以得到（特别注意：这里的概率是全局归一化的概率）：

$$\underbrace{\sum_i q_i}_{\text{类别的概率总和}} + \underbrace{\sum_\alpha q_\alpha}_{\text{编码对象的概率总和}} + \underbrace{\sum_i q_i}_{\text{结束对象的概率总和}} = 1$$

将跳跃和非跳跃的部分拆开，则类的平均编码长度是

$$q = \sum_i q_i$$

其信息熵为

$$H(Q) = -\sum_i \frac{q_i}{q}\log\frac{q_i}{q}$$

因为类之间的编码是独立的，所以将类的概率归一化后，使用信息熵公式即可得到类的最短长度。接下来的第二部分，是每个类的平均编码长度，即

$$p_i = q_i + \sum_{\alpha \in i} p_\alpha$$

$$H[P^i] = -\frac{q_i}{p_i}\log\frac{q_i}{p_i} - \sum_{\alpha \in i}\frac{q_\alpha}{p_\alpha}\log\frac{q_\alpha}{p_\alpha}$$

以上为每个类之间的平均编码长度。对于全局而言，共分为 M 个类别，可由上述的 $H(P^i)$ 和 $H(Q)$ 进行加权求和，得到最终的平均编码长度：

$$L(M) = qH(Q) + \sum_i p_i H(P^i)$$

上面公式是评价整个社群分发是否合理的指标。$L(M)$ 的值越小则表示整体划分得越好。

在具体实现时，并不需要真正计算每个点到达的概率，不需要真正地在图上进行游走模拟，也不需要生成序列，因为序列可以和概率等价。换句话说，只要知道每个点的概率和点转移概率，就可以直接套用上面的公式。参考 PageRank 算法可以算出点转移概率，即可得到每个点到达的概率。

但是对于当前的模型而言，如果图被分成了多个强联通子图或是单向图，则其在迭代中会出现部分概率异常，甚至逼近 0 的情况，这种结果是不合理的。为了避免这种情况，引入了穿越概率 τ（默认取 0.15），以达到更强的鲁棒性。具体表义为：游走过程中，有 τ 的概率随机跳到任意点，有 $1-\tau$ 的概率还是在原来的点上进行跳跃，具体公式变成以下形式。

$$q_i = \tau \left(1 - \sum_{\alpha \in i} \tau_\alpha \right) \sum_{\alpha \in i} p_\alpha + (1 - \tau) \sum_{\alpha \in i} \sum_{\beta \notin i} p_\alpha w_\alpha \beta$$

即可进行如下迭代。

1）每个点都单独当成一类。
2）按随机顺序遍历每个点，将这个点归到能让 $L(M)$ 下降最多的点。
3）重复 2）直到 $L(M)$ 不再下降。
4）输出的类别就是具体社群的 ID。

社区算法分组和专家分组的优缺点如下。

专家分组：根据黑产的使用资源，将使用同样资源的分组进行划分，常见的有 IP、设备、时间窗口、商品页面等。这些分组有很好的可解释性，但是随着对抗升级，黑产会使用一些分散资源的方式来达到混入正常人的分组，或者出现资源完全离散的情况，如 IP 可以用代理 IP、设备可以使用云设备、账号可以使用资源池等。

社区算法分组：通过资源之间的使用情况建立不同权重的边，通过精细化的窗口设置权重，可以有效地将多个共用资源的分组和资源相对离散的分组进行挖掘。并且混入公共资源的分组，在时间窗口上，可以得到有效的区分。而算法分组往往需要较大的算力因素，只能离线计算，在线规则引擎较难使用起来。

社区算法和风控策略，上面讲到的算法分组的优点是：分组较为精确，并且不容易出现两批人混在一起的情况。常见的判断黑的方式是通过交叉验证，只要能在多个维度上说明这批人有明显一样黑的点，那么这些人有极高的概率是在作恶。数美风控设备指纹中有着丰富的设备风险标签，结合风险标签在对应场景，且同时命中设备风险的前提下，可以有效识别出有问题的团伙。如在邀请拉新场景下，若存在同一个 IP 段秒拨代理维度，且这些设备都使用了云设备，即在行为和设备上都有异常情况，那么这部分账号就会被打上团伙标签。其次是一些通过全局异常分布来计算的团伙。假设全局都是正常的分组，这些账号都是因为共用资源导致聚集在一起的。如果都是正常人，那么这些账号特征向量的距离相对随机，如果出现分组内特征相似度的分布和其他分组明显不一致，那么可以直接得出：这些分组明显是有问题的（正常情况下，账号间在分组的距离应该是类似正态分布的，而黑产的分组容易集中出现在某几个数值上，这明显和全局分布不一致）。

（2）Fraudar 算法

Fraudar 算法于 2016 年 KDD 会议上发表。该算法通过二部图挖掘可疑致密子图，识别出欺诈团伙，并且能够对抗伪装，通常在刷榜、刷单等场景中用于识别虚假刷量。如电商行业的店铺刷虚假销量、虚假好评；社交行业、内容社区行业的虚假关注、虚假点赞、虚假评论、虚假收藏等。

Fraudar 原理介绍。图的定义：若以 U 表示 User 的集合（如用户），W 表示 object 的集合（如帖子），构成一个二部图 $G=(U,V)$，表示用户和对象的连接关系。A 表示用户 U 的子集，B 表示连接对象 W 的子集，$S=A\cap B$ 构成一个二部图，是全局图 G 的子图。最终目标是，在迭代过程中找到最可疑的致密子图 S，则全局平均可疑度可表示为：

$$g(S)=\frac{f(S)}{|S|}, S=A\cup B$$

其中 $g(S)$ 表示当前子图节点的平均可疑度、$f(S)$ 是总可疑度、$|S|$ 是子图节点个数。$g(S)$ 是当前子图是否可疑致密的度量，$g(S)$ 最大的时候的子图，就是目标的最可疑致密子图。其子图可疑度可表示为：

$$f(S)=f_v(S)+f_e(S)=\sum_{i\in S}a_i+\sum_{i,j\in S\wedge(i,j)\in e}c_{i,j}$$

其中 S 的可疑度由两部分组成，第一部分是 S 中所有节点的可疑度 a_i，独立于二部图，可以根据业务经验确定；第二部分是 S 中所有边可疑度的累加。边可疑度可表示为：

$$c_{i,j}=\frac{1}{\log(d_j+c)}$$

其中 d_j 为节点的度，节点的整体可疑度则为：

$$w_i(S)=a_i+\sum_{(j\in S)\wedge(i,j)\in e}c_{i,j}$$

节点的整体可疑度由两部分组成，第一部分 a_i 是已知的、独立于二部图的可疑度，根据风控业务经验可通过强设备风险标签、用户历史画像风险标签，或其他判别模型的输出获得；第二部分是基于二部图的连接关系获得的，是所有连接边的可疑度的累加。节点的整体可疑度由两部分构成，既有连接关系的表达，也有业务上已知风险的表达，扩展性好，可以适应不同业务场景。

算法迭代过程如下。

1）找到当前图中可疑度最小的节点。

2）删除该节点，删除与该节点相连的边，更新与这些边相连节点的可疑度，更新全局平均可疑度 $g(S)$。

3）重复 1）、2）过程，直到所有节点删除完毕。

4）回溯找到 $g(S)$ 最大的状态时，未删除的剩余节点构成的图就是要找的最可疑致密子图。

一个图可能藏有不止一个团伙，把已经抓到的致密子图的节点从整张图中删除，再次迭代则可再得到一个可疑致密子图，多轮迭代可以得到多个可疑致密子图。

可疑致密子图中的两类节点（用户和帖子）关系可疑，两类节点之间连接紧密，与其他节点连接稀疏。这是一种不符合规律的连接模式，极有可能是有组织、有目的的虚假刷量行为导致的可疑致密的连接关系。

为了对抗风控，黑产用户通过一些随机行为伪装成正常用户。以点赞行为为例，黑产会通过随机单击其他非买量正常帖子,降低自身账号的可疑度。根据上述的边可疑度定义,在随机抽取的目标中,冷门帖整体点赞少,可疑度小,而热门帖由于点赞量过大,$\log(d_j+c)$ 也大,降低了热门帖整体可疑度,进而达到识别伪装行为的目的。

每次删除节点、删除边、更新节点后,最小可疑节点需要更新。如果选择每次遍历或者排序则代价非常高,这里采用了优先树优化,基于优先树的最小值快速定位如图 3-19 所示。每次更新节点只需要 $\log N$ 代价,并且能通过树的根节点直接获取当前最小可疑节点,降低了时间复杂度,提高了效率。

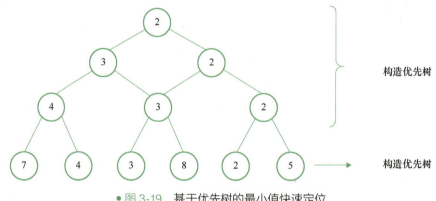

● 图 3-19　基于优先树的最小值快速定位

在具体的项目中,A、B 类用户量极大,Fraudar 算法每删除一个点,都需要迭代相关节点以及全局的可疑度,时间代价极高。通常的优化方法有以下三点。

1)高质量用户过滤。可以对高质量、高价值、高信誉的用户过滤,这批用户一般不会参加到欺诈活动中。

2)低疑度节点过滤。在大部分的业务系统中,黑产只是一小部分,绝大部分人是正常用户,长尾效应非常明显。可以在迭代前直接删除可疑度低的节点,如设置可疑度最低阈值。

3)批量删除更新节点。迭代初期图较大时,按照 1% 的比例批量删除节点;中期按照 1‰ 的比例删除节点;后期按照 1‱ 甚至恢复到单节点删除更新。先粗后精的方式,兼顾精度与效率。

凡是符合这种可疑致密连接模式的团伙都会被 Fraudar 识别。可以判断这些可疑致密子图是一个团伙,是异常行为模式。但可能是职业黑产团伙、薅羊毛团伙、真人众包任务、某种小众圈子等,需要结合其他特征给团伙二次定性,才能针对不同性质团伙做不同的处置。

2. 聚类算法

聚类是根据数据相似性将数据集分割成不同的类或簇,使得同簇内数据对象的类间距离尽可能小,同时不同簇的数据对象的类间距离尽可能地大。在风控领域中,如秒杀、薅羊毛等场景下,黑产为了获得高额的利润,往往会使用群控、设备农场等技术压缩成本,导致在同一时间段内,存在大量行为相似、设备相似等的账号大肆进攻谋取暴利,增加了平台运营成本的同时,影响了正常用户的使用体验。聚类算法为此类资源、行为等层面上相似的实体(如账号、设备、IP 等),提供了一种新的解决方案。常见相似度度量示例如表 3-5 所示。

表 3-5　常见相似度度量示例

相似度度量准则	函数描述
欧氏距离（Euclidean Distance）	$d(x,y)=\sqrt{\sum_{i=1}^{n}(x_i-y_i)^2}$
曼哈顿距离（Manhattan Distance）	$d(x,y)=\sum_{i=1}^{n}\|x_i-y_i\|$
切比雪夫距离（Chebyshev Distance）	$d(x,y)=\max_{i=1,2,\cdots,n}^{n}\|x_i-y_i\|$
闵可夫斯基距离（Minkowski Distance）	$d(x,y)=\left[\sum_{i=1}^{n}(x_i-y_i)^p\right]^{\frac{1}{p}}$

集合之间的相似度度量，除了需要衡量对象之间的距离外，有些聚类算法（如层次聚类）还需要衡量集合之间的距离，假设 C_i 和 C_j 为两个集合，则常用的集合间相似度度量示例如表 3-6 所示。

表 3-6　常用的集合间相似度度量示例

相似度度量标准	公式描述
单链接（Single-Link）	$D(C_i,C_j)=\min_{x\in C_i,y\in C_j}d(x,y)$
全链接（Complete-Link）	$D(C_i,C_j)=\max_{x\in C_i,y\in C_j}d(x,y)$
平均链接（Average-Link）	$D(C_i,C_j)=\frac{1}{\|C_i\|\|C_j\|}\sum_{x\in C_i,y\in C_j}d(x,y)$

单链接（Single-Link）定义的是两个集合之间的距离为两个集合之间距离最近的两个点之间的距离。这种方法会在聚类的过程中产生链式效应，可能会出现非常大的集群。

全链接（Complete-Link）定义的是两个集合之间的距离为两个集合之间距离最远的两个点之间的距离。这种方法可以避免链式效应，对异常样本点（不符合数据集整体分布的噪声点）却非常敏感，容易产生不合理的聚类。

平均链接（Average-Link）正好是单链接和全链接方法的折中，它定义两个集合之间的距离为两个集合之间所有点距离的平均值。

数据聚类算法主要分为划分式聚类算法（Partition-Based Methods）、密度聚类算法（Density-Based Methods）、层次聚类算法（Hierarchical Clustering Methods）等。

（1）划分式聚类算法

划分式聚类算法需要事先指定簇类的数目或者聚类中心，通过反复迭代，直至达到"簇内的点足够近，簇间的点足够远"的目标。经典的划分式聚类算法有 k-means 及其变体 k-means++等。

k-means 算法步骤如下。

1）从数据集当中随机选择初始化的 k 个样本作为初始聚类中心 $a=a_1,a_2,\cdots,a_k$。

2）对数据集中每个样本，计算它到 k 个聚类中心的距离并将其分到距离最小的聚类中心所对应的类中。

3）针对每个类别，重新计算它的聚类中心（即属于该类的所有样本的质心，在数值类特征空间中为所有样本特征的平均值）。

4）重复上面2）、3）两步操作，直到满足某个终止条件（迭代次数、最小误差变化等）。

一般来说，经典 k-means 算法有这几个特点：需要提前确定值、对初始质心点敏感、对异常数据敏感。

（2）密度聚类算法

密度聚类算法假设聚类结构能通过样本分布的紧密程度确定。通常情形下，密度聚类算法从样本密度的角度来考察样本之间的可连接性，并基于可连接样本不断扩展聚类簇以获得最终的聚类结果。该方法需要定义两个参数：密度的邻域半径 ε 和邻域密度阈值 M。dbscan 算法就是其中的典型。

dbscan 算法步骤如下。

1）标记所有数据对象为未访问。
2）遍历所有数据对象。
3）随机选取一个未访问的对象 p。
4）将已选中的对象 p 标记为已访问。
5）如果对象 p 的邻域半径 ε 内至少有 M 个对象，则创建一个新的簇 C，并将对象 p 归入簇 C 中。
6）将 p 的邻域半径 ε 内的所有未标记对象 p' 存入种子集合中。
7）遍历种子集合中的所有对象 p'，将对象 p' 标记为已访问，同时移除种子集合。
8）将对象 p' 的邻域半径 ε 内的所有未标记对象 p'' 存入种子集合中。
9）如果对象 p' 不属于任何簇，则把对象 p' 添加到簇 C。
10）保存当前簇 C。
11）若对象 p 的邻域半径 ε 内没有 M 个对象，则标记为噪声。

一般来说，dbscan 算法有以下几个特点：需要提前确定密度的邻域半径 ε 和邻域密度阈值 M；不需要提前设置聚类的个数；对初值选取敏感，对噪声不敏感；对密度不均的数据聚合效果不好；

（3）层次聚类算法

前面介绍的几种算法可以在较小的复杂度内获取较好的结果，但是这几种算法却存在一个链式效应的现象。如：现存在实体 A、B、C，A 与 B 相似，B 与 C 相似，那么在聚类的时候便会将 A、B、C 聚合到一起，但是如果 A 与 C 不相似，就会造成聚类误差，严重的时候这个误差可以一直传递下去。为了降低链式效应，这时候层次聚类就该发挥作用了。

层次聚类算法将数据集划分为一层一层的集合，后面一层生成的集合基于前面一层的结果。层次聚类算法一般分为以下两类。

1）Agglomerative 层次聚类：又称自底向上（Bottom-Up）的层次聚类，每一个对象最开始都是一个集合，每次按一定的规则将最相近的两个集合合并生成一个新的集合，如此往复，直至最终所有的对象都属于一个集合（本书主要关注此类算法）。

2）Divisive 层次聚类：又称自顶向下（Top-Down）的层次聚类，最开始所有的对象均属于一个集合，每次按一定的规则将某个集合划分为多个集合，如此往复，直至每个对象均是一个集合。

3. SOM 自组织网络

SOM（Self-Organizing Map，自组织映射）网络由 Kohonen 于 1982 年提出的一种无监督

的竞争学习网络。不同于一般神经网络基于损失函数的反向传递来训练，它运用竞争学习策略，依靠神经元之间互相竞争逐步优化网络。且使用近邻关系函数来维持输入空间的拓扑结构，即输入空间中相邻的样本会被映射到相邻的输出神经元。由于基于无监督学习，这意味着训练阶段不需要人工介入（即不需要样本标签），可以在不知道类别的情况下，对数据进行聚类，可以识别针对某问题具有内在关联的特征。

总之，其特点可以归纳为：神经网络、竞争学习策略、无监督学习、不需要额外标签、非常适合高维数据的可视化、能够维持输入空间的拓扑结构、具有很高的泛化能力，它甚至能识别之前从没遇过的输入样本。

SOM 的网络结构有 2 层：输入层、输出层（也叫竞争层），如图 3-20 所示。

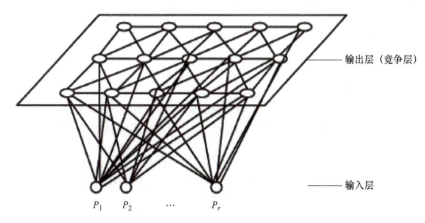

● 图 3-20　SOM 网络结构

输入层神经元的数量是由输入向量的维度决定的，一个神经元对应一个特征。SOM 网络结构的区别主要在竞争层：可以有一维、二维（竞争层也可以有更高的维度，不过出于可视化的目的，高维竞争层用得比较少）。常用的二维竞争层有两种结构：Rectangular 和 Hexagonal，如图 3-21 所示。

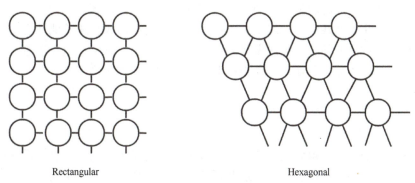

● 图 3-21　SOM 的二维竞争层结构

竞争层 SOM 神经元的数量决定了最终模型的粒度与规模，这对最终模型的准确性与泛化能力影响很大。在实际项目中，竞争层最少节点数量为 $5\sqrt{N}$，N 为训练样本的个数。

SOM 的训练主要包括以下 6 个步骤。

1）与其他神经网络相同，需要将权重初始化为很小的随机数。
2）随机取一个输入样本 x_i。
3）遍历竞争层中每一个节点，计算 x_i 与节点之间的相似度（通常使用欧式距离）。选取距离最小的节点作为优胜节点（Winner Node），有时也叫 BMU（Best Matching Unit）。
4）根据邻域半径 σ（sigma），遍历所有的神经元，确定优胜邻域将包含的节点，SOM 学习算法要求邻域半径随时间递减，可以通过下面的函数来满足。

$$\sigma(n) = \sigma_0 e^{-\frac{n}{\tau_1}}, n=1,2,3,\cdots$$

其中 σ_0 为领域半径初始值、τ_1 则为时间常数。

5）对位于 BMU 邻域内的所有神经元，根据下面的公式更新权重向量。

$$w(n+1) = w(n) + \eta(n)(x-w(n)), n=1,2,3,\cdots$$

其中 x 是当前输入向量，$\eta(n)$ 是第 n 次迭代中的学习率。学习率随迭代次数增加不断减小，计算方式如下。

$$\eta(n) = \eta_0 e^{-\frac{n}{\tau_2}}, n=1,2,3,\cdots$$

而权重更新不是简单地用上述公式更新 BMU 邻域内的所有神经元，当前输入向量对输出神经元的影响会随其距 BMU 的距离的增加而减小，所以领域其他节点更新公式为：

$$w(n+1) = w(n) + \eta(n) e^{-\frac{d^2}{2\sigma^2(n)}}(x-w(n)), n=1,2,3,\cdots$$

其中，高斯函数项表示神经元和 BMU 之间的距离对其更新的影响。

6）重复 2）~5）步骤直到满足设定的迭代次数。

SOM 网络为发现风控场景中的黑产，提供了一个新的思路。业务中，黑产用户与正常用户的区分常被看成二分类问题。但由于对抗性、专业性的持续化，黑产的表现已逐渐无法通过单个黑产类来描述，如广告类的黑产与营销类黑产差异极大。而在发现黑产团伙、黑产群体的过程中，还有一些不可忽略的问题：无带标签数据，因此通过有监督方式建模，往往需要极大的人工标注成本；噪声数据与黑产数据差异性表现小，其区分往往需要很强的经验；有监督模型使用历史经验数据输出的模型只能检测出和样本中黑产类型相同或比较相似的黑产用户，而从未见过的新型黑产类型，模型几乎没有相应的识别能力。

因此，在实际业务实践中，一般不单独依靠单个监督学习模型来检测所有的黑产。没有历史标签和对黑产数据的理解，无法做出对黑产细分的模型。常常通过无监督算法，及时发现数据中各种用户群体数据的变化，并根据业务经验识别新型黑产用户。

3.3.9 画像体系

画像最初是在电商领域得到应用的，在大数据时代背景下，用户信息充斥在网络中，将用户的每个具体信息抽象成标签，利用这些标签将用户形象具体化，从而为用户提供有针对性的服务。在反欺诈领域，画像体系可以从多个维度对用户（或者其他实体）进行描述、贴标签，从而推断这个用户有哪些特征，或者具有什么样的风险。画像就是这些维度数据在不同反欺诈场景的使用中，画像的使用方法也不尽相同。

画像引擎对外提供了对画像数据的基本存储、读取的接口，目的是让使用者在不用关心底层存储的情况下，能够高效、便捷的存储/读取画像数据。画像的读写过程如图 3-22 所示。从实际设计策略的需求出发，逆向实现整个逻辑过程。规则计算引擎往往需要将画像变量作为基础特征进行高阶运算，这些基础特征就来自设备风险、离线特征计算以及在线特征计算。随后将这些信息存储到画像库，当规则计算引擎需要时会实时地从画像库读取。

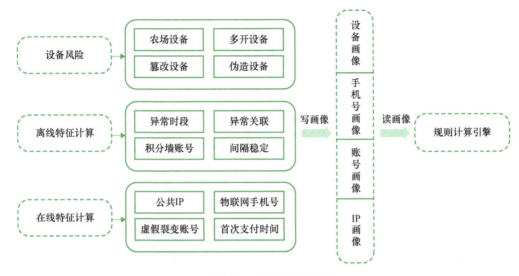

● 图 3-22　画像的读写过程

画像是根据实际业务场景的诉求提出来的，变量与策略的准确度也在很大程度上依赖于画像。此外还可以利用画像反向验证策略的准确性，辅助解释策略、团伙挖掘等。

1. 历史行为画像

业务中的黑产用户/风险用户是谁？他们长什么样？画像就是对过去某个实体的行为刻画。简单来说，画像就像是一本实体的百科全书，能查到这个实体的来历、有哪些值得注意的属性、在某些业务场景下做过什么出格的事情。例如一个小偷过去有盗窃商户的行为，那么他的某些特征就会在相关部门留下痕迹，包括他的年龄、身高、性别、盗窃时间、盗窃形式等。相关部门发出通缉令，让所有的商户都知道这个人有过哪些危险行为，那么小偷下一次光顾商户就会被认出来。画像的原理与之相似，画像体系会为打中某些策略的实体打上标签，比如某个设备命中过设备趋同策略就会被打上设备农场标签。还会附加记录关键属性，打中什么策略、最后一次打中策略的时间、打中策略的公司等。

历史行为画像主要基于用户在 App 中的埋点数据和请求数据，来制订用户的行为轨迹，并基于行为轨迹，提炼用户的风险标签。风险标签包括时序地域类和关联聚集类。

时序地域类：包括账号行为单一、账号行为间隔稳定、账号只活跃在事件突增时段、师徒分组下师徒地域不一致、账号短时间内在多地登录等。

关联聚集类：包括手机号关联低留存账号占比过高、手机号关联疑似积分墙账号过多、同设备关联换绑手机号过多等。

2. 关联资源

画像库中常用的是手机号画像、设备画像、IP 画像、账号画像等，每一个实体都关联了若干特征画像，下面将以账号画像为例进行讲解。

账号画像的构成主要分 7 部分，如图 3-23 所示。天级数据表显示 1 天、7 天、30 天的账号数据，表现了近一段时间的账号信息。全量数据表显示账号全周期的所有关键信息。风险信息表显示了账号被打黑的原因、时间等全方位信息。基础信息表显示了账号的某些常用的行为习惯与最原始的注册信息。时空信息表显示了账号生命周期全阶段的地域、时域上的信息。关联信息表记录了以账号为主体，基于关系图谱查看该主体的周边关联实体。团伙信息表记录了账号命中团伙策略时所在团伙的详细信息。可以看到这些信息全方位、多角度地深入刻画了一个账号的各方面属性，这些画像被记录下来后，将会用于离线、在线规则的计算。命中相关规则后，会被打上标签，如机器注册账号、环境跳变账号、撞库盗号账号、机器登录账号、裂变作弊账号、刷榜作弊账号、任务作弊账号、机器秒杀作弊账号、薅优惠账号等。

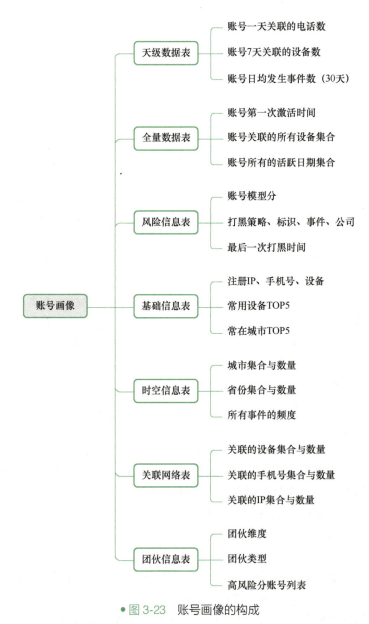

• 图 3-23　账号画像的构成

3. 风险传播

画像标签最重要的作用之一就是风险传播，在全局风险上进行风险识别，在不同的场景上发挥作用。如：恶意注册账号识别，在注册流程中接入手机号画像产品，可以及时阻断风险手机号进行注册，避免拉新奖励被套取；营销活动风险识别：在营销活动中接入手机号画像产品，可发现黑产大量套取优惠券行为，并进行有针对性的拦截，避免营销活动被恶意利用；恶意引流账号识别：在登录流程中接入手机号画像产品，通过风险号码历史作恶行为发现恶意引流账号，可进行阻断，解决恶意引流问题。

3.4 处置体系

处置体系的职责是在业务链路进行拦截处置。根据业务场景、对接事件的不同，处置的方式也呈现多样化，如将用户打上高风险、中风险、低风险、异常、正常用户标签，并对不同的分类用户设置不同的处置意见，如封号、提醒、降权、频度限制、功能限制等。处置体系是最贴近实际业务的一环，不同平台会根据自己的业务逻辑选择合适的处置方式，一些对风控比较重视的公司也具有完善的处置逻辑。数美的处置体系按照处置手段维度一共分为三级，一级处置类别包括二次验证类、限制提示类、人工审核类，具体类别如表 3-7 所示，下面将分别进行详细介绍。

表 3-7　处置类别

一级处置类别	二级处置类别	三级处置类别
二次验证类	行为验证	滑动验证
		点选验证
		成语语序
		空间推理
	号码验证	短信下行验证
		短信上行验证
		本机号验证
	生物验证	语音验证
		活体验证
		人脸验证
	三方验证	微信验证
		京东验证
		支付宝验证
	实名验证	二要素验证
		三要素验证
	业务验证	历史行为验证
		安全问题验证

(续)

一级处置类别	二级处置类别	三级处置类别
限制提示类	扣减处置	扣减奖励
		降低权重
	拦截处置	封号处理
		强制下线
		拦截事件
	仿真处置	数据随机
		数据缓存
		自己可见
	提示处置	非常用设备登录
		异地登录
人工审核类	人工审核	人工审核
	客服回访	客服回访

3.4.1 二次验证类

（1）行为验证

从操控维度上对业务行为进行验证，也就是最大程度地区分发生业务行为的是人还是机器，从行为维度对黑产进行防御。行为验证根据验证方式分为滑动验证、点选验证、成语语序、空间推理等，主要应用在拉新、爬虫、秒杀场景，如在秒杀场景中，为了对抗机器秒杀，会弹出验证码进行验证。

现如今自动化工具及网络协议分析工具非常成熟和普遍，攻击者可以通过协议分析工具快速分析网站或 App 的传输协议，进行协议伪造或通过自动化脚本进行程序化批量操作，大部分情况下这种请求都是恶意的。为了准确判断该类机器操作行为并实时拦截，验证码应运而生。在风险控制的过程中，验证码作为中间一环，可以应用到各个关键行为节点进行判断。在账号安全方面，它防止程序批量注册、扫号登录和账号盗用等，为用户的账号安全提供保障。在运营安全方面，它防止恶意攻击网站，阻碍刷票、刷粉、刷流量的恶意行为，防止虚假秒杀、虚假评论，维护平台健康生态。在交易安全方面，它阻挡虚假交易、恶意套现、盗卡支付等行为，为交易安全支付保驾护航。由于其同时具有风险确认与风险处置的作用，会将验证失败的账号自动拦截，因此可以将各类验证码理解为一种处置方式。

验证码英文简称为 CAPTCHA（Completely Automated Public Turing Test to Tell Computers and Humans Apart，全自动区分计算机和人类的公开图灵测试），也叫作 HIP（Human Interaction Proof，人类交互行为证明）。验证码的目的只有一个，确认当前账号的操作者是否为真人。随着 AI 技术的发展与黑产技术的增长，验证码经历了从简单到复杂，从单一到多元的过程。从验证码的生成逻辑看，大致分为以下四个阶段。

阶段一：图文验证码

该阶段验证码的本质是识别图文。操作者只需识别图文，输入正确内容即可通过验证。

但随着 OCR 技术的发展，简单的图文很容易被计算机识别。尽管图文增加扭曲、模糊、混淆特征，该类验证码的机器识别率仍然很高，很容易被攻击，同时也出现了正常用户频繁错误的问题。

阶段二：知识型验证码

该阶段验证码的核心是对相关问题的计算或判断。操作者需要通过逻辑推断或者经验知识回答问题，回答正确即可通过验证。相较之前的图文验证码，该类验证码增加了对于知识、经验的考察，其展示的内容比较复杂，能够有效防止常规的暴力破解。但由于验证码设计复杂，导致操作使用不便。不仅影响正常操作与体验，更消耗操作者时间，由此被用户疯狂吐槽。知识型验证码过于强调验证码的安全性，导致验证越来越复杂，从而严重影响了正常用户的应用体验。

阶段三：行为验证码

该阶段验证码的核心是对行为轨迹的识别与操作。操作者按照需求，通过拖动、单击、拼接等方式，将图文完整合成或移动到指定位置即通过验证。行为验证码弥补了前两阶段验证码的不足，展示的内容简单、校验逻辑复杂。该类验证码通过对用户行为的埋点采集，经复杂计算确定是真人，还是机器操作。该类验证码不仅需要关注验证结果，同时需要关注验证过程，模仿难度增加。

阶段四：智能验证

该阶段验证码的核心是根据操作者环境进行智能分析与综合判断，实现无感验证。无感验证集设备指纹、行为校验、操作校验、地理位置校验等多项功能于一身，基于设备、时间、访问频率、操作轨迹等信息，智能分析与预先判定操作者是合法用户还是仿冒者，进而判断是否需要弹出验证码。对于合法用户，免验证即可通过；对于异常用户，根据潜在风险等级进行二次验证或直接拦截，既保障安全，又提升操作体验。

典型验证码如下。

1）字符型验证码。字符型验证码是日常经常见到的验证码，也是验证码最初的成果，通常是一些字母、数字的组合。随着计算机技术的发展，简单的数字、字母被识别，字符型验证码的安全程度在降低，汉字型字符串也随之出现。同时，对字符串增加噪点、干扰线、变形、重叠、不同颜色、扭曲等组成一张图片来增加识别难度，如图 3-24 所示。该类验证码由于目前很容易被识别，使用越来越少，可用作简单的校验，低成本拦截一些技术相对落后的黑产攻击。

● 图 3-24　字符型验证码

2）计算型验证码。计算型验证码通常是一些数学公式、知识类问题等，需要人类思考进行复杂的运算，才能得出正确的结果，属于知识型验证码的一种，如图 3-25 所示。知识型验证码由于过于复杂，且严重阻断用户体验的连贯性，并没有广泛应用过。一般应用于一些垂直领域、专业性较强的情境下。

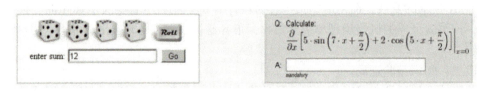

• 图 3-25　计算型验证码

3）单击型验证码。单击型验证码的最大特点是：使用者只需要通过鼠标进行单击，不需要输入任何东西。需要注意的是，单击型只是从用户操作方式出发给出的定义，验证码本身依然可以是图文型、知识型等。该类验证码通过对人类专属的行为动作，以及使用者在应用中的一些操作数据、浏览数据等，共同识别出真正的人类。单击型验证码有很多类型，如文字单击、图标单击、语序单击等，如图 3-26 所示。单击型验证码的安全性较高，而且用户体验较好。在一些重要的计算机系统，如动车售票网站、大型购物网站、大型视频网站等用户量大、数据安全要求高的地方，采用单击型验证码，可以有效识别人类，避免其他计算机的攻击。

• 图 3-26　单击型验证码

4）滑动型验证码。滑动型验证码通过收集使用者的动作，判断是否为人类。如人类拖动滑块的轨迹会是一个先快后慢的过程：先快速拖动，后慢慢对齐，再瞬间释放。这种验证码的用户体验较好，虽然被计算机技术突破的成功率也有 60% 以上，但是计算机技术模拟人类行为的成本较大，得不偿失，如图 3-27 所示。

• 图 3-27　滑动型验证码

以上简单介绍了验证码的发展历程，以及一些典型的验证码类型，可以看到验证码越来越复杂，安全程度也逐渐提升。那是否在选择验证码类型的时候就直接选用最安全、最复杂的就可以了？显然不是。首先验证码的选择需要考虑用户体验。无知识型验证码针对大多数的用户能够无须思考，直接通过。不存在业务和流程的打断，体验流畅，对用户体验的提升毋庸置疑。同时需要考虑平台本身的客户群体，如针对老年人需要考虑适老问题等。其次，需要考虑安全级别与成本。在风控中，安全是一个相对的概念，根据业务需要做更多、更强的校验，获取更多的信息，是可以提高安全性的，故在单独考虑安全性能时，无感验证相对是较好的选择。但安全性提高的同时，也增加了成本，所以验证码的选择需要综合多个因素决定。最后，除验证码的选择之外，还需要注意验证码本身的攻防问题，避免被刷。

（2）号码验证

号码验证从资源维度上对业务行为进行验证，也就是验证资源的所属，如手机号资源维度：虚拟运营商、接码平台、积分墙手机号（自己真实手机号）等。号码验证按照验证形式分为短信下行验证、短信上行验证、本机号验证等，在注册登录场景最为常见，用于判断用户是否本人。

短信的上行和下行可以理解为：从短信的编辑发送到短信被用户接收的过程，其中短信的编辑发送是短信的上行，短信被用户接收是短信的下行。下行验证看似便捷，实则存在很多安全隐患，用户体验相对较差。首先，短信验证码到达率低且等待时间较长，如果遇到"延迟"，用户会被折腾得很烦躁；再者，短信木马、伪基站等问题使得验证码变得越来越不安全。在"一键登录"到来以前，App 想要通过手机号码验证用户身份，只能使用传统的短信验证码。

综上，显然需要一种更好的方式帮助开发者和用户解决这些痛点。于是，国内三大运营商（移动、联通、电信）相继推出了"一键登录"的认证方式，从根本上解决了这一难题。什么是"一键登录"？"一键登录"主要依托运营商独有的数据网络"认证能力+数据能力"，为移动应用开发者提供一键授权、免密登录的服务。只需在 App 中集成 SDK，即可在用户注册或登录阶段完成本机号码免密登录，可以说是一种登录方式的革新。

（3）生物验证

生物验证也称为生物识别验证，是一种身份认证和识别判断的过程，用于通过唯一可识别的生物特征（如指纹和人脸等）来确认所声称的身份。它旨在允许用户通过提供生物特征样本和相关的唯一识别码来证明他或她的身份，以便获得对安全环境的访问。验证方式主要分为语音验证、人脸验证（Face Verification）、活体验证等，其中人脸验证是目前比较普遍并且安全系数较高的验证方式。

人脸验证就是判断两个人脸是不是同一个人，一个常用的场景是判断身份证是不是本人。到目前为止，密码认证和指纹认证是市面上常见的解锁认证方式。得益于科技的进步，使用脸部作为密钥进行身份确认的"人脸识别认证"开始火了起来。可以说，人脸就是一张通行证，如通过刷脸来解锁智能手机。如今，人脸识别认证不仅仅应用在设备解锁上，在金融机构进行资金交易、公共场所进行身份验证也都有它活跃的身影，凭借自身优越的新特性，发挥其不可替代的作用。

（4）三方验证

有些公司依靠第三方公司强大的风控能力来为其账号安全体系充能，典型的有微信验证、支付宝验证、京东验证等。如微信生态发展至今已经很成熟了，登录复用微信账号体系后，对于真实用户在线身份的多方核实也就为账号安全做出贡献。在 App 中，如果有许多基础设施都由其他技术或者应用完成了，那么企业也可以更专注于自己业务，给用户带来更多的核心价值。

（5）实名验证

实名验证是对用户资料真实性进行的一种验证审核，有助于建立完善可靠的互联网信用基础，有二要素验证与三要素验证，要素分别是身份证号、手机号、银行卡号等。如在转账、盗卡、欺诈交易场景中，实名验证是保护钱款安全的重要措施。

（6）业务验证

与账号发生业务行为相关的验证称为业务验证，主要有历史行为验证、安全问题验证等。该验证主要应对在登录场景中的盗号风险，如最近浏览过哪些图片、最近加过哪些好友、最近是否有付出型行为（即花费时间但没有收入的，如观看对战/直播）、最近是否有消费记录等。

3.4.2 限制提示类

（1）扣减处置

扣减处置属于无感处置，分为扣减奖励、降低权重、异地登录、非常用设备登录。扣减奖励是针对触碰到风控规则的用户，他们的中奖概率、优惠金额、所受的奖励价值都会降低，来进一步降低用户为平台所带来的风险，这在秒杀场景最为常见。降低权重在刷榜场景最为常见，对于异常用户的点赞、收藏、关注、搜索等，平台会将其计算权重降低。如疑似刷赞的用户，平台计算权重的时候，此用户的每个点赞都会乘上相应的风险系数来控制对刷赞榜单的权重贡献，比如一个赞换算为 0.5 个赞。异地登录与非常用设备登录的风险结合用户的常用设备、常用地点对用户进行提示，在买卖账号、盗号场景最为常见。

（2）拦截处置

拦截处置会在掌握强相关证据后给予用户提示，分为封号处理、强制下线、拦截事件等。封号处理将封禁用户的账号，使其不能发生任何业务行为，分为永久封号、限时封号，这在游戏反外挂场景最为常见。强制下线是一种实时的强反馈，说明用户命中了强规则并且正在破坏平台相关规则。相比之下，拦截事件是一种相对柔和的处置方式，其只会拦截某一个事件，如限制目标用户的领券行为等，这在营销场景最为常见，在关键业务行为上对用户进行限制。

（3）仿真处置

仿真处置也属于无感处置的一种，分为数据随机、数据缓存、自己可见等。其中数据随机与数据缓存主要应用在反爬场景，异常用户爬取的数据是平台随机生成的数据或者原来比较老的缓存数据。这些数据的价值不大，但是异常用户可以正常爬取，同样也不会给平台造成损失。自己可见常见于刷榜或者文本广告导流场景，如异常用户的点赞。

3.4.3 人工审核类

人工审核是一种后处理处置方式，一般是对关键用户、关键行为进行的后续验证。这种方式不同平台会根据自己的风控规则或者标准进行处置，一般分为人工审核、客服回访等。目前大多数平台都有相关的运营人员进行人工审核，如视频流、音频流、图片流的审核，进一步提升风控的针对性与准确度。

3.5 运营体系

黑产是动态变化的，当进行风控防御后，黑产会进行各种探索尝试，寻找漏洞，绕过防御系统。运营体系核心职责就是保证实时对抗过程中整体风控系统效果。运营体系按照时间可分为发现问题、分析问题、解决问题三个阶段。下面分别围绕三个阶段进行展开介绍。

3.5.1 发现问题

发现问题阶段主要职责就是发现现有防御系统存在的问题，发现问题阶段根据发现方法可分为舆情监控、红蓝对抗、数据异动监控、数据主动评测、用户投诉等。

（1）舆情监控

针对黑产常出现的群组、论坛、资源平台、账号交易平台等渠道进行舆情监控，对获取情报信息进行精细运营，从源头发现防御系统问题。在事前监控黑产最新动态，进行提前防御。在事中监控黑产工具，及时进行防御升级。舆情监控要保证覆盖的范围广、监控的渠道多，另外要保证舆情信息出现后能够及时处理。舆情监控处理流程如图 3-28 所示。

● 图 3-28　舆情监控处理流程

对不同情报渠道数据进行汇总。首先进行数据去重，黑产会在多平台活跃，同时黑产会进行信息扩散，数据去重过滤掉重复的信息，减少处理和分析的工作量。然后开始对数据进行打标分类，此处打标重点打两个维度标签：第一个维度是公司维度，就是当前情报是针对哪些公司进行攻击的；第二维度就是场景维度，是设备资源情报，还是营销活动情报，还是账号买卖的情报等。最后对数据进行脱敏处理，因数据中存在联系方式、链接等，保证分析部门的工作人员不会因为联系黑产等产生被钓鱼、被诈骗等情况。最终，分好类别的数据会分配给不同岗位的工作人员进行样本分析，进一步发现问题。

（2）红蓝对抗

红蓝对抗是指模拟黑产进行业务攻击，以发现防御系统问题。对黑产攻击进行总结、归纳，设计详细攻击用例，其中包括黑产资源、黑产行为序列两个维度设计。最终在模拟攻击平台上进行攻击回放。下面以社交直播行业广告场景为例，详细介绍攻击用例包含内容，黑产路径如表 3-8 所示。

表 3-8　黑产路径

一级类别	二级类别	备注
场景维度	曝光场景	指可以曝光广告的位置。可选值：个人资料、社区私聊等
	曝光渠道	指可以曝光广告的详细位置，如个人资料中可以通过昵称、签名、头像等进行曝光

(续)

一级类别	二级类别	备注
账号资源维度	账号来源	指获取可用账号路径，如自注册、买账号等
	账号活跃	指账号活跃的周期，判断新老账号
设备资源维度	设备来源	指绕过设备检测，产生新的无风险设备的路径，如 PC 模拟器、云手机、农场设备、篡改设备等
IP 资源维度	IP 来源	指绕过 IP 产生新的无风险 IP 的路径，如家用宽带拨号、VPN 切换 IP、飞行模式切换 IP 等
操控维度	操控方式	指黑产实现机器操控的路径，如使用基于辅助服务的模拟单击工具、协议破解的模拟发包等
行为维度	使用 IP 数	
	单 IP 下账号数	
	使用设备数	
	单设备下账号数	
	单账号时间间隔	指账号发送广告信息的时间间隔
内容维度	载体	指广告信息的载体，可以是图片、文本、音频等
	联系方式类型	指广告信息中带有的连续方式类，如手机号、社交号等
	变体类型	指广告信息中存在对抗形式，如使用变体数字等
	干扰类型	指广告信息中是否存在干扰，如将一句完整广告信息切成多段，分多次发送等

每个攻击用例都包含上述维度信息，然后进行模拟攻击，得出当前用例是否通过结论，以此发现存在的问题。

（3）数据异动监控

数据异动监控通过在线数据实时监控、离线数据定期巡检来发现问题。主要监控指标包括整体请求量、策略触发量等，如请求量突然增加但策略触发量未增长，怀疑存在有黑产攻击漏召回情况；请求量未增长触发量突然增长，怀疑存在误杀情况等。

（4）数据主动评测

数据主动评测分为误杀评测、漏杀评测两部分。误杀评测是对召回数据进行随机抽样，然后进行准确率验证。验证方法包括：多维度交叉验证，即命中多个相互独立的特征，如设备层面检测到篡改设备、行为层面检测到事件间隔稳定等；后验数据验证，如处置中二次验证通过比例、账号后续的留存、订单的转化比例等。漏杀评测主要从海量数据中发现黑产，常用方式为排行榜、后续召回等方式。排行榜主要针对流量进行不同维度的细分，如不同地域流量、不同版本流量、不同型号流量等，计算细分维度流量的排行榜，可以从中发现异常。如某个偏远山区的流量在大盘占比最高，大概率是黑产攻击；某个设备型号的流量出现突升，大概率是黑产攻击。互联网行业某 App 的细分流量排行榜，如图 3-29 所示，某地流量明显高于其他省份，经后续深入分析确实存在问题。

（5）用户投诉

用户投诉比较好理解，此处不再赘述。

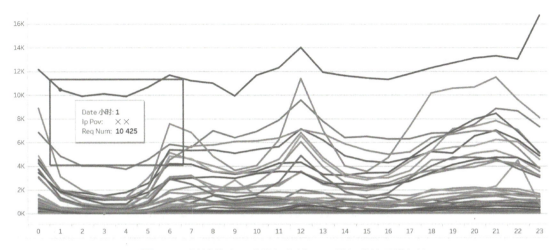

● 图 3-29 地域维度互联网行业某 App 的细分流量排行榜

3.5.2 分析问题

分析问题阶段主要针对误杀、漏杀问题进行分析。分析问题阶段主要挖掘误杀、漏杀的根本原因，便于后续给出合理的迭代方案。其实除明确的误杀、漏杀问题外，还有些其他的问题，如事件参数传入错误，传为服务端 IP；不用用户号都是传为固定 ID 等。这些问题按照类型修复即可，不在本书重点讨论范围内，下面重点讨论的就是明确的误杀、漏杀问题。

针对明确误杀问题，分析的关键点：为什么正常用户名触碰策略，下面列举两个代表性案例进行分析。

1) 关联策略——设备关联多账号策略产生的误杀。在实际应用中会发现很多场景的特殊性问题，如酒店旅行行业的导游代买门票会导致导游的设备关联多个游客账号、商业地产行业的线下活动代注册会导致代理人设备关联很多用户账号、游戏行业的养小号会导致用户设备关联很多小号、航司行业代售点会导致代售点设备关联很多用户账号，这些都会导致当前策略产生误杀。

2) 趋同策略——同地域分组下账号注册日期趋同。在实际应用中会发现商业地产行业、母婴电商行业会做线上提供优惠券、线下核销类型的活动，线上提供优惠券，很多用户从不同渠道获取信息后开始注册领取优惠，周末统一到线下店进行核销，导致当前策略产生误杀。

针对明确漏杀问题，分析的关键点：黑产是如何实现的、识别体系为什么未召回。黑产是如何实现的，也就是黑产路径，包括黑产资源路径和黑产行为路径。此处需要针对数据中已知规律和黑产舆情信息进行结合溯源黑产路径，不能保证完全成功，针对溯源的路径在进行红蓝对抗，需进一步验证。识别体系为什么未召回，也就是从策略体系、算法体系、画像体系逐层分析现有机制为什么没有办法召回，如黑产账号活跃了一段时间，为什么账号没有被识别拉黑而导致进一步漏杀；账号有很多风险特征，为什么监督评分没有召回，需要定位到样本、特征、算法等，具体分析是哪方面问题。

3.5.3 解决问题

解决问题阶段主要针对分析问题阶段给出的原因提出改进方案,主要从识别体系和处置体系两方面解决,改进方案可以同时迭代识别体系和处置体系。识别体系迭代主要是提升识别的准召率,可以从策略体系、算法体系、画像体系去解决。

针对误杀问题,以"关联策略——设备关联多账号策略产生的误杀"为例,解决思路如表3-9所示。

表3-9 误杀问题解决思路

解决问题维度	细分维度	解决思路
识别体系	策略体系	按行业进行划分管理,不同行业使用不同策略,游戏行业上调策略阈值、商业地产行业线下活动针对代理人进行加白操作等
	算法体系	使用团伙算法判断是否为聚集情况,以提升风险 使用监督评分结合其他维度特征,综合提升风险
	画像体系	对账号进行风险分级刻画,如1~5等级,分别代表从风险用户到正常用户,不同等级用户使用不同策略阈值
处置体系	处置体系	可以进行如二次验证、业务上的柔性处置等方式,保证正常用户即使被识别体系召回也不会妨碍使用

针对误杀问题,识别体系针对不同体系有不同的解决思路,如表3-10所示。

表3-10 不同体系有不同的解决思路

解决问题维度	细分维度	解决思路
识别体系	策略体系	关联策略:其他可关联维度扩充,如用连接的WiFi作为维度等;修改算法,如使用多度关联进行扩召回 频度策略:其他可用限制频度维度扩充 地域策略:补充地域维度,如线上活动的地域,与其他地域进行比对,形成新的特征 聚集策略:补充新的分组方式;补充新的可疑特征,如风险IP等 趋同策略:补充新的分组方式;补充新的中性特征,如设备型号等
	算法体系	无监督算法:改进构图顶点和边方式;改进迭代算法 有监督算法:改进样本选取方式;补充更多维度特征;选用迭代算法
	画像体系	明确标签定义 通过各种策略算法扩充画像数据
处置体系	处置体系	补充二次验证方式 补充业务处置方式

上述只是给出解决问题的思路,省略了实操过程中的细节。在实际运用过程中,需要针对不同业务场景进行具体展开和细化。

第 4 章 数字风控平台设计

本章主要介绍数字风控平台的设计以及架构实现。

4.1 数字风控平台整体设计

风控实际上实现的是一个和业务结合的在线函数,函数有三要素:函数定义、入参和计算逻辑。在实际业务中,为了实现这三个要素,需要搭配一系列流程和系统(数字风控平台设计框架如图 4-1 所示)。

业务	营销	拉新	促活	交易
风险事件	注册	登录	下单	……
流量接入	租户管理	风险事件管理		接入变量管理
决策引擎	策略中心			实验平台
计算引擎	流计算	变量中心		离线计算
数据建设	名单库 黑白名单	设备指纹 设备标识、设备信息	画像库 账号画像、设备画像	实时归集 实时数据	离线ETL 数据挖掘	关系图谱 团伙

● 图 4-1 数字风控平台设计框架

数字风控平台是实现以决策引擎为核心,以规则编辑和执行为主要任务,面向风控运营人员设计的计算平台,其核心功能包括策略管理、特征管理、模型管理等。

4.2 数字风控平台组件

4.2.1 策略管理平台

随着风控业务的发展,为了在与黑产的对抗中更快速地响应,需要构建一个可靠、专业、强大的系统作为支撑,即风控决策引擎。风控决策是指判定某次行为或某个内容是否存在风险,以及其风险原因。决策的依据为是否命中规则,即策略。本书中,如无特殊说明,规则和策略是同义词，代表相同的含义。策略是指达成某种目的的手段，包括两个核心要素，即目标的设定和实现的途径。在风控领域，策略的目标即判定某一行为或内容有风险，并针对该风险，给出将对其作何处置。策略的判定依据为策略的条件，即满足什么条件，可判定该行为或内容有何种风险。因此，对于风控领域，策略的核心组成包括规则条件、风险原因以及处置。

1. 规则条件

规则条件即策略满足的条件，一个规则可由多个规则条件组成。常见的规则条件关系包括"与"和"或"。"与"指既满足 A 条件，又满足 B 条件的行为或内容；"或"指满足 A 条件或 B 条件的行为或内容。图 4-2 所示为三个"与"关系组成的规则条件。

● 图 4-2　三个"与" 关系组成的规则条件

一个规则条件由变量及判断逻辑组成。如注册场景下，同一个 IP 在 1 天内，在相同应用下关联的账号数（账号去重）大于等于 10，即为一个条件。同一个 IP 在 1 天内，在相同应用下关联的账号数（账号去重）即为该条件中的变量，大于等于 10 即为逻辑判断，其中大于等于为逻辑判断符。常见的逻辑判断有等于、不等于、大于、大于等于、小于、小于等于、属于、不属于。

2. 风险原因

风险原因即行为或内容满足规则条件后，可判定为何种风险。可根据业务情况自定义风险原因，如机器行为、IP 异常聚集等。

3. 处置

处置即行为或内容满足规则条件后，系统对该行为、内容或账号等进行的处置，如对账号进行禁言、禁止此次行为操作、通过二维码或短信进行二次验证等。可根据业务定制处置方式。

由于不同的业务、不同的场景可能面临着不同的风险，也对应着不同的风险策略，策略管理平台需要支持多租户、多场景的策略管理。在同一场景中，也可能存在不同类型的风控规则，策略管理平台也需要支持对规则的灵活组织。

首先，策略平台是"多场景""多租户"的，既要考虑共享，也要考虑个性化，因此，需要将不同业务场景抽象为事件，针对不同事件进行策略管理。同时，基于事件的通用特征，又抽象出通用事件，即全局策略（对所有的事件都生效的策略），最大限度地保留策略的复用性。为了满足租户的个性化需求，可针对不同公司、应用、事件等进行个性化的策略处置，即自定义策略。至此，策略平台抽象为三层作用域结构，即：

1）产品级作用域底层为通用事件策略层，适用于所有事件、所有公司的通用策略。
2）事件级作用域中间层为单事件策略层，适用于单事件、所有公司的通用策略。

3）公司级作用域上层为个性化自定义策略层，包含只在单公司、单应用、单事件生效的策略。

策略 ID 相同的策略，下层作用域会覆盖上层作用域。举例来说，如果产品级有一个 M9527 策略，处置是拒绝。此时，如果在公司级作用域建立 M9527，处置是人脸，则当这个公司的请求数据进来时，如果触发了 M9527，则会命中公司级作用域的 M9527，弹出人脸验证处置。产品级的规则此时并不会命中，也不会直接产生拒绝处置。

为了精细化运营，还需要引入策略集的概念，对事件下的策略进行分类管理。策略管理员将一批为完成同一目标的规则（策略）抽象为策略集，通过策略集实现对策略的分类，同时可以根据策略集筛选，进行风险场景刻画，完成复杂业务操作。

首先业务人员根据业务需求将一批完成同一目标的策略抽象为策略集，在策略管理平台新增或管理策略集并保存，标签管理平台功能包括新增、修改、删除，以及查看操作。策略集管理如图 4-3 所示。

● 图 4-3 策略集管理

然后在策略管理平台找到对应的策略集，创建并对策略进行管理。策略管理平台功能包括新增、修改、删除，以及查看操作。策略管理平台如图 4-4 所示。

● 图 4-4 策略管理平台

4.2.2 变量管理平台

如果说数据是原料，策略是产品的话，那么变量就是当中的零部件了。一个变量，只有明确定义出来，才能够被规则的条件使用。一个完整的风控策略依赖的关键变量可能有几百上千个，底层的变量池可能远远大于这个数。

由于变量需求数量多，同时迭代也迅速，变量开发一直是技术人员头疼的点，也是业务人员抱怨的点，成为矛盾焦点。为了解决这个问题，有一种思路是，让策略人员直接进行变量配置，不需要技术人员在中间进行中转。为了实现变量的配置化，就需要根据变量的计算模式对其进行分类，每一类都定义为规范的实现和配置方法。

常见的变量包括输入变量、存储变量、BE变量、统计变量、衍生变量。所有变量的定义都包括最基础的要素：变量标识，变量名称，变量类型，变量描述，具体定义如下。

1) 变量标识：是一个唯一ID，规则执行时通过该ID引用这个变量。
2) 变量名称：是一个直观的中文变量名，便于阅读和使用。
3) 变量类型：类型决定了该变量能够参与什么运算。
4) 变量描述：可选，可以给出任意的描述说明。

（1）输入变量

输入变量是指请求中业务传入的变量。风控系统预先为每个事件定义了少量的必传字段，这些字段必须存在并且类型符合定义。在这些字段之外，系统为业务留下了足够的灵活性，业务可以在调用风控系统时增加更多的风控需要使用的自定义字段。这些自定义字段就是"输入变量"。每一个输入变量通过变量定义后，就可以被风控系统的规则引用了。图4-5所示为输入变量的配置页面，包括对变量标识及名称的定义，变量的类型、状态和变量路径。其中"变量路径"是指按照什么样的路径，可以从请求输入的JSON结构中取得这个变量。

● 图4-5 输入变量的配置页面

（2）存储变量

存储变量是指定义画像数据读取的描述语言变量。所有的画像，无论实际物理的存储是什么（如MySQL、Redis、HBase等），都被抽象成了"表格"。表中的每一行有一个唯一主键，这个主键就是画像的实体 ID，表中的每一列代表这个画像实体的一个画像属性。查询画像数据时，画像服务会根据当前请求的事件标识获取其名下的存储变量和全局的存储变量，并根据存储变量中描述的读取配置，从真实存储实例中取得数据，最后将所有取到的数据返回。图 4-6 所示为存储变量的配置页面，包括对变量标识及名称的定义，变量的类型、状态等。其中，比较重要的读取变量的配置包括：

1）变量表名：从哪张表读取该画像变量。

2）变量列名：读取表的哪一类。

3）变量主键：这里是个 JSON 路径，它表示的是，从当前请求的 JSON 结构中，如何取得这个画像变量读取时使用的主键。比如，IP 画像的主键是"data.ip"，表示从当前请求下找"data"字段，再在"data"下找"ip"字段作为主键。

• 图 4-6 存储变量的配置页面

（3）BE 变量

BE 变量通常是指模型输出变量。事实上，风控引擎开放了一个"注册" API 和一个标准的基础特征引擎（Basic Engine）的调用 API，可以随时通过开发一个符合 API 规范的基础特征引擎，并把它注册到系统中。这样，系统就会根据配置来调用这个引擎，并获得这个引擎计算的特征。通过这个方式来给风控平台扩展复杂的自定义特征。图 4-7 所示为 BE 变量的配置页面，包括对变量标识及名称的定义，变量的类型、状态等。

（4）统计变量

统计变量是指基于滑动时间窗口的多维统计特征。例如：指定时间内账号的活跃次数；一段时间内同一个账号发送相似文本的个数；一段时间内同一个 IP 下出现的不同账号个数；

• 图 4-7　BE 变量的配置页面

一段时间内一个账号转账的累计金额等。图 4-8 所示为统计变量的配置页面，包括变量标识及名称，变量类型、状态及统计方法。其中，比较重要的定义统计计算的配置包括：

• 图 4-8　统计变量的配置页面

1）统计维度：按照什么维度进行统计，类似于 SQL 中的 GROUP BY。这里支持指定多个维度，就像 GROUP BY 多列一样。注意，这里并不会实际配置维度的具体值，而是配置维度的"路径"，与前面输入、画像变量类似，这个"路径"定义了如何从输入请求的 JSON 中读取到这个维度的具体值。

2）统计数据：要统计的字段，这个配置也是个路径，实际字段从当前请求 JSON 中，根据这个路径获取。比如，要统计转账累计金额，这个路径可能是 data.amount 表示的金额字段。

3）时间窗口：指定了统计的时间窗口，如最近 5 分钟、最近 15 天等。

4）统计函数：要计算的函数，如计数（COUNT）、去重计数（COUNT DISTINCT）、求和（SUM）等。

5）过滤条件：统计变量是定义在事件上的，比如转账（transfer），如果希望参与统计的数据并不是这个事件的所有数据，而是某个子集合，如"仅统计非本人作为收款人的转账金额"，此时，就可以进一步指定过滤条件来完成这个统计的定义。

（5）衍生变量

衍生变量是指通过对其他变量进行一系列加减乘除等运算后，产生新的变量，衍生变量的配置页面如图 4-9 所示。

● 图 4-9　衍生变量的配置页面

策略人员可以针对业务场景灵活地配置自己需要的变量，并在决策引擎上设置阈值来做业务风险的把控。

4.2.3　模型管理平台

模型是利用多个特征建模拟合风险标签，从多个维度对用户风险进行预估。也可以对不同领域/分组的特征进行单独建模，得到多个单一领域的评分，再到上层融合成最终评分。子评分和主评分可以灵活地被应用于策略。

近年来，随着风控对准召率要求的不断提高，模型在风控中的应用也越来越深入。各业务部门都基于各自业务特性和数据开展数据挖掘和模型训练工作，并将模型应用于不同业务领域的风控。除本节介绍的如何管理训练任务产出的模型（即模型管理平台）外，模型管理系统还包含以下功能。

1）为用户提供有关模型使用场景的信息，便于用户正确地使用模型，对模型的运算结果做出正确的处置。

2）指导用户迅速准确地查找到有关模型，了解模型及其输入输出参数的相关信息。

3）支持用户方便地新增模型及模型特征，类似于数据库管理，包括模型增加、删除、修改、版本管理及查询操作。

在实际业务场景中，模型的特征不是完全能覆盖的，有一定的缺失，因此业务中通常会监控模型的特征缺失率。一方面，对于缺失率超过某个阈值的请求，模型不予输出，以避免由于特征缺失导致的误判。另一方面，也很难用一个模型来识别所有的风险类型。通常，系统中会存在多个模型，分别用来识别不同的风险类型，互为补充。

另外，实际应用中，经常需要通过 A/B Test 或复制流量来测试新模型的效果，如可以用同一份流量同时跑 8 个模型，然后对测试模型进行效果对比评估。

4.2.4 实验管理平台

为最大限度地保证线上稳定，解决"多种方案需要确认哪一种更好的问题"，系统搭配了策略实验室功能。同时测试不同的方案，通过线上的真实数据验证哪一个策略更好。

设计策略实验室时应该考虑以下特性。

1）并行性：支持两个或两个以上的实验策略同时在线，并保证其每个实验策略所处的环境一致，极大降低了实验的时间成本。策略实验室策略配置页面如图 4-10 所示。

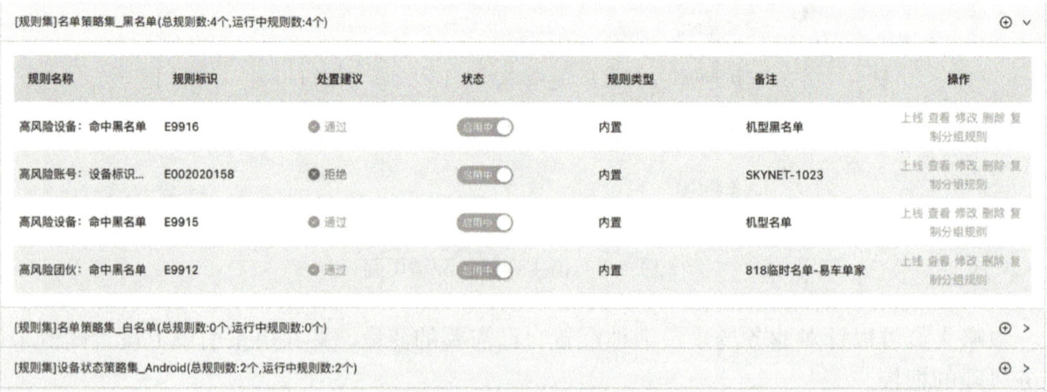

• 图 4-10　策略实验室策略配置页面

2）科学性：策略实验室是用科学的方式来验证策略效果的，科学性体现在流量使用线上真实数据流量，在不影响线上效果的情况下统计的全量线上数据效果，以确保每个组别的用户特征相同。策略实验室操作时序图如图 4-11 所示。

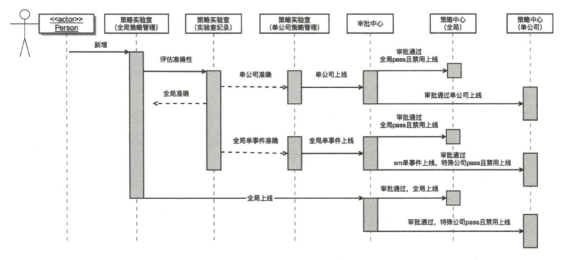

• 图 4-11　策略实验室操作时序图

3）可视化：数据可视化体现在实验结果可直接在平台查询，并进行效果分析。策略实验室数据分析页面如图 4-12 所示。

• 图 4-12　策略实验室数据分析页面

除此之外，为了保障线上数据的稳定，规则引擎还支持规则试运行，进行灰度测试，通过这些机制尽可能避免在策略配置不当的情况下，对业务造成重大影响。

4.2.5　案例管理平台

和策略相对宏观的数据相比，案例分析更重视的是个体，更注重个体的行为序列与关联分析。一个典型的案例分析路径如下。

1）案例反馈：业务或客户反馈漏识别或误识别案件。

2）案例调查：对案例涉及个体行为序列和关联进行分析、挖掘机器行为或者团伙行为。分析中通常会使用数据的可视化展现，展现维度为关系视图、时间序列、空间地理等。

3）案例标注：结合业务实践和案件调查对反馈的样本及其关联样本进行标注。

4）案例特征归纳及规则制订。

5）规则实验。

6）规则上线拦截。

在整个流程中，需要定量、定性分析，需要借助平台实现案例信息及关系网络的可视化展示。案例管理平台就是为了实现案例定性分析的可视化平台。

案例管理平台通常包含以下三个核心功能。

1）案例数据准备即数据提取功能，将案例相关的人与人，人与设备等的关系网络数据提取出来。

2）案例分析功能，通过关系拓扑图，可视化展示案例的时域关系。

3）案例标注，特征提取。

案例管理平台是一个依据关系网络数据、通过交互手段对案例进行抽丝剥茧的调查平台，也可称为案例研判平台。这类平台不仅在信贷领域使用，在公安机关更是得到了广泛的应用。案例管理平台的发展不仅得益于数据技术的发展，也得益于交互手段的跟进。

4.2.6 报表管理平台

风控运营中，一个非常重要的活动是每天或更频繁地看各种风控相关的业务指标。这些指标是通过报表管理平台提供给风控业务相关同事的。报表分为实时报表和 T+1 报表两类。实时报表通常可以精确到秒或分级别，用于观察实时的风险趋势；T+1 报表则可以提供更全、更精确的数据，便于运营分析。

常见的监控指标如下。

1）风险大盘：各事件的总请求数、风险事件数、风险类型分布、风险地区分布等。

2）策略大盘：命中策略排行榜，策略命中率，策略命中量在时间、地域上的分布等。

3）验证大盘：滑动验证码、人脸验证等各种类型的验证总量、验证通过率。

4）投诉大盘：客户投诉在各事件、策略上的分布情况。

5）转化大盘：与风控相关的业务指标。例如，领取礼赠的客户中，再次下单的比例等。

常见监控维度有渠道、产品、客群、新老客户，以上指标都可以用前面四个维度来进行拆分和筛选。

4.3 数字风控平台的架构设计

4.3.1 架构与模块设计

为了做到良好的可扩展性，以适应不同业务场景的风控需求，同时，也满足风控中快速演进的策略/特征/模型体系的需求，架构设计采用了分层的微服务结构。每一层的微服务都支持标准的注册机制和 API 调用，便于后续不断扩展更多业务逻辑服务和特征计算服务。由于风控系统的请求量，随着业务的发展会不断增大，系统需要做到可以简单快速地进行水平伸缩。为了做到这一点，在设计上，大量的服务都是"无状态"的逻辑处理、特征计算、模型调用。当需要支撑更大请求量时，只要增加更多的机器就可以了。

系统架构整体包括图形化操作界面、接入、引擎、各类管理器、离线挖掘、存储、训练等角色，各角色的交互关系如图 4-13 所示的系统架构设计图。

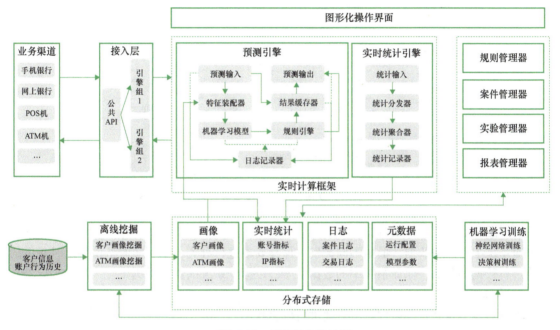

• 图 4-13　系统架构设计图

引擎部分的架构与模块设计如图 4-14 所示，其中架构模块设计主要从实时性、可靠性、扩展性等方面考虑，这也要求需要同时满足以下特点。

1. 实时性

运行设计中还有一个重要的设计考虑，就是系统的实效性。这里的实效性主要包含执行效率实时和调整生效实时两个方面。第一，执行效率实时：风控服务的在线架构需要在保证系统运行稳定性的同时保证请求处理时间较小，对系统的处理耗时要求一般在一百毫秒以内。第二，调整生效实时：系统内对引擎调度、系统配置、变量和策略的调整需要实时生效，以此来满足需求多变的要求。

2. 可靠性

（1）系统容错和恢复能力

系统采用微服务架构，系统中各模块节点注册在 zookeeper 中。系统中，各层、各节点都采用高可用的方式进行部署，在系统中某个节点出现计划外停机时，能够保证系统的正常运行，不存在单点、热点问题。

系统中各节点的运行是无状态的，不需要依赖服务正常重启、意外停机后重启之前的状

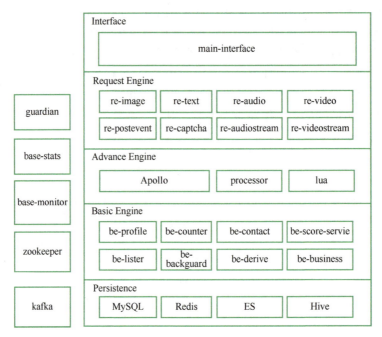

· 图 4-14　引擎部分的架构与模块设计图

态，可以随时启动，正常运行。

对系统中存储的数据，根据不同类别、保存要求进行分类，采用实时备份、定时备份的策略进行数据的备份，保证系统中的数据安全，以提升系统的恢复能力。

（2）健康探测

系统对各节点的服务使用以下方式进行健康探测。

1）系统运行进程检查，对系统中各模块的运行进行脚本检查，并将检查结果进行保存，通过界面进行统一展示。

2）对系统中的服务进行接口探测，系统中各服务模块通过 HTTP 请求监测模块返回结果是否正常，进行服务运行状态的监测，以避免出现服务假死而未发现服务异常的情况。

（3）存储高可用

主从化、读写分离、分表设计、优化索引等，在这里只提及一些很常规的优化手段。以避免重要的进程出现单机运行的情况，并且系统支持横向扩展，满足服务器 7×24 小时可访问的要求。

（4）系统容错

系统需要提供故障发生时段的引擎降级功能，或者在必要时刻进行效果降级来保证系统主要功能的正常运行。作为在线架构，如果系统容错方面出现问题，不仅会影响正常请求结果，还可能会对上游系统造成无法预估的影响。

3. 扩展性

系统使用微服务设计思路进行设计，系统支持横向扩展。在数据存储和计算能力的扩展性上，采用水平扩展的原则。不同于垂直扩展的地方在于，增长时不需要超级强劲的机器，而只需要很多常规的机器。从一台常规的机器开始，其能力不足时添加第二台，然后第三台，第四台……增加多个逻辑单元资源并且使它们作为一个整体在工作。大多数的集群解决方案，如分布式文件系统，负载均衡都是通过横向扩展技术来进行的。

4.3.2 调用流程设计

调用流程设计图如图 4-15 所示。

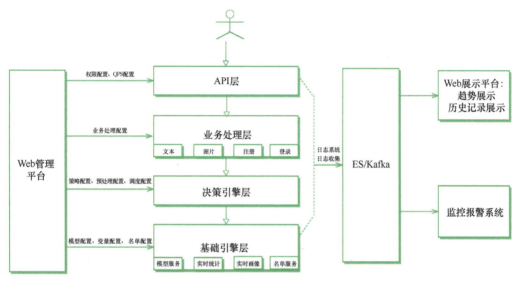

● 图 4-15 调用流程设计图

1）API 层：即接入层，负责权限校验、流量控制、路由转发以及基本的参数校验等功能。

2）业务处理层：接收 API 层转发的请求，执行参数校验、参数归一化、业务逻辑处理。

3）决策引擎层：负责对下游模块的调度，负责规则的加载与执行。

4）基础引擎层：计算层，对请求内容进行计算、提取，生成具体用于决策的特征。

5）Web 管理平台：各类配置的管理，如权限配置、QPS 配置、规则配置等。

6）日志系统：收集线上服务日志。

7）Web 展示平台：通过读取日志系统并聚合信息来展示历史记录、统计请求趋势等。

8）监控报警系统：通过读取日志系统并聚合信息来发现线上服务存在的风险并发出报警。

4.4 数字风险识别引擎设计

4.4.1 决策引擎

1. 决策引擎概述

什么是决策？决策指决定的策略或办法。是人们为各种事件出主意、做决定的过程。它是一个复杂的思维操作过程，是信息搜集、加工，最后作出判断、得出结论的过程。

在风控领域，决策指判定某次行为或某个内容是否存在风险以及存在怎样的风险。决策的依据为是否命中规则。所谓规则就是：约定当满足某个或某些条件时，便执行某个或某些操作。例如一条简单的规则：如果一个账号在一分钟内回帖次数大于 50 次，那么认为该账号在灌水并做出对其禁言 5 分钟的决定。在这条规则中，条件便是"一个账号 1 分钟回帖次数大于 50 次"，当满足这个条件时，执行的操作是"禁言 5 分钟"。

对规则进行管理、执行便是决策引擎的核心功能。决策引擎以规则为中心，实现对规则的加载与执行。风控策略专家会根据经验、相关数据等总结出大量针对不同场景的规则。决策引擎的任务便是系统地加载规则并执行这些规则，最终输出命中的规则结果，从而实现风险识别。

决策引擎的主要功能包括以下几点。

1）加载规则。
2）执行规则。
3）支持对规则的增删改查操作。
4）其他功能。

决策引擎的功能交互如图 4-16 所示。

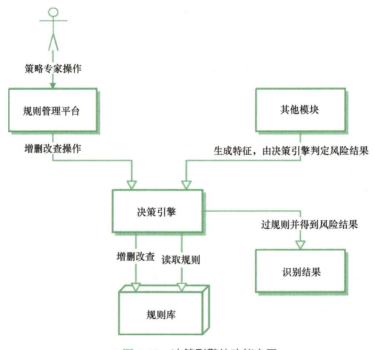

● 图 4-16　决策引擎的功能交互

以上述例子为例，来看一下决策引擎的工作流程，方便大家对决策引擎有一个整体的认识。

假设，存在一个模块 stats-model，可以使用请求内容中的 tokenId（用户账号）为统计维度，统计一个 tokenId 在某一分钟内的请求次数。假设在 stats-model 中，配置该统计变量输出的变量名为 stats-model. tokenId. 1min_request_count（值为整型，表示某个账号一分钟的请求次数）。

第一步 风控策略专家在规则管理平台创建规则（以 clips 语言为例），代码如下。

```
(defrule M100001 ;灌水识别规则编号)
(stats-model.tokenId.1min_request_count ?count)
(test (count > 50))
=>
(assert "ruleId:M100001,description:识别为灌水账号,riskLevel:REJECT")
```

配置完成后，规则管理平台会调用决策引擎"新增策略"接口，将该条规则转发给决策引擎模块。

第二步 决策引擎收到请求后，会将该条规则写入规则库，并加载到决策引擎"执行模块"内部。

第三步 假设此时有一条请求到达风控系统，经过 stats-model 模块，得到该账号近一分钟内的请求次数：stats-model. tokenId. 1min_request_count = 55。

第四步 请求内容及 stats-model 得到的统计特征值会到达决策引擎。

第五步 决策引擎使用请求内容及特征值去执行已加载的规则，此时由于 stats-model. tokenId. 1min_request_count = 55，满足规则中大于 50 的条件，因此决策引擎会判定命中规则 M100001，并输出命中规则的结果"ruleId：M100001，description：识别为灌水账号，riskLevel：REJECT"。

第六步 决策引擎将结果返回给上层服务，上层服务根据决策引擎结果做相应的操作，如对本次请求中的灌水账号进行拉黑或禁言。

以上便是简化的决策引擎的整个工作流程。先实现了一条规则，然后在 stats-model 中配置一个以 tokenId 为维度的、统计一个账号一分钟内请求次数的统计变量。当接收到请求时，stats-model 可以输出本次请求中 tokenId 最近一分钟的请求次数，并将该结果转发给决策引擎。最后决策引擎收集到 stats-model 的结果并去执行规则。当判定满足规则触发条件后，输出对应的规则命中结果，上层服务依据决策引擎的结果来做业务层的操作：禁言该账号。这就完成了一次完整的风控识别、处理操作。

当然，实际使用场景要比上述的例子复杂得多，规则数量往往会达到上万条甚至更多，且每条规则的触发条件一般是由多个条件通过"与""或""非"等相互组合而成。同样，规则的结果也可以根据需要设置不同的返回结果，但和上述示例的本质是一样的。

2. 决策引擎核心功能实现

决策引擎的核心功能包括两个：规则的加载和规则的执行。

（1）规则的加载

规则的加载有两个需要注意的点：规则增删改热加载实时性高；规则热加载对系统影响小。

风控领域一般是对实时发生的请求、行为等来做判断，经常需要将实时黑产动态、舆情信息，以及日常的数据分析成果更新到规则上。因此，对于规则的新增、修改，需要尽可能地快速生效，即热加载实时性要求高。

同时，决策引擎的执行结果直接决定本次请求是否存在风险，其执行的成功率十分重要。这意味着线上决策引擎的执行环境要保持稳定,不使规则执行受到影响。若由于规则的热加载导致机器负载升高,进而导致决策引擎执行失败、执行超时,可能给业务层带来严重的后果(如线上漏杀等)。

在决策引擎运行过程中,还会遇到规则加载、执行时的空间和时间问题,设计上可以通过"双 buffer(缓存)"来解决这两个矛盾的需求。在决策引擎首次启动加载规则时,将规则加载到 buffer1 中,同时将相同的内容复制到 buffer2 中。决策引擎启动后,使用 buffer1 中的规则执行线上请求。同时启动线程监控规则变更,当规则有变更需要重新加载时,异步地将新规则加载到 buffer2 中,加载完成后切换,使用 buffer2 执行线上规则。如此,便实现了规则的准实时热加载,同时尽可能不影响机器负载,决策引擎的规则加载逻辑如图 4-17 所示。

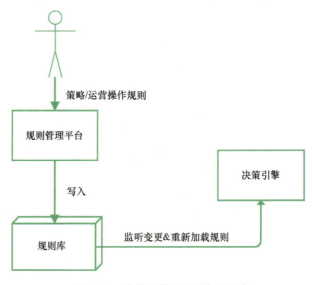

● 图 4-17 决策引擎的规则加载逻辑

(2) 规则的执行

规则的执行最重要的是低耗时。这一点是由实时风控的定义决定的。

规则的数量会随着业务的发展而逐渐增多。ToB 公司服务的客户数量会逐渐增加,由于客户的要求不同,随之规则总数也会增加(每个客户都需要指定一些定制化的规则)。公司随着业务扩展,每条业务线的要求同样会有差异,因此规则总数也会增加。规则数量增加后,随之而来的便是执行耗时的增加。

因此,需要从一开始便设计好规则的加载、运行模型,防止后期当规则数量增多后,耗时问题凸显。

从工程角度看,可以对规则进行细分,以减少单次请求所需匹配的规则数量。以 ToB 公司为例,最基础的可以按照客户进行细分,每个客户的规则相互隔离,分别单独加载。在运行时,单个客户仅需执行该客户下的规则集合,这样可以大大减少单客户的规则执行耗时。同时各个客户相互独立,不会随着签约客户数量的增多而耗时增加。进一步地,如果单个客户体量较大、规则数量较多,还可以按照客户业务进一步细分:单独加载客户的每个应用或每个业务线下的规则。在运行时,由于每条请求仅来源于客户的某个应用,因此可以仅执行该客户该应用下的规则。这样，通过对规则进行细分，便可实现运行规则数量的可控，从而实现耗时的可控性。当然，拆分得越细则耗时会越低，但随之代码复杂度也会越高。因此，可以根据业务实际情况、结合对耗时的要求、服务器资源的冗余情况等，选择合适的细分粒度。

从算法角度看，一般决策引擎采用 rete 算法。rete 算法是一种前向规则快速匹配算法，其最大的优点是匹配速度与规则数目无关，其将规则集构建成一张网络，这张网络主要包括以下节点。

1）根节点（Root Node）：所有对象通过根节点进入网络，一个网络只有一个根节点。
2）单输入节点：有 ObjectTypeNode、AlphaNode、LeftInputAdapterNode 等节点。
3）双输入节点：Beta 节点。
4）终端节点（TerminalNode）：单条规则匹配了所有的条件即到达终端节点。

rete 算法被广泛使用于多种场景，相关的介绍资料有很多，其具体原理和匹配规则这里不再进行展开。

3. 决策引擎的其他功能及实现方式

（1）调度中心

决策引擎在风控系统居于上层业务处理层和底层的逻辑处理层中间，其天然地适合作为调度中心。除了架构层级上的合理性，决策引擎作为调度中心还可以减少数据传输开销。底层的逻辑处理模块一般会很多，每个模块都会产生大量的输出特征，这些输出的特征均可被策略人员应用到策略的触发条件上，这也意味着每个模块产生的特征都需要传输给决策引擎。若决策引擎作为调度中心，可以减少一次 RPC 通信，减少数据传输的开销。随着风控系统的日益完善和改进，依赖的后端服务、需要的特征值也与日俱增，节省一次 RPC 传输的开销是很可观的。

此外，在调度中心中还实现了一些小巧但很有用的功能。

1）优先调度本机的服务。

在业务流量较低的场景，为节省成本，充分利用服务器资源，有时会在单台机器上混合部署多个服务。决策引擎也可与其他服务混部（混合部署）。各个模块将自身 IP 注册到注册中心，调度中心在请求其他模块时，一般会在注册中心可选的 IP 地址列表中随机选一个进行请求。在混部场景下，下游调用可以优先选择本机 IP 地址，这样远程 RPC 相当于本机进程间通信，传输效率会大大提升。若后端的服务数量较多（一般风控系统下，底层服务数量在 20 个以上），对整体效率会有较大的提升。

2）支持数据流配置。

数据流配置是指一次请求要过哪些后端 BE，以及按照什么顺序访问。

上层的一次请求需要请求底层的多个服务。这些服务之间若无依赖关系则完全可以并行调用，这样可以大大减少一次请求的整体耗时；若多个服务之间有顺序依赖，则有依赖的服务需要串行调用，决策引擎数据流配置如图 4-18 所示。

图 4-18 所示的数据流，其数据流转顺序如下。

```
profile <-func1(contact);
dup <-func2(contact);
```

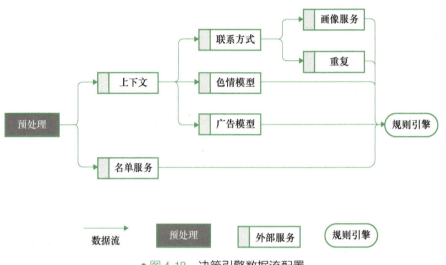

• 图 4-18 决策引擎数据流配置

指定了数据流的方向（输入依赖），上面的 func1( ) 和 func2( ) 是 Lua 脚本中的函数，在输入下一个 BE 之前需要进行的预处理。没有输入依赖的 BE 就是预处理服务 preprocess( ) 之后的结果，所有不被别人依赖的 BE 的结果会被合并在一起，并交给规则引擎。

一个示例的配置形式如下。

```
[
    ["preprocess"],
    ["profile"],
    ["counter","lister"],
    ["gcn","common-scorer","robot-score"],
    ["apollo"]
]
```

上述配置中，调度中心会先调用"preprocess"服务，待"preprocess"调用完成后，会调用"profile"服务，然后将前两个阶段读取的各种特征变量发送给"counter""lister"两个服务。这两个服务并行计算各自负责的特征变量，等这两个服务全部调用完成后，再将所有特征变量发送给"gcn""common-scorer""robot-score"三个模型服务……以此类推，最后所有 BE 计算得到的特征变量会被合并在一起交给决策引擎。

数据流配置模式具有较大的灵活性，可由上层业务层来判断数据流，并生成对应的数据流配置。当业务层想要更改调用的服务、调用的顺序时，只需修改请求参数即可，决策引擎以及决策引擎中的调度中心均无须改动。

数据流配置是一个小的功能，但是可以很灵活方便地解决一些特殊的问题。在风控系统中，会存在各种各样的特殊情况，此类小的功能是很有用的。

3）删除特殊字段。

该功能是指在请求某个模块时，把请求内容中的一些字段删除掉。原因在于请求内容中可能存在一些比较大的字段，而对于某些模块不会使用到这个大的字段。在请求时删除大字段，既可以减少传输耗时和 CPU 消耗，也可以提升被请求模块的解析、处理效率。

如在识别一张图片是否存在风险时，请求内容中可能存在一个长达 5MB 的图片 base64 字段，但是图片 base64 字段在一些服务中是不需要的，此时便可在请求这些服务时删除图片 base64 字段。

本功能同样可以通过参数来设置：

```
"delete-params":
"base-stats":["img_base64","video_base64"]
```

上述示例表示，在请求 base-stats 服务时，删除 img_base64 和 video_base64 字段。删除特殊字段的功能是出于处理效率的角度考虑，尽可能地提高决策引擎甚至整个风控系统的性能。

4）超时设置与重试机制。

此功能是一个常规的功能。出于稳定性和可用性的考虑，调度中心在请求下游模块时，需要设置超时时间和失败重试机制，以提高可用性和稳定性。

超时和重试是 RPC 的基本功能，有很多成熟的实现方案，此处不再赘述。

（2）参数预处理

决策引擎对参数进行预处理有以下几个原因。

1）参数归一化。后端的模型、服务支持的格式种类总是有限的，并且不支持对某些特殊类型进行处理。而线上的请求类型复杂多样，并且无法约束请求方按照指定格式构建请求。因此需要对请求参数进行归一化或者做某些转换处理，以防止后端服务异常或效果出现误差。

2）生成新特征。不同模型、服务会用到大量基础、通用的特征，这些特征可由决策引擎一次性生成，避免不同模块重复计算，浪费服务器资源。

3）一些特殊处理。在 ToB 公司中常见的：客户希望不处理某个字段、对某个字段做类型转换操作等，客户自身由于各种原因暂时无法变更上线，但目前对线上效果有影响，需要紧急处理。此时需要有预处理机制来针对客户需求进行特殊处理。

线上参数预处理的需求变更是较为频繁的。如果参数预处理代码逻辑直接实现在决策引擎内部，意味着决策引擎会因为参数预处理的频繁更新而频繁上线更新，这对整个系统的稳定性影响过大。若单独开发一个专门的预处理服务模块，则会增加进程间通信的开销。

综合性能、成本以及灵活性的要求，选择一种可灵活嵌入到其他服务中的脚本语言来实现该功能是一个比较好的选择。这里可以选择 Lua 脚本语言。Lua 是一种小巧的脚本语言，Lua 脚本可以很容易被 C/C++ 调用或者调用 C/C++ 函数。并且 Lua 语法简单，学习成本低，可以快速入手，策略人员或者运营人员经过简单培训即可自行编写、修改 Lua 函数。而系统只需在决策引擎中调用一个 Lua 入口函数，来实现将 Lua 嵌入决策引擎。然后策略人员在 Lua 入口函数内部自行编写、修改预处理函数，即可实现预期功能。参数预处理流程如图 4-19 所示。

（3）决策结果后处理

常见的需要对决策结果经后处理的原因及后处理有哪些操作，有以下几种情况。

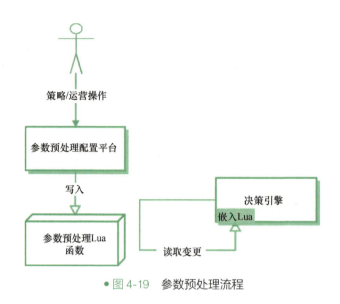

● 图 4-19 参数预处理流程

1）实时拉黑/加白。命中某些策略后，需要将该条请求的账号、设备号、IP、手机号等信息同步更新到黑库或白库，防止后续新请求漏杀、误杀。

2）用于线下统计分析。命中某些策略后，需要进行某些特殊的统计、记录等，如某些用于实验验证的策略需要进行统计分析。

3）用于实时在线统计。命中某些策略后，需要实时增加统计频次，此时需要后处理调用实时统计服务。

这类需求本质上是需要对策略进行分类，不同类别的需求进行不同的处理。因此，可以通过给策略设置标识来实现。

为实现此功能，首先需要给每条策略设置是否需要后处理标识，如标识为 0 表示不需要后处理，标识为 1 表示需要更新到黑库……然后需要实现一个单独的后处理服务，用于线上实时更新黑库/白库、历史记录等操作。接着，需要决策引擎在执行策略结束后，对命中的策略进行分类，判断是否需要后处理以及需要进行什么样的后处理，最后将需要后处理的策略结果以及请求参数发送给后处理模块，由后处理模块完成后处理工作，以此来实现决策结果的后处理。

在这里，决策引擎的职责是对命中的规则按照后处理标识进行分类筛选，然后转发给后处理模块，决策引擎并不负责具体的后处理逻辑实现。在请求后处理模块时，由于最终结果已生成，所以决策引擎不需要等待后处理结果。因此，在请求后处理模块时，可以采用异步请求的方式，以节省请求的整体耗时。后处理调用流程如图 4-20 所示。

（4）策略 A/B Test 及灰度

在发版前，为稳妥起见通常会先灰度上线。在有多个版本供选择时，还会选择 A/B Test。

同样，策略人员往往也会有类似的需求：A 策略和 B 策略哪个上线后效果会更好？新上线的策略是否会导致误杀、漏杀，

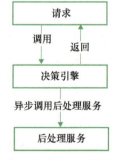

● 图 4-20 后处理调用流程

进而导致最终效果产生较大的波动。线下评测、线下流量重放是常见的解决方式，但无论线下怎样做，和线上实时数据流量相比总是存在差异的，而这些小的差异有可能会对结果造成较大的影响。因此，最好的方式是线上进行 A/B Test 以及小范围灰度上线。

实现的思路较为简单，可以结合前文的预处理功能来实现。首先在预处理阶段，为每一条请求随机生成一个介于 [1,100] 的 Canary 值；对于需要 A/B Test 或者需要灰度的策略，可以给其增加一个触发条件 Canary≥n 或者 Canary<m，m、n 为整数，其值为 A/B Test 的分流比例值或灰度测试比例值。

例如 A/B Test 场景，给 A 策略设置 Canary>50，而给 B 策略设置 Canary≤50，这样 A、B 策略上线后便可分别处理 50% 的随机请求，实现了 A/B Test。同样，对于要灰度观察的策略，假设想要灰度 1% 的流量，就可以给该策略设置 Canary≤1 即可。

同时策略人员还可配置后处理标识，去统计线上 A/B Test 策略或灰度策略的命中情况来分析误杀、漏杀、对比效果等，从而进一步决定是否上线、上线哪个策略更优。

对于策略灰度需求，决策引擎还可以提供"策略实验室"功能。在创建策略时，将其标识为实验室策略，并配置后处理标识。决策引擎在命中实验室策略后，将其转发给后处理模块，由后处理模块来记录实验室策略的命中详情，以供策略人员分析、观察。这也是一种策略上线前验证的思路。并且，策略实验室完全与线上策略无关，与灰度方案对比，策略实验室对线上请求的影响为 0，对线上服务的稳定性更友好。

（5）决策结果误杀预测

在风控系统中，误杀是很常见的。一般的原因是策略不合理，阈值不合理，后端模型效果需要优化等。此类案例只需对应的模块去进行常规的优化即可解决。但有很难优化的一类误杀案例。策略管理员会对线上大量误杀案例进行总结，发现有这样一类误杀现象：如果一条策略在一段时间内的命中量很少，那么在偶尔命中时是误杀案例的概率很高（并非所有的策略都是如此，具体策略具体分析），而在命中量较多时准确率又很高，并且优化空间极其有限。这种现象下带来的误杀量很少，但用户的体验却很差，因此需要想办法减少这类误杀。

根据总结的现象和经验，可以实现一种"误杀预测"机制：当命中一条策略时，若一定时间内该条策略命中量很小，则可认为本次命中是误杀；当决策引擎判定当前命中的策略是误杀时，决策引擎可以直接更改处置结果，放行本次请求。

实现该功能的思路可参考"结果后处理"功能。首先，需要策略人员标识某条策略是否需要进行"误杀预测"，并设置判定误杀的机制。如某条策略的误杀机制为：若 12h 内累积命中量小于 5，则命中时可判定为误杀，需要放行本次请求。然后决策引擎可实时累加统计指定时间窗口期内（如 12h）该策略的命中量，在线上命中该策略时，进行误杀判断处理。

经过实践，该机制可大大减少上述的线上误杀案例。当然，必须结合业务实际、策略实际来设置是否为"误杀预测"策略，并严格设置合理的"误杀触发机制"，否则反而容易造成漏杀。误杀判断策略及误杀预测机制的设置离不开对线上大量误杀案例的分析、总结，以及后续的严格验证、参数调整，因为触发后会直接放行请求，因此需要谨慎对待。

（6）"误杀预测"算法优化

由于线上实时 QPS 通常是很高的（成规模的风控系统一般很容易达到上万 QPS），若决策引擎只是简单地累加需要判定误杀的策略在指定时间窗口期内命中量，那么对 CPU 的消耗是很恐怖的，甚至内存也会成为瓶颈。

这里提供一种简单的优化思路供参考：将大的时间窗口期等分为多个时间槽，每个时间槽的边界为起止时间戳。当有新命中需要累加时，将其累加到当前最新时间槽即可。当需要整个窗口期的命中量时，累加各时间槽的和即可。这样每条命中累加仅需和当前时间槽累加，且无须记录每条命中请求的时间戳，可大大节省内存，减少计算量。误杀预测简化示意图如图 4-21 所示。

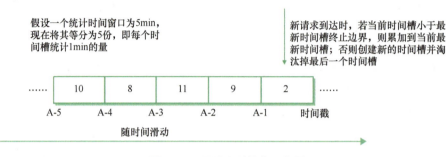

● 图 4-21　误杀预测简化示意图

（7）异常熔断机制

决策引擎是风控系统中最核心、最重要的服务之一，必须保证决策引擎的高可用性，必要时要及时熔断，防止引发更大的风险。

常见的熔断方法为拒绝新请求或只允许部分新请求进入。一般的熔断触发机制是基于 CPU 负载或实时 QPS 的。为防止出现"误熔断"，可结合 CPU 负载+当前 QPS 来设计熔断机制。当熔断机制触发时，直接拒绝新请求，直至不满足熔断条件。当然，被拒绝的新请求要尽可能地临时保存在消息队列中，待负载恢复正常后重新消费处理。

熔断的实现很容易，重点是如何设计熔断机制以及合理的熔断触发条件。熔断条件需要在线下模拟线上环境，然后不断调整请求的 QPS，分析统计 CPU 负载、请求处理耗时、超时比例等指标，得到最终设置熔断所需的 CPU 值和 QPS 值，并设置熔断机制。

若 CPU 负载>$x\%$ 或者 QPS>y，则触发熔断。

若 CPU 负载>$m\%$ 且 QPS>n，则触发熔断。

其中 $x\%$、$m\%$、y、n 等参数为实际系统测试得到的熔断阈值。

熔断机制是非常重要的，通俗讲就是"弃车保帅"策略。发生熔断是一种极端情况，发生时可以通过消息队列记录未处理的请求。同时，在熔断触发后及时人工介入，通过限流、扩容资源等来尽快解除熔断，恢复正常状态，以保证决策引擎的高可用性，异常熔断流程图如图 4-22 所示。

4. 决策引擎未来展望

目前决策引擎实现方案有多种，开源的有 Drools、Urule、Groovy 等，商业版的如 ILog，以及各公司自研的决策引擎。但无论哪一种，其本质依然是基于规则的专家系统。在这里，

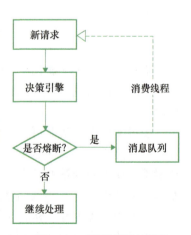

● 图 4-22　异常熔断流程图

机器的作用仅限于代替人工去执行规则的操作，而非真正的代替人工去做决策。基于规则的专家系统存在以下缺点。

1）灵活性较差：出现新的场景需要开发设计新的规则。

2）有一定的滞后性：必须在新场景出现后，才可基于新场景特征去设计新的规则。

3）维护成本相对较高：根据新场景、新的发展要求需要不断迭代、优化，无法自我更新优化。

近年来，大数据与人工智能技术突飞猛进，对海量数据进行实时挖掘、分析、处理已成为可能。在决策引擎上，是否也可以引入大数据、人工智能技术？答案是肯定的。原先需要策略专家通过分析数据、建模来设计规则的工作，完全可以由大数据技术替代，原先需要不断试验阈值、调整参数的工作，也可以交给人工智能来实现。如果决策引擎通过大数据、人工智能可实现自动生成规则、自动决策，便可摆脱人工的解决，实现自我优化升级。相信有一天，决策引擎可由当前的"机器代替人工操作"发展为"机器代替人工决策"。

本小节主要讲述了决策引擎的定义、功能，规则的定义，决策引擎的执行流程，决策引擎的核心功能和解决方案，以及决策引擎的其他重要功能、实现方法。决策引擎是风控系统的核心组件，需要重点保证其高性能、高可用性和稳定性。

4.4.2 实时统计引擎

1. 统计引擎的职责与功能

统计引擎是在线架构中的基础引擎（Basic Engine），由上层的调度引擎调用，实时统计与系统中其他引擎的交互，如图 4-23 所示。基础引擎的主要职责是系统变量（也叫特征）的生成，统计引擎处理的结果就是变量的一个具体分类——统计变量。统计变量同其他变量一样，都是策略管理员在策略管理平台上设计、配置的。然后由统计引擎读取配置，根据行为事件的请求内容来匹配统计变量，并进行统计变量的计算。统计变量的计算逻辑需要依赖历史行为事件信息，所以该引擎还需要一个对应的存储组件。这里一般推荐使用 Redis，具

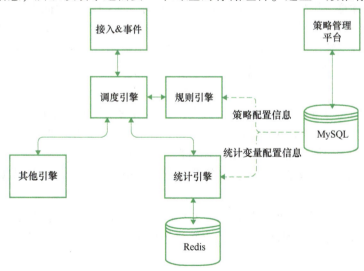

• 图 4-23　统计引擎与其他系统角色的交互

体选择依据、相关的性能、成本等优化内容，将在后续章节详细介绍。

2. 引擎的使用场景与使用方式

如上述，统计引擎负责风控系统中统计变量相关的计算、生成。一般的风险行为都具有一定的频度特征和聚集特征，这些频度特征和聚集特征可能因为行为不同，而分布在不同的实体上。可以通过下面一些具体的例子来了解统计引擎的功能。

以下是一些常见的频度特征。

1）同 IP 下五分钟内注册事件的请求数。
2）同账号下一天成功下单的请求数。
3）同 WiFi、同注册日期同账号下近一天抢券请求数。

以下是一些常见的聚集特征。

1）同 IP 下五分钟内关联的账号数。
2）同 IPC、同设备下一小时内关联的账号数。
3）同 IPC、同激活日期设备、同注册日志账号下一天内关联的账号数。

统计引擎提供一个实时的、基于滑动窗口的通用功能，让策略按照需求配置统计维度、统计数据、统计方法、统计窗口，以获取自己预期的统计特征。这里的统计特征就是风控体系中提到的变量，更具体一些就是统计变量。一个统计变量的组成部分主要是刚提到的统计维度、统计数据、统计方法、统计窗口，同时还包含过滤条件、统计阶段等。这些组成部分后续章节有更详细的说明。此处用一个具体的例子来详细说明一个统计特征的组成部分，如同 IPC、同设备下一小时内关联的账号数，具体组成部分如下。

1）统计维度：IPC、设备标识。
2）统计数据：账号。
3）统计方法：去重统计。
4）统计窗口：一小时。

3. 统计变量

统计变量在规则引擎中也被称作事实（fact）。统计变量可以用系统内任意其他变量作为数据源来进行计算，产生一个新的统计特征，同时产生的统计特征也可以用于做衍生计算、写入画像引擎等，然后再被用于统计引擎计算。由此可以看出，通过统计变量的设计与实现，统计引擎在系统中不仅承担着简单的频度计算、聚集计算等基础功能，同时也是整个系统自我完善、自我沉淀的重要环节。

（1）统计方法

统计方法指的是对统计数据的具体计算方法，常用的统计方法包括 sum（求和）、count（计数）、distinct（去重）、hyperDistinct（基数）、simhash（汉明距离）等。不同的统计方法，不仅存在需求、使用场景上的区别，还有性能方面的差异。

sum 方法对统计数据做累加处理，计算逻辑就是简单地将当前的统计数据与历史统计数据再做一次加法计算。

count 方法对统计数据做计数处理，该方法不关注统计数据的具体数据类型和取值，而是每当有一次行为事件触发到该变量时，直接将历史统计数据加 1。一般使用在需要统计次数的场景。

distinct 方法对统计数据做去重计数处理，该方法是记录所有统计窗口内出现的去重后的统计数据，然后在当前行为事件请求时，计算当前统计数据与历史统计数据的去重计数。该统计方法一般用于计算某统计数据的出现次数等场景。同时，因为该统计方法需要将历史的所有统计数据去重保存，所以对存储空间的需要较大，并且去重计算发生在每次行为事件请求同步处理阶段，对系统的计算资源、处理耗时都有一定影响，特别是对于系统中统计值较大的场景。统计值较大可能是统计窗口大，也可能短时间内的统计数据多，此时该统计方法还会成为系统存储和性能的瓶颈。

hyperDistinct 方法主要适用于去重统计，同时统计值又预期较大、不需要精确统计的场景。该方法是使用 hyperloglog 的统计原理对统计数据做去重计算，能保证对存储空间的占用不会随统计值的增大而增长。

（2）统计窗口

统计窗口是对统计数据时间范围的一个限定，所有的统计数据都仅在窗口内有效。同时统计窗口还与统计引擎的一个重要特性相关：基于滑动窗口的统计（除特殊说明外，对统计窗口的说明均以 count 统计方式为例）。

如果是统计 1 天内的请求量，那么常规的窗口统计逻辑是以天为标识，分别计算每天的请求量。为了实现这个功能，需要存储如下的示例数据。

```
{
    "2022-01-01":3
}
```

当天内的所有请求都直接累加日期后的计数就能完成需求，同时这种存储逻辑会在第二天开始计数时重置为 0。但是更真实的需求是要实现一个基于滑动窗口的统计，每次请求时计算近 1 天（24h）的数据。如果再使用上述逻辑，计数会因为自然日的切换而出错。此时就需要将自然日时间切换为滑动窗口的时间，使每次请求查询到的统计值都是近 24h 的计算结果。统计引擎首先根据统计窗口的大小将其划分为多个不同的时间槽，每个时间槽中存储其对应时间范围内的计数。当时间更新时，按照当前请求时间与最新一个时间槽所负责的时间范围做比较，如果当前时间超出了上一个时间槽的范围，那就新建一个时间槽，来存储当前时间范围的计数。随着时间不断更新，存储内容中会有一些最早创建的时间槽已经超出了统计窗口的范围，这个时候需要统计引擎在每次创建新时间槽的同时去主动移除一些过期时间槽数据。以此来保证统计时间范围符合要求，并且不会因为随着时间推移占用大量的存储。

对于时间槽的划分，可以根据具体的业务需求准确度来设置，现在以一天的统计窗口划分为 24 个时间槽作为示例。每个时间槽负责近一个小时的数据统计，所以需要调整数据存储格式为如下形式。

```
[
    {"ts":1655802000000,"value":5},
    {"ts":1655805600000,"value":2},
    {"ts":1655809200000,"value":3}
]
```

设计时使用数组的结构来保存每个时间槽对象，数组中的顺序表示时间槽的创建顺序，每个时间槽对象包括"时间"和"计数值"属性。示例数据第三个时间槽的时间戳

"1655809200000"对应的时间为"2022-06-21 19:00:00"。下面再看三个具体请求。

1）当"2022-06-21 19:25"发生第一条请求后，存储的数据将更新为：

```
[
    {"ts":1655802000000,"value":5},
    {"ts":1655805600000,"value":2},
    {"ts":1655809200000,"value":4}
]
```

2）当"2022-06-21 22:30"发生第二条请求后，存储的数据将更新为：

```
[
    {"ts":1655802000000,"value":5},
    {"ts":1655805600000,"value":2},
    {"ts":1655809200000,"value":4},
    {"ts":1655820000000,"value":1}
]
```

3）当"2022-06-21 17:20"发生第三条请求后，存储的数据将更新为：

```
[
    {"ts":1655805600000,"value":2},
    {"ts":1655809200000,"value":4},
    {"ts":1655820000000,"value":1},
    {"ts":1655888400000,"value":1}
]
```

（3）时间槽的相关预设示例

对于实际场景中，各种统计窗口到时间槽的计算方式，统计引擎预定义一些切分逻辑，具体如下。

1）0s~10s 的统计窗口，按 1s 为单位分时间槽。
2）10s~1min 的统计窗口，按 2s 为单位分时间槽。
3）1min~30min 的统计窗口，按 1min 为单位分时间槽。
4）6h~24h 的统计窗口，按 1h 为单位分时间槽。
5）其他时间窗口，统一按时间窗口的 1/30 分时间槽。

同时，如之前对统计变量使用场景的简介，统计变量还会被衍生变量的计算所依赖，用于拿到行为事件中的一些占比数据，例如衍生变量"同一个 IPC 下近 24h 关联风险手机号的占比"，该变量需要用到"同一个 IPC 下近 24h 关联风险手机号数"和"同一个 IPC 下近 24h 关联手机号数"两个统计变量。如果对时间槽的切分设计不合理，可能会导致一些比值出现异常的问题。示例问题如下。

当业务中，把两个统计变量分别作为分子和分母时，如果分子和分母的时间槽淘汰边界有差别，可能会造成分母小于分子的情况。

情况一：统计引擎时间窗口边界不对齐，如图 4-24 所示。

影响：时间槽边界不一致，导致时间槽淘汰有先后顺序，从而可能造成分母或者分子值骤减，甚至出现分母小于分子的情况。

情况二：超过阈值，新值不计数（为保证计算性能和存储成本，需要对 distinct 方法的计数设定上限，当计数达到上限后，不再继续增长），如图 4-25 所示。

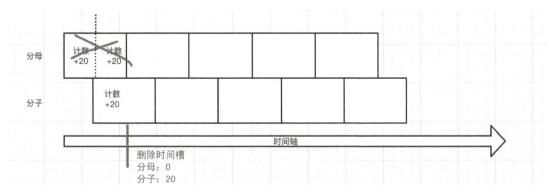

● 图 4-24　统计引擎时间窗口边界不对齐

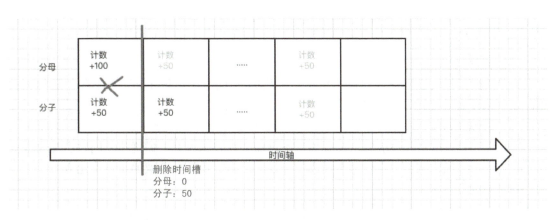

● 图 4-25　统计引擎时间窗口统计阈值设计
注：灰色代表超过阈值，实际请求内容没有被计数

当阈值策略为"当统计计数达到阈值时，新请求将不再进行计数，直到旧的统计值被淘汰，从而使统计值低于阈值后，再进行新的计数"时，对应的问题是：新的请求可能在分子中计数，但是没有在分母中计数，导致时间槽淘汰时，分母出现骤减，甚至出现分母小于分子的情况。

针对这种时间槽切分设计不合理可能导致的问题，可以制订如下解决方案。

针对情况一：采用固定时间槽边界的方式，使时间槽对齐，按照时间戳 0 为起点，时间槽宽度为作为刻度。

针对情况二：改变更新阈值后的统计策略，当新请求来的时候，如果是新增 distinct，则从旧时间槽中删除一个元素，然后把此元素添加到新的时间槽中。

涉及如下变动。

当窗口统计元素数已经达到阈值时，加入新的不重复元素之前，先从最旧的时间槽中删除一个元素。

（4）统计维度

统计维度决定了对统计数据的计算是以哪些特征做分组的，可以类比 SQL 中的一些

group by 操作，具体要做统计维度的内容就是预期要 group by 的变量。

统计维度的实际值同时对应存储组件中某条数据的 key。下面数据是统计变量 ios_smid_distinct_per_ip_1d（近一天同 IP 下操作系统为 iOS 的设备 ID 数）的一个示例，当前行为事件的请求参数中，IP 字段取值为"61.xx.xxx.xxx"，设备标识字段取值为"2022051xxxxxxxxxxxxxxxxx"。示例存储数据"count:183be74c4ada4703e083a94b21f1cd18"中 count 标识后的 32 位字符串就是对统计维度具体取值的 MD5 结果。因为不同统计变量的统计维度可能相同，所以还需要在存储中将该统计维度的数据按统计变量标识进行区分，也就是下面示例中的"ios_smid_distinct_per_ip_1d"标识。

```
{
    "count:183be74c4ada4703e083a94b21f1cd18": {
        "ios_smid_distinct_per_ip_1d": [
            {" 2022051xxxxxxxxxxxxxxxxx": 0," ts": 1655910000}
        ]
    }
}
```

（5）统计数据

统计数据是指要进行统计的目标数据。该数据的可选值类型与统计方法有一定的相关性，如"账号去重统计"中的统计数据就是"账号"字段。

（6）过滤条件

实时统计是对成本和性能的一个挑战，不仅需要在技术方案上做优化，同时也需要在业务上配合做一些优化调整。在行为事件风控场景下，有一些简单有效的统计优化方法。

filter 的配置示例如下。

```
[
    [
        {
            "path": {"value":"100"},
            "params": [ "request.body.amount" ],
            "func": "gt"
        }
    ]
]
```

通过配置示例可以看到：filter 为 json-array 类型，每个元素都是一个 json-array 类型，统计引擎把每层中的每一个单独的元素称为一个过滤集。

第一层（外层）——父过滤集：每个父过滤集之间为串行过滤关系，即只有上一个父过滤集条件被满足了，才会进行下一个，直到所有父过滤集条件被满足。否则，本次数据不会应用此统计变量。

第二层（内层）——子过滤集：每个子过滤集之间为并列关系，按配置的顺序进行匹配，只要有一个子过滤集条件被满足，则代表本次数据满足所对应的父过滤集。

由此可以知道，父过滤集可以包含 N 个子过滤集；要想应用此统计变量，必须满足所有父过滤集；满足父过滤集下的任意一个子过滤集，即可满足父过滤集。

对应的配置项说明，如表 4-1 所示。

表 4-1 配置项说明

配置参数	说　　明
func	可选过滤方法：[in eq exist gt ge lt le noin noeq noexist nogt noge nolt nole]
path	代表需要操作的数据路径，此路径是数据传入统计引擎时的 json 路径，如 {"data": {"ip": "127.0.0.1"}}，则取 IP 的路径为 ["data", "ip"]
params	代表需要对比的数据（或者数据路径），对比数据可以为策略管理员指定的常量值，也可以为行为事件请求中的变量

4. 引擎的实现

统计引擎由 C++语言开发实现，为服务的高效、稳定运行提供了基础保障。在引擎实现的具体功能方面使用了大量开源的、成熟的公共库代码，如 FBTHRIFT、PROTOBUF、JEMALLOC、BOOST、FOLLY、GLOG、GTEST、WANGLE、TBB、FOLLY 等。

5. 性能与成本

（1）统计引擎的耗时

在很多场景中，用户的行为事件都必须在同步阶段获取风控结果后，才能进行下一步操作，所以在线架构中每个服务的耗时都需要精益求精、追求极致。无论是对系统总体耗时的评估，还是对统计引擎单模块耗时的评估，都需要一个明确的计算逻辑，以确保系统中没有冗余计算、冗余操作额外占用处理的耗时。下面是统计引擎平均耗时的计算公式。

统计引擎平均耗时=上层调用链路耗时+ 统计引擎内部处理耗时

统计引擎内部处理耗时=变量总数/并发总数×Redis 单次 I/O 操作耗时

上层调用链路耗时就是调度引擎对统计引擎调用的链路耗时，在当前的语义下包括请求发送链路时间、请求接收链路时间以及统计引擎的接收时间。统计引擎的内部处理耗时则是从请求数据接收完成之后开始，至请求处理完成并进行返回为止。统计引擎内部的处理逻辑如图 4-26 所示。

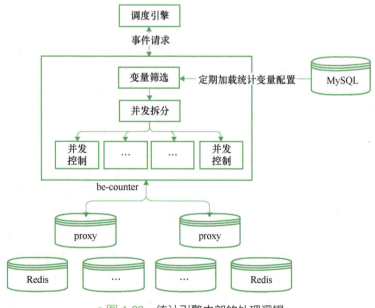

● 图 4-26 统计引擎内部的处理逻辑

其中"变量筛选"和"并发拆分"两个处理逻辑因为操作复杂度低，耗时占用基本可以忽略。所以统计引擎内部处理耗时占用主要是对下层 Redis 数据的查询操作。统计引擎按照配置的 Redis 代理/分片的数量来决定每个请求的并发数量，即每个 Redis 代理/分片对应一个并发。然后将筛选后的变量按照根据统计维度计算出来的 Redis Key，哈希分配到对应的并发线程。计算公式中提到的并发总数也就是统计引擎所使用的 Redis 代理/分片总数，这样的话每个并发线程仅查询"变量总数/并发总数"个变量。然后每个并发线程中再使用 Redis Pipeline 的特性进行数据查询操作，降低查询过程中的网络 I/O 次数，这样 Redis 查询的耗时可以完全按照单次内存操作的时间来计算。

此外，在查询 Redis 存储内容并完成数据计算之后，需要将本次请求中的新增值放到统计变量对应的时间槽中。因为这次数据回写不再影响请求处理结果，所以这次回写操作可以异步执行，以降低请求处理耗时。

（2）存储的性能与存储成本

基于统计引擎对数据存储的需求，需要在引擎内部抽象一个存储管理组件。该组件可以根据需求灵活地选择存储组件的类型，也就是说可以根据需求在 MySQL、Redis 等一些类似组件中选择。当系统请求 QPS 较低、对系统耗时无明确低延时要求时，可以优先选择 MySQL 等低成本等存储组件；当系统整体 QPS 较高、对系统整体耗时要求较低时，优先选 Redis 等读写高性能存储组件。

当然，无论选择哪种存储组件，都需要考虑性能和存储两个因素。

在 Redis 方面，统计引擎使用 hash 结构来存储数据，存储逻辑与 MySQL 相同。由于 Redis 本身提供数据 TTL 功能，所以在 Redis 的数据存储中不再需要保存 TTL 信息。

对于过期数据，Redis 提供了惰性删除和定期删除两种策略（由于立即删除策略对组件性能有一定影响，所以在线架构中不考虑使用），其中定期删除策略在数据量大、读写 QPS 较高的场景下无法及时地将大量已过期数据完成清理。对于统计引擎的使用场景，可能大部分数据的 TTL 会集中在较小的统计窗口内，如 1h、3h 等。如果不能及时地进行大量过期数据的清理工作，实际存储中可能有较多一部分存储空间属于冗余状态。

由于 Redis 本身是惰性淘汰机制，仅当过期数据被读、写、扫描等操作使用时，才会触发数据的清理，或者当 Redis 内存占用满时（此时 Redis 本身提供的读写操作系统性能会大幅降低，严重影响操作耗时）才会执行预设定的淘汰策略。所以需要在控制 QPS 的情况下，对 Redis 定时执行全量扫描，触发过期数据的删除操作，释放部分冗余空间。

对于数据存储大小方面，可以根据实际的业务场景，尝试调整 Redis 的部分参数来降低存储空间占用，如：

1）hash-max-ziplist-entries：使用压缩列表保存时，哈希集合中的最大元素个数。

2）hash-max-ziplist-value：使用压缩列表保存时，哈希集合中单个元素的最大长度。

在对 Redis 的使用过程中，内存碎片率也是统计引擎需要关注的一个指标。在统计引擎当前的设计中，它尽量保证各统计方法 key-value 的大小执行性，避免存储中存在无限种变长数据。同时，也通过定时扫描、定期删除等策略，来避免 Redis 内存使用溢出而触发的被动清理逻辑。现在统计引擎对 Redis 的正常使用中，内存碎片率一般在 1.1%~1.4%之间，属于一个合理范围。如果碎片率出现较大波动，则需要尽快分析原因，避免存储成本浪费，同时也避免其他耗时等稳定性问题。

4.4.3 模型引擎

1. 模型引擎概述

模型是指机器学习模型，常见的如 XGBoost 模型、SVM 模型、BERT 模型等。在风控系统中，会广泛地应用各种各样的机器学习模型，一般会有专门的模型团队去设计、训练各类专用或通用的模型，如涉政识别模型、色情识别模型、欺诈识别模型等。训练完成的模型是无法直接在生产环境使用的，需要有程序去实现加载模型、运行模型、封装对外的输入输出接口后，才可真正地对外提供服务，这个程序就是模型引擎。

如上所述，本小节所说的模型引擎，并不是指用于训练模型的引擎，而是对已训练好的模型进行封装以使其可应用于生产环境的引擎，模型引擎并不关心相关模型本身的具体实现与内部细节。模型引擎包含以下主要功能。

1）加载模型。

2）调用模型。

3）封装对外的接口，方便外部使用。

4）归一化输入输出字段，使输入字段整合为能被模型处理的数据，使输出字段可被决策引擎或其他模块方便使用。

2. 模型引擎架构

模型训练有多种框架、多种方式，对应的模型引擎实现加载、调用方式也不同。但模型的种类相对来说是固定的，因此可以设计一套通用的模型引擎框架，兼容对各类模型的加载、调用。这样，一方面可以提高开发效率，避免重复开发；另一方面使用成熟的框架，线上稳定性更好。

通用的模型引擎框架包含三个功能，模型引擎架构图如图 4-27 所示。

1）需要实现对外的 API，且 API 名称、入参、返参需要标准化。

2）需要实现对各类模型的加载。

3）需要实现对各类模型的调用。

（1）对外 API 层

提供对外统一的接口，并且接口的输入输出格式是标准、统一的。以广泛使用的 RPC thrift 协议为例，模型引擎是 thrift-server 端，上游调用模型引擎的调度中心则是 thrift-client 端。模型引擎定义一个服务接口，函数名为 Predict，定义 Predict 函数的入参为结构体 PredictRequest，Predict 函数的返回为结构体 PredictResult，代码如下。

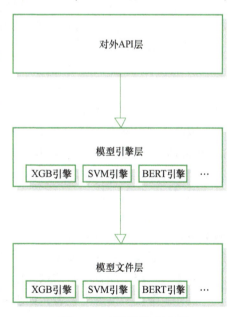

● 图 4-27　模型引擎架构图

```
Struct PredictRequest {
    1: optional string requestId;           // 唯一标识本次请求
```

```
    2: optional string serviceId;         // 唯一标识一个服务
    3: optional string type;              // 请求所属领域类型
    4: optional string organization;      // 唯一标识一个组织
    5: optional string appId;             // 唯一标识一个业务
    6: optional string eventId;           // 标识一个事件
    7: optional string tokenId;           // 唯一标识一个用户
    8: optional i64 timestamp;            // 客户端时间槽
    9: optional string data;              // 请求数据内容,JSON 字符串
}
struct PredictResult {
    1) optional i32 score;                // [0,1000],风险越大,分数越高
    2) optional string riskLevel;         // 风险级别
    3) optional string detail;            // 风险详情,JSON 字符串
}
```

thrift-server 端请求 thrift-client 端时,传递的参数必须按照上述指定的 PredictRequest 结构体格式来组装。同样,thrift-client 端在返回结果到 thrift-server 端时,也必须将返回结果封装为 PredictResult 格式。

因此,模型引擎的对外 API 层在接收到请求时,要对请求参数格式做校验,并根据模型要求做一些特殊的归一化、特征提取等操作。在得到模型结果后、返回 thrift-server 端之前,要按照协议中的 PredictRequest 格式生成返回结果。这样就实现了对外的标准 API,thrift-client 端和 thrift-server 端只需按照协议约定传参即可,而无须关注模型细节。

(2)模型引擎层

模型引擎层是真正对模型进行封装的模块,该模块需要实现对模型的加载与调用。模型引擎制定了两组标准的规范:调用模型接口的规范和加载模型文件的规范。

1)调用模型接口

调用模型的接口可以定义为 InvokeModel 函数,然后在各类模型引擎中均实现 InvokeModel 函数。API 层当要调用一个模型时,请求对应引擎的 InvokeModel 函数即可。当模型文件很多时,让 API 层依次去判断并调用对应模型引擎的 InvokeModel 函数也是很烦琐的。因此模型引擎实现了一个基础的模型引擎 BasicModel,然后 API 层调用 BasicModel 的 InvokeModel 函数,并将需要调用的模型列表传入即可,由 BasicModel 的 InvokeModel 函数去实现判断每个模型应该调用哪个引擎。

2)加载模型文件

模型文件的数量通常很多,而且每个模型文件属于不同的模型类型,需要使用指定的模型引擎来加载。所以首先需要判断待加载的模型文件隶属于哪个模型引擎,然后去创建具体的模型引擎对象,实现对该模型文件的加载。下面介绍两种实现的方法。

方法一:统一配置模型信息,模型引擎读取统一的配置来加载。

设计一个模型信息配置表,如表 4-2 所示。

表 4-2 模型信息配置表

字 段 名	字段类型	字 段 描 述
Id	Int	主键 id
modelName	String	模型名称

（续）

字 段 名	字 段 类 型	字 段 描 述
modelType	String	模型类型，如 XGB、SVM 等
modelDescription	String	模型的描述信息，如功能描述
targetField	String	该模型识别的字段，如 text、image 等
threshold	Int	模型得分阈值，若大于该阈值则认为存在风险，否则为正常
version	String	版本信息
serviceId	String	可应用的产品，如文本产品、图片产品、音频产品等

具体的加载逻辑为：在引擎层开始一个线程，读取模型信息配置表，根据表中的信息去创建具体的引擎对象，然后将该模型加载到服务中。同时监听模型信息配置表是否有变更，当有更新时，则重新加载发生变更的模型文件。

方法二：将模型信息打包到模型文件包中，模型引擎解析模型包来确定模型信息。

每个模型文件包内包含两个文件：模型文件和模型信息文件。然后将所有的模型文件包放到统一的目录下，模型引擎层的 BasicModel 去遍历模型文件目录，解析每一个模型包，确定模型信息后去创建指定的引擎对象，以实现对模型文件的加载。

模型目录的格式如下。

```
Models/
|----porn
|---- |----porn_1.0.0
|---- |----config
|----abuse
|---- |----abuse_1.0.2
|---- |----config
|----politics
|---- |----politics
|---- |----config
```

上述 Models 目录下有三个模型包：porn、abuse、politics，每个模型包下有两个文件，其中一个是模型文件本身，另一个是模型信息文件，即 config 文件。在 config 文件中可以记录方法一配置表中的各种信息，在 BasicModel 的加载函数中去解析每个模型包下的 config 文件来获取模型信息，再去创建对应的引擎对象，以实现对模型的加载。解析模型包之后的步骤与方法一完全一致。

方法一与方法二仅是如何配置的区别，各有优缺点，详见表 4-3 所示的配置方法对比表。

表 4-3 配置方法对比表

配置方法	优 点	缺 点
数据表统一配置	调整模型信息方便，无须更新整个模型包 可通过 Web 实现页面可视化配置，对操作人员友好	新增模型需要在表中新增配置

（续）

配置方法	优　点	缺　点
模型包集成配置	与模型文件绑定，维护方便 新增模型按照规范打包即可，无须依赖其他配置	修改模型信息需要重新上线模型包

　　如果是风控体系建设初期，模型的新增、迭代较为频繁，建议选择模型包集成配置的方式。这样架构开发完成上线后，后续的模型新增、迭代只需模型人员按照规范打包上传即可。

　　如果是风控体系建设已较为完善，此时一般很少会新增模型，更多的是对模型信息的修改，如修改阈值、修改识别字段、修改适用的产品等，建议选择数据表统一配置的方式，并开发一个配置管理页面，模型人员通过配置管理页面去做修改。

　　（3）模型文件层

　　模型文件层没有代码逻辑，仅用于存放具体需要加载、运行的模型文件。假设使用的配置方式为将模型信息打包到模型包，那么需要架构部门和模型部门制订好模型包的打包规范、上线规范等，并且遵循如下规范。

　　1）将需要上线的模型包统一推送到指定的 Models 目录下。

　　2）模型包以模型的名称来命名。

　　3）模型包至少包含两个文件，模型文件和模型信息配置文件。

　　4）模型信息配置文件格式为 json 格式，其中必须包含模型名称、模型类型等必需字段。

　　5）训练好需要上线的各类模型文件。

　　6）模型类型必须是指定的现已支持的类型，若有新的模型类型要上线，需要架构支持后再打包上线。

　　此规范主要是由模型人员遵守，架构根据约定的规范去读取固定的 Models 目录下的各个模型包，然后通过解析模型包中的配置文件获取模型信息，再根据模型类型去创建对应的模型引擎对象，最后实现模型文件的加载。

3. 模型引擎的其他重要功能

　　（1）模型文件更新热加载

　　模型引擎框架开发完成后，除有新的模型需要支持外，很少进行变更迭代，而模型文件的优化迭代则很频繁。模型引擎的实现分为三层：对外 API 层、模型引擎层和模型文件层，已经在框架上分离了模型引擎和模型文件。在模型文件需要迭代上线时，只需按照约定的规范打包好模型包，然后推送到指定的目录下即可。模型引擎会监听模型目录的变更，并实时去重新加载产生变更的模型包。

　　模型部门更新迭代模型时，架构部门是无感的，二者实现了独立，可大大简化上线流程，提升模型的迭代效率。

　　（2）模型的灰度测试

　　训练完成一个新的模型或对已有模型进行更新后，其效果如何？是否有优化？是否会带来误杀、漏杀？性能是否存在问题？……这些问题在线下环境很难完美地去验证，但如果贸然上线又容易引发线上事故。所以，模型人员为防止上线后出现大的问题，也期望能有灰度机制，通过观察灰度效果再决定下一步的操作。

（3）如何实现模型的灰度

常规的灰度方式是在集群部署的多台服务器上，选择其中一台或若干台服务器上线新版本模型。然后观察、统计灰度机器与非灰度机器在各方面指标上的差别。但这种灰度方式有以下几个缺点。

1）若集群较小，如仅有 5 台服务器，那么灰度一台也意味着要有 20%的流量调度到新版本模型上。机器数越少则灰度的流量越大，甚至如果仅有 1 台服务器则无法做到灰度。而这种大流量的灰度违背了灰度测试想小流量 diff、尽量减少对线上产生影响的初衷。

2）即使集群部署服务器数量较多（大于 100 台），灰度一台服务器虽然避免了灰度流量过大的问题，但如果新版本模型存在性能问题，导致调度到该服务器的请求大面积超时，会拉低整体风控系统的准确性，对业务产生较大的影响。

综上，模型的灰度测试需要有一种更合理的灰度方案，既可实现小流量的灰度，又不会导致单机异常的情况。

参考前文"决策引擎 A/B Test 及灰度"的灰度方法，也可以应用到模型的灰度上。

在模型包的配置文件中，可以增加一个 Canary 值，表示该模型要灰度的流量比例。模型人员可以配置新模型的灰度比例并推送到集群的所有服务器上，同时旧模型也保留在线上。然后在"决策引擎-参数预处理"模块中配置生成一个介于 1~100 的随机整数（也可复用策略灰度的特征值）。每条新请求携带该随机值到达模型引擎，模型引擎根据随机值与模型包中配置的灰度比例来决定本次请求是否通过该模型。

通过这种指定 Canary 的方式，可以达到新模型灰度需要少量流量的目的，并且灰度流量的大小完全可控。同时，由于每台服务器仅有指定的灰度流量到达新模型，即使新模型存在性能问题、效果问题，也不会导致风控系统出现明显的问题。而且，模型人员可以根据已灰度流量和线上流量的差异做分析，根据结果逐步扩大灰度比例，对模型人员来说是非常友好的灰度机制。

（4）单次请求可选择调用哪些模型

模型引擎下往往会挂载多个模型，每个模型一般负责一种风险类型的识别，如色情、广告等，有时一种风险类型会有多个模型共同实现。所以模型的数量一般会达到数十个，这也意味着一次请求要调用数十个模型。随着模型数量的增多、模型计算复杂度的增大，单次请求的耗时与消耗的服务器资源也会越来越多。

但实际上，从业务角度看大部分请求并不需要调用所有的模型，单次请求只需选择调用部分模型，原因如下。

1）从适用性考虑：不同场景需要识别的风险重点不同，如在影音场景，枪支炸药等暴力场景不需要识别风险；在教学尤其是政治课程教学中，不需要识别涉政风险。

2）从成本考虑：需要识别的风险类型越多，则需要的费用越多，在大部分场景只需对影响较严重的风险进行识别、审核即可。

3）从效果考虑：如无须识别某类风险的场景下，若依然调用了所有模型，并且恰巧命中了原本无须识别的模型，导致最终被识别为风险请求，导致误杀，影响用户体验。

4）从业务需求角度和架构稳定性角度考虑，均要求模型引擎不能直接调用所有的模型，而是根据业务实际选择调用需要的模型，防止随着模型数量增多而影响线上耗时，进而影响线上稳定性。

单次请求需要调用哪些模型是由业务层决定的，模型引擎无法识别一次请求要调用的模型列表。因此，模型引擎需与业务方合作，约定通过业务层传递参数的方式来让模型引擎判断需要调用哪些模型。业务方在请求后端时，传入需要调用的模型列表。模型引擎在接收到请求后，将需要调用的模型列表传给模型引擎层 BasicModel 的 InvokeModel 函数，便可实现只调用模型列表指定的模型。如业务方可传入参数 model_list=["behavior","hhwm"]，表示本条请求只需调用 behavior 和 hhwm 两个模型。

（5）请求处理过程漫游

在了解模型引擎的架构，以及模型引擎与上下游的交互规范后，下面可以模拟一下完整的请求流程，以便对模型引擎有更全面、深入的认识。

风和日丽的周五下午，下班回家的小明在某论坛上编辑留言："今天星期五，明天不上班，真开心"，然后单击"发表"按钮，短暂的延迟（100ms）后，页面显示"发表成功"。随后小明放下手机，打开电影，沉浸到精彩的电影情节中……而他发送的那条留言，却在互联网上经历了短暂但复杂的过程。首先，请求到达论坛所在的服务器接入层服务中，接入层服务判定是文本请求后，将请求转发给文本服务。文本服务接收到请求后，根据业务实际需要，设置需要调用的模型列表：model_list=["ad","porn","policies"]，再转发给决策引擎。决策引擎经过预处理，生成了模型灰度随机值 Canary 为 3，再转发给模型引擎。模型引擎接收到请求，将请求参数 model_list 传给 InvokeModel 函数，模型引擎层依次调用三个模型。在调用过程中，发现"ad"模型为灰度模型，且配置的灰度比例为 2%。此时由于传入的 Canary 为 3，其值大于 2，不符合灰度条件，因此直接跳过该模型。最后模型引擎将识别结果返回给决策引擎，决策引擎汇总所有模块的结果后开始执行规则，得到最终的决策结果：PASS。文本业务层接收到最终的决策结果，然后给 Web 端反馈：可正常发表。最后，回到用户视角，即用户单击发表，短暂延迟后看到的"发表成功"的提示信息。

4.4.4 画像引擎

1. 引擎的职责与功能

画像引擎是在线架构中的基础引擎，由上层的调度引擎调用。画像引擎的主要职责是从多个维度对用户（或者其他实体）进行描述、贴标签，从而推断这个用户有哪些特征，或者具有什么样的风险，画像就是这些维度数据。画像引擎与其他系统角色的交互如图 4-28 所示。

画像引擎对外提供了对画像数据的基本存储、读取的接口，目的是让使用者在不用关心底层存储的情况下，能够高效、便捷地存储/读取画像数据。

基于画像引擎能拓展什么？由于画像对外提供的 API 足够标准，系统以画像为基点，实现用来在集群间同步画像数据的服务，连接各集群的画像引擎，以构建一套庞大的画像生态体系。可以实现前一秒还在北京集群打黑的账号，后一秒就可以在上海集群进行拦截。画像数据集群间的交互如图 4-29 所示。

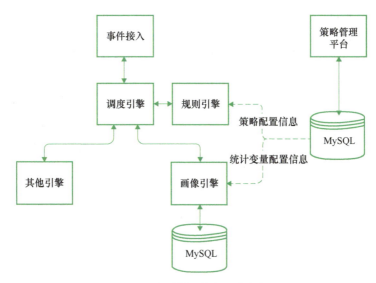

• 图 4-28　画像引擎与其他系统角色的交互

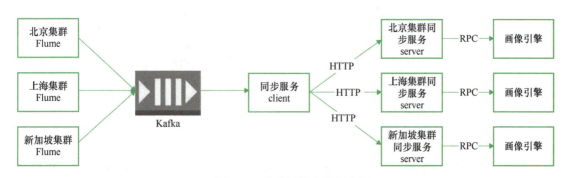

• 图 4-29　画像数据集群间交互

2. 引擎的使用场景与使用方式

　　风控引擎是对用户行为的一种识别，识别方式包括当前行为、历史行为两个角度。当前行为也就是本次客户调用的具体事件请求，由规则引擎进行处理。那请求处理过程中怎么获取用户的历史行为？答案就是将用户的每次行为都存储下来，供以后使用。

　　存储是画像服务的最基本功能之一，其有两个最基本的操作：数据写入和数据读取。这些操作都需要通过画像服务提供的接口来完成。

　　用户的当前行为由规则引擎进行处理，当规则引擎处理完毕之后，当前的数据流就可以通过相应的策略配置，计算此次请求中所有实体所需要写入的标签，即需要存储的画像数据。这部分根据相应的后处理配置，进行打标签的动作。上述流程是在规则引擎处理完毕之后，异步地来进行这项操作，由此被称为后处理（back-guard）。

　　在了解数据如何读取之前，这里先引入一个新的概念：存储变量。

　　当系统逐渐庞大之后，作为一个基础引擎，需要向上层提供面向各个业务的特征读写功能，此时需要一种方式来管理引擎所支持的特征。画像会使用 table+key 进行一致性哈希，通过哈希结果获取其对应的存储实例。通过高效的查询，将存储变量项对应的存储数据查询出来。对于查询出来的数据，匹配存储变量中的变量列名，匹配成功的放到最终结果中；没有匹配成功的，说明此数据没有与之相匹配的存储变量，不会进行返回。最终，还需要将没有查询到数据，但是配置了默认值的存储变量，将其赋予默认值并加入到最终结果中，这样就完成了一次画像查询。存储变量对应的存储数据内容如下。

```
{
    "test_token_id":{
        "token_sample_score":800,
        "token_sample_reasons":[
            "M0100"
        ]
    }
}
```

（1）画像接口说明

画像接口说明如下。

```
struct PredictRequest {
    1: optional string requestId;          // 唯一标识本次请求
    2: optional string serviceId;          // 唯一标识一个服务
    3: optional string type;               // 请求所属领域类型
    4: optional string organization;       // 唯一标识一个组织
    5: optional string appId;              // 唯一标识一个业务
    6: optional string tokenId;            // 唯一标识一个用户
    7: optional i64 timestamp;             // 客户端时间槽
    8: optional string data;               // 请求数据内容,JSON 字符串
    9: optional string eventId;            // 标识一个事件
}
```

画像对外提供 thrift 接口，需要由 thrift 客户端发起请求，如需通过 thrift 交互，可以参考完整的 IDL 自行生成。

（2）通过存储变量查询数据

画像服务会根据请求中的 eventId 来匹配相应的存储变量，从而获取相应画像数据。

存储变量匹配规则如下。

1) 匹配全局存储变量，即存储变量的 eventId/organization 都为 global（全局作用域）。

2) 匹配当前 eventId 下的全局存储变量，即存储变量的 eventId 为当前请求参数中的 eventId、organization 为固定值 global。

3) 匹配当前 eventId 和 organization 对应的存储变量，即存储变量的 eventId/organization 与当前请求所带的 eventId/organization 对应。

然后利用匹配到的存储变量，从 data 中获取关键数据，并根据关键数据生成查询条件，最终获取对应的画像数据，和画像数据所对应的 key 名字，即对应的存储变量中的变量标识。

3. 引擎的具体实现

因为是实时风控，所以系统对画像引擎的响应时间和并发量都有一定的要求。同时，画像作为整个系统中承担数据积累、跨行为事件传递特征功能的引擎，对存储数据量的要求也比较高。下面以一个常规数据量级举例。

响应时间：平均耗时小于 15ms。

并发量：支撑 100 万 QPS。

数据量：系统数据量 200TB。

在保证以上响应时间、并发量、数据量的基础上，同时需要关注成本问题。首先是对现有风控请求内容进行数据分析，因为系统功能的原因，所有的数据已经带有时间序列的特征。同时，发现请求中大部分数据都具有一定的时间窗口特征，系统内大于 80% 的请求数据都落在了相邻 6h 的时间窗口内。这类访问数据可以很好地使用缓存的方式来提高系统并发。

基于以上需求点，设计并实现了画像的三级存储：local cache（本地缓存）、remote cache（远端缓存）、storage。三级存储分别对应以下三种存储类型：内存缓存、Redis 缓存、MySQL 持久化存储。所有的数据读写都按照标准的存储访问路径来进行。

（1）local cache

local cache 是将系统内少数高频访问的相同数据，保存在程序内存的一种实现。各部署示例在程序内存中单独维护自己的缓存数据，在保证性能的基础上，同时要求该存储提供以下功能。

1）缓存大小可配置：local cache 使用程序内存来实现，不同服务器的可用内存可能有区别。如果不能配置缓存大小，则可能会因为数据量使用过大，导致服务器内存占用超出预期；或者因为预设值过小，导致内存占用少，缓存效果不达预期。

2）数据 TTL 可配置：基于 LRU 的淘汰机制，使用 hashmap 加双向链表的数据结构来实现 LRU 的内存缓存。

（2）remote cache

remote cache 是相对于服务器内存缓存的名称，使用 Redis 作为该层的存储组件。

（3）storage

在存储层，为了平衡成本和性能，一般使用容量大，但速度较慢、成本低的 MySQL 作为持久化存储，使用容量小、读写速度高的 Redis 作为数据缓存。

实际在使用 MySQL 持久化存储大量数据时，并不是用一个 MySQL 实例，而是使用多个 MySQL 实例组成一个集群。通过一致性哈希将要存储的数据分布到这组 MySQL 上进行存储。所有需要存储的数据都抽象成三元组（主键、属性、值），所有的 MySQL 实例中的数据表都是同构的，并在"主键"列上建立了索引。查找数据时要先通过一致性哈希找到这个数据的主键在哪个 MySQL 实例中，再去这个 MySQL 实例中根据索引查找。为了数据的可靠性，每个数据在 MySQL 中都会使用多副本存储的技术。

至此，完成了对数字风控平台的设计与实现的介绍，并且对其中的一些设计关键点做了详细的说明。技术是在不断迭代进步的，其中使用的组件、算法也许后续会有更好的替代实现方案。不过，数字风控平台整体架构、架构中应该包含哪些功能模块则是相对稳定的。

第 5 章 账号安全保护

账号是进入大多数互联网网站或移动 App 的凭证。所有应用、网站等都期望用户注册账号，对账号进行统一管理。形成账号体系后，可形成私域流量，对流量运营、用户增长有诸多益处，可进行商品推荐、内容推荐、账号管控等。注册一个新账号的形式多种多样，如账号名称与密码注册、邮箱地址与密码注册，目前普遍的方式有手机号验证码注册、手机号一键注册以及第三方账号注册。

账号安全保护是风控的基础，是风险的源头，也是业务风控安全的第一道防线。不管是营销反作弊、广告导流识别还是渠道流量反作弊等场景，都需要诸多账号资源。通常情况下，黑灰产需要批量注册大量账号，于是就衍生出机器脚本注册、积分墙注册、接码平台注册等手段，也有买卖账号、盗用账号等方式来控制他人账号作恶。

本章主要从账号安全风险的视角，分析常见的注册登录方式，优缺点对比以及各自适用的场景。核心落脚点是账号全生命周期的风险控制，如何识别不同类型的风险，构建布控体系，真实业务场景中针对不同风险类型的处置方案，以及风险监控体系的搭建。

5.1 账号注册与登录

5.1.1 注册登录方式

一般情况下，注册方式对应登录方式，所以下文无特殊情况，不单独区分注册和登录。

1. 用户名密码注册

用户名密码的注册方式是最传统的注册方式之一，目前仍用于各类新闻咨询类、论坛类网站或 App 的注册。其优点在于，不需要用户透露过多的隐私信息，但账号和密码难以记忆，且用户创建初始账号时容易发生用户名重复不可用的情形，须反复修改，注册流程体验较差，用户易流失。另外，用户名密码的注册方式容易被攻击，黑产通常使用机器或自动化工具生成大批量的用户名和密码，进行机器批量注册。

2. 邮箱密码注册

邮箱地址作为账号名称解决了账号创建和重复的问题。同时，邮箱作为一个可直接触达客户的联系方式，平台利用邮箱可以进行各类营销活动的推广、通知提醒的触达、账单的确认等。但国内除办公场景外，邮箱相对不太普及，部分群体不使用邮箱，只提供邮箱注册会将这部分群体拒之门外。而且邮箱属于非即时通信类工具，平台发出的营销和通知等信息被用户知悉具有一定的延迟性。

3. 邮箱链接/验证码注册

邮箱链接注册是指在注册时，平台服务器会向注册邮箱地址发送一个链接，用户需要在规定时间内完成单击确认，或输入邮件中特定的验证码通过校验。其优点在于，可以确认邮箱的有效性和合法性，减少垃圾注册。但要完成注册流程，需要用户登入相应的邮箱，这个过程体验较差，如用户邮箱不常用，已经忘记密码需要找回密码；邮箱长久不登录，需要较复杂的登录验证过程等。

4. 手机号验证码注册

手机号验证码注册是目前最流行、最普遍的注册方式之一。手机号几乎人人必备，身份标识唯一性好。利用手机号，平台可以轻松地与用户建立各种联系，是一种比邮箱更容易、更及时的触达方式。但用户需要记忆自己的手机号码，注册时需要手动输入，同时接收验证码，再回填验证码通过校验。如果在没有运营商信号的场景下，则无法接收短信完成注册。如果用户更换、注销了手机号，手机号已不能使用，也无法完成接收验证码，从而被阻止登录。如要更改注册手机号，则需要烦琐的申诉流程或其他验证手段才能重新绑定新手机号。

5. 手机号一键注册

手机号一键注册作为一种比手机号验证码注册更快捷的方式，越来越受到各大平台的青睐，是目前用户体验最好的注册方式之一。其基于运营商网关能力的验证服务，自动获取当前蜂窝网络的手机号码，待用户授权后，利用蜂窝网络直接校验手机号。免去用户输入手机号、等待验证码、输入验证码的三次交互，使得整个注册登录流程可在 3~5s 完成，与用户交互 1~3 次，大大提升用户体验与注册登录转化率。相较于手机短信验证码可能被劫持，导致信息泄露的问题，手机号一键注册很好地规避了短信被劫持的问题，具有更可靠的安全性能。

当然，手机号一键注册也有一定的限制，需要集成三大运营商的 SDK，目前主要支持 App 中的 NATIVE 或 H5 页面，暂时还不支持纯粹的 H5 页面，微信小程序也不支持。为解决需要逐一接入三大运营商的烦琐问题，现在有很多第三方服务商开发了集成的 SDK，提供整合的解决方案，降低平台的接入成本。另外，手机号一键注册方式成本远低于手机号短信验证注册方式，当用户终端网络环境为 2G、3G、4G（均可开启 WiFi）时，均可发起校验。当用户终端仅 WiFi 开启、移动数据关闭时，无法发起数据网关校验。

6. 第三方账号登录

这种注册方式，其实不需要注册账号，直接使用用户已有的 QQ 号、微信号、微博号等第三方账号（主要是社交账号）可进行新 App 的登录，很好地减少了因注册环节而流失的用户。平台可直接获取用户昵称、头像等信息，客户无须再次填写昵称、上传头像等。一定程度上，第三方平台已经对昵称、头像进行过风控审核，平台自身的审核压力也会变小。此外，第三方账号登录减少了账号和密码的输入过程，通过简单的单击操作就完成了注册登录，用户体验较好。当新平台开放第三方账号登录后，可利用大流量平台（如微信、QQ、微博等）很快地建立自身的用户基础。

如表 5-1 所示，对不同注册方式优缺点进行了汇总对比。

表 5-1　不同注册方式对比

注册方式	优　点	缺　点	适用场景
用户名密码注册	不过多涉及用户隐私信息	密码记忆难；账号 ID 重复更换、体验差；后续无法触达客户	论坛、新闻咨询
邮箱密码注册	基本同用户号密码方式，邮箱可以作为在网站或 App 联系客户的媒介	西方邮箱普及且大众更习惯邮箱，国内邮箱不普及	海外、出海 App
邮箱链接/验证码注册	可以进一步保证邮箱的有效性，作为后续联系客户的媒介	国内邮箱不普及	海外、出海 App
手机号验证码注册	不用记忆密码，精准推送或发送信息	发送手机短信成本较高；存在手机号更换问题；验证码等待时间影响客户体验	国内大部分互联网 App
手机号一键注册	客户体验好，操作简单快捷，成本较低	SIM 卡装入本手机且需要嵌入 SDK；如果没有设置账号密码、手机不在身边时，登录就有障碍	国内大部分互联网 App，尤其是在拉新阶段；格外重视用户体验的场景
社会化注册（又称第三方账号登录）	客户体验好，利用大平台流量，注册转化率高	受限第三方约束，较难建设平台自己的账号体系；用户没有归属感、黏性不高	大平台体系内各 App（类似于 SSO）、中小平台开放第三方注册

5.1.2　风险差异

　　针对不同的注册、登录方式，账号所具有的风险以及黑产的攻击手段也有所差异。对于用户名+密码或邮箱+密码的注册登录方式，容易出现撞库盗号的风险。一般情况下，正常用户习惯于在不同平台用同一账号密码，尤其是同一邮箱与密码，如果某平台的账号密码数据泄露，很可能会被黑产使用同样的用户名或邮箱+密码尝试登录其他平台，也有较大概率登录成功。而用户名+密码登录，对于资源的依赖和要求较低，所以成本较低，很容易利用脚本生成用户名与密码，自动打接口或使用机器操控工具进行团伙注册或登录。这种情况下，用户名一般会遵守某种固定的模式，如前 10 个字符为随机英文字符，后 5 位为随机数字或有规律的数字，这些字符串通常没有实际的含义。邮箱+密码注册场景下，普遍存在使用临时邮箱、垃圾邮箱、变体邮箱［注：变体邮箱是指向同一物理邮箱的邮箱地址，在渠道流量反作弊的场景下，会被黑灰产用作不同邮箱进行"重复"注册，如 gmail 邮箱中 testmail@gmail.com、test.mail@gmail.com、testmail+1232@gmail.com］进行注册的情况。

　　手机号验证码注册登录的场景，黑灰产通常会使用钓鱼网站、骗取验证码或使用短信嗅探等技术手段劫持验证码进行注册与登录。从目前来看，本机号一键注册或登录，基于运营商网关的校验是安全性最高的一种注册登录方式，被黑产攻破的概率较低。该场景下，手机号是最重要的资源，从而使得物联网卡、猫池号码、运营商小号、阿里小号等被大量用于批量注册。接码平台、积分墙注册也是一种被黑产利用"正常"真人注册登录的作案方式。

第三方账号登录，尤其是微信登录，已经出现了众多类似手机号接码平台提供微信号登录的服务，所以平台在第三方账号登录下，也要格外注意风险防控。

5.1.3 风险分类

根据黑产用户在注册、登录时使用机器自动化的程度，可以将风险分为以下几类：

1. 恶意注册

不以正常使用为目的注册，其中又包括机器注册、真人注册。

1）机器注册。机器注册指利用专门的工具或者软件全自动化、大批量地快速注册，这是对平台业务危害和服务器压力最大的方式。该方式的技术要求最高，短时间内可以获得大量账号资源，注册效率最高，也是相对比较容易被风控策略识别和拦截的。工具主要有两类：协议破解和模拟点击。

2）真人注册。真人注册指真人操控注册、登录，但是使用的是虚假资源。黑产在注册过程中，从秒拨 IP 平台上获取 IP 资源、从接码平台上获取手机号资源、利用云手机提供设备资源，注册后得到账号资源。

2. 盗号撞库

盗号撞库分为拖库、洗库和撞库 3 个阶段。

1）拖库：拖库划分为技术手段和社工手段两类，技术手段是指黑产直接入侵目标服务器、数据库获取账号密码等信息；社工手段即社会工程，主要是通过钓鱼邮件等方式从用户处获取其相关信息。

2）洗库：黑产根据信息类型进行分类，如将账号划分为金融账号、游戏账号等。在此阶段，黑产团伙会建立社工库，即将盗取的各类信息按照用户进行归纳分类，其需要某个人的信息即可在库中调取。此外，其还会计算密码表，即根据用户的某一应用的账户密码和生日、地址等个人信息推算其他应用账户可能使用的密码。

3）撞库：撞库在英文中的表述为 Credential Stuffing（密码嗅探），说明撞库的主要场景是试图获取正确的账号/密码组合。撞库的目的有 2 种，一是盗号，二是验证某个账号是否在平台注册过。因为平台对于登录失败会返回不同的原因提示，"密码错误"是账号存在但是账号和密码不匹配，"用户不存在"就是账号没有在平台注册过。

3. 账号交易

1）新注册账号交易路径。卖家使用自己的注册资源完成账号注册，IP 和手机号的归属地通常是一致的，注册完成后与买家建立联系，在买家的设备上登录。

2）老账号交易路径。老账号和新账号交易的区别在于，卖出的账号大概率是卖家不经常使用的账号，在卖家登录之前大概率有一段时间的沉寂。

3）中间商交易账号路径。中间商交易真人注册账号，涉及的角色有 3 个：注册人、中间商、下游黑产。真人注册使用自己的设备、IP、手机号完成注册后，将账号转卖给中间商，期间存在更换设备登录、换绑手机号等行为。

4）中间商交易机器注册账号。和真人注册账号的区别在于，在转交中间商之前是机器注册的账号，设备由打接口生成，在转交给中间商后换绑手机号，下游可能有黑产打接口发广告，也可能有诈骗的黑产登录第三个设备使用该账号。

更多风险场景详情见 2.2 节。

5.2 账号安全保护

5.2.1 布控目的

黑产进行获利行为首先需要获取账号资源，否则无法进入平台或很多功能会被限制。获取账号资源需要设备、IP、手机号、邮箱等资源，然后通过注册产生账号。

注册、登录是黑产获取账号资源的必要路径，也是多个风险场景通用事件，因此做好注册、登录关口的风险把控十分重要。从源头进行风险防控，更早更及时地发现风险，进而采取有效的处置手段控制风险。黑产在注册登录阶段具有的风险，包括机器注册、批量登录、撞库盗号、扫号等机器行为，以及掺杂真人行为的积分墙注册、账号交易、账号共享等。布控不仅是要识别机器操控的团伙行为，而且要尽早标记怀有恶意的真人账号资源，赋予此类账号风险画像标签。在后续行为事件中，平台可对风险账号的获利行为做进一步的识别和处置。

每个行业、每个平台都希望可以健康良性运转，确保用户在活动中可以拥有公平的获利机会，拥有良好的用户体验。布控是为了做到可感知、可识别、可分析、可处置，保护企业的利益和声誉，保障平台生态健康，保护真实用户的合规权益。

5.2.2 布控方式

布控，即从业务规则出发，针对风险场景、黑产特征，进行对应的数据埋点、数据采集、数据处理及分析，通过设计风控策略、训练风控模型，对风险账号进行识别、标记、处置。

事件可以理解为账号的动作，亦是判断风险的节点。本节所述的账号安全保护中相关事件包括短信通道保护（对应下发短信的时机）、注册、登录、账户信息更新、验证结果、更改密码、重置密码、更换绑定手机号等。核心事件：注册事件、登录事件。下面主要针对注册、登录事件风险场景的布控方式进行详细说明，账号安全业务流程及布控如图5-1所示，针对用户行为有需要布控的节点，可自行增加事件。

注册、登录阶段可以获取到的数据有限，需要从账号使用的资源、账号本身的行为这两个方面进行风险识别。常用资源包括设备、IP、手机号，此外根据平台准入标准，可能还需要邮箱、第三方平台账号（如微博账号、微信账号等）。账号行为风险的识别，可基于这些资源及由此衍生出的字段为统计维度，通过对账号异常关联、异常聚集、异常活跃等风险行为进行识别，从而达到风险早识别早处置的目的。

下面分别从布控过程中的参数、调用时机这两个方面进行详细介绍。

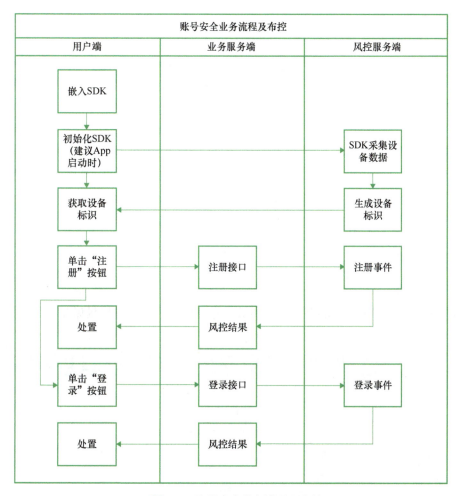

· 图 5-1　账号安全业务流程及布控

1. 注册、登录事件所需参数及参数说明
（1）注册事件

表 5-2 中，列举了常见的注册事件参数，可根据具体业务场景做相应的调整。

表 5-2　常见的注册事件参数

参数名称	参数说明
tokenId	用户唯一 ID
ip	当前业务事件发生时的客户端公网 ip 地址
timestamp	当前业务事件发生时的时间戳，单位为毫秒（ms）
deviceId	设备指纹标识
os	应用端操作系统类型
appVersion	应用版本号
countryCode	手机用户的国家代码

（续）

参数名称	参数说明
type	注册方式：包括手机号码一键注册（phoneOnePass）、手机号验证码注册（phoneMessage）、第三方授权注册（signupPlatform）、用户名密码注册（userPassword）、邮箱注册（emailPassword）等
isPhoneExist	该手机号是否已经被注册
phone	新用户注册使用的手机号。如有必要，加密后再进行数据分析
nickName	用户账户昵称
signupPlatform	第三方注册平台。包括QQ、微信等
email	注册使用邮箱
sex	用户性别：male、female
isSignupPlatformPhone	该手机号是否为第三方授权平台手机号

(2) 登录事件

在表5-3中，列举了常见的登录事件参数，也可根据具体业务场景做相应的调整。

表5-3 常见的登录事件参数

参数名称	参数说明
tokenId	用户唯一ID
ip	当前业务事件发生时的客户端公网ip地址
timestamp	当前业务事件发生时的时间戳，单位为毫秒（ms）
deviceId	设备指纹标识
os	应用端操作系统类型
appVersion	应用版本号
countryCode	手机用户的国家代码
type	登录方式：包括快速登录（fastLogin）、本机号码一键登录（phoneOneLogin）、手机号密码登录（phonePassword）、手机号验证码登录（phoneMessage）、第三方授权登录（signupPlatform）、用户名密码登录（userPassword）、生物识别（如指纹、人脸、声音锁）登录（biometric）等
roleId	用户角色
phone	用户使用的手机号。如有必要，加密后再进行数据分析
level	用户等级，针对不同等级的用户可配置不同拦截策略 分级示例： 0级：最低级用户，如新注册、完全不活跃或等级为0的用户等 1级：较低级用户，如低活跃或低等级用户等 2级：中等级用户，如具备一定活跃或等级中等的用户等 3级：较高级用户，如高活跃或高等级用户等 4级：最高级用户，如付费用户、VIP用户、可考虑放过的用户等

（续）

参 数 名 称	参 数 说 明
valid	用户名密码验证结果 可选值： 1：成功 0：失败

2. 注册、登录调用时机

（1）注册调用时机（如图 5-2 所示）

1）用户名密码注册/邮箱密码注册/邮箱链接验证码注册，用户输入完成信息后，点击"注册"按钮，发送注册请求到业务服务端，业务服务端判断账号存在情况，系统分配用户标识之后进行调用。

2）手机号验证码注册，用户输入手机号，点击获取短信验证码，输入短信验证码，点击"注册"按钮，发送注册请求到业务服务端，业务服务端判断账号存在情况，系统分配用户标识之后进行调用。

3）本机号一键注册，用户点击"一键注册"按钮，发送注册请求到业务服务端，业务服务端进行手机号和本机号码校验，系统分配用户标识之后进行调用。

4）短信验证码/行为验证码超时，不进行风险识别，建议直接拦截注册行为。

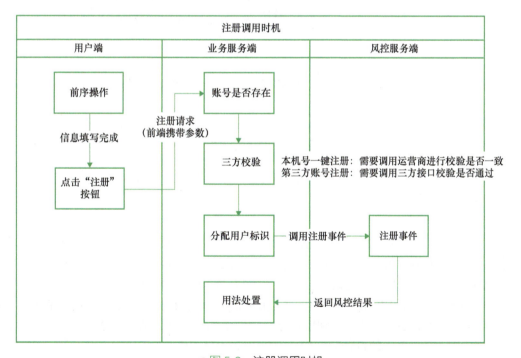

● 图 5-2 注册调用时机

（2）登录调用时机（如图 5-3 所示）

1）用户名密码登录/邮箱密码登录/邮箱链接验证码登录，用户输入完成信息后，点击

"登录"按钮,发送登录请求到业务服务端,业务服务端判断账号存在情况,判断账号校验通过情况,之后进行调用。

2)手机号验证码登录,用户输入手机号,点击获取验证码,输入验证码,点击"登录"按钮,发送登录请求到业务服务端,业务服务端判断账号存在情况,判断账号校验通过情况,之后进行调用。

3)本机号一键登录,用户点击"一键登录"按钮,发送登录请求到业务服务端,业务服务端进行手机号和本机号码校验,判断账号校验通过情况,之后进行调用。

4)用户长期保持登录状态,可根据风控需求定期进行登录风险识别。

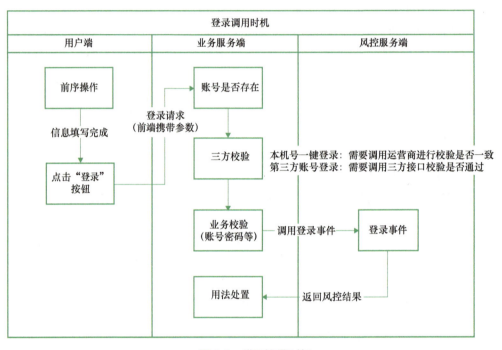

● 图 5-3　登录调用时机

5.2.3　布控案例

账号安全布控以注册、登录事件为主,但是最终解决的问题仍是业务场景面临的典型痛点。账号安全解决的问题,不仅是在注册、登录阶段存在的机器注册、账号交易、盗号撞库等特定风险,还有业务场景面对的广告导流、诈骗、营销活动作弊、恶意退款等问题。换言之,注册、登录过程未识别但后续有风险行为的账号,均应在账号安全风控覆盖范围内。在注册登录这个通用的必经环节,找到风险点,做到早感知、早识别、早分析、早处置,承担起互联网世界"守门人"的责任。

1. 社交行业的典型布控案例

社交平台常常面临广告导流、杀猪盘诈骗等问题。黑产为了达到广告导流(广告导流风控详见 8.1 节)的目的,会大力追求广告内容的曝光度,因此会优先采用机器操作、脚本引流的方式。此时黑产需要大量的账号资源,账号大多出现机器注册、批量登录的特征。同时，黑产使用的设备资源会有较强风险。手机号资源大多是来自接码平台、跑码群等平台。由于 IP 资源有限，常常会出现 IP、IPC、IP 地域聚集的特征。由此，可拆解为对资源风险画像、账号团伙行为的识别。对资源风险的特征分析及策略设计、机器注册/登录账号的特征分析及风控策略设计的内容均详见 5.3 节。

由于目前平台风控的限制，机器操作行为很容易被识别、拦截。因此，出现了真人工作室引流。广告导流中的真人工作室引流是真人真机操作。这种情况黑产作案成本比较高，但也是风控防御中的一大难点。这种风险场景并非无懈可击，真人工作室常常存在收号行为，即从真人手中购买账号资源。一般将存在交易行为的账号称为交易账号，针对交易账号的特征分析及风控策略设计详见 5.3.2 节。

本小节以某社交平台为例，介绍典型账号交易路径及账号安全布控的整体思路。

（1）黑产路径

账号交易行为中，上游黑产批量注册囤积账号资源，再设置好密码，将这些账号资源以"账号+密码"的形式出售给下游黑产，进行获利。黑产出售账号，可能是批发，也可能是零售，这两种方式分别对应账号的批量登录和单独登录行为，图 5-4 所示为账号交易-账号密码登录黑产操作路径。

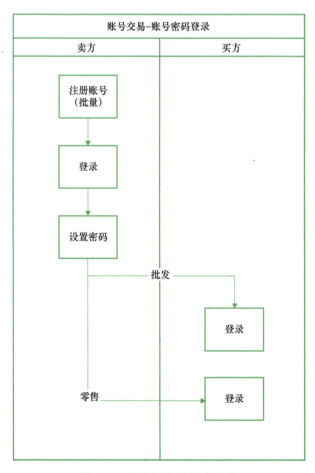

● 图 5-4　账号交易-账号密码登录

在账号交易行为中，成本较高但更容易绕过风控的行为是真人养号注册，由中间商（俗称"号贩子"）收号，再出售给买家。黑产常常用这些成本高、风控弱的"老号"进行杀猪盘诈骗。由于中间商手机号会多次使用，绑定不同账号，所以中间商未直接注册账号，而是进行换绑手机号操作。账号交易-真人养号注册黑产操作路径如图5-5所示。

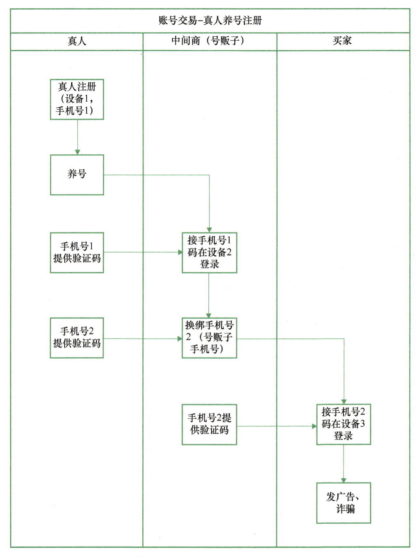

• 图 5-5 账号交易-真人养号注册

（2）布控节点

针对黑产以"账号+密码"形式出售账号的行为，布控埋点主要是在注册、登录行为上，布控思路如图5-6所示。注意，被售账号一段时间内会出现多次登录行为，每一次登录都应该调用风控事件接口，进行风险识别。在此路径中，建议对修改密码（或设置密码）行为进行埋点，采集数据。这个行为在此路径比较关键，可以提供新的风险特征和风控维度。

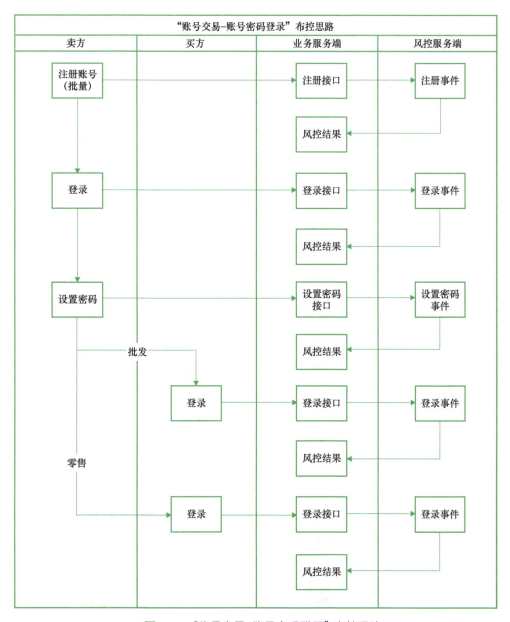

● 图 5-6 "账号交易-账号密码登录"布控思路

在真人注册养号、途经号贩子，最终账号资源才到达买家手中的操作路径中。在注册、登录事件布控以外，建议针对换绑手机号行为进行数据埋点，同时进行风险识别，布控思路如图 5-7 所示。

表 5-4 所示是在与黑产对抗过程中，真实账号行为。由表中数据可以看出，账号 A 在真人手中注册登录后，短时间进行了收藏、点赞以及发送英语学习相关内容的养号行为。紧接着再帮号贩子接码，在号贩子设备上登录（号贩子设备：设备 A）。号贩子登录后，将账号绑定的手机号（手机号 A）换绑成自己的手机号（手机号 B），目的是为了向下游出售时，方便给下游买方接码登录。买方在自己的设备上（设备 B）登录账号后，去进行后续获利行为。

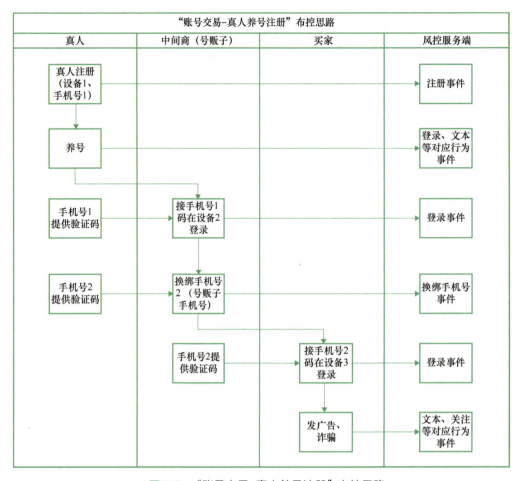

● 图 5-7 "账号交易-真人养号注册"布控思路

与上述账号行为类似的,还有账号 B,可以看到此账号也曾在设备 A(号贩子的设备)上登录。由此可确定,是同一号贩子经手的账号资源。

表 5-4 账号交易-真人养号注册数据

账号	时间	事件	设备	手机号	IP与手机号归属地	文本内容
账号 A	20211123 15:40:59~16:02:26	注册→登录→收藏→点赞	设备 C	手机号 A	一致	英语学习相关话题
账号 A	20211123 16:06:00	登录	设备 A	手机号 A	不一致	/
账号 A	20211123 23:03:57	换绑手机号→关注→点赞	设备 A	手机号 B	不一致	/
账号 A	20211124 09:37:17~10:20:35	登录→收藏→关注→评论	设备 B	手机号 B	不一致	评论:互粉
账号 B	20211121 23:10:55~20211130 17:31:57	注册→登录→点赞→收藏→评论	设备 D	手机号 C	一致	评论:好看
账号 B	20211201 22:46:56	登录	设备 A	手机号 C	不一致	私信:卖号
账号 B	20211202 15:02:28	换绑手机号	设备 E	手机号 D	不一致	/

2. 社区网站的典型布控案例

某个社区网站面临的主要痛点是撞库盗号批量登录。经常有正常用户登录账号后，发现自己的账号发送了一些风险内容，更有甚者，由于账号密码被修改导致用户无法登录。平台经常会收到账号被盗用的投诉。

常见盗号行为的目的有：老账号里通常有非常多的下载积分，可以在淘宝上售卖代下载服务，以获取利润；在平台上发广告等。

下面以此社区网站为例介绍典型盗号、养号路径及账号安全布控的整体思路。针对撞库盗号的特征分析和策略设计详见 5.3.3 节。

（1）黑产路径

撞库盗号是黑产通过收集互联网已泄露的用户账号及密码等信息，组合出可能的账号密码，尝试批量登录其他网站，以盗取账号的一种黑库攻击行为。典型黑产路径可以分为两个阶段，第一阶段是资源准备，第二阶段是批量进行登录尝试。

资源准备阶段。为了降低设备、IP 资源成本，黑产会通过打接口生成设备标识，一般是在撞库前几天打接口准备账号资源，所以撞库时以新设备（即设备标识新生成）为主。同时，使用代理 IP 满足 IP 资源需求。黑产拿到的账号（或手机号、邮箱）与密码的库可能一对一，也可能是一对多。因此，黑产需要批量尝试登录账号，具体操作路径如图 5-8 所示。

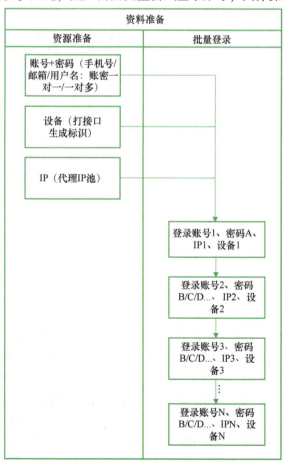

• 图 5-8 资源准备具体操作路径

黑产批量登录账号行为目的是为了保证账号处在登录状态，便于进行后续行为操作。这个案例中，盗号和批量登录最大的区别在于是否已知正确密码。批量登录行为的黑产路径，如图 5-9 所示。

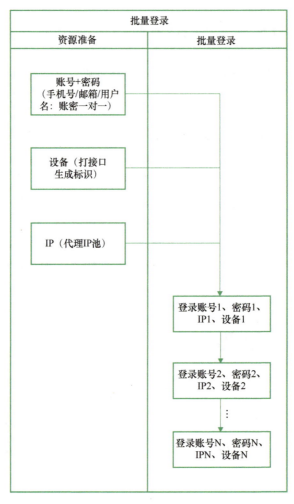

● 图 5-9　批量登录

（2）布控节点

黑产的撞库盗号、批量登录行为，本质上都是在不断登录，因此在账号每次登录时，进行数据采集及风险判断即可。

表 5-5 所示是在与黑产对抗时，看到的批量登录行为。从表可以看到，这批账号都有两次登录行为，第一次登录集中在 2022 年 3 月 23 日的 1 点到 8 点之间，第二次登录集中在 2022 年 3 月 25 日 9：20 到 9：40 之间。使用的 IP 归属地集中在江苏省，而手机号归属省份是较为分散的。从这些特征可以看出，这批账号是团伙性质的批量登录行为。同时，从撞库盗号行为多在夜间（且撞库过程中常有登录失败的情况，所以这批账号登录时间相对分散）和第二次登录时间十分集中这两点来看，可以推测出是黑产先撞库盗号试出可用账号资源，再批量操作进行获利行为。

表 5-5 批量登录行为

账号	时间	事件	设备	IP	手机号	IP 省份	手机号省份
账号 A	20220323 08:24:25	登录	设备 A	121.233.184.68	手机号 A	江苏	山东
账号 A	20220325 09:25:06	登录	设备 B	114.230.2.199	手机号 A	江苏	山东
账号 B	20220323 07:13:50	登录	设备 C	49.86.14.123	手机号 B	江苏	广东
账号 B	20220325 09:24:42	登录	设备 D	121.233.202.117	手机号 B	江苏	广东
账号 C	20220323 04:22:55	登录	设备 E	49.86.200.129	手机号 C	江苏	广东
账号 C	20220325 09:23:50	登录	设备 F	114.230.2.198	手机号 C	江苏	广东
账号 D	20220323 08:07:57	登录	设备 G	114.230.177.162	手机号 D	江苏	广东
账号 D	20220325 09:25:00	登录	设备 H	121.233.251.212	手机号 D	江苏	广东

5.3 账号风险识别

黑产用账号进行获利行为前,首先需要准备设备、IP、手机号资源。由于这些资源有限,且成本较高,黑产总会想方设法降低资源成本。因此,从资源层面可以提炼出一批风险特征,设计通用策略,适用于各个风险场景。按照策略体系,资源本身的风险特征属于画像特征,可设计画像名单类策略。从账号行为上可以提炼出频度特征、关联特征、时域特征、聚集特征等,以下分类阐述。

1. 画像特征

(1) 设备画像特征

黑产的作弊行为中,常常会出现异常关联的特征,如设备注册多账号、设备关联多手机号等,针对异常关联行为,通过上线关联策略来限制设备关联的账号数量。黑产绕过这类策略的常用手段是,伪装成新的物理设备继续作案。因此衍生出篡改设备、虚拟设备、重置设备以及打接口等手段,以获取设备资源,在上述手段中会出现不限于以下的设备风险特征:

1)篡改设备:篡改设备信息,使设备 ID 被篡改。

2)伪造设备:设备数据上报时,全部或部分关键数据缺失或被伪造,进而伪造设备 ID 构建业务接口的恶意行为。

3)农场设备:自动化操作的多台设备,组成设备农场,批量作恶。

4)PC 模拟器:利用 PC 机器模拟 Android/iOS 系统。

5)重置设备:清空数据,恢复出厂设置。

6)多开设备:系统自带的多开或多开工具进行的多开,如分身大师,且当前 App 处于多开环境中。

7)其他风险特征:设备参数不匹配、root 设备、开启调试模式、安装自动化工具、设备进入工程模式等。

设备风险相关详细介绍可详见 3.3.7 节。

（2）IP 风险特征

1）代理 IP：黑产使用代理 IP 池满足操作过程中对 IP 资源的需求，常见风险表现是同一资源短时间关联多个 IP、同一资源短时间地域离散（以 IP 归属地作为资源所在地，开启 VPN 除外）、IP 与手机号归属地不一致等。

2）机房 IP：黑产有时候会使用机房 IP 进行攻击行为，可针对机房 IP 实施单点拦截。

（3）手机号风险特征

1）接码平台手机号：接码平台是黑产获取手机号资源的主要手段。接码平台同时供多批黑产获取手机号，因此常常出现单一手机号短时间在多个地域、多个设备跳变的情况，并且地域、设备与 App 一一对应。

2）物联网卡手机号：物联网卡手机号主要用于 POS 机、共享单车、车载 GPS、智能家居等，用于解决这些设备的联网问题。多数物联网卡手机号只能上网、不具备语音通话功能，个别有语音通话功能的物联网卡手机号，也无法用于接收短信、绑定账号等。正因如此，这类号码价格便宜，一些黑产会选用这类手机号资源。

3）虚拟运营商手机号：虚拟运营商手机号价格低于正常手机号，黑产批量作案时为了控制成本，常常会选择此类号码。常常可以看到运营商小号批量出现，甚至有连号注册行为。

2. 频度特征

对设备、IP、手机号、账号、邮箱等资源使用频度的限制，对账号进行某一行为过分频繁时的行为限制。示例特征如下：

1）同 IP 短时间注册账号数。

2）同账号短时间登录次数。

3）同设备短时间注册次数。

3. 关联特征

以设备、IP、手机号、账号、邮箱等资源为维度或关联实体，同时由这些资源衍生得到的属性，如手机号段、IP 省份、IP 城市、具有某种风险的设备等也可作为维度或关联实体，进行关联策略设计。示例特征如下：

1）同设备短时间关联账号数。

2）同账号短时间关联 IP 省份数。

4. 时域特征

时序地域策略是针对账号出现的时间间隔稳定、地域离散、设备离散、习惯改变、行为序列相似、账号异常活跃等风险行为进行识别。示例特征如下：

1）夜间异常活跃账号。

2）持续异常活跃账号。

5. 聚集特征

针对黑产批量攻击时出现的团伙行为，识别思路是常用维度下，风险账号占比过高。常用维度包括 IP、IPC、bssid、注册 IP、注册 IPC、手机号段等。常用风险特征包括设备风险特征（root 设备、多开设备等）、运营商小号、地域不一致等。示例特征如下：

1）同 IP/IPC 下使用 root 设备的账号数占比。

2）同 IP/IPC 下关联设备数据缺失的账号占比。

5.3.1 恶意注册与恶意登录账号识别

1. 恶意注册/登录账号定义

批量、非手工操作的注册/登录账号。

2. 特征及原理

黑产在进行机器注册、批量登录行为时，账号行为风险行为特征如下：

（1）画像特征

使用通用画像特征即可。示例特征：篡改设备、接码平台手机号等。

（2）频度特征

示例特征如下：

1) 同 IP 短时间注册账号数过多。
2) 同账号短时间登录次数过多。
3) 同设备短时间注册次数过多。

（3）关联特征

示例特征如下：

1) 同设备短时间注册账号数过多。
2) 同账号短时间关联 IP 省份数过多。

（4）时域特征

示例特征如下：

1) 设备启动到注册时间间隔。
2) 账号关联 IP 省份数。
3) 当前设备与最近一次登录设备不一致。

（5）聚集特征

示例特征如下：

1) 同 IP/IPC 下使用 root 设备的账号数占比过高。
2) 同 IP/IPC 下登录与注册 IP 省份不一致的账号占比过高。
3) 同 IP/IPC 下关联设备数据缺失的账号占比过高。

5.3.2 交易账号识别

1. 交易账号定义

存在交易行为的账号。

2. 特征及原理

（1）画像特征

使用通用画像特征即可。示例特征：篡改设备等。

（2）频度特征

示例特征：同设备短时间内登录次数过多。

（3）关联特征

示例特征：同设备关联环境跳变账号。

（4）时域特征

示例特征如下：

1) 注册时间与登录时间间隔稳定。
2) 注册设备与登录设备不一致。
3) 注册地域与登录地域不一致。
4) 手机号已在此平台注册过账号，即手机号注册失败。
5) 环境跳变账号：账号出现注册→登录、登录→登录的环境跳变行为。

（5）聚集特征

示例特征如下：

1) 同 IP/IPC 下一段时间内注册时间与登录时间间隔一致的账号占比。
2) 同 IP/IPC 下一段时间内当前 IP 归属地与手机号归属地不一致的账号占比。
3) 同 IP/IPC 下一段时间内设备标识生成日期趋同且非当天的设备占比。
4) 同 IP/IPC 下一段时间内当前 IP 归属地与注册 IP 归属地不一致的账号占比。
5) 同 IP/IPC 下一段时间内当前设备与注册设备不一致的账号占比。
6) 同 IP/IPC 下一段时间内密码一致的账号占比。
7) 同 IP/IPC 下一段时间内登录方式为账号密码登录的账号占比。

5.3.3　盗号撞库账号识别

1. 盗号撞库账号定义

通过收集互联网已泄露的用户账号及密码信息，生成对应的数据库，尝试批量登录其他网站，以盗取账号的一种攻击行为。

2. 盗号撞库账号特征及原理

（1）画像特征

使用通用画像特征即可。示例特征：篡改设备、接码平台手机号等。

（2）频度特征

示例特征如下：

1) IP 短时间内登录频度。
2) 设备短时间内登录频度。

（3）关联特征

示例特征如下：

1) 设备异常关联：设备关联 IP 数过多、设备关联账号数过多。
2) IP 异常关联：IP 短时间登录账号数过多、IP 短时间关联设备数过多。

（4）时域特征

示例特征如下：

1) 沉默账号：当前时间与上一次活跃时间间隔过长。长久没有任何行为的账号，突然登录。黑产可能会挑选一些看似被使用者遗弃的账号，撞库获取密码之后据为己有。

2）夜间异常活跃账号：账号在夜间频繁登录。黑产在白天活动很可能被账号的拥有者发现并修改密码，因此一些黑产会选择在夜间操作。

3）夜间异常活跃 IP、夜间异常活跃设备。

4）账号异地登录。将账号关联 IP 省份作为常驻地，黑产不了解账号的登录历史，可能会更改 IP，导致账号突然在常驻地以外的多个地方频繁登录。

5）账号更换设备登录。

6）账号在新设备上登录。黑产挟取账号之后，会在新的设备统一登录许多账号。

7）账号登录密码错误。

8）非常用登录方式账号：可通过账号之前多次行为定义账号常用登录方式。

（5）聚集特征

示例特征如下：

1）同 IP/IPC 下一段时间内使用新设备的账号占比过高。

2）同 IP/IPC 下一段时间内登录方式一致（账号密码登录/手机号密码登录）的账号占比过高。

3）同 IP/IPC 下一段时间内登录失败的账号占比过高。

4）同 IP/IPC 下一段时间内不存在的账号占比过高。

5）同 IP/IPC 下一段时间内密码错误的账号占比过高。

6）同 IP/IPC 下一段时间内非常用登录方式的账号占比过高。

3. 扫号

（1）扫号定义

通过拖库或者木马的方式窃取到大量用户信息，打接口尝试登录账号的行为。

（2）常见场景

1）测试成千上万账号的可用性，用扫号器打接口，尝试登录账号。

2）用手机号+随机密码，去打接口登录，确认手机号是否在某平台上已注册，再将确认后的手机号作为目标用户信息卖给有需求的企业，进行精准营销。

（3）特征及原理

1）时域特征。

示例特征如下：

① 账号夜间异常活跃。

② 账号密码错误。

2）聚集特征。

示例特征如下：

① 同 IP/IPC 下关联设备数据缺失的账号占比过高。

② 同 IP/IPC 下账号不存在的账号占比过高。

③ 同 IP/IPC 下相同密码账号占比过高。

④ 同 IP/IPC 下密码错误的账号占比过高。

5.3.4 机器注册模型识别

1. 学习目标

机器注册模型识别的目标定义为使用非本人资源的机器操作及团伙批量注册账号，其中资源包括 IP、设备、手机号等。本节以第三方风控服务提供商的视角讲述该模型，使用多家公司的数据，合并进行建模，这样模型会具有更好的泛化性，能识别更多黑产作案手段。

2. 样本

（1）样本定义

首先注册场景需要对黑白样本进行界定，该场景目标样本（即黑样本）的来源分为以下 3 类。

1) 来源 1：在线策略中，命中设备高风险标签策略的账号。其中在线设备高风险标签策略包括农场设备策略、篡改设备策略、伪造设备策略、重置设备策略等。机器注册中典型的特征是使用篡改设备、农场设备等进行批量群控操控，将该类样本定位为黑样本是合适的。

2) 来源 2：在离线策略或模型挖掘中，命中设备风险聚集类策略的账号。除了在线策略的拦截，一般还会通过离线数据的挖掘，找到更多的机器注册团伙，作为模型学习的目标。本次离线挖掘使用的是 DBSCAN 无监督算法，将模型聚出的高危设备团伙作为机器注册的黑样本。

3) 来源 3：后续事件拦截的账号。注册事件具有特殊性，黑产的注册一定是为了获利而不是单纯的注册。因此，在注册完成后，一定会有更多的行为事件发生。那么，在后续如浏览、下单、支付、抢券、加好友等业务事件中识别到风险，这些样本也可作为机器注册模型的识别目标。为了让模型能更准确地刻画机器注册，将对后续事件拦截的样本做一部分筛选，主要选择被团伙算法和策略拦截的样本，剔除单纯频度或关联类的风险账号。

本次建模中，为了使得模型泛化能力更强，将没有选入黑样本的样本都定义为白样本。当然，在某些情况下，也可以将白样本定义得更"白"一些，进一步将非黑的样本中，命中了任意一条风险策略（如频度规则、关联规则、root 设备等）的样本都剔除掉。通过实验效果来看，定义黑白样本时，让其更难区分，模型会拥有更好的泛化能力和鲁棒性。

（2）样本筛选的特殊问题

1) 样本均衡。

① 公司样本均衡。由于在样本中，包含多家公司的数据，不同公司数据量级存在较大的差异，如果按照以上样本筛选条件不做样本均衡处理，将会使量级大的公司样本占主导地位，导致模型只学习到单家公司的黑产作案模式，样本多样性不足，而在其他公司的泛化能力较低。对于公司样本均衡，本次建模保证单公司样本不超过整体的 15%。

② 策略均衡。同理，策略均衡也旨在保证样本的多样性，避免单条策略主导模型学习目标，也限制命中单条策略筛选出的黑样本数量，如本次设置为 10000 个。

2) 歧义样本处理。

歧义样本是指样本的所有特征取值相同，但样本标签不同，即部分黑白样本均有相同的特征取值。这类样本是模型客观上不可学习的，处置方式是将这类样本全部剔除。

3）样本类别不平衡。

在实际业务中，黑产的比例是远低于正常人的，所以在全流量中，黑白样本的比例是严重不平衡的，这对模型的训练造成较大的困难，尤其是对模型鲁棒性的影响。处理样本不平衡的方式有上采样（Oversampling）、欠采样（Undersampling）、SMOTE（Synthetic Minority Oversampling Technique）、以 GAN（Generative Adversarial Network）为代表的数据增强等，每种方式都有自己的特点和优劣势。本次建模中，将采用欠采样，即在白样本中丢弃部分样本，保证白样本是黑样本的 3 倍。

4）其他问题。

在样本的筛选过程中，根据业务情况可能还会存在其他问题，需要花费较大的精力来处理。当然这是值得的、也是必要的，只有充分保证样本的准确性和合理性，才能使模型学习到我们真正关心的目标。对于样本的特殊问题，需要建模人员熟悉业务、系统、数据流程中可能出现问题的环节，并与运营、风控策略分析师、技术研发等人员进行沟通核对。其他可能的问题如下。

① 测试数据污染。这部分数据是需要排除的，这迫使我们在准备测试的过程中，就应该提前规划，对测试样本进行精确标记，便于后期能够准确地定位筛选。

② 误杀数据污染。在业务中不可避免地会产生误杀案例。在业务运营和风控过程中，需要对这些案例做特殊的处理，分析策略是否需要修改或迭代，确认误杀的案例必须从黑样本中排除，同时结合具体业务考虑策略修改前后样本选择的问题。

③ 数据传输污染。站在乙方的视角，甲方公司在请求风控服务的时候，最常见的一个错误是 IP 地址的传入错误。具体而言，风控策略需要的是终端用户的 IP，但是有的公司误传公司服务器 IP，进而出现 IP 聚集策略的大量误杀，这部分样本是需要排除的。

通过上述样本选择和处理，得到最终的样本来源分布如表 5-6 所示。

表 5-6 样本来源分布

样本性质	黑 样 本			白 样 本
	来源 1	来源 2	来源 3	
数量	45192	39548	97540	546570

3. 特征

此次建模的特征中将包含以下几类特征，总共超过 2000 个特征。

1）设备风险属性类特征，如是否为 root 设备、是否为 hook 设备、是否为多开设备等。

2）设备自身属性特征，如设备终端类型（如 Android、iOS、PC Web、小程序等）、设备品牌、终端设备上市时间距今时间间隔等。

3）时间序列行为特征，如设备生成时间与设备启动时间间隔、注册时间与设备生成时间间隔、App 安装时间到注册的时间间隔等。

4）地域类特征，如同 IP 下 1 小时内关联手机号归属省份和 IP 归属省份不一致等。

5）关联频度类特征，如同设备 1 天内关联账号数、同 IP 10 分钟内的注册账号数等；此类特征占比相对较高，利用统计引擎，对不同的时间窗口、不同的统计维度、不同的统计函数进行组合，得到若干的特征，后续经过特征筛选的方式来选择最合适的特征入模。

6）手机号属性类特征，如积分墙手机号、运营商小号、物联网卡号等。

7）账号属性类特征，如注册时间是否夜晚、注册方式、性别、年龄等。

接下来需要对特征的缺失值、共线性进行进一步的处理。

1）步骤 1：缺失值处理。本次建模中，对于缺失值均以 −1 填充，丢弃缺失率大于 0.8 的特征。

2）步骤 2：计算特征的 IV（Information Value）值。使用随机森林选出特征分箱的边界值，分箱后计算每个特征的 IV 值，选择 IV 值大于 0.1 的特征。

3）步骤 3：去除相关度过高的特征。将特征按照 IV 值从高到低排序，遍历排序后的特征，依次计算当前特征与剩余特征的相关度，将与当前特征相关度最高的特征删除（本次实验使用相关度阈值为 0.5）。其中相关度的衡量使用皮尔逊相关系数（Pearson Correlation）。

经过上述预处理流程后，最终入模的特征为 45 个。表 5-7 所示为入模的 TOP 10 特征。

表 5-7　入模的 TOP 10 特征

特征名称	取值	备注
是否为 root 设备	0：非 root 设备 1：是 root 设备 −1：数据缺失	通常黑产会使用 root 设备作案，root 后可以获得更高的权限，更易进行篡改、群控等
同设备 1 天内关联的账号数	正整数，−1 表示数据缺失	黑产通常会重复利用设备在多家公司进行多次注册，以节省成本
是否为闲置设备	0：非闲置设备 1：是闲置设备 −1：数据缺失	闲置设备一般是指设备使用空间较少，使用场景单一（黑产注册）的设备
设备是否未登录 iCloud	0：登录 iCloud 设备 1：未登录 iCloud 设备 −1：数据缺失	AppleID 会提高黑产的作案成本，所以黑产倾向使用未登录 iCloud 的设备。但是正常 iOS 设备，通常都是已经登录 iCloud 账号的
是否为 hook 设备	0：非 hook 设备 1：是 hook 设备 −1：数据缺失	黑产通过 hook 直接修改程序编译后的指令，以达到机器操控手机的目标
同公司同设备 1 天关联账号数	正整数，−1 表示数据缺失	与同设备 1 天内关联的账号数不同的是，该变量限制了同公司的设备关联账号数
同 IP 1 天内关联账号数	正整数，−1 表示数据缺失	同 IP 下大量重复注册
非整秒安装 App 数	正整数，−1 表示数据缺失	其代表含义为除了内置 App 外，设备安装 App 过少。当然这个变量，由于数据隐私问题，逐渐变得不可用，建议在建模迭代过程中丢弃该特征
是否为积分墙手机号	0：非积分墙手机号 1：是积分墙手机号 −1：数据缺失	黑产通过众包发布任务，招募真人利用手机号注册
是否开启 VPN 的设备	0：非 VPN 设备 1：是 VPN 设备 −1：数据缺失	黑产为了对抗平台对同 IP 注册账号数的限制，常用的手段就是使用 VPN、代理 IP 池等

4. 建模

注册模型算法的选择为 XGBoost，其中网格搜索的参数如下所示。

1）n_estimators：决策树的个数。

2）colsample_bytree：训练每棵树时，使用的特征占全部特征的比例。

3）max_depth：每颗决策树的最大深度。

4）learning_rate：学习率，控制每次迭代更新权重时的步长。

5）subsample：训练每棵树时，使用的数据占全部训练集的比例。

6）reg_lambda：叶子节点分数的 L2 正则化。

7）min_child_weight：最小叶子节点样本权重和（叶子节点中样本的二阶导数求和）。

8）early_stopping_rounds：在验证集上，当连续 n 次迭代分数没有提高后，提前终止训练。

利用上述网格参数自定义参数值训练 XGBoost 后，可以查看选用特征在 XGBoost 上的重要度排序。该注册场景重要度较高的前三特征分别为是否 root 设备、同设备 1 天内关联的账号数、是否闲置设备，这个结果符合对黑产路径的认知。

5. 验证

表 5-8 汇总了测试集中模型评估指标。

表 5-8 测试集中模型评估指标

拒绝阈值	准确率（Accuracy）	精确度（Precision）	召回率（Recall）
0.00	26.33%	26.33%	100.00%
0.10	84.79%	64.74%	92.74%
0.20	90.93%	79.59%	88.20%
0.30	92.58%	86.34%	85.31%
0.40	93.03%	89.83%	82.91%
0.50	93.11%	92.29%	80.59%
0.60	92.94%	94.18%	78.01%
0.70	92.48%	95.97%	74.58%
0.80	91.72%	97.78%	70.17%
0.85	91.29%	98.43%	68.01%
0.90	90.62%	99.03%	65.01%
0.95	89.57%	99.44%	60.73%

如果选定 0.9 作为拒绝阈值，该机器注册模型精确度为 99.03%，可以召回 65.01% 的黑样本，模型整体的 AUC 为 90.62%。可以根据实际业务场景平衡精确度和召回率来选择合适的阈值。

在模型上线前，除了对测试级进行验证，还需要对线上真实流量进行验证，获悉线上真实的模型评估指标以及相对于策略的净新增（如策略未拦截、模型拦截）拦截量。

通过策略实验室的功能，将模型部署到实验室，对线上实时数据进行评分以模拟线上拦截的结果。实验结果表明在阈值选择 0.9 的情形下，该模型相对于策略的净新增拦截量为日均 4000 账号。针对净新增拦截的样本，抽样来验证模型精度。可以抽取模型策略拦截量大的公司各 30 个样本，命中量很低的公司可以全部抽取（按照实际经验，命中量极小的公司更容易出现误杀）。这部分样本可以通过手机号状态查询、支付宝实名、微信查验，再结合平台后续的业务行为以及其他风险交叉判断，确认账号的黑白属性。一般情况，当样本可验证占比为 90%、精确率为 95%以上时，就可以上线模型了。其中可验证占比是指通过以上交叉验证信息，能够确定黑白属性的占比。

6. 上线

验证达标后，可以进行模型的线上部署，逐步灰度上线，根据业务场景设置灰度条件和比例，比例一般建议按 5%、10%、30%、60%、100%的顺序逐步递增。

模型上线要建立规范的模型命名、样本关联、版本号管理等。如机器注册模型可以命名为 machine_register_model，版本号为 v1_1_1，其中 1_1_1 中的 1 分别表示数据样本迭代、特征迭代和算法迭代 3 种类型。

7. 迭代

黑产作恶手段层出不穷，也在快速迭代，如果模型不进行迭代，据统计一个月后效果会衰减为原来的 70%，所以模型的持续迭代是对抗黑产的必要手段。下面将模型的迭代分为三种类型。

1）数据迭代。数据迭代称为样本迭代，即每次迭代模型只是在原有模型的基础上，增加按照原有规则筛选的新样本，保持特征不变进行模型训练即可。

2）特征迭代。根据业务或新黑产路径，设计更多的新特征，在保持样本不变的情况下，只扩展新特征进行迭代。

3）算法迭代。使用更合适、更强大的模型算法。

为了提高新老模型的可对比性，模型迭代更新的周期设为一星期。迭代方式为一星期迭代数据，一星期迭代特征，一星期（或更长时间）迭代算法。在这种迭代机制下，模型迭代的因素是唯一的，便于对比模型，排查模型差异的原因，增加模型迭代的可解释性。

5.4 账号安全中的处置

在之前的介绍中，集中于风险识别的环节，风险识别是风控能力的核心部分。有效识别各类风险，区分风险等级，区分机器与真人、黑产与灰产等能力是该环节的重要衡量标准。但识别风险仅是风控的第一步，风控最终目的就是维护平台生态，减少风险对平台影响。为有效实现目标，承接风险识别与业务，必须对一些存在风险的对象进行控制，即风险对象的处置。处置是风控中必不可少的一环。

由于处置承接了风险识别与具体业务场景，必然需要"瞻前顾后"。处置过程需要考虑的因素众多，首先是风险识别的结果，不同等级的风险必然会触发不同的处置方式。同时，相同的风险类型、相同的风险等级，在不同业务场景中也会有不同的处置方式。风险识别有时不能够清晰明确地定义唯一风险类型，经常会出现相同的行为可能对应多种风险类型，此时处置作为有效缓冲地带，要尽可能降低风险影响。总之，处置需要考虑业务场景、风险类型、风险等级等。

处置在风控中作为最后的守门人，直接影响业务效果。如果处置过于激进，势必影响业务收入与增长，引起业务部门的反对，同时可能会对一些正常用户的体验造成严重伤害；如果处置过于保守，让一些黑产畅通无阻，影响平台生态环境，失去公平公正，同样会伤害用户，引起业务部门的抱怨。因此，处置对于业务而言可以说又爱又恨，如何在保证业务正常运营增长的同时，有效防范黑产攻击，将风险掌控在合理可控的范围内是处置环节关注的重要问题。

本节将主要介绍注册登录阶段的账号处置，较少涉及业务场景，具体场景下的处置将在其他章中详细介绍。

5.4.1 注册处置

注册作为一个用户所有动作的起始，是潜在的业务增长点，对平台的发展至关重要。此阶段只要发生一次错误拦截，基本等同于丢失一个用户。鉴于当前获客成本持续增高，故在注册阶段，一定要保证拦截准确率，降低风控对业务增长的影响。除能够确定的黑产行为之外，尽量减少拦截比例。对于存在风险的账号，可持续关注，对其违规行为及时发现并处置。

1. 影响因素

为减少错误拦截，在处置中需要考虑的因素有很多。首先是风险类型，如一些机器操作类风险或者明显的团伙风险必须重点关注。其次需要考虑一些业务场景，如在一些特定行业，允许用户使用模拟机，那虚拟机的风险就需要排除；不同的场景或多或少的存在一些特殊强制的要求，故了解业务对于特定风险的态度也同样重要。最后是一些具有类似白名单性质的特点，如实名认证、一键登录等。在注册阶段，即便发现了一些风险特征，也不能将完成实名认证的用户拦截；再如注册方式，如果采用一键注册的方式相对可信度要高很多。处置总是受到更多因素影响，需要根据需求综合判断。

2. 注册阶段主要处置方式

（1）实时拦截

实时拦截，顾名思义，就是发现风险的第一时间进行拦截，不允许其后续一切动作。在之前的章节中介绍了各种作案方式，对其大致归类可以分为机器批量操作和真人注册。机器批量操作可以通过验证码的方式区别，同时对于能够确认的机器行为要做实时拦截。而真人注册部分，可以分为两类，一类是可以明确团伙性质的风险行为，另一类是无法确认团伙性质的风险行为。针对团伙性质的用户，也可以实施拦截，并将团伙确认之前漏杀的账号一并处理；也可以对该团伙中部分用户进行拦截，允许少部分账号成功注册。一来可以佐证风控识别结果的正确性，为风险识别作样本标记；二来用于挖掘团伙性质，挖掘新的特征，通过对该少部分用户的后续行为进行分析，优化风控模型与策略，最终达到更好的风控效果。

该种处置方式不仅适用于明显的黑产行为，同样适用于一些无法确认但业务行为异常的现象。例如：一台完全没有风险的设备，连续注册多个账号，且均能有效接收短信验证码，此时虽然对单次注册而言没有任何风险，但该类行为明显不合常理。可以对其进行实时拦截，同时通知前端给出风险提示。

（2）增加校验

增加校验的实现方式有多种，如智能验证码、要求用户补全个人信息、实名认证，或者更换一种更加安全的注册方式。该种处置的本质是对用户风险评分，故对于增加的校验需要有一定的区别能力。如果可以顺利完成，降低风险分数，允许注册；如果不能完成说明确认潜在风险，提高风险分，不允许注册。在各方式中，相对方便的是要求更换其他注册方式。增加校验通过后，可以将全部信息绑定到对应账号。

但该类方法在注册阶段严重打断用户体验过程，使注册链路加长，影响用户体验，部分用户会因此而流失。

（3）权限控制

当注册过程经过多重校验之后，仍然对该用户存在疑问，就需要对其进行权限控制。权限控制的目的是在不能确认风险的情形下，对行为主体做出动作限制，降低平台损失风险。同时作为缓冲地带，给平台更多机会确认行为主体的意图，也避免了采用刚性处理对正常用户的打击。权限控制分两类，一类是对用户权限控制，如陌生人社交平台暂不允许该类账号在群内发言；另一类是相关利益延时、扣减发放或者通过任务机制增加获取成本，如注册后的新手礼包，可在用户有效活跃多天后，延时发放并及时提醒用户。设置环环相扣的解锁机制，增加获取成本。

以上的控制，用户是可以明显感知的。还有一些特定场景下的用户无感知方式，如点赞环节，前端展示的点赞成功并不记入点赞数统计。如果能够让用户无感知地进行处置，是最高明的。

（4）风险画像

最后一类处置方式是通用的风险画像。风险画像的对象包括账号、手机号、设备、IP等，画像的内容不仅包含当前识别的风险，还记录对象具体行为特征等。对单个用户的风险进行标签化，输出到后续行为中作为参考；对团伙性质的用户，标记风险的同时，标记团伙，方便后续的分析。

画像标签将伴随账号、设备等对象到各个事件节点，用来作为当下行为的参考，综合判断，更加准确地判断当前行为风险等级及处置方式。为保证画像的时效性，需要对各特征附带最后一次发生的时间信息。

5.4.2　登录处置

登录同注册最大的区别在于用户已经有过活跃记录，不再是一张白纸，即便是紧随注册的登录动作，也可能存在时序的变化，故登录阶段必然会出现一些新的特征。因此登录阶段需要关注当前风险，也要关注用户的活跃信息及特征。从业务需求上看，登录处置相对注册处置而言准确率要求可稍微放宽一些，可根据不同业务需求调整处置。

1. 影响因素

登录阶段的处置因素同注册类似，最重要的依然是当前识别到的风险类型，同时增加了账号行为因素。如果一个用户连续活跃且没有风险行为，那基本是正常的用户，无须拦截。如果一个用户是平台的高价值用户，在没有明显违规风险的前提下，对其的处置可以相对放宽。再比如账号长久未活跃，突然自然回流，需要对其进行更多的校验。总之登录阶段的影响因素除当前风险识别外，需结合用户过往行为进行处置。

登录作为账号入口，及时合理的处置，不仅拦截了黑产所持有的账号资源，同时保护了正常用户账号不被盗用。

2. 登录阶段主要处置方式

（1）实时拦截

该类处置非常强硬，同注册类似，在确认机器操作或者团伙行为时使用；同时登录阶段，可以结合账号行为进行拦截，如用户在平台多次发布一些违规言论，对其做了封号处理，那登录阶段必然要拦截。

（2）增加校验

登录阶段依然可以采用切换登录方式、人脸验证等，但其实，由于账号可能已经活跃一段时间了，可以使用的方式更多。可以对用户过往行为提出问题并要求回答，如淘宝的购买记录等。不同平台可以依据业务进行对应的问答，依次判断账号是否为本人操作。登录阶段，增加校验可以有效保护账号安全，较少盗号问题。

（3）其他

登录的处置同注册类似，除账号活跃信息及账号风险标签可作为校验问题使用外，基本无其他更多信息输入，故在处置上区别不大。权限控制、风险画像同样适用。

5.4.3 小结

处置作为风控中的一环，承前启后，起到守门员的作用，及时拦截黑产攻击；同时作为缓冲地带，承接风控环节与业务。处置的方式多种多样，需要根据风险识别结果、具体业务场景确定处置的尺度。本节主要介绍一些通用型处置方法，深入业务场景中的具体实现方式详见后续章节分析说明。

5.5 监控

风控因涉及多方利益，其对抗性极强。黑产会随风控的调整或者业务活动随时随地发起攻击，为及时发现问题，对业务的监控必不可少。当然监控不仅仅为了发现黑产，同时也可以发现风控识别的漏洞、洞悉平台的客群以及风险偏好，做到精细化的运营。很多时候因认知不足或对特殊场景的考虑不周，策略、模型等在特定情景下失效，造成误杀，因此可以通过监控在一定程度上发现问题。故监控同时起到监控自身风控业务与黑产动态的功能，及时掌握当前发生的情况。

监控有两种，一种是动态发现问题并实时报警；另一种是以图表形式呈现核心指标，通常以天、周为单位。动态的报警机制可以直接反映当前问题，及时评估当前业务风险情况，对风控业务迭代优化有直接推动作用；而关键指标的数据看板，更多的是反应效果。通过核心指标，很难直接作用到风控业务上，需要逐层拆解优化，但两种监控缺一不可，在风控中都是不可或缺的环节。

下面将分别介绍两种不同的监控。

5.5.1 实时监控与报警

报警来源有两个，一是通过配置报警规则自动识别并周知相关人员，二是运营人员的主动发现，两者相辅相成。报警机制完全遵循条件限制，相对而言更加关注问题比较严重的情况。而运营人员的主动发现，充分发挥了人的业务敏感性，同时能够及时发现刚出现的问题，较自动报警更加灵活。

风控的核心目标就是识别并拦截非正常用户以及黑产攻击。在风控中，请求量（一条记录对应一个账号的某个具体动作）是最基础的部分，于是密切关注请求量的变化是必然的。同时风险识别的能力通过拦截量体现，于是拦截量成为另一个重要的监控量。对于请求量，需要分应用、分事件进行监测，同时注意周期特性，避免错误报警，如线下场景周末节假日一般会出现明显增量；社交场景晚间请求量会出现增长等。对拦截量而言，可以从整体拦截量出发，也需要关注单条策略、单个模型的拦截情况变化。

报警的实现需要提前设定明确的机制，该机制中需明确观测对象、时间窗口、比较对象、判定逻辑及指标等，同时为减少监控服务器压力及对正常业务的打扰，还需设定计算时间和静默时间。计算时间表示间隔多久做一次计算，决定是否报警；静默时间表示在第一次报警后，多长时间范围内即便满足报警条件依旧保持沉默，不报警。下面以表 5-9 为例展示一个典型的报警配置。

表 5-9 报警配置

报警配置参数	举 例	说 明
报警 ID	Alarm_id_0001	用于在服务日志中对某条报警配置的匹配信息进行追踪，唯一标识一条报警配置
报警配置名称	A 客户注册事件拦截量突变监控	该名称用于作为报警邮件标题、报警信息开头
报警条件配置	统计指标：A 公司-注册服务-注册事件-拦截量 时间窗口：1h 筛选条件：1d 拦截量大于 7000 个，1h 拦截大于 300 个 报警条件：以当前时间为准，过去第 1h 内拦截量对照过去第 2 小时的拦截量上涨 200%	
报警信息接收方	报警方式：企业微信	报警方式支持微信、邮件、电话等
监控运行方式配置	计算时间：10min 静默时间：60min	

还有其他的常用报警类型，如表 5-10 所示。

表 5-10 其他的常用报警类型

报警指标	示 例
最近 X 分钟请求出错数	包含参数错误、权限、网络等各类导致风控接口请求失败情况
策略拦截量同比突增/降	如 $[t-1, t]$ 同 $[t-2, t-1]$ 比，单条策略拦截数量增加 150%

(续)

报警指标	示　　例
策略拦截量环比突增/降	如当前小时与昨日同时段比，单条策略拦截数量增加150%
策略拦截量同比缓增/降	如 $[t-1,t]$ 同 $[t-2,t-1]$ 比，单条策略拦截数量增加80%，同 $[t-3,t-2]$ 比拦截量增加30%
策略拦截量环比缓增/降	如当天 $[t-1,t]$ 时间段对比前一天 $[t-1,t]$ 时间段，单条策略拦截数量增加80%
连续命中单条策略数量	如 $[t-1,t]$ 时间段内，连续命中单条策略的量除以该时段请求量≥50%，且策略命中量>100
请求量归零	如 $[t-1,t]$ 请求量等于0，$[t-2,t-1]$ 请求量>200
拦截量归零	如 $[t-1,t]$ 单条策略命中量等于0，$[t-2,t-1]$ 单条策略命中量>200
X 分钟内离散变量某一取值占比突增	可能出现变量传值错误

5.5.2　核心指标监控

核心指标监控是指在风控中主要呈现一段时间内，全局宏观指标及风控专用指标的情况，以及反馈风控运营是否在稳定状态及对业务的作用，可通过数据大屏方式展示；同时对一些常用维度的风险分布做基本展示，以此来发现问题。

核心指标监控主要关注的风控指标有准确率、召回率及整体拦截分布。业务指标除通用的 DAU、ARPU、GMV 外，依不同业务场景有不同侧重点，如游戏场景留存、付费占比，电商转化率等。该类指标通常可根据平台关注的维度进行统计，常见的维度有地域或 IP 省份分组、设备终端类型分组、注册方式、新老账号等。常见监控指标如表 5-11 所示。

表 5-11　常见监控指标

常见监控指标	备　　注
请求量	各事件的请求量
Reject/Review/Verify 命中量	各类风险结果的命中量
每条规则命中量	不区分优先顺序，可重复计算
每个规则集的命中量	按照规则的大类，如关联频度类、行为序列类、团伙类等，分类统计各个类别的规则命中情况
当日活跃账号数	发生请求的账号数
当日活跃设备数	发生请求的设备数
当日新增账号数	首次出现在当日的账号数
当日新增设备数	首次出现在当日的设备数
当日拦截团伙数	当日拦截账号中团伙的数量
模型拦截请求数	可与策略重复计算
模型拦截账号数	可与策略重复计算
模型拦截净新增请求数	与策略相比，观察模型的净新增拦截能力
模型拦截净新增账号数	与策略相比，观察模型的净新增拦截能力
注册登录策略召回率	$\frac{后续事件拦截且注册登录也拦截的账号数}{后续事件拦截数}$（适用于注册登录事件，命中策略不直接封号拦截的场景）

第 6 章 营销风控

对于任何一款产品，通过各类渠道触达目标群体，进而获客都是至关重要的。提升激活、注册量不仅是新产品在市场上站稳脚跟的开始，也是成熟产品构建更优质生态的关键步骤。因此，以活动为手段，以裂变为目的的拉新活动成为各行业、各产品营销活动的常见类别。不过，因产品的行业、目标人群、业务模式等不同，在拉新活动细节及流程上会稍有差异。拉新的高收益、活动常见性以及玩法步骤上的相似性，使之成为薅羊毛的重灾区，工具路径频频复制更新。在第 5 章账号安全保护中，呈现了账号注册阶段的风控方案，拥有大量的账号是多种作弊获利途径不可或缺的一环，当然也是拉新活动中的重要一环。本章先从拉新活动开始，由其风险、布控、识别、处置与监控部分呈现出一个相对完整的裂变风控方案，展现拉新裂变风控方案在注册环节上的补充。然后由优惠券及秒杀两类促活场景，展现账号日常参与的营销活动中应有的风控方案。

6.1 拉新营销风险

6.1.1 拉新风险分类

通常来讲，参与拉新活动的角色有两个，即发起邀请方及接受邀请方。发起邀请方为平台老用户，通过分享邀请码、邀请链接等参与拉新活动；接受邀请方为平台内未注册的新用户，通过发起邀请方的分享进入平台成为新用户。由此，拉新风险的分类也依赖于对发起邀请方与接受邀请方的风险分类。为便于描述与理解，发起邀请方与接受邀请方也常以师父与徒弟进行指代，章节后续将以师徒关系、师徒团伙等词语进行描述。抽象的拉新场景流程图如图 6-1 所示：

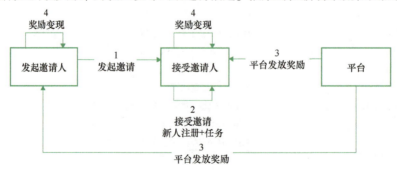

• 图 6-1 拉新场景流程图

与前文提到的虚假用户裂变对应，单次拉新（一个徒弟账号被拉新）的虚假裂变路径主要分为两类：通过脚本工具进行拉新或通过众包平台进行拉新。这两类风险分别指向账号的两类属性，即机器账号与低质账号。由此，对于师父与徒弟两个角色，均可按照机器账号与低质账号进行分类，将师徒团伙组合得出如表6-1所示的拉新风险分类，划分出4种拉新风险。

表 6-1 拉新风险分类

拉新风险		师 父	
		师父-机器账号	师父-低质账号
徒弟	徒弟-机器账号	a	b
	徒弟-低质账号	c	d

a 类：师徒均为机器账号，此类常见于专业黑产，封装好脚本，大批量进行薅羊毛的行为。此类黑产一般会控制多个师父账号，实现批量作案。

b 类：师父为低质账号，徒弟为机器账号的情况，常见于黑产兜售脚本/工具，真人进行下单，购买脚本/工具的使用权，低成本为自己刷取高价值的奖励。

c 类：师父为机器账号，徒弟为低质账号的情况极其少见，后续不会对此类风险过多描述。若黑产有资源、有实力获取机器注册的账号，则没有必要邀请真人为其助益。不过也不排除平台风控手段升级、规则更改等情况导致黑产囤积机器账号后，无法再完成徒弟机器账号拉新，进而转向真人徒弟低质账号拉新的情况。

d 类：师父为低质账号，徒弟也为低质账号，此情况为真人羊毛党，通过积分墙或任务群进行拉新，赚取平台拉新收益与任务佣金差价。

脚本工具对应机器账号，真人积分墙、任务群对应的低质众包账号，相关内容会在后文中进行详细介绍。

6.1.2 活动常见类型

拉新活动常见的分类方式如下。

1. 举办频率维度

依据活动的举办频率与举办时长可以将拉新活动划分为短期活动和长期活动。短期活动多伴随热点话题、时间节点的选择；长期活动则更多依赖于产品口碑导向的推荐传播效应。

2. 执行环境维度

依据举办活动的执行环境可以将拉新活动划分为线上活动与线下活动。线上活动即依赖于线上的营销推广，在线上平台完成获客；线下活动多为线上拉新活动的补充，在线下设置地推点，获客动作仍然是线上平台进行承接。

3. 活动奖励维度

依据活动的奖励类别可划分为真实货币、虚拟货币、虚拟商品、真实商品4类，4类奖励定义如下。

1）真实货币：可进行提现到账，转化为人民币的奖励。

2）虚拟货币：常见为积分、App 内货币等可兑换为其他三类形式奖励的媒介。
3）虚拟商品：优惠券、会员权益、道具、激活兑换码等。
4）真实商品：需要通过快递寄送、物流配送收货或上门提货的实物商品。

从风控识别角度来看，长期与短期、线上与线下两种拉新活动分类方式在完成裂变环节上的黑产行为区分并不大。而按照拉新活动奖励类别，却有不同的套利变现作弊路径。举例来说，如果拉新奖励是现金，则应注意提现方式的小众、提现账号关联情况以及提现账号的相似度等；如果拉新奖励是下单可用的优惠券，则应注意优惠券是否有转赠、代下单的情况；如果奖励是真实商品，则应注意是否有收货地异常或聚集等情况。

同时，活动的奖励类别也与举办拉新活动产品所在行业息息相关。拉新的目的是增加产品用户量，增加用户在产品内的花费进而产生更多收入。因此，不同行业的拉新奖励多为了促进平台内消费：如以拼多多为代表的电商行业掀起了拼团裂变的热潮，是奖励实物商品的具体表现方式；以携程为代表的出行行业常用砍价的拉新活动、以美团为代表的拉新奖励外卖优惠券，均为奖励虚拟商品奖励的具体表现；此处不再一一列举。

6.1.3　相应黑产路径

在 6.1.1 拉新风险分类一节中，单个徒弟作弊方式包括脚本、真人积分墙两类，由此将师徒黑产团伙的作弊方式分为了 4 类。本小节将会先从单个徒弟虚假裂变的两类路径展开描述，而后再简述师徒团伙是如何在拉新目标平台外建立联系的。

要成功获取拉新裂变奖励，就需要让被邀请人满足新用户条件，并且可以完成新手拉新任务。简单来说，新用户意味着该用户未在平台内注册活跃过，该用户注册并进行了指定活跃动作就算完成了拉新。从技术实现角度上来说，新用户完成拉新任务各个关键埋点上的采集信息都将作为输入，做业务规则及风控规则上的校验，完成系列判断校验后才算作任务完成。埋点及采集参数将在下一节进行详细描述。不过，正是因为系列埋点和校验布控，黑产就不得不考虑如何通过这些校验。

单个徒弟虚假裂变中，如果被邀请人是真人，完成拉新任务时，就不必伪造各行为及身份信息，只需按拉新活动业务要求步骤进行即可。而拉新脚本，为了模拟真人特质，会包含系列校验所需参数资源，如注册登录认证所需的手机号、授权信息资源池，采集的设备基础信息，地域信息等；也会根据当前活动项目将账号所需的行为埋点参数整理分析出模拟请求，将各参数与代码配合，模拟人为触发的操作埋点序列。脚本可以被打包封装好，足以支持批量伪造指令后，就可以进行流通了。

当一次拉新活动出现，专业黑产通过情报收集，了解到活动奖品丰厚有利可图，就会针对此活动的规则，设计脚本、破解平台埋点、参数逻辑，整合资源，自行批量注册进行拉新，从而形成师徒团伙均为脚本控制产生的机器师父-机器徒弟团伙。然后，脚本完成封装，流出，部分真人通过特定途径接触到脚本。这部分真人，可以通过购买此脚本，自行调试调用，形成机器师父-机器徒弟的团伙；或下单脚本服务，提供本人的邀请信息发送给脚本运行方，通过邀请媒介转化（二维码转链接或链接匹配等）方式获取脚本所需参数，运行脚本形成低质师父-机器徒弟团伙。最后，作为不用伪造参数的真人，观察到有利可图的拉新裂变活动后，如果接触不到自动化脚本，或者担心自己的账号被风控冻结，就可能会前往积分墙平台或任务群发布任务，详细叙述对任务接单人的资质、行为要求，并开出结单价格和审核方式，等待接单。也由此会形成低质师父-低质徒弟的团伙。典型的拉新众包任务会在信息中明确需为平台新用户，卸载过也不满足条件，满足上述资质可按要求步骤进行新人注册，而后多以截图方式进行核验。

6.2 拉新风控布控

6.2.1 行为事件埋点及特殊参数

在作弊路径的描述内容中，反复提到了埋点、参数。那么一个拉新活动的风控校验，都会涉及哪些关键埋点以及重要参数？为了阐述清楚布控方案，首先对拉新活动的步骤进行拆分。

要完成一次完整的裂变拉新活动，大致可以划分为以下几个步骤。

（1）发起活动阶段

首先，用户关注到本次活动，查看活动玩法、详情后，决定参与此活动，并会将可确认师徒关系的邀请媒介分享至平台以外。常见邀请媒介包含链接、二维码、微信小程序或海报等邀请形式，各活动可能形式较多，后续均以邀请媒介代指活动中的具体邀请形式。

（2）接受邀请阶段

接收到此邀请的人，需点开此邀请进行响应。如为当前产品的新用户，则满足被拉新的条件，需完成新人任务。新人任务一般来说包含注册行为，也存在部分活动要求完成特定任务，如签到、多天登录或浏览帖子等，通常与活动规则及平台业务直接相关。

（3）奖励发放阶段

在徒弟完成任务，满足奖励条件后，则给师父、徒弟双方按照活动规则投放奖励。

（4）奖励变现阶段

奖励发放至用户账户，师徒对当前奖励进行操作、使用或提取。

由上述几个步骤，就可以刻画出参与拉新活动师徒双方的行为序列。本节后续内容会对各阶段的具体埋点、事件参数进行详细介绍。不过，由于各拉新活动的行业、目标人群、业务模式等不同，具体埋点方案会有所差异，因此，下面先给出一个拉新活动相对通用的布控流程图，如图6-2所示。

从图6-2可以看到，发起活动阶段和接受邀请阶段为获利风险识别阶段。而奖励变现阶段，也可以作为风险识别的补充，与拉新发起活动阶段、接受邀请阶段是否作弊没有必然关系。如师父为低质账号的情况下，不论徒弟账号是通过机器脚本还是通过积分墙完成拉新任务的，师父账号的奖励变现阶段都多为账号本人操作进行，无异常特征；同时，如果师父账号为机器账号，获取奖励后将账号变卖他人，其奖励变现阶段也为真人操作进行，但若黑产批量变现，则可能发现相应参数异常。综上所述，接下来布控、识别方案中，将主要针对发起活动与接受邀请这两个阶段，套利路径并非拉新活动特有，本节不做展开叙述。

接下来将就此进行讨论，并将各埋点间的关键参数进行描述。与业务紧密相关，不具有行业间共性的参数此处不做讨论，仅叙述与行为风控相关的重要参数。此外，有一些埋点的常见通用参数，如表 6-2 所示。

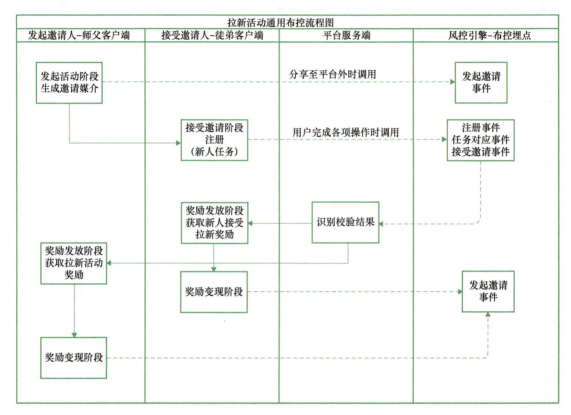

- 图 6-2 拉新活动通用布控流程图

表 6-2 埋点的常见通用参数

参　数	字　段　名	样　　例
埋点对应时间戳	timestamp	毫秒级时间戳：1649326525025
账号唯一标识	tokenId	3692052
账户绑定手机号	phone	账户经过校验绑定的加密手机号：1ebe5be70a2c＊＊＊＊＊29dc9r2ie5594b
设备唯一标识	deviceId	20220601144913＊＊＊＊＊＊＊16b21f12b121
活动唯一标识	activityId	××××
活动名称	activityName	春节拉新活动
IPV4 或 IPV6	ip	182.95.37.220
操作系统	deviceOs	android iOS Web weapp 等

在发起活动阶段，若用户单击活动规则详情页，分享邀请链接时，在师父账号操作邀请媒介，即单击"页面分享链接""保存二维码""保存海报"等按钮时，进行"发起邀请（invite）"行为的埋点，关键参数包含当前拉新活动的邀请码（invitationCode：接受邀请人填写的邀请码，或在二维码、口令、链接中隐含的邀请码），当前活动最低邀请人数（requirement），分享/邀请渠道（inviteChannel：发起邀请时支持的分享去向，如微信、支付宝、复制链接、二维码等）。

在接受邀请阶段，由于完成此拉新活动需要参与用户是新用户，所以需要经过注册阶段。注册是每个账号的行为起点，关于注册事件的调用时机，在第 5 章中有详细描述，应该是在用户完成信息录入、初次准入业务校验后，单击"注册"按钮时，特殊参数包含注册方式、用户名、昵称、密码等，详细参数及注意点可在相应章节查看。完成注册后，自动进行页面登入，然后在能够确认师徒关系时，需要进行"接受邀请（fission）"行为的埋点。根据具体活动步骤不同，此埋点的触发行为可能不同：常见调用时机包含徒弟账号录入邀请码后或经由链接跳转后自动带入师父账号信息时。此次埋点关键参数包含：师父账号唯一标识（inviteTokenId：注意师徒账号体系需要相通）、邀请码（invitationCode）、当前活动最低邀请人数（requirement）。

另外，独立于行为序列的埋点，此处需要单独强调设备数据的采集。在通用参数中有给出 deviceId 字段（设备唯一标识），此字段并非由用户直接提供，而是由采集到的各类设备信息进行计算生成，生成后贯穿账号行为。设备数据采集的常见时机是在用户启动当前 App、当前小程序或刷新当前页面时，该时间点早于后续的注册登录等用户行为。不同端的设备可采集字段差异较大，会根据权限采集，设备硬件基本信息，如生产商、型号、网卡等；设备状态基本信息，如电池状态、电量、屏幕亮度等；设备系统基本信息，如系统版本、系统开机时间、系统内存等；设备软件基本信息，如当前软件版本、软件下载来源等。设备信息的采集可用于设备风险的推测与识别，是各类布控方案中不可或缺的部分。设备指纹相关内容也可参考 3.3.7 小节。

6.2.2 布控体系及样例

本小节将会给出一个具体活动的布控方案。方案中的拉新活动来源于某电商平台的春节裂变活动，其活动规则为：若师父账号成功拉新 3 人，则师父账号可以获得 1 分钱购买坚果大礼包的优惠券，徒弟账号可以获得新人优惠券，可不限购买物品，进行扣减。活动是在微信小程序上进行的，邀请人分享小程序卡片给好友，好友单击此分享链接，然后使用短信验证码或微信一键注册的方式进行注册。注册成功后跳转到此拉新活动分享页，并弹窗提示成功注册，获取新人优惠券。同时，发起邀请方完成 3 人拉新后，弹窗提示任务成功，单击领取具体活动奖励，然后可进行下单操作。结合此活动的业务行为，主线布控流程图如图 6-3 所示。

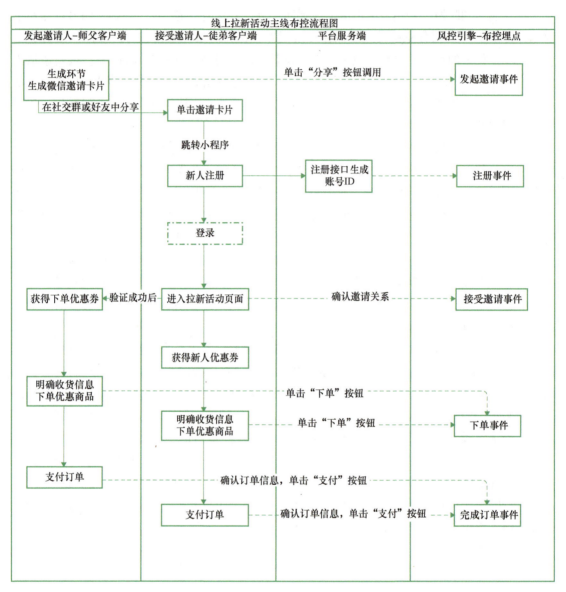

● 图 6-3　线上拉新活动主线布控流程图

6.3　拉新风险识别

在识别逻辑上，原则是少数简单且明确的条件拼接，实时由策略直接实现；多个弱条件的组合，则应该由有监督算法进行识别；而无监督算法则是用来补充团伙识别中的分组逻辑，并由此丰富可用特征。本节识别方式的叙述中，也会拆分为策略识别及算法识别两个部分，策略识别部分给出多条具体样例，算法识别会简述输入输出，并给出可视化样例。在本节中，包含农场设备的识别、拉新团伙的识别和拉新风险用户分级算法 3 部分内容。在识别逻辑中，会涉及 3.3.8.2 小节无监督算法及 3.3.8.1 小节有监督算法在拉新风险识别上的应用。

6.3.1　农场设备识别

首先要介绍的识别逻辑是对农场设备的识别。为什么要在本节最先介绍农场设备的识别？这是因为，在前文 4 类拉新风险中，危害最严重的其实就是师父徒弟均为机器账号的情况。黑产可以通过批量控制实体/虚拟设备或者批量伪造设备参数来实现伪造大量用户所使用的设备数据，进而形成大量的机器账号进行获利。其中，农场设备就是一个典型的批量控制实体设备的作案手法。不过，农场设备在多种获利场景下都是风险较高的，除了在拉新场景应用，也可扩展应用到其他需要批量控制多设备获益的场景。

对于农场设备，主要用到的识别方式是风险设备的聚集、小众属性的聚集以及中性属性的相似聚类。同时，考虑到不同端设备数据的采集量以及字段有所不同，会针对 Web 设备、小程序设备以及移动端设备采取同体系不同实现方式的识别方案。在 6.2 节拉新风控布控中提到，独立于行为序列的采集会在启动平台时进行设备数据的采集，这也是识别农场设备的主要数据来源。

策略层面，首先会采集一些基本的中性属性特征，如设备型号、内存、屏幕亮度、启动时间等。由这些基本属性可计算出第一层级的风险特征，如：利用设备型号的发布时间判别是否为老型号设备、利用设备使用内存判断是否为使用内存较少的闲置设备。然后在分组中，识别是否有风险的聚集与基本属性的趋同。总的来说，农场设备团伙识别并非是基于单个设备数据的，这是因为从定义上，农场设备就是要求非单个设备批量操控进行作弊的。

团伙类策略样例如下。

1）同 WiFi 下采集到的所有同操作系统设备+风险判定：设备屏幕亮度趋同或一致占比过高。

2）设备数据上报 IP 下关联的所有同操作系统设备+风险判定：闲置设备占比过高。

3）设备数据上报 wlan0_mac 地址下关联的所有同操作系统设备+风险判定：同型号设备占比过高。

6.3.2　拉新团伙识别

接下来要介绍的是在拉新场景下的账号团伙识别逻辑，同样也是分为策略以及算法两部分进行介绍。

1. 策略识别

识别拉新团伙在策略逻辑上分两步，第一步是划定分组。拉新场景的风控方案是在注册场景风控的基础上进行深挖的，会看到部分识别逻辑通用于注册以及拉新场景，如 IP 分组、WiFi 分组及手机号段分组等。不过，在拉新裂变活动中，邀请人 ID/邀请码是一个天然的业务分组。并且，一个新用户理论上只能完成一次注册，因此此处的师徒关系是不会被覆盖改写的，是会伴随账号的属性的。在裂变关系确认后，还可以继续记录在用户画像库中。在账号后续行为中，使用此分组帮助作弊团伙判别。

第二步是对分组内账号作弊性质进行判别。账号作弊性质的判别借助的方式有：实体自身异常关联，风险属性的聚集以及中性、小众属性的相似趋同。策略样例如下。

(1) 实体自身异常关联

1) 同设备关联大量新用户进行注册。
2) 账号短时间内在不同事件关联不同地域。

(2) 风险属性的聚集

1) 同师父邀请徒弟账号使用设备大量为 SIM 卡缺失设备。
2) 同师父邀请徒弟账号设备数据上报 IP 省份与行为数据上报 IP 省份大量不一致。
3) 同师父邀请徒弟账号绑定手机号多为虚拟运营号段。

(3) 中性、小众属性的相似趋同

1) 同师父邀请徒弟账号所使用设备型号大量一致。
2) 同师父邀请徒弟账号设置昵称。
3) 同师父邀请徒弟安装包的下载来源均非官方应用商城。

不难发现，判断账号作弊性质的方式与农场设备判别逻辑中也是一致的，这是可以在各风控场景进行泛化的策略构建方式，只是由于场景及业务的不同，而出现不同的可用特征。

接下来将要讲到的是拉新场景上划定分组所使用的算法技巧，主要是简单利用树结构，降低小团伙对拉新风控效果的影响。

2. 算法识别

随着拉新成本的增加，裂变活动规则中设置的奖励人数越来越低，时常可以见到拉新 3 人（甚至更少）就可获得可观奖励的情况。单个师徒关系可以圈定的分组越来越小，进一步在小分组上判别作弊性质就会更困难。因此，根据邀请关系合理扩大分组就十分有必要了。在 6.1.1 小节拉新风险分类中讲到的第一类，师徒均为机器账号的情况下，由于资源有限，可能会存在链式拉新的情况。针对链式拉新，如果均以账号为节点，以邀请关系当作边，由于邀请关系的唯一性，不会存在环结构，即构建出的是邀请树。从邀请树上寻找到邀请关系起始的根节点就可以进行标签传播，扩展分组大小，以同一邀请关系起始的根节点为分组。另外，节点深度也可以作为一个特征进入评分模型或策略中使用。链式拉新的可视化样例如图 6-4 所示，根节点到叶节点最大深度达到几十层。

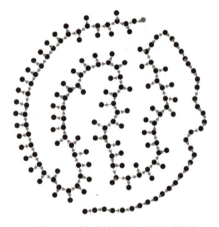

• 图 6-4 链式拉新的可视化样例

6.3.3 拉新风险用户分级算法

1. 用户级别及定义

对于一个新激活的用户，平台对其的期望往往包含用户留存（活跃）与用户转化（消费）。而在拉新活动中产生的风险新用户，往往只是为了获取拉新奖励而存在的，因此留存与转化的比例会远远低于正常新用户。因此，可以定义出风险用户的 3 个级别，具体如下。

1) 机器用户：脚本介入，除了任务奖励外绝对不会有留存。
2) 低质用户：真人操作，但是专业的薅羊毛/众包积分墙用户，目的性较强，留存转化概率低。

3）正常用户：未识别到明确风险的用户。

2. 分级识别算法

前两个小节提到的农场设备识别以及拉新团伙识别，都是针对异于常人、小概率且存在相应黑产规律的策略及模型，是用于直接检测机器用户的策略及算法。以其中提到的思路进行泛化：自身强风险（如设备虚拟机、篡改风险等），以及分组下风险异常聚集及属性异常相似趋同，可拓展出各场景适用的机器风险识别体系，本节不再赘述。下面将提到的是真人低质用户的部分识别逻辑。真人低质用户的核心特点是：操控行为是使用自有资源，真人触发。下面主要介绍的是，利用DNN深度神经网络算法在接受邀请行为发生时，对低质用户进行评分判别的方案。选用DNN进行识别，是看中了深度神经网络的泛化能力。同时，因为众包低质用户也会是真人，处置逻辑上不会非常强硬，因此更多地需要标签准确性而非可解释性，对于黑箱模型可接受。

（1）特征使用

众包低质人群在资源及行为层面上均无伪造，在使用到的特征上需要能够体现出：其真人资源及真人操作、此类用户在参与众包任务的特性。

1）对于确认真人，使用到的特征主要为个体层次上，可包含较多的风险特征。但是指向真人时，风险特征应呈现出不存在/无风险的状态。

a. 使用的资源未识别到强风险，如未识别到设备强风险、并非接码平台手机号等。

b. 所在的账号地域一致性强。机器账号自身地域一致性差，难以大量保证设备数据上报、行为数据上报IP地域与手机号地域的一致性，而真人手机号与IP地域大概率一致。

c. 账号是否有通过机器或资源验证等。

2）对于确认参与众包任务，识别往往依赖于师徒分组下众包用户的聚集出现，有以下类别特征。

a. 账号层面事实：裂变用户来源地域非常分散，未呈现出师徒分组的真实社交关系。具体来说，徒弟账号自身的地域一致性较好，但师父与徒弟多种地域不一致情况占比高。此类数据识别逻辑在包含线下推广业务时尤为适用；如门店店员邀请新人注册，而接受邀请的人员来源地域与门店所在地域不同。也由此衍生出分组下地域离散度的衡量类指标，如分组下关联IP省份个数特征等，建议在模型使用。

b. 行为层面事实：截至徒弟账号接受邀请前，师父账号发起邀请行为次数特征偏低。发布众包任务需要的发起邀请次数相对少。另外，徒弟账号平均接受邀请时间间隔特征，受众包任务完成模式影响，会刻画出各徒弟接受邀请时间相对密集且快速的规律。最后，当前邀请分组注册成功率特征也会受众包任务存在佣金的影响，转化率较正常师徒分组更高。上述三类特征，均建议在模型使用。

上述提到的各类特征，是基于真人众包任务路径、性质，提出的特征关注列表，期望最终生效的算法能够使用更多合理的特征。若与期望不符时，还可考虑是否过拟合或在样本筛选上出现问题。不过，在实际使用时，还需要结合特征缺失率、特征相关性，以及特征贡献度等方面进行模型的训练与迭代，以保证低质用户识别算法的准确性。

（2）样本筛选

与特征使用维度一致，首先需要对有明确机器风险的样本做过滤。然后在不包含机器特征的样本中，可根据后验特征进行筛选。例如，师徒分组下新用户留存特征，众包任务带来的新用户留存量应该很低。另外，如果师徒分组下新用户统一出现截图行为，也是积分墙样本的明确特征。在积分墙任务发布过程中，接任务者需要上传截图进行确认并获取佣金，在微信、QQ 群中发布的任务往往也需要截图进行完成确认。除了利用后验特征进行积分墙群体筛选，情报数据也是很好的样本来源，是有切实证据的众包任务。

6.4 拉新风险处置与监控

6.4.1 典型拉新风险处置方法

拉新的处置方案应该包含两种方式，一是行为发生时的实时处置逻辑，二是因为用户行为打标后，以用户分级标签为维度的后置处置逻辑。在后置处置以及实时处置两种处置逻辑上，更建议考虑"从严处置、尽量后置"的方式。在 6.2.1 小节中，拆分了拉新活动的 4 个阶段，此处的处置逻辑也沿用之前的阶段拆分方式进行，与布控逻辑一脉相承。具体来说，在发起邀请、接受邀请及奖励发放阶段，建议只做风险识别、风险标记，而在最后的奖励变现环节，再进行处置。这是因为在拉新活动的前三个阶段，用户还未获利，平台也还未实际产生作弊损失，不必实时阻断活动流程。从严处置后置的优点在于，可以获得各用户更完整的数据链路，从更多的数据量及数据维度上评估风控及活动效果。而且随拉新获客成本的增加，需要更加谨慎地对待每一个潜在新用户，后置处置能更大程度减少其成为平台新用户的阻力。

不过，除后置处置的逻辑外，在希望重召回，不希望有过多干扰用户的情况下，也可进行实时处置。如在识别到师父账号的机器用户风险时进行标记，然后在接受邀请阶段对受邀的新用户进行风险关联，进而从严进行新用户注册校验。若师父账号未识别到风险，而徒弟账号在接受邀请阶段实时识别到机器账号风险，也是同样从严进行新用户注册校验。

新用户注册校验方案包含行为验证及资源验证两类，行为验证针对机器脚本的阻断，资源验证针对真实资源的核实。例如，短信验证中，短信下行验证码为单纯的资源验证，而短信上行验证码则为资源+行为验证；要求绑定一致姓名的实名微信号也是资源验证。行为验证常见方式为滑动验证码、点选验证码等用户动作上的交互。不同验证方式对应的真人概率及破解难度不同，具体使用何种类别的验证，受产品逻辑、生命周期等多方面影响，难以给出具体的类别。若用户完成强验证，则可顺利完成注册流程，正常发放奖励。同时建议，对当前用户画像上的机器标签进行清洗。

当然，不论选择实时处置还是后置处置，奖励变现阶段都是活动的最终阶段。奖励变现阶段有几种方式，与活动奖励形式直接相关，有真实货币、虚拟货币、虚拟商品、真实商品 4 类。划分简述及解释可参见 6.1.2 小节。由于用户对于奖励变现阶段的处置会更为敏感，需要更为细致，因此除行为资源验证处置之外，建议加入人审判定。总的来说，在此阶段触发风控，机器标签可进行行为+资源验证，通过后方可成功变现，若有业务监控异常，还可制订逻辑少量加入人审。

当然，风控的处置逻辑都是在活动业务逻辑以外，相对通用的手段。在真实活动设计时，还可存在一些其他与业务规则相关的柔性处置方案。业务规则例如：部分活动标明奖励先到先得或需抽奖获取，带有不确定性；部分活动在参加时已经明确锁定奖励，则只能给出是否发放的决定；另外，奖励到账前的审核时长也可以有不同。业务规则上的设计不同，在处置方案上也会不同，但各活动定制规则可以有很大差异，此处不再详细描写。并且，与机器用户处置逻辑不同的是，低质用户无法通过资源及行为验证进行识别阻断。所以，当识别到师徒分组为低质用户，也只能通过业务规则，在业务允许范围内进行柔性处置。

前文提到了引入除机器、低质以外的业务特征监控异常，来制订人审逻辑。业务特征指标可包含：变现的奖励金额过高、账号分享活动次数过低、账号完成裂变任务时长过短、账号平均拉新时长过短、收货地址下关联较多用户等未通过对黑产用户路径/作弊规律布控但又值得注意的业务异常，需要进行监控分析。处置逻辑对时效性要求较高，因此此类特征是在实时小分组下进行数据监控的。

布控、识别、处置与监控，事实上是相互影响相互成就的版块，并且需要结合具体产品情况反复打磨调整，才能正向高效地发挥风控效果，提升营销活动质量。

6.4.2　拉新风险监控

1. 业务表现监控

总的来说，业务方可总结过往活动经验，在活动进行时，预先给出部分活动指标的先验变动范围，当超过预期范围或波动明显异常时，需将异常数据同步风控方共同分析。以下是两个与具体业务无关，但相对适用的监控指标。

对于裂变拉新活动，首先业务需要观测的是活动的参与情况。可以用到的指标就包括邀请码、邀请链接、邀请海报的分享次数，以及邀请人发起邀请的平均次数，也可以再衍生出，平均每次邀请带来的新用户注册量。观察这类指标，是因为在黑产使用脚本，或发布积分墙任务的过程中，往往只会存在一次分享，而正常人为了拉到足够多的新人，可能会出现反复分享，分享到多个渠道的情况。因此，在黑产使用脚本时，分享次数会偏低，同时引起邀请平均带来的新用户注册量偏高，当活动中这两项指标出现符合此处所述规律时，需要引起注意。

接着，还可以监控单击量与实际注册量的转化比率。由于拉新活动是由老用户发起的，没有像渠道方投放广告时的精确曝光数值统计，无法统计到该活动发起后的精确曝光量。但是由分享的链接、海报进入页面的次数可以作为曝光效果的评估指标，进而计算出单击到实际注册的转化比例。黑产在批量进行脚本操作时，时间相对集中，如果脚本工具中包含了页面单击触发的埋点，那么该转化率会增高；若工具中不包含页面单击的埋点，那么该转化率甚至可能出现等于或大于 1 的情况，这需要尤其注意。

上述两个观测指标，实际是基于 K 因子的可监测指标拆分。K 因子，又名 K-factor，是一个用户推荐能带来的新用户数。

另外，还可以关注的是，拉新活动的平均完成时长，以及任务的完成比率。当拉新活动平均完成时长过短，任务完成比率过高时，也是出现风控效果异常的警示。

最后，如果同时存在多种拉新任务，且拉新奖励类别较为丰富，那么不同奖励的领取方式、消耗速度也可以作为业务上的监控指标。在过往风险识别的经验中，对于不同类别的奖励，作弊人群会有不同的偏好。大批量薅取奖励的黑产，需要考虑奖励的快速变现，因此会集中在某些奖励活动进行作弊，此时，对应类别奖励的消耗速度就会明显加快。

2. 风控数据监控

活动进行中的风控数据监测主要是为了两个目的：一是不要出现大规模的作弊团伙，二是不要出现大量不必要的投诉误识别。

（1）监控作弊团伙

对于作弊团伙大量出现的情况，主要有三种监控方式，一是观察前文提到的业务表现指标，二是监控情报侧的动向，三是观察活动数据中无风险比例是否有突升。在有丰富的黑产知识及细致警觉的心态情况下，适当关注一些黑产接单平台、黑产交流群以及积分墙 App 上的信息，就可以直接匹配出部分黑产的作弊数据；并且，讨论的热烈程度、单次任务的耗时与成本也能够反映出防御布控的效果。此外，在没有风控逻辑改变的情况下，正常人与风险用户参与活动的比例应该相对平稳。如果突然出现拉新活动参与量明显上升，且无风险拉新占比同步明显上涨的情况，就需要考虑是否有黑产绕过了风控体系，开始大量薅取奖励。

（2）监控误识别数据

对于大量误识别的情况，就需要对可识别到的异常量进行监控，并及时进行核验。例如，总体拦截量的上升、单条识别逻辑的拦截量突增、客诉数目的波动等都需要引起注意。此外，由于处置逻辑中可能涉及大量的行为与资源验证，对于验证通过情况的监控也可以及时发现是否有某个识别逻辑导致了大量的异常识别。将波动数据进行抽样核验，就是快速发现误拦截情况的最佳方式之一。误识别监控的时效性要求较强，尤其是在会直接影响用户体验的逻辑上，更是需要及时响应。

3. 留存表现监控

一个用户的生命周期就是从新用户开始的，而目标则是使该用户成为活跃的、忠诚的、创造价值的用户。因此，在活动结束后，需要进行效果追踪，分析活动完成后新获取到的用户质量。因此，本轮裂变活动留存表现的复盘，不会是在活动完成后立即进行，而是会在一段时间以后如一个月，再利用日活或交易数据等进行效果复盘，对于能够发现的问题数据进行分析，进而迭代风控效果以及处置逻辑。

具体来说，可以分析的指标，首先包括日活留存类指标。在用户分级中明确过，如果是黑产控制的资源，那么这部分新用户大概率不会再有长时间的留存。因此，监控方向包含基本的日活、周活、月活，以及 3 日留存、7 日留存等用于评估用户是否在对应时段内仍在平台有行为的留存指标。活动获取的新用户总体留存情况如何，如果留存表现相较历史经验尤为不佳，那么可定位到某些典型的邀请团体进行数据分析。

同时，本轮裂变活动带来的新用户的价值评估也非常重要。这是因为黑产的目的是获取利益，因此并不会愿意在平台上付费或进行无获利的用户行为。进而，通过如完善个人信息、更改 App 设置、电商平台新用户产生的订单收益、工具平台新用户成为付费会员的收益及比率以及社交直播平台用户的打赏金额等指标，就能很好地评估新用户质量以及活动效果。同样，找到这些正向行为集体缺失的典型邀请团体进行数据分析，应该也能帮助找出风控漏洞或者活动设计上的疏漏。

6.5 促活营销风险

裂变活动吸引新用户注册,然后平台会通过各类促销活动,使用户留存时间更长。一个平台的促活(促销活动)方式多种多样,如限时抢购、发放优惠券、消费兑换积分、例行签到任务等,但目的都是促进用户在平台上的活跃度、增加用户黏性。接下来以发放优惠券活动中的作弊场景为例,重点描述其典型风险分类、布控识别体系、处置与监控体系。

6.5.1 常见活动类型

优惠券的类型非常多,可以根据不同维度区分出多种多样的优惠券,不同的优惠券同时对应着不同的优惠活动。如表 6-3 所示,可根据不同维度对优惠券进行分类,各维度之间可能会有交叉。

表 6-3 优惠券分类

分类维度	类别
发放人	平台券:平台自身发放。 商户券:平台上的商户发放 三方券:政府借助平台发放
获取方式	新人券:新用户注册即可获得新人券 会员券:购买会员获得优惠券 秒杀券:通过限时抢购获得优惠券 任务券:通过完成任务获得优惠券 购买券:通过消费购买优惠券 抽奖券:通过抽奖获得优惠券
使用消费金额限制	满减券:消费满减,如满 300 减 20 无门槛券:无金额限制,消费即可优惠
使用地域限制	到店使用券 线上使用券
使用商品类型	实物商品 虚拟商品 服务商品
使用时间限制	活动券(仅限活动期间使用) 定期券 永久券
使用商品限制	定向商品券(限制在某些商品上使用) 定向商户券(限制在某些商户使用) 无定向限制券

从常见黑产作恶路径来看,主要关注的优惠券分类维度是发放人及获取方式。发放人维度可区分出薅取后资金的直接损失方,获取方式维度可反向推测薅取优惠券路径上的用户行

为序列。

6.5.2 常见黑产路径

优惠券场景的黑产路径有资源转移、代买代办、联合套现和直接套利,具体介绍如下。

1)资源转移是指黑产通过把优惠券转移给其他人进行套利,其中包括两种方式:一种是将带有优惠券的账号直接倒卖给其他人;另一种是将优惠券从一个账号转移到另一个账号,如赠送等。

2)代买代办是指黑产有偿帮用户代下单、代注册、代充值等。

3)联合套现是指平台上存在三方,即商户、用户和平台,平台给商户发放补贴,奖励时,商户为了薅取补贴及差价,就会联合用户套取平台奖励。

4)直接套利是指黑产将优惠券用于自己,如直接下单邮寄给自己。

6.6 促活风控布控

6.6.1 行为事件埋点及特殊参数

行为事件埋点在用户的具体行为上,针对优惠券主要有 3 类埋点:第一类是用户浏览优惠券详情的行为、第二类是用户领取优惠券的行为、第三类是用户下单相关行为。

用户领取优惠券的行为是在用户单击领券时调用,优惠券特殊参数如表 6-4 所示。通过对用户领券的类型、金额、来源等维度判断是否存在聚集,可有效识别黑产。

表 6-4 优惠券特殊参数表

参数 ID	参数名称
couponType	券的类型
price	券的金额
couponSource	券的来源

用户下单的行为是在用户单击下单时调用,特殊参数如表 6-5 所示(其中涉及地址和手机号等信息,均为加密后的信息)。通过对用户下单商品是否存在聚集、订单备注是否异常、付款方式是否集中、收货手机号是否聚集、收货地址是否相似、门店地址是否聚集、优惠金额是否趋同等信息,可有效识别黑产。

表 6-5 下单特殊参数表

参数 ID	参数名称
products	订单商品信息
orderId	订单 ID
orderNotes	订单备注

(续)

参数 ID	参 数 名 称
paymentMethod	付款方式
receiverPhone	收货手机号
shippingFee	快递费用
price	优惠券商品金额
receiverProvince	收货省份
receiverCity	收货城市
receiverDistrict	收货区域
receiverAddress	收货详细地址
deliverType	配送方式
shopProvince	门店省份
shopCity	门店城市
shopDistrict	门店区域
shopAddress	门店详细地址
discounts	优惠信息

6.6.2 布控串联体系及样例

接下来是一个垂直电商平台的案例，平台在大型节日期间会有优惠活动，本次活动主要是用户只需支付邮费即可获得试用商品。通过分析用户行为数据，发现部分用户的 IP 省份和手机号省份一致、注册手机号（加密后的）和收货手机号（加密后的）一致，偏真人；通过分析用户的设备数据，用户使用设备长期稳定，用户通过微信小程序下单，进入小程序的方式非常多元，包括搜索小程序后进入平台、通过好友分享的小程序链接进入平台、通过群聊中的小程序链接进入平台，方式多种多样，偏真人。但是通过分析下单行为事件下的特有参数数据，发现异常，这批用户的收货地址（加密后的）相似，均为同一收货地址的变体且集中在部分省市区，典型真人代买代办，邮寄到统一的收货地址，相似收货地址案例如表 6-6 所示，其中涉及的省市区已模糊处理。

表 6-6 相似收货地址案例

收货省份	收货城市	收货区域	详细收货地址
X 省	Y 市	Z 区	街道办事处快递站点
X 省	Y 市	Z 区	街道办事处快递站点苏苏
X 省	Y 市	Z 区	街道办事处快递站点
X 省	Y 市	Z 区	邮储银行门口
X 省	Y 市	Z 区	ss 无为世界银行 uu　烤乳猪店 lzh

6.7 促活风险识别

6.7.1 设备风险识别

在优惠券场景，黑产进行资源转移、代买代办、联合套现或直接套利之前，需要先获得一批账号资源，而批量注册账号通常是通过伪造数据打接口实现的，存在参数伪造的风险。部分黑产在伪造行为参数，尝试构建行为接口时，会出现设备标识为空、设备标识缺失或设备标识解密失败等风险特征。同时，也存在部分黑产，会尝试破解设备指纹 SDK 协议、伪造设备及行为参数。伪造设备即没有真实的物理设备，通过发包工具，如 Curl、Python、Java 等，模拟出真实的数据，直接发送到设备指纹服务端，生成设备画像信息。识别主要是通过字段格式校验、字段类型校验、字段间逻辑校验、缺失分实现的。

6.7.2 行为风险识别

在使用各种优惠券进行下单的业务场景下，包括两个环节，首先是获取优惠券环节，其次是使用优惠券环节。本节主要介绍两种作弊目的的识别对抗逻辑，一是薅新人券，倒卖给真人获利。薅新人券主要作弊方式是用脚本打接口，批量虚假注册获取优惠券。二是商户联合真人薅券，主要作弊方式是黑产通过积分墙众包平台，组织真人领券后定点核销用券。需要注意的是，薅取优惠券的作弊手法中，多是真人用券支付，这是因为具有支付功能的账号多要求强校验，成本较高，无法批量使用脚本完成。

1. 薅新人券行为风险

在第 5 章账号安全保护中，大量讲述了此阶段的风控识别方案，本节就不再重复。不过，由于后续的倒卖账号行为，会使得单账号在使用优惠券环节出现明显的资源跳变，如设备从黑产的设备跳变到真人的设备，可校验前后设备型号及唯一 ID；IP 及地域从黑产的 IP 跳变到真人的地域，并由此可衍生出一系列的不一致风险供策略使用。

团伙常见识别逻辑样例如下。

1) 同注册 IP/注册设备下：下单设备与注册设备大量不一致。
2) 同注册 IP/注册设备下：下单 IP 省份与注册 IP 省份大量不一致。

2. 商户联合真人薅券行为风险

商户联合真人薅券，一般是由商户发起的，会在黑产渠道、平台寻找刷单团队进行刷单。成熟的刷单团队有明确的分工和运作流程。刷单团队会有刷单主持，负责在 QQ 群发布任务。然后刷手接单，接单后根据刷单主持提供的步骤及要求进行刷单。步骤包括搜索店铺，购买商品，填写订单信息，在相应报单平台、渠道进行报单。要求包括：购买物品需凑够满减金额；需要的优惠券类型；收货地址、手机号通常会统一提供；订单备注等信息也需要满足相应格式。上述信息填写的要求，是商户为根据报单信息筛选刷手订单而设计的，以便进行发货后回收操作。因此，商户和黑产就能在没有真实进行商品交易的情况下，薅取平台补贴，造成平台损失。

（1）策略识别

根据上述黑产行为，与前文所述一致，判断风险作弊团伙分两步，一是划定分组，二是判断账号的作弊性质。

1）收货信息识别。由于商户要把发的商品回收，所以提供了统一的收货地址和收货手机号。以收货地址和收货手机号作为维度，可有效划分作弊团伙，策略样例如下。

a. 同收货地址/收货手机号下：收货分组自身异常，关联大量账号。
b. 同收货地址/收货手机号下：收货分组自身异常，下单次数多。
c. 同收货地址/收货手机号下：大量账号 IP 省份与收货省份不一致。
d. 同收货地址/收货手机号下：大量账号 IP 省份与收货手机号省份不一致。

2）订单备注识别。由于刷手是通过订单备注进行报单的，所以团伙上的识别策略如下。

a. 同商户关联单账号下：大量账号订单备注中包含无意义信息。
b. 同一个订单备注下：大量账号使用同一备注，如日期等。

3）行为序列识别。由于刷单步骤由任务指定，因此，账号行为序列上会出现相似情况。并且，由于刷手刷单的存在，会导致商户的转化率极高，策略样例如下。

a. 同商户关联单账号下：对用户相似行为序列进行识别，如注册、登录、搜索、浏览、领券、下单等。
b. 同商户关联单账号下：对用户搜索的内容进行识别，如搜索内容相似等。
c. 同商户关联账号下：浏览至下单转化率异常高。

（2）相似地址算法识别

前文根据收货地址、订单备注等文本信息分组举例了部分常见的策略逻辑。但在真实的黑产对抗过程中，文本信息的少量修改就会使得相应分组策略失效。为绕过同收获地址的策略，刷手会随机在收货地址后面添加文字或符号，让部分关键信息指代真正的收货分组。因此，如何识别相似的收货地址，提取收货文本中的关键信息，就成为联合商户薅券场景的难点。并且，相似地址分组在下单相关的多种黑产路径上，均可作为分组使用。

本小节选用的相似地址算法是 simhash，这是一种常见的长文本处理算法，结合当前场景，计算步骤如下。

1）首先按收货省份、城市及地区进行分组，以便在同收货省市区的地址间使用 simhash。
2）对详细地址进行切词，并去除无意义停用词，对不同词语赋权重。
3）将带权重的切词结果进行 simhash，编码为 64 位二进制字符串。
4）基于海明距离的地址聚类，返回每个地址、聚类簇、聚类大小等关键字段。

相似的收货地址可拓展为维度，用于升级收货地址维度的频度、关联和聚集策略。

6.8 促活风险处置与监控

6.8.1 处置方法

处置是风控的重要环节，是风控的闭环，通过处置才能证明风控的价值。依据处置的严格程度分为 4 个方式。首先是预防，如全平台公告等；其次是干预，如进行各种验证，包括验证码、短信验证、生物识别、身份三要素等；再次是弱管控，如警告等；最后是强管控，如阻断当次行为、定期封号、永久封号等。

针对领取优惠券然后下单这种业务场景，处置上除了需要考虑处置方式的有效性和对于用户体验的影响外，还需要考虑处置后对业务营业收入的影响，所以在这个业务场景下提供了多种处置方式。

如图 6-5 所示，用户的浏览行为、领券行为和下单行为埋点传入风控系统，其中浏览行为仅作为风控识别的数据输入节点，不作为处置节点；而领券行为和下单行为既作为数据输

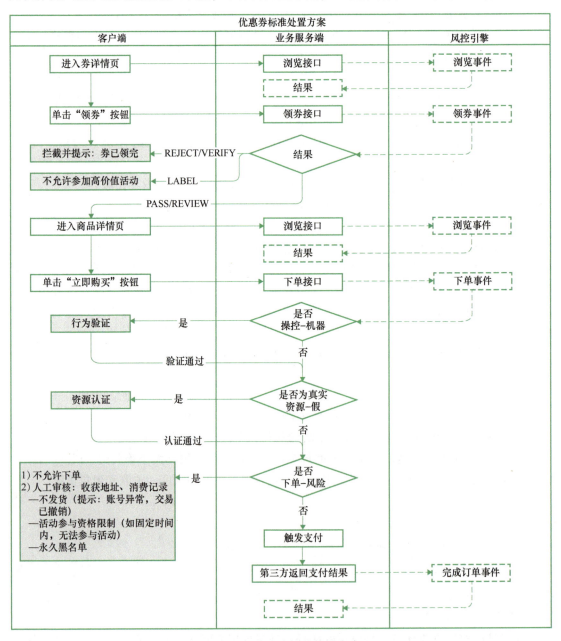

• 图 6-5 优惠券标准处置方案

入节点，又作为处置节点。

针对领券行为的处置包括三点：第一点是当识别到当次领券行为的风险时，直接阻断用户的领券行为；第二点是当用户存在某些标签时，如薅优惠账号、机器秒杀作弊账号，则用于对用户的后续运营，如不允许其参加后续的高价值活动等；第三点是当未识别到风险时，直接让用户进入后续的环节。

针对下单行为的处置包括三点：第一点是判断用户是否存在机器操控的风险，如果存在，则进行行为验证，如成语语序验证码，验证通过后用户可以进行后续的操作；第二点是判断用户是否使用假的资源，如果使用了，则进行资源认证，如短信验证等；第三点是判断用户是否存在下单特有风险，此时既不是机器操控也未使用假的资源，如真人众包等，如果是，则可以选择以下几种不同的处置方式。

1）直接阻断本次下单。
2）人工审核。

人工审核后又可以进行以下 3 种处置。

1）不发货。
2）活动参与资格限制，如固定时间内，无法参与活动。
3）永久黑名单。

6.8.2 监控方法

对于优惠券的监控，可以通过以下 4 个方面进行。

（1）优惠券消耗速度监控

监控时可对比历史同类活动，消耗速度越快说明风险越高。由于黑产通常会监控商品或优惠券情况，当释放优惠商品或优惠券时，黑产会第一时间发现并且下单，而正常用户的速度相对较慢，所以消耗速度越快说明风险越高。

（2）优惠券消耗商户监控

当优惠券非定向商户的时候，出现大量聚集在某个商户，说明风险较高。由于黑产下单有明确的目标和路径，通常会在某些维度出现聚集，如聚集在某个商户下，而正常人的消费需求多种多样，不会出现明显聚集现象。

（3）优惠券消耗商品监控

当优惠券非定向商品的时候，出现大量聚集在部分商品，说明风险较高。因为正常人的需求是多种多样的，通常不会聚集在某个商品下。

（4）优惠券消耗时间的监控

当优惠券非限时使用的时候，出现大量用户同一时间使用同一优惠券时，说明风险较高。

第 7 章 交易支付风控

在互联网快速发展的最近二十年中,电商行业可谓是这个时代中发展最迅猛的典型代表行业之一。从最早的线下交易、现金支付,到网购、线上借记卡、贷记卡支付,再到便捷的支付宝、微信等为代表的第三方移动支付、刷脸支付等,以及目前还在迅速发展的数字人民币,国内的支付方式发生了天翻地覆的变化。在支付方式演变的过程中,便捷性的提高往往蕴含着更高的风险。传统的现金交易除了假币之外,几乎没有其他风险。而现在普遍使用的移动支付,蕴含着形形色色的风险,如盗卡盗刷、账号盗用、诈骗、洗钱等,再者,便捷性也带来数据隐私的问题。

7.1 交易支付风险分类

7.1.1 盗卡盗刷

盗卡盗刷指盗卡人盗用了持卡人的卡或信息,进行支付或转账,银行(支付公司)也将盗卡盗刷称为伪冒转账或伪冒支付。其特点在于,支付行为不是由持卡人本人发起操作的,而是由盗卡者操作的。其本质是该笔交易不是持卡人的真实意思表示,是非持卡人授权的交易。所以,识别盗卡盗刷的一个重要思路是:对比本次支付的行为相比于历史习惯是否改变,如登录方式、支付方式、支付时间、消费金额和消费类型的变化以及从支付密码错误次数等来识别。

盗卡盗刷分为以下两种类型。

1)伪卡盗刷交易是指他人使用伪造的银行卡刷卡进行取现、消费、转账等,导致持卡人账户发生非基于本人意思的资金减少或者透支数额增加的行为。

2)网络盗刷交易则是指他人盗取并使用持卡人银行卡的网络交易身份识别信息和交易验证信息进行网络交易,导致持卡人账户发生非因本人意思的资金减少或者透支数额增加的行为。

7.1.2 诈骗交易

诈骗交易是指持卡人因受到诈骗人的欺骗,基于错误的认识,消费或转账给诈骗人,从而导致持卡人账户资金减少或者透支数额增加的行为。与盗卡盗刷相比,其本质的差别在于诈骗交易中的付款或者转账等支付行为,是基于持卡人的"真实意思"和持卡人本人的操作。根据诈骗交易的不同手段或"剧本",有如下几类常见的诈骗手段。

1)刷单兼职。
2)投资理财。
3)情感诈骗。
4)冒充客服。
5)冒充公检法。

通常情况下,诈骗交易的识别准确率要低于盗卡盗刷。可以从转账、消费的关系网络入手,因为诈骗一般是团伙作案,同时诈骗多人。另外,持卡人转账金额出现异常序列,如在典型的刷单诈骗中,一般情况下会先有若干次小额转出,每次转出后有对应的转入,且转入金额略大于转出金额(对应刷单兼职诈骗的诱惑环节/建立信任阶段,诈骗人在持卡人每次支付成功后,按照约定的"报酬"给予退还)。紧接着会出现,连续几笔大额转出(对应刷单兼职诈骗的诈骗环节,受骗人尝到甜头后,诈骗人会派发"连续大单")。在持卡人转账记录中,如果发现持卡人与陌生的账户间存在该种转入转出模式,尤其是多个持卡人与同一账户存在这种交易模式,一定要警惕,需做好充分的验证、人工审核或拦截后续交易,及时通知持卡人进行处理等。情感诈骗与刷单兼职诈骗不同点在于:情感诈骗支付交易时间跨度可能长达半年之久,刷单兼职通常 1~5 天。情感诈骗的转账金额会出现很多特殊含义的金额,如 1314 元、520 元等。而刷单兼职的金额通常不会是整百,而是 88 元、99 元、168 元、199 元等更契合真实电商平台商品的销售定价。

7.1.3 恶意退款

恶意退款是在成功消费后,以各类"恶意"理由找不同的主体进行退款的风险。被退款的主体通常有以下 3 种:

1)持卡行或信用卡组织。持卡人在消费(主要是信用卡消费)后找持卡行或卡组织退款,通常也称为拒付(chargeback)。

2)应用市场。典型的代表是 Apple Store 或 Google Play,通常情况是持卡人通过应用市场下载 App 进行虚拟充值后,通过应用市场进行退款。在游戏行业、社交直播行业是一个普遍存在的问题。

3)平台自身。利用平台的退款政策进行退款,如某些水果生鲜平台,这类平台通常具有较为宽松的退款政策。

退款的理由,可以分为如下 4 类。

1)真正欺诈(criminal fraud):这类退款是持卡人被盗刷后,发起的退款。

2)友善欺诈(friendly fraud):这类退款一般是指持卡人本人忘记了该笔交易,或家人消费后没有告诉持卡人而发起的退款。

3)拒付欺诈(chargeback fraud):这类退款是指持卡人真实消费获得了相应的商品或服务后,发起的退款,真实目的是想要获得免费的商品或服务。

4)商家错误(merchant error):这类退款更多是基于系统层面的原因,如多扣款、重复扣款,或者是商家货不对板、质量问题等非基于其他风险因素的原因。这类不是本书要讨论的范围。

7.2 交易风控布控

本节主要介绍在交易风控场景里布控的目的和方式，如何在交易场景里搭建全栈式的布控体系，同时列举电商和第三方支付两个场景下的典型布控路径，以及不同事件下需要接入的参数和事件接入的时机。基于丰富的场景数据，从多维度进行实时的联防联控，做好事前预防，识别有风险的支付行为并进行及时的拦截和处置，从而减少受害者和平台的损失。

7.2.1 布控目的

在实际风控中，通过对不同的交易场景进行风控布控，将关键的交互类操作进行详细记录，来追踪用户在不同业务环节的行为表现，及时发现异常，识别风险，避免风险事件的发生。

交易场景里判断用户的盗卡盗刷、诈骗交易、恶意退款等问题都是需要整合各阶段数据的，因此，在采集数据之前要清楚埋点的节点和时机，以及各节点需要采集的参数。通过埋点在前端的正常功能中添加统计功能，获取关键事件和参数，并且进行数据上报。根据埋点场景和风控数据后续的应用时机，数据上报过程可以是同步的，也可以是异步的，甚至是周期性的。全链路布控的目的就是为了实现前置业务为后置业务产出事前特征，避免后置业务风控检测冷启动；后置业务为前置业务提供事后特征，可以进行事后分析反馈，通过高效持续的风险对抗，逐步提高黑产的作案成本。

1. 关键事件

用户在平台上要完成一次交易是需要进行一系列操作的，从注册成功到支付完成会形成一条完整的行为路径，这条路径上的每一个动作及产生的结果都可以概括为一个事件。为了识别一笔订单是否具有风险，需要在各个环节进行风险监测，尽可能在订单完成之前的环节识别到异常风险，及时进行拦截和处置。

一个正常用户的行为路径通常可以由以下几个关键事件组成，如图 7-1 所示。

• 图 7-1 关键事件链路

当然，实际业务中情况会更复杂，事件也可以根据具体的业务场景进行调整。如盗卡盗刷场景，黑产通过各种非法手段获取用户的账号、密码，在用户完全不知情的情况下对其资金进行非本人操作。这里涉及两个场景，通用场景（如注册、登录等）和交易场景（如下单、支付、转账、提现等），如果黑产在不知道账号密码的情况下，可能还会进行更改密码、重置密码等操作。

在游戏平台容易发生的代充场景，如图 7-2 所示的应用内购退款，平台用户在"代充工作室"低价购买游戏币，然后"代充工作室"向平台申请退款，给平台和用户都造成了一定的损失。值得注意的是，"代充工作室"有一个完整的交易链条，从收集资源（如低价卡、盗刷等），到作弊工具、拉人养号、代充出单，最后申请退款，每个环节都有"专业"

的人员操作。

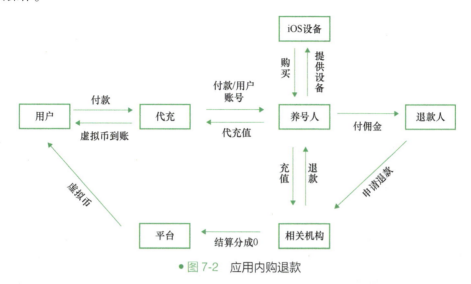

● 图 7-2　应用内购退款

所以不仅要关注用户支付、购买商品、转账、提现等与钱有关的行为事件，也要关注包括积分兑换、积分购买、送礼等与虚拟货币有关的行为事件。虚拟货币，很多业务也称为积分，是专属于业务的一种虚拟货币。很多时候，虚拟货币与钱是等价的，可以用来进行商品购买等操作，所以这部分数据也是需要进行埋点和留意的。在实际业务中，不要忽视对积分消耗、送礼等事件的监控，建立用户和接收者之间的关系路径监控，同样有利于发现风险。

在与"作弊者"对抗的过程中，通过完整的布控链路才能做到风险可溯源、可追踪，结合注册、登录、下虚拟订单、下实物订单、支付、送礼、提现、退款申请等路径上的一系列事件，逐步定位异常订单的相关设备和账号。关注账号是否在同一时间段在不同设备进行登录，注册到下单或者登录到下单的 IP 归属地是否发生改变，注册或登录和下单的设备是否不一致，下单事件是否出现 IP、设备型号异常聚集等关键信息；结合设备指纹技术，通过时序、关联、频度等特征，锁定相应的设备或者账号，从而实现对风险行为的精准防控。

2. 参数

明确了事件以后，还需要明确各事件需要传入的参数，结合上面提到的内容，需要通过各事件具体的参数来衍生出该笔订单对应的一系列静态特征和用户行为特征。用户在平台系统中涉及的数据都需要收集整理来支持风控分析，包括但不限于如下这 3 类。

1）业务数据：描述用户的基本属性信息，包括用户 ID、账号类型、性别、设备类型、操作时间等。

2）环境设备数据：设备指纹、客户端型号、网络信息、是否为模拟器、是否越狱、是否 root 等。

3）行为数据：用户做了哪些行为，包括用户的单击行为、浏览行为、更改信息行为、下单行为等。

很多时候，往往需要结合更多的参数和后续的风险行为进行二次判断，才能给账号打上更准确的风险标签。所以交易风控需要关心用户当前交易的前后环境和操作，包括用户所用设备数据、IP 数据，以及用户、订单等操作实体的状态。需要发现这些设备、IP、订单等状态变更的时机,以及变更的时间间隔,如用户频繁更改交易密码、短时间内高频提交订单且时间间隔稳定、支付额度突增等都不是一个相对正常的状态。因此,在下单、支付、返回支付结果等环节进行埋点,获取整个交易流程里发生的数据和参数,能够及时发现异常从而进行实时的拦截,如订单商品相关信息(如金额、订单 ID、下单时间等)、支付方式、订单成功或失败等状态都是具有重要参考价值的参数。

表 7-1、表 7-2 所示分别是下虚拟订单事件参数、支付事件参数,可根据实际业务特点和需要进行调整。

表 7-1 下虚拟订单事件参数

请求参数名	参数说明	备注
tokenId	用户唯一 ID	
ip	当前业务事件发生时客户端公网 ip 地址	
timestamp	当前业务事件发生时的时间戳,单位为毫秒(ms)	
deviceId	设备指纹标识	
os	应用端操作系统类型	
appVersion	应用版本号	
product	虚拟商品名称	如金币、道具、会员等
orderId	订单 ID	该商品订单唯一标识
interval	商品发布到下单时间,单位毫秒(ms)	主要用于商品秒杀
phone	用户下单使用的手机号或者该手机号 MD5 加密字符串	中国大陆手机号请填写 11 位数字,例如:13800138000;MD5 加密字符串格式为 32 位小写
countryCode	手机用户的国家代码	中国大陆区手机号填写 0086;非中国大陆区手机号填写国家代码,如美国填写 0001、安道尔 0376、巴哈马 1242
price	下单总金额(优惠前)	货币计量单位为我国法定货币人民币(CNY),单位:元,如 88.69 元
discount	该订单享受的优惠金额	商品订单原价减去商品订单实际支付的价格
account	购买商品后账户余额	购买金币、Q 币等虚拟商品后账户余额(增加),单位:元,例如:10.5 元
level	用户等级,针对不同等级的用户可配置不同拦截策略	可选值:0、1、2、3、4 分别对应: 0:最低级用户,如新注册、完全不活跃的用户等。 1:较低级用户,如低活跃度用户等。 2:中等级用户,如具备一定活跃的用户等。 3:较高级用户,如高活跃度的用户等。 4:最高级用户,如付费用户、VIP 用户、可考虑放过的用户等
currency	货币	

表 7-2 支付事件参数

请求参数名	参数说明	备注
tokenId	用户唯一 ID	
ip	当前业务事件发生时的客户端公网 ip 地址	
timestamp	当前业务事件发生的时间戳,单位毫秒(ms)	
deviceId	设备指纹标识	
os	应用端操作系统类型	
appVersion	应用版本号	
level	用户等级,针对不同等级的用户可配置不同拦截策略	
amount	支付金额	
currency	计价货币	参考货币代码表(ISO4217)
channel	支付渠道	
cvvResultCode	cvv 验证结果	
avsResultCode	地址验证结果	
cardBin	Bin 码,银行卡前 6 位	
bankCard	支付银行卡号	当支付方式为借记卡支付或信用卡支付时传入该字段 XXXX-XXXX-XXXX-4242,除后 4 位外,其余可用 X 代替
orderId	订单编号	当前支付的订单编号
bankCardPhone	银行卡绑定的手机号	当支付方式为借记卡支付或信用卡支付时传入该字段
prcid	银行卡所属人身份证号码的 MD5 加密字符串	
merchantType	收款商户类型	

7.2.2 布控方式

平台要建立全生命周期的交易风险管理能力,从前期的了解用户、风险识别、交易控制、拦截异常资金链路,到事后风险评估、策略调优等方面,不断完善交易风控体系。这就需要平台在前期针对不同交易场景呈现出来的新风险、新特征,从多个方面做出有针对性的布控,即采用多环节联防联控的方式进行布控。

交易风控布控的目的就是实现事件全链路的埋点,通过搭建完善的布控体系实现特征的获取,实现对业务数据、环境设备数据、行为数据的动态捕捉,更是行为分析和特征计算的前提。如图 7-3 所示为交易风险刻画,进一步总结归纳出风险特征,识别黑产攻击的关键点,通过账号交易习惯、交易金额、交易时间、交易频次、交易对象等维度识别可疑风险。

由于支付交易的复杂性和风险的多样性,反欺诈检测是在交易时实时进行的。在不能误拦截的同时,还有用户体验上的要求,要尽量避免对正常用户的打扰,所以单环节的布控方式是很难有效且精准地识别到异常风险的。这就要求风控是一个全流程的风险识别体系,从用户注册、登录、下单到支付，需要系统化地进行联动和识别。

有一些需要进行数据埋点的场景本身不会有任何风险，但是能作为辅助风控的数据。如在电商场景中，很多时候无法通过一个简单的恶意登录，就认定为是一次异常支付行为，但是可以通过用户画像对比，包括但不限于用户历史的购买偏好、消费习惯、常用收货地等多维度数据，最终认定是一次盗刷或者代下单行为。所以通过对于各种适合信息的收集，可以更好地辅助风控，提升风控的效果。

一般情况下可以通过注册、登录行为识别一些异常风险，包括账户注册、账户登录、修改密码、修改账户信息等行为事件。在登录的过程中，黑产会频繁尝试登录一个特定的账号，通过反复修改密码的方式来尝试登录这个账号。而对于

● 图 7-3　交易风险刻画

这种行为，可以通过监控一个账号的登录次数、登录方式、成功率、登录设备等信息在第一时间捕捉到异常。但是在交易场景里，在没有强风险支持的情况下，过早地对账号进行拦截会在一定程度上影响业务的正常运转。所以，疑似账户本次被盗的行为只有登录数据，缺乏更多的风险信息。此时建议可以先打上疑似被盗的风险标签，在后续事件再结合账号实际发生的敏感行为进行二次判断，如购买、下单、转账事件等，从而为平台客户提供更好的用户体验。类似这样的场景还有很多，如修改密码、绑定银行卡、修改手机号等，很多盗卡盗刷都会伴随着这样的行为出现。

所以，在布控之前需要研究黑产的路径是什么，了解包括变现套利的路径，以帮助我们在关键点进行布控和关键参数的采集。要做到多环节联防联控，就需要做到数据在整条链路上的完整性，这样才能更全面完整地刻画账号的风险行为，沉淀黑产风险数据形成画像体系是有效的联防联控手段。

7.2.3　布控案例

1. 电商场景的典型布控路径

如图7-4所示，是电商场景一个典型的布控路径。在这些环节上，除了收集一些常规的业务数据、环境设备数据外，在合适的时机采集用户的行为和微行为数据也很关键，包括用户访问页面、单击页面、浏览时长、操作间隔等。通过用户在商城的一系列行为数据，可以了解到用户在多个页面的行为轨迹。一般情况下，正常用户都会在登录后去访问有核心功能

接口的页面，如果没有此类数据信息，可能就是相对高危的人群。

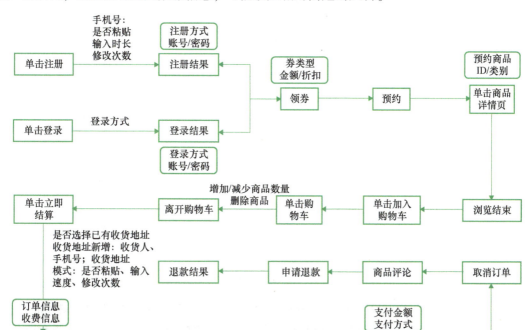

● 图7-4　电商场景的典型布控路径

可以结合用户在多个页面的行为轨迹，整体地分析当前支付是否存在异常风险，如正常购物用户的页面访问顺序是：访问主页→登录账户→搜索商品→浏览商品→加入购物车→单击支付。而当用户一反常态，收集到的行为数据表现为：登录账户→单击支付，同时关注到登录行为有异常的话，如更换设备、短时间内 IP 归属地发生变化、多次登录失败，或者登录方式与近期登录行为不同等，这时候也可以认为本次操作是高风险的。所以，全栈式的风控布控是为用户进行精准画像，实现溯源分析的关键。

2. 第三方支付的典型布控路径

第三方支付是指具备一定实力和信誉保障的独立机构，采用与各大银行签约的方式，通过与银行支付结算系统接口对接而促成交易双方进行交易的网络支付模式，如图7-5所示。在第三方支付模式，买方选购商品后，使用第三方平台提供的账户进行货款支付（支付给第三方），并由第三方通知卖家货款到账、要求发货；买方收到货物、检验货物，并且进行确认后，再通知第三方付款；第三方再将款项转至卖家账户。

第三方支付的风控主要是用来降低账户的资金风险。可以分为两大类：一类是符合政策监管的风控要求，关注的风险点如电信反欺诈以及可疑的交易上报等；另一类是系统自身对风险控制的要求，关注的风险点如突然异地大额提现、频繁地在各账户间进行转账等，其主要的关键点就是资金异动。

由于第三方支付是在网络支付的，容易造成消费者个人信息被盗取和被篡改的问题，对消费者的私人信息安全造成重大影响，容易造成消费者资金丢失的现象，带来重大的经济损失。一旦网络安全的问题发生，第三方平台资金交易的流动性和安全性也会随之受到影响，

229

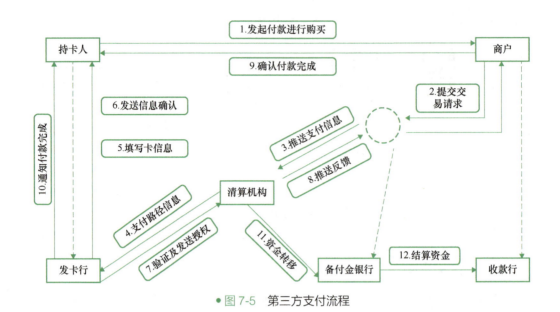

• 图 7-5 第三方支付流程

出现交易问题。而且由于在互联网第三方平台中的交易行为是一种匿名性和隐秘性的行为，当网络安全受到侵害时，部分黑产会利用网络支付系统的漏洞实现诈骗或者是恶意退款行为，利用退款流程的便利性以实现其他牟利目的。批量购买商品付款后，异常频繁地发起退款或恶意投诉，影响正常的交易秩序。第三方支付的典型布控路径如图 7-6 所示。

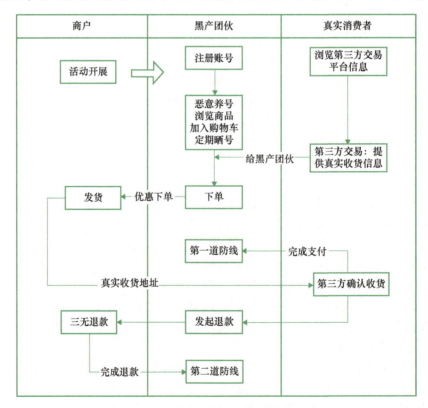

• 图 7-6 第三方支付的典型布控路径

7.3 交易风险识别

本节主要介绍在支付交易风控场景里,如何通过设计策略和模型识别出每笔交易是否存在异常风险,运用数据科学和机器学习来避免交易中的欺诈行为。通过整合正常交易者的资金链、消费习惯、消费时间、消费设备等多要素、碎片化的信息完成规律总结,通过正常用户与非正常用户突发性资金的异常规律进行比对分析,进而识别出欺诈行为。

在实际情况中,要进行欺诈检测有一定的难度,会遇到很多问题,具体如下。

1)欺诈种类多样且多变,规则只能对历史已有的欺诈行为进行识别,同时难以用一种模型来进行预测,成熟的模型也难以保证长期有效。

2)定义欺诈(或者取得标签数据)本身就是复杂和困难的。

3)欺诈交易往往占比较小,数据集倾斜大,这样更容易受到异常点和噪声的影响等。

在每个交易环节,所涉及的账户均存在很多不同的可疑特征,要有效发现相关可疑账户不能简单依靠某一个可疑特征做出判断,必须有完善的策略体系,结合多种可疑特征和规则,同时运用监督和非监督模型来进行欺诈识别。

7.3.1 交易风险识别策略

随着互联网的发展,线上支付已经融入人们的日常生活中。但随之而来的风险也给支付相关的从业者带来了挑战,了解支付的风险,结合具体的风险场景,针对风险类型提出有效的解决方案,设计合理的风控策略,是每个风控从业者应该必备的素质和能力。

盗卡盗刷一般由不同团伙分工作案,其分工明确、专业性强,黑产的分工及目的基本可以概括为:

1)社工团伙(资源),主要负责盗取/骗取受害人的信息。

2)盗刷团伙(盗刷),从社工团伙处获得受害人信息,在目标网站上进行盗刷活动。

3)变现团伙(变现),提供收货信息。在各类平台上销售物品,获得现金。所以一般情况下,盗刷的目标是变现容易的畅销物品,典型的如电子产品、化妆品等。

盗卡盗刷的典型黑产路径如图 7-7 所示。

结合黑产路径分析可以看到,黑产通过伪基站给受害者发送钓鱼短信,受害者单击短信中的链接,按照链接里的指示填写了个人的身份证信息和银行卡信息,与此同时,手机中了木马病毒。黑产在这个过程中还会登录受害者的相关 App,并修改支付密码,之后,黑产进入目标网站进行盗刷活动,下单购买商品,如 iPhone13 等。

针对上述场景,可以做出以下几点重要规律:

1)登录相关设备并非受害者的常用设备,如登录相关 App 的手机并非受害者的手机(设备)。

2)登录相关地点并非受害者的常在地,假设登录地点为 B,而受害者平时都在 A(地点)。

3)登录方式或支付方式并非受害者的常用方式,受害者常用的登录方式或支付方式为指纹或短信验证方式,如在半夜修改支付密码是非常规操作,所以是很可疑的,一般只有忘记密码才会去改密码(行为)。

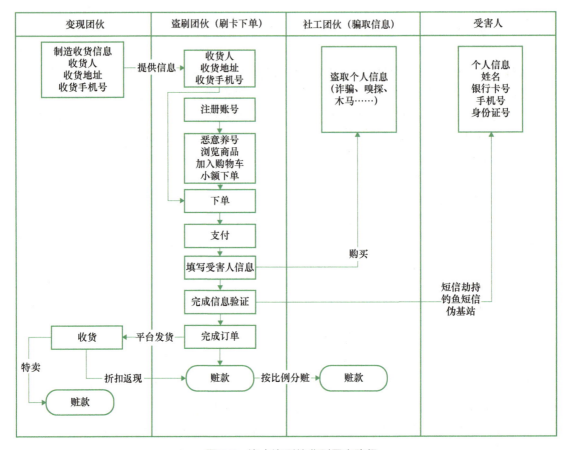

● 图 7-7 盗卡盗刷的典型黑产路径

4）受害者平时在本次的平台上消费较少，且基本为几十到几百的小额消费，从来没买过贵重的电子产品，修改密码后短时间内直接进行大额消费（偏好）。

5）资金交易金额、频度、购买商品的路径与账户历史的消费习惯和消费水平明显不符。

6）资金交易呈现规律性分散交易、集中交易特征；账户资金快进快出、过渡性质明显。

7）存在构造性资金交易，交易金额为一定金额的整数倍，或接近于一定金额的整数。

8）短时间内使用多个设备发生 M 笔支付。

9）设备存在异常风险，从注册/登录到下单/支付时发生环境跳变、虚假定位。

综合以上几点分析，从账户、设备、地域、时间、行为、偏好、关系等多个维度都可以发现本次支付存在明显异常。所以，在实际的风控场景里，可以从以上几个维度去设计相应的风控策略。在每笔交易发生时，给出风险程度高低的判断，并结合风险结果及时地给出相应的处置，拦截高风险交易。如可以设计频度特征、关联特征、时域特征、聚集特征、趋同特征、画像特征等。

（1）频度特征

1）同账号 1 小时内登录请求次数。

2）同账号 1 小时内修改密码请求次数。
3）同账号 5 分钟内密码错误请求次数。
4）同账号 1 小时内下单请求次数。
5）同设备 1 小时内下单失败请求次数。
6）同设备 1 小时内下单请求次数。
7）同手机号 1 小时内下单请求次数。

（2）关联特征

1）同账号 1 小时内关联的设备数。
2）同设备 1 小时内关联的账号数。
3）同设备 1 小时内关联的手机号数。
4）同 IP 下 1 小时内关联的账号数。
5）同收货地址 1 小时内关联的账号数。

（3）时域特征

1）账号当前登录方式非常用登录方式。
2）账号当前登录设备非常用登录设备。
3）账号注册到支付的时间间隔。
4）同账号 5 分钟内关联的 IP 归属国家数。
5）同账号 5 分钟内关联的 IP 归属省份数。
6）同账号非正常营业时间（22：00—次日 7：00）关联大额交易的订单数。
7）同账号 1 小时内关联下单金额大于等于近一个月最大交易金额的 Z 倍的订单数。
8）账号当前下单的手机号与注册手机号不一致。
9）账号的手机号归属省份和 IP 归属省份不一致。

（4）聚集特征

1）同 IP 下 1 天内关联手机号归属省份和 IP 归属省份不一致的账号占比。
2）同设备下 1 天内关联手机号归属省份和 IP 归属省份不一致的账号占比。
3）同 IP 下 1 天关联注册到支付的时间间隔较短的账号数占比。
4）同设备下 1 天关联注册到支付的时间间隔较短的账号数占比。
5）同 IP 下 1 天关联下单设备和注册设备不一致的账号数占比。
6）同设备下 1 天内关联下单设备和注册设备不一致的账号数占比。
7）同 INFOMAP 分组下 1 天内关联下单设备和注册设备不一致的账号数占比。

（5）趋同特征

1）同 IP 下 1 天内关联注册时间相同账号占比。
2）同 IPC 下 1 天内关联型号相同设备占比。

（6）画像特征

1）账户 ID 命中黑名单。
2）收款 ID 命中黑名单。
3）使用 WiFi 命中黑名单。
4）篡改地理位置设备。
5）农场设备。

6）代理 IP。

7）秒拨 IP。

7.3.2　恶意退款识别策略

应用内购的恶意退款几乎是每一个收费或具有充值入口 App 都会遇到的问题，只是恶意退款的流水（营业额）比例有差异。早期（2019 年之前）对于游戏公司，Apple Store 恶意退款的流水约占整个充值流水的 5%～10%。有利用信用卡小额支付的漏洞，有利用代充退款的，给平台的盈利带来了巨大的阻碍。更糟糕的是，在 2020 年之前，当恶意退款用户在 Apple Store 发起退款后，苹果公司并不会推送相关信息给平台，导致平台甚至不知道是哪些用户退了款，没有办法精准定位到用户，进行有效的分析和防控。在恶意退款愈演愈烈的情势下，苹果公司终于在 2020 年年底，推出了退款申请的消息推送（Apple Developer Documentation，https：//developer.apple.com/documentation/appstoreservernotifications）。平台可以实时获取在 Apple Store 发起退款以及退款成功的账号，可以进行行为分析与拦截。所以最近几年，行业内整体恶意退款的比例有所下降，这和苹果公司的实时推送，以及各平台的风控策略提升密切相关。

恶意退款比例虽有下降，但仍然是平台业务风控的重点之一。针对上述场景，可以得出以下几点重要规律。

（1）IP、设备资源跳变或聚集

代充后恶意退款的典型特征为：账号通常在 A 设备、B 地域登录并长期活跃，代充时出现在新设备 C、新地域 D 登录且快速充值，然后再次回到 A 设备、B 地域。因此，可以从 IP、设备的资源跳变来布控。从聚集的视角来看，代充一定是广撒网给多个账号充值，可能出现同 IP、同设备的充值聚集，同时也会表现出上述特点。

（2）账号行为序列的异常

对于代充后的恶意退款，一般会在陌生环境（如新设备 C、新地域 D 登录）后，会在极短时间内进行充值，且充值金额较大。所以利用充值时间距离登录时间过短且充值金额较大（可限制新设备、新地域、新登录方式等）的规律，可以有效地召回这部分恶意退款订单。

（3）账号间的行为序列异常

另一种典型的恶意退款类型：A 账号进行游戏充值（还包括付费教育买课程或社交平台充值），之后在 App 内进行课程赠送、游戏道具赠送、社交平台打赏等手段将虚拟资产转移到账号 B，从 B 账号持有人处套利。B 账号通过低价获得虚拟资产利益或从平台进行提现（如主播等），最终账号 A、B 都是获利者，平台是唯一的损失者。针对这种模式，可以从 A 账号的行为以及与 A、B 账号间的关系来识别。对于 A 账号，其注册的目的就是为了套利和退款，所以在平台内的行为和正常用户就会有很大的差异。

A 账号行为单一：基本只有注册、登录、充值以及送礼、打赏的行为，而缺少有效的课程学习、游戏、观看直播的行为。可疑特征：充值与资产转移（送礼、打赏、消耗）行为占所有事件行为的比例较低。

如果 A、B 账号勾结，那么 A 账号关注的主播列表、游戏伙伴等就会很单一，基本只有

B 账号（或对应的团伙）。B 账号的获利大部分来自于 A 账号（或对应的团伙），其余获利占比低。

（4）已发生退款的风险传播

这是一类基础策略，当 IP、设备、账号已经发生过多次退款了，那就可以在充值的时候，直接拦截充值行为。对于某些场景，也可以控制充值额度和频度，以控制风险损失程度。

结合上述规律，我们可以设计以下几类典型的风控特征。

1）频度特征
- 同账号 1 小时内充值请求次数。
- 同设备 1 小时内充值请求次数。
- 同手机号 1 小时内充值请求次数。
- 同账号 1 小时内退款请求次数。
- 同设备 1 小时内退款请求次数。
- 同手机号 1 小时内退款请求次数。
- 同账号 1 天内的送礼次数。

2）关联特征
- 同设备 1 天内关联的账号数。
- 同设备 1 天内关联的手机号数。
- 同 IP 下 1 天内关联的设备数。
- 同 receiveTokenId 在 1 天内关联的送礼账号数。

3）时域特征
- 账号注册到充值的时间间隔。
- 账号充值设备与注册设备不一致。
- 账号充值 IP 归属省份与注册 IP 归属省份不一致。
- 账号的手机号归属省份与 IP 归属身份不一致。
- 同设备 1 天内关联的充值行为占所有行为的占比。

4）聚集特征
- 同设备下 1 天关联注册到支付的时间间隔较短的账号数占比。
- 同充值设备关联手机号归属省份与 IP 归属身份不一致的账号数占比。
- 同充值设备关联充值行为占比过高的账号数占比。

5）趋同特征
- 同充值 IP 下型号相同设备占比。
- 同充值 IP 下系统版本相同设备占比。

7.3.3 盗卡盗刷识别算法

本节要运用 LightGBM 算法搭建一个识别盗卡盗刷交易的反欺诈模型。盗卡盗刷一般发生在持卡人信息被黑产窃取后，黑产采取非正当的手段进行消费，一旦发生信用卡或储蓄卡盗刷，持卡人和相关机构都会遭受一定的经济损失。因此，在有历史数据积累的前提下，通过人工识别或者别的方式标记出来黑样本（已发生的高风险交易或者潜在高风险交易），然后通过机器学习的方式训练带有标签的历史数据。并且基于多维度的特征进行训练，从而建立相关数据模型对未来的每笔交易进行预测，判断其是否存在异常，预防此类现象的发生。

1. 场景解析

本节基于某平台提供的信用卡交易数据（https://www.kaggle.com./competitions/ieee-fraud-detection），根据历史已有标签的交易数据建模，来预测未来发生的交易是否属于欺诈的概率。

数据是持卡人一段时间内信用卡交易数据。这份数据包含很多维度，要解决的问题是预测该笔信用卡交易是不是欺诈，即结果只有两种可能：是或否。又因为这份数据是标注好的（字段 isFraud 是目标列），也就是说这是一个有监督学习的场景。

信用卡持卡人是否被盗刷的问题属于一个二分类问题，意味着可以通过二分类算法找到解决办法。LightGBM 算法是一种基于 Boosting 的集成学习算法（通过多个简单的弱分类器，构建出准确率高的强分类器），其基本思想就是一种提升的思想，后一个模型在前一个模型的基础上再进行预测，弥补前一个模型"不足"的地方，个体学习器之间存在强依赖关系，通过串行的方式构造出一个较强的学习器。在每次迭代的过程中，根据错误率不断调整样例的权值，错误率越大则权重越大；每个弱分类器都有相应的权重，对于分类误差小的分类器会有更大的权重；各个预测函数只能顺序生成，因为后一个模型参数需要前一轮模型的结果；它是一个加法模型，基模型一般选择树模型，但也可以选择其他类型的模型如逻辑回归等。

基于 Boosting 的代表算法则如 GBDT、XGBoost 等，其中 GBDT 是通过损失函数的负梯度拟合残差，XGBoost 则是利用损失函数的二阶泰勒展开式拟合残差。LightGBM 原理和 XGBoost 是类似的，利用损失函数的泰勒展开近似表示残差，另外利用正则化项控制模型的复杂度。而 LightGBM 相比于 XGBoost，其优点就在于：通过 leaf-wise 分裂策略取代了 XGBoost 的 level-wise 分裂策略，只选择分裂增益最大的节点进行分裂，避免了一些增益较小的节点分裂带来的损耗；另外，LightGBM 通过使用基于直方图的决策树算法，只保存特征离散化之后的值，代替 XGBoost 使用 exact 算法中的预排序算法，减少了内存的使用，并加速了模型的训练速度。

2. 数据说明

（1）样本说明

其中训练集样本量为 590540（欺诈占 3.5%），测试集样本量为 506691。特征主要分为两类，交易数据（transaction）和身份（identity）相关信息的数据，共有 434 维特征。显然，面对这么多维的特征，在建模之前需要通过分析特征和目标之间的关系，以及是否存在冗余的特征，从而对数据进行降维。

（2）欺诈定义

如果一笔交易发生后，用户发起退款申请，则将该笔交易定义为欺诈（一般是不法分子盗卡盗刷，用户发现后向银行提出取消交易或退款），当然正常的退款不包含在内。同时其他与欺诈交易相关用户的账号、e-mail 和账单地址有直接联系，也定义为欺诈（isFraud = 1）。若该笔交易发生 120 天后没有被定义为欺诈，则该笔交易就是正常交易（isFraud = 0）。

（3）特征解释

如图 7-8 所示，交易数据表包含了交易信息，还包括转账、商品和服务交易等信息。其中分类特征包括 ProductCD、card1～card6、addr1、addr2、P_emaildomain、R_emaildomain、M1～M9 等。

	TransactionID	isFraud	TransactionDT	TransactionAmt	ProductCD	card1	card2	card3	card4	card5	...	V330	V331	V332	V333	V334	V335	V336
0	2987000	0	86400	68.5	W	13926	NaN	150.0	discover	142.0	...	NaN	NaN	NaN	NaN	NaN	NaN	NaN
1	2987001	0	86401	29.0	W	2755	404.0	150.0	mastercard	102.0	...	NaN	NaN	NaN	NaN	NaN	NaN	NaN
2	2987002	0	86469	59.0	W	4663	490.0	150.0	visa	166.0	...	NaN	NaN	NaN	NaN	NaN	NaN	NaN
3	2987003	0	86499	50.0	W	18132	567.0	150.0	mastercard	117.0	...	NaN	NaN	NaN	NaN	NaN	NaN	NaN
4	2987004	0	86506	50.0	H	4497	514.0	150.0	mastercard	102.0	...	0.0	0.0	0.0	0.0	0.0	0.0	0.0

● 图 7-8　交易数据表

表 7-3 所示是交易数据表特征。

表 7-3　交易数据表特征

特 征 名 称	特 征 说 明
TransactionDT	时间戳
TransactionAmt	交易金额
ProductCD	每笔交易的产品编码
card1～card6	付款卡的信息，如卡片种类，发行银行和国家等
addr	地址信息，地址的两列均是购买者的地址信息，addr1 是地区，addr2 是国家
dist	距离
P_emaildomain	购买者的邮箱域名
R_emaildomain	收款人的邮箱域名，没有收款人的该值为空
C1～C14	加密后的计数项，如发现与支付卡相关的地址数等
D1～D15	时间差，如和前一次交易之间的间隔天数等
M1～M9	匹配信息，如卡上的姓名和地址等
V1～V339	衍生的特征，包括排名、计数和其他实体关系。如，与 IP 和电子邮件或地址相关联的支付卡在 24 小时内出现了多少次、相应时间段内或一定条件下的订单数的统计……这些特征都是以数字形式给出的，里面的一些特征可能是分类特征编码后给出的值

如图 7-9 所示，身份信息表中的字段是加密后的身份信息，如与交易相关的网络信息（如 IP、ISP、代理等）和设备信息（如 UA/浏览器/OS/版本等）。

	TransactionID	id_01	id_02	id_03	id_04	id_05	id_06	id_07	id_08	id_09	...	id_31	id_32	id_33	id_34	id_35	id_36	id_37	id_38	D
0	2987004	0.0	70787.0	NaN	NaN	NaN	NaN	NaN	NaN	NaN	...	samsung browser 6.2	32.0	2220x1080	match_status:2	T	F	T	T	
1	2987008	-5.0	98945.0	NaN	NaN	0.0	-5.0	NaN	NaN	NaN	...	mobile safari 11.0	32.0	1334x750	match_status:1	T	F	F	T	
2	2987010	-5.0	191631.0	0.0	0.0	0.0	NaN	NaN	0.0	NaN	...	chrome 62.0	NaN	NaN	NaN	F	T	T	T	
3	2987011	-5.0	221832.0	NaN	NaN	0.0	-6.0	NaN	NaN	NaN	...	chrome 62.0	NaN	NaN	NaN	F	T	T	T	
4	2987016	0.0	7460.0	NaN	NaN	1.0	NaN	NaN	0.0	...		chrome 62.0	24.0	1280x800	match_status:2	T	F	T	T	

● 图 7-9　身份信息数据表

数据特征主要分为三类：数值型特征、字符串型特征和分类特征，其中分类特征主要有 DeviceType、DeviceInfo、id12~id38。

表 7-4 所示是身份信息数据表分类特征解释。

表 7-4 身份信息数据表分类特征解释

特 征 名 称	解 释
DeviceType	设备型号
DeviceInfo	设备关联的网络信息（IP，ISP，代理等）
id12~id38	设备信息（UA/浏览器/OS/版本等）

3. 特征工程

特征工程是建模过程中非常重要的一环，在很大程度上决定了模型预测能力的上限。特征工程包括很多内容，如数据标准化、缺失值处理、异常值处理、Encoding、特征衍生，最后还要进行特征选择等。

（1）数据分析和预处理

首先查看原始数据情况，如特征的缺失情况、分布情况、特征之间的相关性以及分析各特征字段与结果的关系等，从而挖掘数据隐含信息，以选择合理的方式来对特征进行处理。如图 7-10 所示的特征缺失情况，大部分特征存在空值，通过分析发现，很多特征的缺失量是一样的，这些特征之间的相关性也较高。

此外，通过数据统计分析可以看到，C 系列特征属于计数特征，包含信用卡关联地址数等信息，整体上看分布差异不大，对好坏客户区分度不是很高；D 系列特征包含了时间间隔相关的特征，在训练测试集分布差异上以及对于好坏客户的区分度是比较大的，统计好坏客户在 D 系列特征上的分布情况如图 7-11 所示。

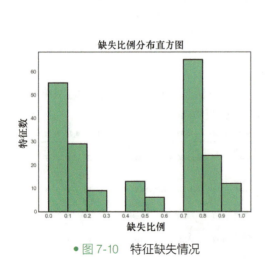

● 图 7-10 特征缺失情况

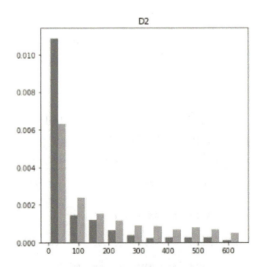

● 图 7-11 统计好坏客户在 D 系列特征上的分布情况（仅展示特征 D2）

统计分析发现 D11、V1~V11 数据基本是一样的，即这些列的空值在样本上的分布基本一致。同时，通过绘制热力图（如图 7-12 所示），可以看到大部分变量之间存在较强的相关性，可以通过选择 V1~V11 中的部分列来代替。

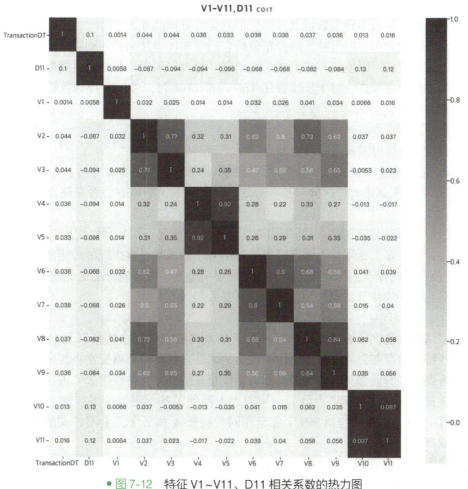

• 图 7-12　特征 V1~V11、D11 相关系数的热力图

对其他 V 系列的衍生特征同样可以采取如下的步骤进行处理。

1）观察数据分布，看一下每列特征的空值情况，将空值数据分布相同的列归为一组。

2）计算相关系数矩阵，对高度相关的各个列进行合并成一个子集。

3）从每一个子集中选择一个拥有最多不同数据的列来代替这个子集，从而达到对数据降维的效果。

通过上述处理，可以将 339 个特征降维到 120 个。由此可见，原始的 V 列存在较严重的多重共线性。当然，降维后的特征仍然存在很多是相关的。

（2）特征衍生

在模型训练之前，通过数据分析，结合在风控业务中积累的经验，从业务角度与纯技术角度出发，利用现有的数据（如数值型、字符型数据），通过一些方法衍生出更多有效的、稳定的新特征，然后再使用这些特征来训练模型。

对部分特征做频率编码，或是字符串转数值型，将字符型特征进行编码以供 LightGBM

处理。

对 identity 部分数据进行初步处理，主要是将字符串特征，如 DeviceInfo、id_30（系统信息）、id_31（浏览器信息），分裂生成新的特征，用 id_33（分辨率）生成设备特征；并将其余类别特征从字符串转为数值型，部分信息进行分桶处理。

可视化特征的分布，根据特征的分布分析它们可能代表什么，并删除无用的特征。对于有用特征的缺失值，可以使用平均值或众数填充。也可以利用特征相关度判断相关特征来填充缺失值和进行特征筛选。对于连续特征 TransactionAmt 列，可以进行对数转换以使数据分布更接近正态分布。

（3）特征选择

在进行特征选择时需要考虑以下几点。

1）特征的缺失率不能太大，如果大部分样本都缺失，那么特征无用。

2）训练集和测试集的特征分布基本一致，不能有太大的偏差，否则建立的模型不具有很好的泛化能力。

3）发现对于相同的特征，训练集和测试集的缺失情况不尽相同，因此对于缺失率相差比较大的特征列最好也删除，否则训练集的特征对于测试集没有很好的适应能力。

4）特征在黑白样本上的分布要具有相对明显的差异，要有较好的区分效果。

5）通过 LightGBM 算法训练出的模型选择重要特征。

4. 模型训练和效果评估

在模型训练之前，做了相关性分析得到了 V 系列的很多冗余特征以及 C 系列的高冗余特征，这些特征的存在会一定程度上影响模型的训练：稀释特征重要性；冗余的特征占用更多的内存需要更多的训练时间；太多高相关特征组成的高相关特征组如果占比太高，最终导致很多基树都是在同一个特征上分裂，从而大大降低了基学习器的多样性。举个极端的例子，假设有 1000 个特征，包括 999 个完全相同的特征 A 和一个完全不相关的特征 B，则每次采样可能都采不到 B。

对于缺失比例较高且相关性较高的特征可以考虑剔除，去掉纯噪声 TransactionDT 和 TransactionID，也去掉标签的 isFraud。将训练集做 5 折交叉验证，并将训练集和测试集转为 LightGBM 可以处理的类型，设定好 LightGBM 参数，开始训练。把每一折训练出的模型都保留下来，最后用 5 个模型共同预测测试集，然后进行简单平均。这样得到的预测的稳定性和泛化性会相对于单模型更高。

调用 LGB 分类模型进行训练，实际操作中，可以设置不同的参数阈值，使用网格搜索的方法去搜索参数，然后进行对比，找出较合适的参数组合作为最终模型的结果。通过 AUC 评估模型预测效果，该 AUC 值是在黑白样本比为 1:28 的情况下计算的，实际线上的黑样本占比非常小，计算得到 AUC 为：Mean AUC = 0.92, Out of folds AUC = 0.91。

观察模型 TOP 50 特征重要度，如图 7-13 所示。先看重要度最高的特征及其得分，再看重要度最低的特征，决定是否要在优化过程中将这些特征去掉或进行其他处理。

5. 优化和总结

在训练的过程中，发现模型存在过拟合问题。从特征工程的角度来看，实际上过拟合的本质原因是不同数据集的数据分布存在差异性，包括部分异常样本引起的分布差异性和模型复杂度太高从而"完美"地捕捉到不同数据集之间微小的分布差异。但是如果分布差异性非常大，比如目前遇到的这个数据集，通过简单地使用更加严格的限制性参数是收效甚微的，甚至会导致欠拟合。当上线用于未来的支付欺诈检测时，效果会大打折扣。这是因为欺诈者往往会升级自己的作案手段以规避风控系统，模型的效果也会逐渐衰减。从数据上来说，新的欺诈样本与训练集中的欺诈数据分布差异较大，训练集样本不能够很好地代表测试集，从而导致模型过拟合，在测试集上效果较差。所以，需要对模型表现进行监控，一段时间后需要对模型训练的样本和特征进行更新迭代。

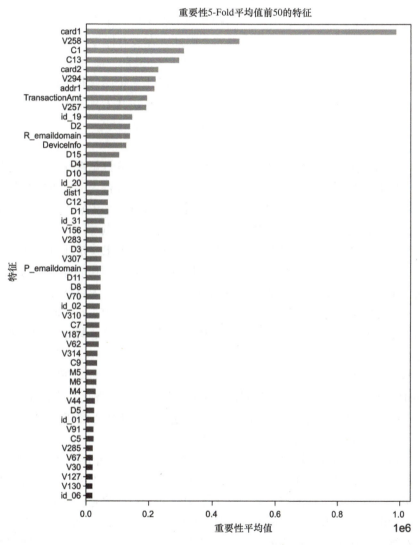

• 图 7-13 模型 TOP 50 特征重要度

其次，在特征选择和模型测试的时候，可以通过交叉验证的方式进行，基本的思路为：对所有特征分别构造一个模型，即对单特征建模，然后通过交叉验证的 AUC 结果来判断特征的分布是否发生偏移；建模数据采用训练集第一个月，并在数据集最后一个月进行验证，期望 AUC 在训练和验证上均大于 0.5（至少有用）。剔除 AUC 小于 0.5、缺失率过高的特征，这类特征在训练集上学到的规则对于验证集的帮助很低。

7.3.4 交易欺诈团伙识别算法

团伙欺诈一直是交易面临的最严重的风险问题之一，大多情况下无法通过传统的数据分析方式确定数据集中的违规样本。依靠规则（基于业务经验和对历史欺诈案例进行分析生成的经验规则）和监督模型进行欺诈预警和拦截，能够解决一部分欺诈问题。在已知"黑"和"白"标签的前提下，通过监督模型从历史数据中挖掘出欺诈团伙的典型特征和行为模式，从而能够有效地识别出欺诈用户。监督模型虽然在准确性上有较好的表现，但是，实际情况中，"黑"和"白"的标签往往很难得到。因此，在没有标签信息时，无监督模型也起到了重要作用。本节主要用DBSCAN算法进行欺诈团伙识别，通过该模型根据一些特征对相似账户进行深挖。当然，无监督模型并不能明确地给出一个团伙是否欺诈，但是可以通过这种方法排查出可疑的团伙，从而进行进一步分析。该算法并不是基于历史数据挖掘隐藏欺诈的模式，而是能够识别出新出现的、未曾记录的欺诈行为。

1. 场景解析

本节使用来自某游戏平台的虚拟订单交易数据，其中部分订单在交易一段时间后发生恶意退款。这些恶意退款可能是个人为了想获取免费服务的恶意行为，也可能是具有团伙性质的行为或游戏代充行为。本节的目的就是希望通过无监督学习来识别出未来会发生恶意退款的团伙账号，并分析这些账号是否在某些维度上具有明显的特点。

DBSCAN是一种基于密度的聚类算法，密度聚类的基本思想就是通过将紧密相连的样本划为一类，这样就得到了一个聚类类别。通过将所有各组紧密相连的样本划为各个不同的类别，就得到了最终的所有聚类类别结果。DBSCAN算法可以抽象为以下几步：

1) 找到每个样本邻域内的样本个数，若个数大于等于MinPoints，则该样本为核心点。

2) 找到每个核心样本中密度直达（如果核心样本P1在核心样本P2的邻域内，则称P2到P1是密度直达）和密度可达（如果核心样本P1到核心样本P2是密度直达的，核心样本P2到核心样本P3是密度直达的，核心样本P3到核心样本P4是密度直达的，则P1和P4的关系叫作密度可达）的样本，且该样本亦为核心样本，忽略所有的非核心样本。

3) 反复寻找这些核心点密度直达或密度可达的点，将其加入到相应的类，对于核心点发生密度可达状况的类，给予合并。

4) 若非核心样本在核心样本的邻域内，则非核心样本为边界样本，反之为噪声。

和传统的K-Means算法相比，DBSCAN算法最大的不同就是不需要输入类别数K，它最大的优势是可以发现任意形状的聚类簇。一般来说，如果数据集是稠密的，并且数据集不是凸的，那么用DBSCAN会比K-Means聚类效果好很多。另外，DBSCAN可以在聚类的同时发现异常点，对数据集中的异常点不敏感。当然该算法也存在一些缺点：当空间聚类的密度不均匀、样本分布较分散、聚类间距相差很大时，聚类质量较差；同时，需要为算法指定邻域半径（eps）和形成簇类所需的最小样本个数（MinPts）。

2. 数据说明

（1）样本说明

本次数据集的样本来自46758笔账号下虚拟订单时产生的交易数据，没有标签，特征主要来自基础业务数据和交易数据，分别为基础特征、用户行为、设备特征、时间特征、IP

属性特征、订单信息特征等。

（2）特征说明

本次数据相关特征的说明，详见表 7-5。

表 7-5　原始特征说明

特 征 名 称	说　　　明
tokenId	虚拟账号 ID
registerTime	注册时间
firstOrderTime	首次下单时间
orderTime	下单时间
orderAmount	下单金额
ip	账户下单时所使用的 IP
ipc	账户下单时所使用的 IP 的前三段
ipProvince	IP 归属省份
ipCity	IP 归属城市
phoneProvince	手机号归属省份
phoneCity	手机号归属城市
smid	设备
smidBootTime	设备启动时间
smidModel	设备型号

3. 特征工程

（1）数据预处理

查看数据的基本情况，对缺失值进行填充。由于聚类要计算距离，为了消除量纲的影响以及计算的方便，这里先对连续型变量用 Z-score 标准化，对类别变量进行编码处理。

另外，通过特征之间的相关性分析，可以将一些相关性较高、缺失率较高的特征进行剔除。

（2）特征衍生

从多维度、多角度去丰富特征，思考欺诈交易通常会产生哪些方面的变化和异常，进而利用已有的特征衍生。部分衍生特征详情如表 7-6 所示。

表 7-6　部分衍生特征详情

特 征 名 称	说　　　明
ip_count_per_smid_1h	同设备 1 小时内关联的去重 IP 数
ip_province_count_per_smid_1h	同设备 1 小时内关联的去重 IP 归属省份数
ip_province_distinct_per_token_1h	同账号 1 小时内关联的去重 IP 省份数
smid_count_per_token_1d	同账号 1 天内关联的设备数量
token_count_per_smid_30min	同设备 30 分钟内关联的账号数量
order_count_per_smid_5min	同设备 5 分钟内关联的下单次数
token_ip_phone_province_diff_count_per_ipc_1h	同 IPC 下 1 小时内手机号归属省份和 IP 归属省份不一致数

(续)

特征名称	说明
new_register_token_count_per_ipc_1d	同 IPC 下一天内新注册账号数
failure_orderResult_count_token_10min	同账号 10 分钟内支付失败次数
max_orderAmount_count_token_5min	同账号 5 分钟内下单金额较大的订单数
is_vpn	是否使用代理 VPN
is_smid_reset	是否为重置设备
is_sim_not_ready	是否 sim 卡状态异常
is_root_smid	是否为 root 设备
is_ip_phone_province_diff	是否账号关联的手机号归属省份和 IP 归属省份不一致

4. 模型训练和效果评估

首先设置第一种密度参数对其进行聚类分析，然后再调整密度参数，并将不同密度参数的结果进行可视化。聚类结果展示：根据设置的参数，DBSCAN 算法将所有样本分为 11 类（包含噪声点），并按照每一类的数量降序展示，如表 7-7 所示。

表 7-7 DBSCAN 聚类结果

簇	数　量
0	45176
3	467
6	336
1	184
-1	162
5	97
7	90
2	80
4	80
9	52
8	34

表 7-7 是该聚类产生的 11 个团簇，-1 表示噪声点，其样本量有 162 个，从聚类结果分析可以看到，部分簇的主要特点如下。

1）簇 5：同账号 1 小时内关联的去重 IP 省份数 ≥2，且同账号 1 天内关联的设备数量 ≥2，同时大部分账号的 IP 归属省份和手机号归属省份不一致。

2）簇 8：账号短时间内下单次数较多，且单笔下单金额较高（高于均值的 10 倍）。

3）簇 9：账号关联的下单设备均为 root 设备，且大部分账号在注册登录及其他事件上都被打上了其他一些风险标签。

调整密度参数，查看不同聚类结果；可以去除噪声点样本后，计算轮廓系数评估聚类效果。在后续的分析过程中可以将不同簇的数据使用均值聚合，得到近似类中心。

5. 优化和总结

聚类是根据多个特征组合产生团簇，团簇内的个体表现出高度的一致性和趋同性。在得到聚类结果以后，关键的还是在于基于结果去识别欺诈个体或者团伙。对于欺诈团伙的识别，需要计算团伙特征，包括团伙规模、坏样本比例、团伙结构等，然后根据专家经验或者规则去判断是否是欺诈团伙；也可以对团簇内的异常点进行检测，判断该个体的好坏。

在对这些可疑交易进行调查时，通常可以关注可疑簇的召回率和准确率，通过相应的指标来验证模型效果和模型调优。同时，也能筛选出有效识别欺诈的特征，并制订合理的预警规则。当然，在实际处理中还有很多环节需要考虑，如特征变量的时间切片处理、不同簇对应的业务画像、欺诈特征预警线的设置等问题，原则是让聚类模型更好地解释和服务于业务目标。

另外，欺诈团伙识别还可以基于手机号、设备、IP 建立时域关联网络，利用社群发现、风险传播等无监督算法精准识别实施盗卡交易、游戏代充等欺诈行为的黑产团伙。但是在落地时，需要考虑时效性和计算量，大规模聚类和关联网络分析的计算复杂度太高，因此在落地的时候需要考虑离线和实时监测。

7.4 交易风险处置与监控

7.4.1 典型交易风险处置方法

交易支付的处置手段是相对其他场景比较灵活且有效的，尤其是针对非诈骗类的风险。支付环节可用验证手段也比较丰富，如手机短信验证码验证、行为验证码验证、支付密码验证、登录密码验证、实名验证、人脸和活体验证等。

首先，交易支付最重要的环节之一是支付事件。一方面，电商平台、第三方支付和平台都希望推出用户体验好的支付产品，让用户能够更高效便捷地进行支付；另一方面，又要保证支付的安全性。在支付事件上，可以识别出各种各样的风险，如果对所有风险都采取一刀切，比如都是拒绝交易，这显然是不可取的。建议的做法是：根据风险类型、风险程度的不同，使用差异化的处置手段。进而，使得正常用户仍然可以正常支付，也能成功地把黑产（欺诈分子）拒之门外。

1. 触发支付频度与额度限制

不论是电商平台或银行、第三方支付，一般都会设置基础的频度限制规则。对于超过频率的行为，可以在一段时间内禁止该支付行为或进行其他验证，通过后可以继续支付。如设置规则：一分钟之内支付次数≥10 次。当用户触达该条规则时，可以直接拒绝该笔交易，等待 1 分钟后操作。又如设置规则：一天转账次数≥10 次。当用户触达规则时，可以直接拒绝之后的交易，也可以通过特别的验证手段，如再一次输入支付密码、手机验证码或进行人脸认证后允许，以防止账户或者银行卡被盗。

目前，很多电商平台和银行、第三方支付都推出了小额免密支付服务。一般需要用户提前授权，授权之后在一定的有效期内，只要是识别出用户终端是可信的资源和习惯的行为，在双方约定的金额之内，不需要做任何验证就可以支付成功。小额免密支付具有良好的支付体验，对风控也提出了更高的要求。

2. 及时通知账户持有人

当检测到交易存在风险时，尤其是检测到切换设备登录、切换 IP 登录，沉默账号突然活跃后进行较大额支付或转账行为，平台通过 App 内的消息推送、下发短信通知、邮件、微信服务号等手段，将异常登录或交易行为同步到常用的终端设备或用户，便于用户及时发现异常，联系平台采取适当的手段，及时挽回损失或阻断损失的扩大。

3. 触发机器操控账号

如识别到目前支付的账号是机器操控的，可以使用典型的人机对抗行为验证码进行验证。在行为验证码的识别上，又可以根据识别准确率或机器操作的严重程度，选择不同的行为验证码。如通过终端设备信息识别到安装了模拟单击工具或者机器操控工具，可使用较为简单的验证码类型，如滑块滑动码。对于大量刷单支付且操作行为时间间隔异常的机器操控，可能导致较为严重的后果，可以选择空间推理、语序点选等较为复杂的验证码进行验证。

4. 盗卡盗刷处置

盗卡盗刷的支付行为操作者是盗卡人，通常情况是真人操作，所以行为验证码对盗卡盗刷是没有作用的。当然如果是针对机器操控工具进行盗刷，行为验证码还是有效的。但真实场景中，盗刷一般都是真人人工操作。对于盗卡盗刷，最有效的方式是进行除去当前验证方式之外（该信息一般已经为盗卡人所掌握），额外的身份验证，即进行多因素认证。

如果在支付事件识别到当前账号登录的方式是不常用的登录方式，且正在新 IP、新设备终端上进行大额转账，这时候要警惕是盗卡盗刷。除了常规的支付密码验证，最好是对用户身份进行更多、更强的验证，可采用银行卡绑定手机号验证码验证、人脸或活体识别验证等方式。

针对多次支付连续失败的情况，可以给予用户适当的拒绝冷静期，如 12 小时，在这个时期内，不允许进行任何支付或转账操作。

电商平台，还可以通过暂缓发货的方式，给予持卡人更多的时间发现被盗卡的事实。只要未发货，平台可以退款给真正的持卡人，从而避免持卡人遭受经济损失。

5. 诈骗交易处置

诈骗交易的特殊之处在于本人操作，身份和资源都是持卡人的，所有行为验证码、短信验证码、人脸识别等都是无效的。一般情况下，平台可以在支付页面上进行反欺诈的提示，针对不同的诈骗风险等级以及诈骗金额进行不同的提示和警告。

对于风险较低的疑似诈骗，可以在支付页面给出诈骗提示，提醒客户可能正在遭遇诈骗。如针对刷单诈骗，可提示"如您正在进行刷单任务，在小额刷单后出现连续大额单，谨防刷单诈骗，请注意核实。如需要，请联系客服！"如果是收款方卡号或账号，曾经已被投诉诈骗，可能提示"对方被多个用户举报为诈骗账号，请注意核查对方身份后转账！"如果疑似受诈骗金额较大，可以采用弹窗确认的交互模式，也就是在 App 内用户弹窗，强制阅读防诈骗说明，且需要用户单击"确认"按钮才能进行下一步操作。

客户回访电话是一种较为有效的防止受害人被骗的方式。在平台发现高风险的诈骗行为，及时阻断支付交易，联系用户沟通具体情况，劝阻受害人进行支付或转账。当然，如果在事后发现诈骗行为，金额较大的情况下，也应当及时联系用户进行说明，让受害人能及时采取措施，也可以避免连续被诈骗。针对典型的诈骗，平台也可向公安机关进行报案处理，联合有关部门进行全民反诈，维护平台的声誉和公众利益。

6. 应用内购恶意退款的处置

1）直接拦截下单。对于充值订单，发现的准确率极高（如 95% 以上）的策略，可以采用直接拦截充值订单。当然，为了平衡业务防止误杀，可以采用在页面提示引导（如"监测到风险，请联系客服进行充值"）等手段缓和处置。

2）封号处理。如果是直接拦截类的高准确率规则或者成功充值后发现恶意退款的，可以封禁账号，或者控制账号只有浏览的权限，无其他高级权限。

3）隐藏对应的支付入口，严格来讲这是一种风险转移的方式。根据平台与支付渠道的协议，如在出现欺诈风险后，A 支付渠道承担风险，而对于 B 支付渠道约定平台自担风险，那么当平台在支付前检测出支付存在高风险，可以隐藏 B 支付渠道的支付方式，将其引导到 A 支付渠道。

4）扣虚拟资产或减少提现。

① 扣减账号自身资产。该处置方式主要针对充值后 App 内的消费行为限制，如充值后，限制账号给主播频繁送礼、频繁消费、赠送虚拟资产给其他账号等手段，杜绝转移资产。

② 扣减主播账号资产或禁止提现。针对主播的收入中，如果恶意退款订单占比较高，要高度怀疑主播也参与到退款团伙中，一起从平台套现。可以对主播账号进行提现的限制或禁止提现，更严格的方式是扣除已退款相应的金额。

7.4.2　交易风险监控

1. 监控目的

与通常的数据监控类似，通过监控追踪各时间段内、各渠道、各地区等维度的交易规模、笔数、金额，以及交易成功、失败的占比等指标。可以及时发现数据波动，从而发现业务中可能存在的问题，快速针对可能的异常做出调整或修复。反之，当业务做了某项调整，则可以通过监控调整前后的数据变化，来观察业务调整是否符合业务预期。

在线实时的数据监控也是发现业务逻辑问题、系统问题、策略问题等有效的方式之一。如，针对新上线的策略，每一分钟或每五分钟观察策略的拦截数量，及时监测是否有异常发生。

2. 监控指标

在表 7-8 中，总结了交易风控数据监控中常用的基础指标。

表 7-8 交易风控数据监控中常用的基础指标

类别	指标	说明
概览数据	交易审核金额	发起交易的金额总和
	风险交易金额总和	
	风险交易金额占比	交易请求拒绝的金额总和/交易金额总额
	风险验证占比	根据策略风险，进行支付密码验证、短信验证码、人脸识别、活体识别、人工客服电话等进一步验证的比例
	验证未通过率	如行为验证码、短信验证码、人脸识别等验证手段未通过比例。 该比例越高，说明规则的准确率越高，有效地阻断了风险交易
	交易失败笔数	验证未通过、放弃、密码错误的交易笔数
	交易失败金额	验证未通过、放弃、密码错误的交易金额
	交易失败金额占比	
诈骗交易监控指标	诈骗交易识别的打扰率	识别诈骗交易规则拦截的账号数/总活跃账号数
	诈骗交易识别拦截后投诉率	被诈骗交易规则拦截的账号中发起投诉或申诉的账号数占比
	诈骗交易投诉率	未被策略拦截的交易中，发起投诉的比例
	诈骗交易金额	通过用户投诉统计涉诈金额
盗卡盗刷监控指标	盗卡盗刷笔数	
	盗卡盗刷金额数	
	盗卡盗刷交易笔数占比	
	盗卡盗刷交易金额占比	
	盗卡盗刷二次验证通过率	
	实体卡盗刷占比	
	网上支付盗刷占比	
恶意退款监控指标	退款率	退款率=当月（天）退款金额/本月（天）订单金额
	滞延退款率	比如要统计 4 月 1 日滞延 30 天的退款率，就要等到 5 月 1 日来观察，定义为： 滞延退款率=截止到 5 月 1 日，4 月 1 日充值订单中的退款金额/4 月 1 日充值订单金额
	客诉率	客诉率=客诉账号数/拦截账号数

第 8 章 应用内生态风控

8.1 广告导流风控

8.1.1 广告导流风险

1. 广告导流的内容分类

当前在主流的互联网平台以及包含用户发布内容场景的各种 App 中，存在众多的广告导流行为。这些广告的内容和表现形式多种多样，下面按照这些广告的目的分三类分别进行说明。

（1）营销广告

第一类是基于平台的业务以及其用户属性发布的营销广告。这类广告发布平台通常是经过挑选的，平台上的用户对于接收的广告有偏好性，从而保证了广告具有较高的转化率。这些广告涉及众多行业领域。为方便理解，给出案例如下。

案例 1：某美妆 App 的讨论区发布的营销广告，内容为"人体衰老的过程就是胶原蛋白流失的过程，××××人胶原蛋白护肤品，无激素、无酒精、无防腐剂，××医院首推医美护肤品噢。加 V：sa21xxxxxxxx"。

案例 2：图 8-1 是在某金融社区论坛发布的广告图片。图片内容是一张以支付软件截屏为背景，搭配了 PS 的文字水印，文字部分是一个提供棋牌博彩的网站链接。文字部分传递了广告的主要信息，配合图片背景提升了广告的吸引力，并且在相对复杂的背景上，广告文字部分更难以被精准地识别。

（2）导流广告

第二类是导流广告，目的是将当前平台的用户导流走。导流目的地大多是当前平台的竞品，此类广告直接影响平台的营收，对平台影响很大。为方便理解，给出例子如下。

案例 3："绿色平台，大哥钱多，日提秒到，提现手续费低，打卡奖励高。魏，daxxxxxsa"。在案例 3 中可以看到："魏"代表"微信"、"daxxxxxsa"是具体的微信号。虽然加入了关键字变体，但还是可以理解其中包含一个微信联系方式。

• 图 8-1 营销广告样例

在导流意图的理解方面需要一些背景知识。这条广告文本是发生在直播平台上的，导流的目标人群是主播，导流的目的是将这个平台上的主播导流到该平台的竞品平台上，同时给出了更好的待遇/条件，进一步加大诱惑力度提升导流成功率。

（3）诈骗广告

第三类统称为诈骗广告，这里面包含了反诈 App 重点宣传的"杀猪盘""兼职刷单诈骗""色情诈骗"等。这类行为同样会包含前置的广告导流环节。在实现导流摆脱平台的风控监管之后，会执行后续的收割、诈骗流程，对受害人、平台产生巨大的影响和损失。

下面展示一个兼职刷单类的诈骗，其发生在某社交平台中。诈骗黑产通过批量发送小额的刷单返现任务在该社交平台中大量引流，吸引受害人下载诈骗 App。受骗人多次做任务拿到返现后被骗取信任，进而尝试诈骗 App 中提供的高额返利投资项目，最终受骗如图 8-2 所示。

● 图 8-2　兼职刷单诈骗案例

2. 广告导流行业场景动态

如前文所述，导流广告的发布者为了获取更高的单击/转化率，会根据广告内容适配的人群挑选导流平台。同时兼顾平台用户的活跃量，保证发布广告内容充分地曝光，所以下列几类平台会成为广告导流的"主战场"。

（1）陌生人社交

陌生人社交行业近些年发展迅速，虽然目前头部产品已经占据了大部分市场，但是仍然不断地有新 App 涌现出来。这类产品的功能和设计往往比较相似而直接，围绕着满足广大互联网用户"认识更多的人"的心理诉求，提供交友环境和精准匹配服务。

这些平台上的用户有着很强的交友、情感诉求。交友对象是陌生人使得大多数平台的用户和对话附带很强的荷尔蒙属性。同时又因为这类产品的功能设计大同小异，在客户视角里，众多不同的 App 是一个个能够提供认识更多陌生人的渠道，实际上客户对于某一个特定产品的黏性是偏低的，使得发布到这里的导流广告具有很高的转化率，是广告导流行为最为猖獗的场景。

综上，陌生人社交类平台内存在大量的广告导流行为，并且导流广告的主要类型集中在色情广告、挖人广告、杀猪盘诈骗、兼职刷单诈骗、色情诈骗等上面，这些是符合行业属性和广告导流逻辑的。

（2）秀场直播

秀场直播类平台的玩法基本上是平台内的主播通过颜值、声音类的表演吸引用户付费打赏礼物。对平台的付费用户来说，在刷礼物的过程中可以获得直播房间内的关注度，礼物刷够的情况下可以获取联系主播的方式，更近距离地线下认识主播等。而对于平台主播来说，他们最为关注的就是与收益直接相关的固定薪资、平台用户的付费能力、礼物提成比例、直播时的热度扶持，以及直播相关的时长、风格等限制因素。

这种业务模式决定了秀场直播类平台的付费用户往往具备冲动型消费能力，且荷尔蒙属性强。主播的门槛相对低，不需要长时间运营积累粉丝人气。大量的用户同时体验多个平台，主播也可能在多个平台兼职。秀场直播平台的广告导流行为主要集中在色情广告以及挖用户、挖主播上。

（3）社区论坛

社区论坛类平台已经有较长的一段发展历史，从早期的综合型社区为主，慢慢向板块分类更加聚焦细化的垂类社区过渡。这些平台区别于上述强社交直播属性的平台，他们的用户天然地经过了平台的筛选，兴趣偏好明确，对平台黏性强。常见的广告类型有医美（如美妆、母婴等社区）、博彩（如股市、体育等论坛）、金融（如股市、投资论坛）等方面的营销广告。

同时由于平台的论坛属性，大多数用户的行为是以浏览看帖为主，对感兴趣的话题有少量回帖。这里发布的内容多为公开场景，一次发布，可以长时间存在。并且配合点赞、回复、搜索等行为可以进一步提升原贴曝光率。这些特点使得社区论坛又额外衍生出一些新的广告导流玩法，在后文的导流路径部分将会详细介绍。

（4）游戏

目前主流的游戏类型中，不管是角色扮演、养成、策略，甚至是竞技性比较强的MOBA、FPS类游戏，都在逐步提升游戏中的社交比重。这里的社交不仅包含传统意义的私聊、群聊功能，还体现在游戏中包含的工会（帮会）活动、战力进度排行等带有很强社交属性的玩法上。正是因为这些社交属性，使得导流广告有了更大的发挥空间，结合平台内的游戏玩法和用户偏好，衍生出很多广告玩法和类型。

这里的游戏平台特指的是包含游戏玩法、社交功能的游戏本身，而不包含基于游戏衍生的论坛、社区、陪玩平台等。后者场景上的广告导流行为与前文已经讨论过的社交、论坛类平台更为接近。

8.1.2 广告导流布控

1. 广告导流的路径介绍

广告导流实现路径的两个关键要素分别是广告内容和批量曝光，两者缺一不可。任何一个新的导流路径类型都是在这两个要素上的进化或者变种。

（1）私聊

首先是私聊场景。这里的特点是私密性强，大多平台都不会对私聊的信息做严格审核和风控。另外因为私聊存在强指向性的特点，用户收到消息如果对其中的内容感兴趣，大概率会被转化或者给予回复。基于以上原因，在私聊渠道发布导流广告信息是广告发布人的第一选择，也使得私聊渠道的广告在绝大多数场景中都是最多最猖獗的。

私聊渠道发布广告虽然有上述诸多便利，但是要实现大批量的触达和转化，广告发布人还需要解决下列几个问题。

1）获取私聊对象列表。

私聊对象列表对于在私聊场景发布广告的账号来说至关重要，批量获取可以私聊的账号是第二个必须要解决的问题。根据平台的功能设计分为以下两种情况。

① "私聊友好型"平台，即在用户不付费的情况下也可以根据用户的意愿，无限或者大批量地提供可以私聊对象列表。

②"私聊管控型"平台，即在一段时间内用户可以免费私聊触达的对象数量是有限或者相对较少的。

显然，目前市面上大多数的平台尤其是社交平台、社区平台都是以第二类"私聊管控型"为主。对于社交平台来说，私聊作为一个很核心的产品功能，在设计上大多是少量免费、大量收费的逻辑。对于社区论坛平台来说，出于风控安全考虑，私聊功能不是这里用户的核心诉求，大批量的触达其他用户往往伴随风险，是需要被限制的。

广告发布人面对这种情况可选路径一般有以下几种。

① 付费获取更高的触达量。

② 注册更多账号获取更高的触达量。

③ 通过修改 GPS 等方式，利用平台内类似"附近的人"功能，重置刷新可触达列表。

④ 在平台内其他场景，如帖子、动态、聊天室等渠道批量获取用户，并直接私聊触达。

⑤ 使用高价值/等级账号，等待平台上的用户主动开启私聊。

2）绕过广告风险识别。

目前存在 UGC 场景的平台，大多具备识别导流广告等内容类风险的检测模型，部分平台同时会具备识别账号频繁发送风险内容、灌水刷屏等风险行为的风控能力。所以广告账号，尤其是通过机器脚本在私聊渠道中实施广告导流的账号，必须绕过内容和账号行为层面的风控监测。

广告内容识别目前主流的实现方式依赖模型和名单，这类实现方式相对稳定但是对抗性偏弱，常用的绕过路径有以下几种。

① 在文本广告中，对联系方式中的字母、数字以变体字符替换；对其中的导流意图部分，把对应的核心关键字以形近、音近、意近变体字替换，绕过模型和敏感词库的检测。

② 在视觉广告中，常见的绕过模型检测方式主要是通过对广告内容采用手写、艺术字、涂抹、裁剪、旋转等多种方式，首先绕过 OCR 检测，进而绕过视觉广告模型检测。

③ 因为私聊场景的对话特点，一条广告内容拆分成多条发送，也不影响接收信息人的理解。所以将广告文本、图片或者音频拆分成"上下文"多条发送，也是绕过广告导流内容检测惯用且有效的手段。

④ 识别账号的发言频度过高或者账号发言内容重复策略可以理解为内容风险检测的补充和升级，它的对抗性更强，并且提供了账号识别结果，更方便平台的风控处置。这类策略是通过对账号的请求以及请求内容的统计计数实现的，常用的绕过路径有以下几种。

- 通过试验测试出不同时间窗口内的发言频度阈值，然后将发言频度控制在阈值以下，保证发言能通过且发言总量满足预期。
- 对于平台拦截账号多次发送相同文本/图片内容的检测机制，可以采用固定文本结合随机字符或者相同图片结合随机颜色/随机涂抹的方式绕过重复识别，实现持续稳定地输出相同广告内容而不被拦截的效果。

（2）直播间/语聊房

直播间/语聊房内的发言场景仅有房间公屏的弹幕/群聊一个渠道，但是该场景下存在多个业务功能，进而衍生出多种广告形式。下面基于主流的直播间和语聊房内广告导流的常见路径给予说明。

1）弹幕刷屏。

弹幕的发言场景属于半公开性质，发言内容对在同一个房间的用户都可见。并且弹幕也是重要的场景内互动渠道，具备很强的曝光和导流能力。所以直接在该渠道，批量重复刷屏发送广告导流内容，是在直播间或者语聊房内非常有效的导流路径。

但是在具备高传播效率的同时，平台的内容风控在这个渠道上一定是更加严格的。在内容、账号行为的拦截尺度上可能更加严格，并且在影响力、人气热度较高的房间内还会分配审核或者运营人员，实时处置违规内容和账号。

在这种情况下，广告导流的路径除了采取上面私聊渠道里介绍的加强内容变体、行为重复频度策略对抗外。还会使用在高热度直播间发言或者多个账号同时发言的方式，以提升人工审核人员发现和拦截的难度。即使是有多个"房管"或者"场控"的房间，都可能会被广告发布账号"霸屏"，进而平台或者主播只能采取诸如高等级用户或者付费用户才能发言的策略。这种处置方式确实可以有效对抗通过弹幕群聊实施广告导流的行为，却牺牲了大量的用户体验，以及主播和房间用户的互动。并且面对这类"高压"策略，广告导流人员也并非毫无办法，会衍生出一些间接曝光路径。

2）系统消息。

直播间和语聊房中大多都会包含系统提示消息，这些系统提示消息的范围包括房间内人员的进出（进入房间为主），房间内礼物赠送消息。部分广告导流账号会将广告信息曝光在昵称或者个人资料上，然后通过频繁地进出房间或者给房间内的主播刷礼物打赏，获取平台内自带的系统消息广播，从而实现间接的导流广告曝光。

(3) 社区论坛

如前文所述，论坛上的帖子渠道属于社区公开场景。这里的内容既可以被站内用户浏览，同时也可以在站外搜索，通过链接跳转到站内获得内容曝光，结合大多数论坛的功能，常见的广告导流路径有如下几种。

1）批量发帖/回帖。

首先最直接的导流路径是将导流内容发布到主贴中，部分论坛在用户不单击帖子的情况下也会直接展示帖子的"摘要"。这种情况下，导流内容的曝光效率是最高的。但是主贴的主题、内容、配图等都是平台重点审核的范围，所以这个路径往往结合了单个账号或者多个账号的高频发帖来对抗平台的删帖/封号。

再就是将导流内容发布到回帖中，这种方式的导流曝光效果没有主贴曝光好，但是更加隐蔽。如果机器模型漏放（未能识别和拦截），人工审核比较难发现，从而导流内容可以长期曝光。另外选择热帖，尤其是热帖的"顶楼"进行回贴，也是惯用的提升导流广告曝光效果的手段。

2）顶帖。

顶帖是批量发送主贴的一种变体，更加适合人气和热度比较大的论坛版块。少量账号发送带有导流广告内容的主贴，大量账号对这部分主体进行大批量顶帖。这种操作的好处是单位时间内需要发送主贴的账号更少，单帖的利用率更高。后续即使出现人工封号，顶帖账号大概率也不会被处罚，节省了导流账号资源。

3）夜间发帖。

夜间发帖相比于正常的主贴发送导流广告，唯一的区别就是发送时间大多选在夜间或者凌晨。虽然这个时间段能够获取的浏览和曝光量偏低，但是相应的人工审核更为薄弱，以及平台其他的用户也基本不会发言。使得带有导流广告的主贴可以长时间在首页置顶，这种操作方式在一些热度、人气偏中低等的论坛非常有效。

4）搜索权重/词权重。

最后介绍的论坛场景上的广告导流路径，充分地利用了论坛的社区公开属性以及平台的搜索权重或词权重特征，与上文提到的路径主要有以下几点差异。

① 目标人群并非是这个论坛上的用户，而是对广告内容有兴趣并在搜索引擎上对关键字做直接搜索的人群。

② 广告的内容除了包含明确的联系方式、导流目的两个核心元素之外，大多还会包含"哪里有""哪里买"，以及具体省市地名特征。这样设计广告话术的原因在于最大限度适配通过搜索引擎对广告内容做搜索的人群，保证导流话术在搜索结果中被高优先级展示。

③ 这部分广告选择的平台大多数是经过搜索引擎搜索权重筛选的大平台，并且这部分广告信息一经发布，就会被搜索引擎收录。即使平台后续发现了风险并执行了封号删帖，这部分风险内容还是可以在搜索引擎被搜索和展示。

2. 事件：结合曝光路径介绍核心事件在布控环节的作用

前文介绍了在多个场景下广告导流的路径，下面将站在平台风控视角，讨论应该在哪些事件布控，以发现平台内发生的广告导流行为，进而实现风控策略的识别和拦截。

根据前文对广告导流路径的描述，实现高效的广告导流不仅需要广告内容发送，还需要配合的事件使得发布的广告内容大量曝光。这些事件可以是直接的导流内容重复发送，如批量地私聊大量用户，发送导流广告；也可以是不包含广告内容的批量行为，间接地让导流广告曝光，如在昵称、头像上发布广告并结合批量地打招呼/关注行为，实现广告曝光。

所以为了实现场景上完整的广告导流风控，所有与导流广告曝光相关的事件都应该作为布控的目标，都应采集相应的数据和参数。

1）社区公开类布控事件参数及参数说明，如表 8-1 所示。

表 8-1 社区公开类布控事件参数及参数说明

请求参数	类型	参数说明
text	String	需要检测的文本内容
img	String	需要检测的图片链接
tokenId	String	用户账号，与业务场景的 UserId 唯一对应
channel	String	用于区分业务场景，常见的有发帖、评论、发笔记、弹幕等
topic	String	帖子/话题 ID
floor	Int	回帖/评论的楼层
contentOwnerId	String	回帖/评论的原贴发布者的 tokenId
ip	String	IP 地址，用于 IP 维度的用户行为分析
phone	String	用户手机号，用于手机号风险属性以及手机号段维度的用户行为分析
deviceId	String	用户设备唯一标识，用于设备风险分析以及用户行为分析

2）社区私密类布控事件参数及参数说明，如表 8-2 所示。

表 8-2　社区私密类布控事件参数及参数说明

请求参数	类　型	参数说明
text	String	需要检测的文本内容
img	String	需要检测的图片链接
tokenId	String	用户账号，与业务场景的 UserId 唯一对应
channel	String	用于区分业务场景，常见的有私信、私聊图片等
receiveTokenId	String	私聊场景信息接收者的 tokenId
ip	String	IP 地址，用于 IP 维度的用户行为分析
phone	String	用户手机号，用于手机号风险属性以及手机号段维度的用户行为分析
deviceId	String	用户设备唯一标识，用于设备风险分析以及用户行为分析

3）社区群组类布控事件参数及参数说明，如表 8-3 所示。

表 8-3　社区群组类布控事件参数及参数说明

请求参数	类　型	参数说明
text	String	需要检测的文本内容
img	String	需要检测的图片链接
tokenId	String	用户账号，与业务场景的 UserId 唯一对应
channel	String	用于区分业务场景，常见的有群聊、房间发言、群邮件、群公告等
room	String	直播间、语聊房的唯一标识 ID
atId	String	群聊场景常见的@用户 ID 场景中，被@用户的 tokenId
ip	String	IP 地址，用于 IP 维度的用户行为分析
phone	String	用户手机号，用于手机号风险属性以及手机号段维度的用户行为分析
deviceId	String	用户设备唯一标识，用于设备风险分析以及用户行为分析

4）个人资料类布控事件参数及参数说明，如表 8-4 所示。

表 8-4　个人资料类布控事件参数及参数说明

请求参数	类　型	参数说明
text	String	需要检测的文本内容
img	String	需要检测的图片链接
tokenId	String	用户账号，与业务场景的 UserId 唯一对应
channel	String	用于区分业务场景，常见的有昵称、头像、签名等
ip	String	IP 地址，用于 IP 维度的用户行为分析
phone	String	用户手机号，用于手机号风险属性以及手机号段维度的用户行为分析
deviceId	String	用户设备唯一标识，用于设备风险分析以及用户行为分析

8.1.3　广告导流风险识别

广告导流行为的风控拦截是依赖策略实现的。单条策略的设计逻辑是把通过分析导流广告的内容或者是发布模式得到的规律，抽象为特征并搭配阈值的形式，组合成一个有足够召回能力和区分能力的规则。而一个高效稳定的可以对抗广告导流行为的机制，是需要多个类型、多层结构的策略共同作用的。这些策略相对独立又相互关联，形成一个完整的策略体系保证线上的拦截效果。

1. 内容策略

内容策略是导流广告识别的重要基础，反映了风控方对于各个行业各类广告的认知水平，是与广告内容对抗的第一道防线。内容策略的效果的决定因素概括为两点，分别是问题的分类方式和问题的解决方式，这里简称为标签定义和实现方式。

首先是以文本和音频为载体的导流广告，这两个载体的广告内容基本相同。音频的广告识别方式也是依赖 ASR 转译的，将转译出来的文字复用文本上的广告识别技术实现。

（1）文本-导流广告内容策略

1）色情广告：针对包含色情资源、色情服务类型的广告。

2）挖人广告：针对平台高价值用户、平台员工（如直播行业内的主播等）的挖人话术广告。

3）加好友：针对添加联系方式交友，包含聊天、视频、打游戏、谈恋爱、发送信息等广义交友类意图的文本。

4）博彩广告：针对包含传统赌博竞猜，以及新型网赌网投的广告。

5）金融广告：针对包含贷款、办卡、POS 机、金融项目等的广告。

6）医美广告：针对医美类商品和服务（如增高、增肌、减肥、美体等）等的广告。

7）代练代打广告：针对游戏行业出现的游戏代练、代打、陪玩服务的广告。

8）账号资源交易广告：针对游戏行业出现的账号、道具、游戏币、游戏资源等虚拟物品交易的广告。

9）杀猪盘诈骗：通过人设包装培养感情，骗取受害人信任，进一步以网络投资、金融项目、实体项目、资金周转等套路完成收割，骗取受害人钱财。

10）兼职刷单诈骗（杀鸟盘）：以收益返利引诱参与刷单兼职，骗取信任后，加入大额刷单任务骗取受害人钱财。

11）消费提额诈骗（杀鱼盘）：以信用卡、各类消费平台的授信提额骗取受害人个人信息，用于在第三方平台购物消费、借贷，实施诈骗。

12）色情诈骗：

- 以提供色情服务、介绍"美女"为借口，收取受害人"保证金/介绍费"，实施诈骗。
- 以裸聊、色情服务引诱受害人在手机安装恶意软件，以服务过程中拍摄的图片/视频胁迫受害人转账。

13）伪冒身份诈骗：

- 冒充平台的客服或者管理员，以虚假的信息（常见的有账号冻结或账号异常信息等）骗取受害人缴纳"保证金/解封金"，实施诈骗。
- 冒充平台的用户（大多数伴随着修改昵称/头像行为）或冒充"熟人"，利用部分平台对于对话好友身份提示缺失以及部分用户缺乏警惕的弱点，实施诈骗。

（2）文本-联系方式内容策略

1）微信：包含微信关键字以及微信号的文本。

2）QQ：包含 QQ 关键字以及 QQ 号的文本。

3）手机号：包含手机号关键字以及 11 位合法号段的文本。

4）网址：包含合法网址的文本。

5）公众号：包含关键字和公众号名字的文本。

6）疑似联系方式串：包含联系方式串但是不包含明确联系方式关键字的文本。

标签定义完全决定了内容策略的覆盖范围，以及对线上问题的分类方式，但是每个标签的识别效果，或者说准确率和召回率指标则是由标签对应的实现方式决定的。

文本风险识别的方式有形式语言处理（FLP）（包括名单、正则、逻辑规则等）和自然语言处理技术（NLP）两个类别。根据不同的广告内容形式，发现其中的规律，从而选择适合的实现方式是一个不断探索和优化的过程。

下面以文本中微信标签为例，详细介绍一下其策略迭代过程。

1）样本分析。

首先需要对测试样本进行分析。通过分析大量微信样本，得到以下两个规律。

① 微信联系方式的核心特征体现在关键字和微信串上。

② 微信联系方式识别的难点主要在于关键字变体、串变体，以及二者组合的结构变体识别上。

微信简版变体分类如图 8-3 所示。

2）特征构建。

这一步是根据分析结果开始构建特征，底层的名单特征包括关键字变体、英文数字变体。中间特征包括针对文本做的结构解析特征。下面仅列举一部分高权重特征，弱特征过多这里不做展示，详情如表 8-5 所示。

表 8-5 高权重特征示例

特 征 名 称	特 征 说 明
文本长度	统计文本包含的字符数
关键字位置	检索联系方式关键字词库，匹配到的关键字标记位置
关键字等级	结合词频统计得到的关键字实际代表联系方式的概率
关键字是否变体	关键字是否是变体，值为布尔变量
子串位置	检测文本中是否包含潜在的联系方式拆分子串，如果存在，标记对应子串在文本中的位置
子串长度	检测文本中是否包含潜在的联系方式拆分子串，如果存在，记录对应子串的字符数
串长度	对于文本中的串或者子串拼接后的串，记录其字符数
串是否变体	串是否包含变体，值为布尔变量
关键字与串间隔距离	检测文本中是否包含关键字及串，如果存在，记录关键字与串的间隔字符数

3）逻辑规则构建。

这一步就是面向样本的优化学习过程。为保证规则的泛化以及线上的可用性，在多个行业和渠道采集了大量白样本。针对初版规则在大量白语料中产生的误杀情况，重复多轮次的

三级标签	变体对象	变体分类	示例（标准->变体）
微信	关键字	中文变体-音近	微信->威心
		中文变体-形近	微信->徽信
		中文变体-形近+音近	微信->葳蕊
		拼音变体-音近	weixin->waixing
		拼音变体-形近	weixin->ωeix1n
		简称变体-形近	VX->√X
		语义变体-符号	〰
		语义变体-意近	绿色的社交软件
		结构变体-拆分	微信->微我的信 weixin->wei我的xin wechat->we我的chat VX->V我的X
		结构变体-倒序	微信->信微 weixin->xinwei wechat->chatwe VX->XV
		语义变体-缺失	微信->信 weixin->wei wechat->wech VX->V
	串	中文变体-音近	二零二一三三九七->耳灵耳咦伞伞酒漆
		中文变体-形近	九->仇
		英文变体-形近	nine -> ninē
		阿拉伯数字变体-形近	9->⑨
		罗马数字变体-形近	9->|X
		语义变体-表情符号指代	1432 ->☺\n☺☺☺☺\n☺☺☺\n☺☺ 1432 ->@\n@@@@\n@@@\n@@
		语义变体-汉字英文数字指代	1432 ->哈\n哈哈哈哈\n哈哈哈\n哈哈 1432 ->0\n0000\n000\n00
		结构变体-拆分	spam 连起来就是 2021
		语义变体-指代	skkk2222 -> 一个s三个k再加上4个2就是 aichihuoguo -> 【爱吃火锅】的拼音就是我的
		结构变体-间隔	5312311->0000000053123110000000 5312311->5刚哥3更好地跟1违规2个问题3嘎嘎1各位哥1豆果
	关键字+串组合	结构变体-插序	微【dsahg123】信
		结构变体-倒序	dsahg123微信
		结构变体-间隔	微信哈哈哈哈中间间隔要长长长dsahg123
		语义干扰-缺失	你懂的 dsahg123 dodge1986
		结构变体-藏头诗	微纸书封四句诗，信来沾衣抚心叹。 八公草木气森森，四月芳林何悄悄。 五原纯色旧来迟，六月霜寒表外阴。 六出奇花已住开，三点两点淡尤好。 三两日来连庆会，二升铠内煮山川。

● 图 8-3　微信简版变体分类

规则调优。最终生成一版在测试集上召回率达到 85% 以上、线上数据准确率在 90% 以上的逻辑规则集。

4）规则迭代运营。

第三步之后逻辑规则实际已部署上线，开始对线上数据决策，并且对线上数据的漏判、误判情况开始进行优化迭代，内容标签迭代流程如图 8-4 所示。

在迭代的过程中，主要优化了以下几点：

① 扩充关键字变体库，并且根据词频统计方法优化其风险等级权重。

② 扩充串变体库，全量扫描 Unicode 字符列表，将字符形态与 [0~9, a~Z] 相似的字符及其映射关系存入串变体库中。重点检索了全部的字母表、Emoji 等范围，示例如图 8-5 所示。

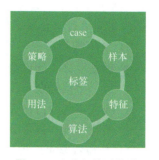

● 图 8-4 内容标签迭代流程

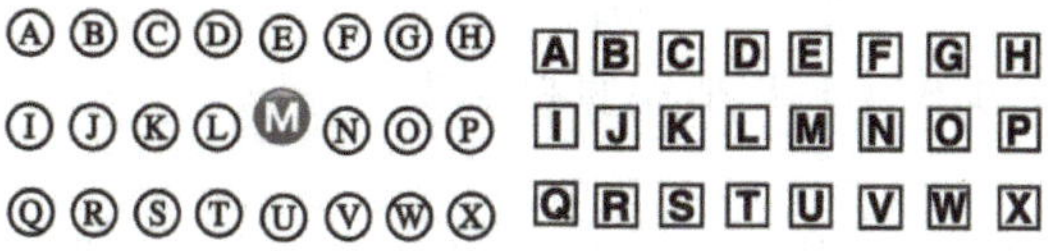

● 图 8-5 Unicode 变体示例图

③ 进一步优化了常见的误杀场景，包括个人资料中的年龄、身高、体重，日期，数量词，等差等比序列，乱码序列等情况。

④ 对新增的黑样本类型，明确分类以及实现方式，持续优化逻辑规则。

5）NLP 技术的应用。

随着规则持续不断地迭代，原有的逻辑规则暴露出多种问题。

逻辑规则的实现方式决定了随着服务持续迭代，规则集结构会持续膨胀。后期为了优化一类漏杀或者误杀问题，需要在原有基础上进一步新增条件，使其变得难以维护。

随着线上广告导流的对抗不断激烈，针对变体的攻击逐渐增多，尤其是语义变体这种类型，在逻辑规则结构下解决率逐渐变低。

微信中的核心元素（关键字）可能被替换为"数字连起来""你懂的""找我的钥匙"等有语义但是更为开放的提示词；英文数字串等核心特征可能被替换为汉字拼音等原有规则无法准确识别的情况。随着时间推移，这些线上解决率低的问题从早期的偶现，很快变得时有发生，甚至跃居问题占比前列。

市场变化以及行业的成熟，使得对机器识别广告效果的要求进一步提高，原有规则的准召率不再能够满足线上的要求。

综合以上原因，尝试在微信（包括其他导流广告标签）上引入自然语言处理技术。考虑之前的微信识别并不依赖文本中的语义，加入 BERT 语言模型读取来自语义的增益信息，很多误漏杀问题迎刃而解，并且让这类规则的迭代更加规范和高效。

（3）视觉广告内容策略

视觉广告内容结构理论上可以分为图像和文字两部分，具体的导流目的和联系方式由文字表达，图画和文字配合提升表现力、对比度或者充当背景。

通过分析线上的数据，视觉广告均可以在文本找到对应的案例，这些图片只是文本广告的视觉"表达"。这样看来视觉广告应该是文本广告的子集，沿用文本广告导流标签似乎是合理的。但经过大量的尝试实验，发现视觉广告中的图画信息对于提升视觉广告导流内容识别是非常重要的，"丢掉"这部分信息直接复用文本标签的语义实现方式会带来很多问题，视觉广告应该有一套属于自己的分类标签。

1) 文字特写广告。
- 标签定义：通过图片上的文字重点传达联系方式（如手机号、微信号、QQ号、网址、微信公众号、淘宝店铺等）的图片。背景对文字部分无遮挡，一般背景为纯色或文字部分占比大于图像部分，作用是通过背景对文字传达的内容做突出强调。
- 策略实现：视觉分类模型输出概率结合OCR结果的符合条件策略。

2) 导流资料页广告。
- 标签定义：通过微信/QQ的资料页、搜索页、微信号特写页、登录申诉页的截图传递QQ号、微信号、群号的一类图片。
- 策略实现：视觉分类模型输出概率直接实现。

3) 牛皮癣广告。
- 标签定义：典型的一类图片广告，其结构由图画和文字两部分组成，图文重叠且图画和文字并非一个整体而是通过后期加工添加的；其中的广告导流信息主要由文字部分承载，图画部分起到提升文字表现力、文字对比度，或者对文字部分加以干扰、涂抹以绕过检测的作用。
- 策略实现：视觉分类模型输出概率结合OCR结果的符合条件策略。

4) 记事本广告。
- 标签定义：手机内自带的"记事本""备忘录""提醒事件"，以及一些带有文本编辑功能的笔记类App，编写联系方式，截图后以图片的形式发送。图像呈现明显的手机截屏以及笔记/备忘录编辑界面特征。
- 策略实现：视觉分类模型输出概率结合OCR结果的符合条件策略。

5) 聊天截图广告。
- 标签定义：以对话截图传递完整或拆串联系方式（如微信号、QQ号、手机号、网址、公众号、淘宝店铺等）的图片，通常不存在对话关系，仅屏幕右侧（即发送人传递的内容）出现文本内容，且包含联系方式。图片呈现明显的手机截屏特征，一般出现在社交类、电商类等App中。通常以文本发送会被拦截，故以截图形式发送。
- 策略实现：视觉分类模型输出概率结合OCR结果的符合条件策略。

6) 输入框截图广告。
- 标签定义：这是一类带有明显截屏特征的导流广告，导流信息发布在截屏环境中可以进行信息输入的框体内，常见的场景包括聊天App的输入框、手机的拨号页面、手机自带的计算器页面等。
- 策略实现：视觉分类模型输出概率直接实现。

2. 行为策略

行为策略指的是针对ID（包括账号、设备、IP等）实体的行为异常检测识别。实现方式是，通过检测出广告导流账号为了达到用户触达以及大量广告曝光的两个核心路径，行为暴露出与正常用户行为的分布差异。

这类策略是广告内容策略的重要补充和升级，具体的类型有以下几种。

(1) 频度策略
- 标签定义：统计实体与事件之间的频度关系，对频度异常的账号行为进行拦截。
- 应用案例：限制账号在一个时间窗口内发言的频度，对超过频度限制的请求进行拦截。这类策略是基于导流广告大量曝光的特征设计的，拦截量是所有策略类型中最大的，是对内容广告策略未开启或者漏识别情况最有效的补充。并且基于导流广告成本对抗的逻辑而言，只有频度策略的设计足够完备，后续的关联、时域，尤其是团伙策略才能真正发挥作用。

具体策略示例，如表 8-6 所示。

表 8-6　单 ID 行为频度策略示例

统计数据	统计分组	时间窗口	统计函数	阈值条件
文本请求	账号 ID	10s	Count	≥10
文本请求	账号 ID	5min	Count	≥150
文本请求	账号 ID	30min	Count	≥450

这里对阈值设定给出解释说明：短时间窗口的阈值设计主要以非机器操作不可达作为参考；中长时间窗口下的阈值则以大量的账号发言统计为基础，参考统计值的整体分布而设定。评估在阈值之上的发言多为导流广告或者无意义的刷屏灌水，进而得到对应时间窗口下的阈值。

(2) 关联策略
- 标签定义：统计实体与实体之间关联关系，对关联数量异常的情况进行拦截。
- 应用案例：设备和账号是广告导流场景中的重要实体。限制相同设备关联账号数量是针对重复利用设备注册大量账号资源路径设计的基础策略。搭配设备唯一标识的识别功能，这类策略的拦截效果稳定，对广告导流行为压制力强。

具体的策略是多个时间窗口搭配不同阈值的形式，相关示例如表 8-7 所示。

表 8-7　设备账号关联策略示例

统计数据	统计分组	时间窗口	统计函数	阈值条件
账号 ID	设备 ID	1d	Distinct	≥3
账号 ID	设备 ID	7d	Distinct	≥5
账号 ID	设备 ID	30d	Distinct	≥8

多个时间窗口阶梯阈值可以比较有效地限制同设备持续稳定地在单时间窗口阈值下作恶的行为。

(3) 画像策略
- 标签定义：通过检测广告导流场景的设备风险实施对广告导流账号拦截策略，设备风险包括伪造设备、篡改设备、农场设备、虚拟设备、多开设备等。
- 应用案例：这部分识别的设备风险大多是事实类风险，绝大多数识别到的风险设备可以在广告导流场景直接拦截；部分弱风险标签，如虚拟机、多开等标签需依据具体情况而定，如游戏场景会有正常用户开虚拟机或者多开行为，不能直接开启拦截。

(4) 时域策略
- 标签定义：针对实体或实体分组的历史行为，通过统计分析获取到的特征和规律，进一步设计的策略，包含时间间隔、分布异常、相似以及不一致等 4 个维度。
- 应用案例：识别对抗发言重复检测机制的账号案例。
- 路径说明：图 8-6 体现了风控方与导流黑产方多次对抗的过程。

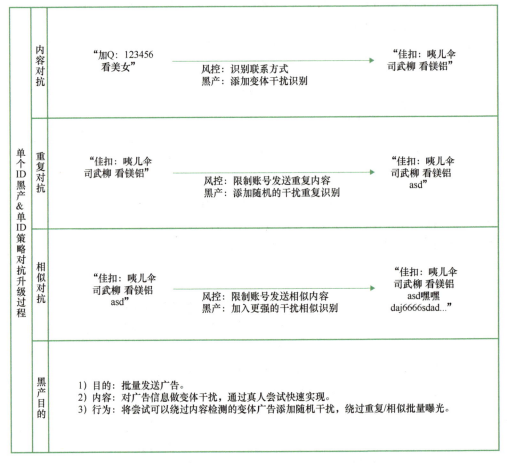

- 图 8-6　单个 ID 黑产 & 单 ID 策略对抗升级过程

3. 团伙行为策略

团伙行为策略是在内容策略和单 ID 类策略上的进一步补充，当前两类策略趋于完善，导流广告发布者为了保证同样的曝光量，势必要注册更多的账号来重复同样的广告导流行为。在这个过程中，识别和拦截此类由多个账号构成的批量团伙行为是团伙行为策略的核心目标。团伙行为策略的具体类型有以下几种。

（1）聚集策略
- 标签定义：一个群组 ID 关联了多个个体 ID，且较高比例的个体 ID 带有相同的可疑属性，即满足团伙行为中可疑聚集类策略的判断逻辑。
- 群组 ID：广告场景下常用的有 IP、IPC、帖子 ID（Topic）、房间 ID（Room）、联系方式等。

- 可疑属性：发送导流风险文本、重复发言、新注册账号、账号更换设备等。

(2) 趋同策略
- 标签定义：一个群组 ID 关联了多个个体 ID，且这些个体 ID 在某个特征上呈现相似或一致的比例较高，即满足团伙行为中相似趋同类策略的判断逻辑。
- 群组 ID：同聚集策略。
- 趋同属性：注册日期相同、文本图片事件的行为序列一致、使用的设备型号一致等。

8.1.4　广告导流风险处置方法

根据场景中不同类型的广告导流风险，给出不同的风险处置，在对风险识别和拦截的同时，充分保证场景中正常用户的体验。广告导流的风险分类及处置方式如下。

(1) 营销广告

发送联系方式是互联网平台中常见的用户行为，目的是为了绑定加深社交关系。陌生人社交类平台对用户发送联系方式有风控拦截诉求，其余平台会选择放开或者仅对批量重复的行为进行风控。这类广告行为占比较高，但属于中低风险类型，重点保证准确率、减少误判打扰率。

风险处置：仅拦截包含联系方式的内容请求，对连续多次发送联系方式的正常用户会有提示或者短时间禁言处罚。

(2) 机器导流

机器导流是指通过设备安装脚本工具，自动发布导流广告的行为。这类行为曝光量巨大，对平台危害性强。人工审核团队需要付出很高的人力才能完成对这类内容的及时审核，所以从成本考虑，机器规则策略是解决这类问题的第一选择。承接这些策略召回的处置方法就显得尤为重要：一方面对识别到的机器导流行为给予成本上最严格的处罚，另一方面也要兼顾策略误杀，对正常用户容错。

风险处置：

1) 对于高准确策略，如团伙策略、事实类风险策略等，不仅拦截单条请求，还会封禁账号。并且把关联的设备、手机号等资源一同打黑，最大程度提升机器导流成本。

2) 对于高召回策略，如财号、设备等实体的关联频度策略、推断类风险策略等，仅由机器执行事件级拦截、针对实体的策略频度阈值收严，而不执行关联打黑。将账号或违规行为推送人工复核后，对验证后的违规账号、设备执行拉黑封禁操作。

(3) 诈骗广告/真人导流

诈骗广告/真人导流大多是通过真人的平台内操作，包括发布和回复信息实现的导流和诈骗行为。这类行为占比相对较高，往往发生在机器导流检测比较严格以及导流诈骗转化价值较高的场景。虽然曝光效率比机器导流行为低，但导流的转化率高且呈现的行为特征与正常用户更为接近，实时对抗性强，难以被检测识别。

风险处置：这个类型的导流行为危害性大，隐蔽性强，比较合理可行的方式是采用高召回策略搭配人工审核的方式实现高覆盖且高精准的处置。人工审核确认是导流诈骗账号后，对账号关联的资源做同步打黑，对账号在公开渠道发布的信息做删除撤回，对账号触达的潜在受骗账号做信息和电话提示。

8.1.5 广告导流生态风险监控

广告导流场景的风控是一个长期运营和对抗的过程，理论上很难实现场景上的广告导流行为彻底"清零"，比较理想的平衡状态是平台的风控对广告导流行为形成比较强的压制和监控。压制具体体现在场景上的策略效果和处置方式上，而监控则体现在对于平台内广告导流行为数量的波动、玩法路径的分布，以及对应的拦截效果可以做到实时洞察。风控方可以通过广告导流行为的波动、效果的变化作为指导，做出更加合理的策略决策。因此，风险监控是衡量场景风控是否成熟完善的一个重要标志。

1. 风险攻击监控

（1）拦截指标

常见的监控方式可以通过事件总量、事件拦截量、事件拦截率以及这些指标随时间波动的趋势图来实现，重点关注这些指标的突增、突降波动，可以帮助风控方及时发现风险。

如图 8-7 所示，拦截指标的趋势图清晰地展示出了在 2022 年 11 月 24 日 5：00～15：00 的时间段广告的拦截量突增。通过追踪这一时间段的拦截事件，很容易定位黑产的攻击类型，并追踪是否有漏放情况，及时做策略收严和回杀。

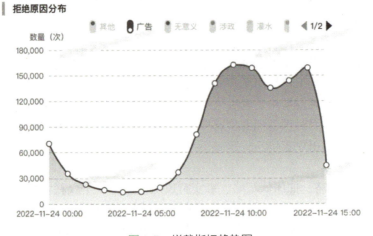

• 图 8-7 拦截指标趋势图

（2）排行榜

除了对拦截指标的监控外，监测平台内容信息的排行榜也是一个更细颗粒度的监控手段。可以快速地按照单个用户发言总量、单条内容信息被发布总量等维度检测到高频发言账号或高频次内容中是否包含导流广告风险，以及这些风险内容的拦截情况。下面以某平台针对文本信息做的排行榜为例，如图 8-8 所示。

（3）团伙监控

团伙监控是对上述介绍的风险监控基础上的补充。这类监控相比于拦截指标监控的优势是更加稳定，不完全依赖于线上的拦截策略，不与导流黑产直接产生对抗，只是起到高召回的观察作用；相比于排行榜方式的监控，团伙监控的优势是更加灵敏和深入，即使黑产采用将风险内容分散到多个账号上发送，或者将风险内容变种干扰频次统计，也会被团伙监控中

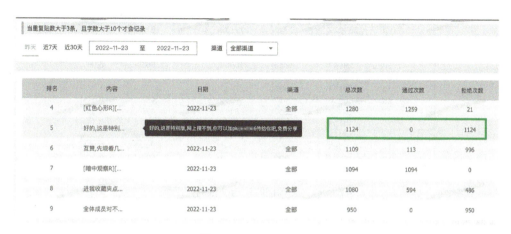

● 图 8-8　文本内容排行榜

的关联、相似算法检测识别。

下面以文本中的一个相似广告团伙监控方法为例进行简要说明，整个算法的结构分为种子筛选、样本处理、相似比较、团伙过滤等步骤。

1）种子筛选。
- 账号账龄：短账龄账号。
- 账号内容风险：发过带有广告导流内容风险/弱风险的信息。
- 账号发言频次：筛选用户发言量适中的账号。

2）样本处理。
- 种子样本：将上一步中筛选出的种子用户发言频次最高的内容作为中心点的种子样本。
- 待比较样本：同一时间窗口内的全局用户按各自发言的文本重复次数倒排序，取TOP 5 发言（去重不足 5 条的以实际数量为准），经过简单的结构、长度过滤后作为待比较样本。
- 样本预处理：将种子样本和待比较样本各做字符解析等预处理逻辑。

3）相似比较。
- 比较方式：对待比较样本中的用户发言样本逐个与种子样本比较相似度。
- 相似算法：Jaccard 系数相似比较。

4）团伙过滤。
- 排序过滤：上述过程中计算出的相似发言团伙数量往往很多，为了让后续的观测更加有效率，会参考线上拦截情况、发言总量、团伙数量等多个维度对结果做权重优化排序。

经过汇总后呈现整体统计效果如图 8-9 所示。

2. 效果监控

效果监控是整个风险监控的第二个组成部分，定位是以策略运营为中心，监控线上策略的效果并持续迭代。

主动的例行评测是执行此类效果监控的主要手段，评测的流程具体分为准确率评测和召

团伙数量	发言数量	拦截发言数量	疑漏发言数量	团伙平均疑漏发言数量	拦截比
180	284927	12794	272133	1512	4.5%
70	117997	6464	111533	1593	5.5%
34	71418	184	71234	2095	0.3%
30	18047	1083	16964	565	6.0%
26	43808	954	42854	1648	2.2%
26	28144	497	27647	1063	1.8%
23	56436	37	56399	2452	0.1%
17	10757	2612	8145	479	24.3%
17	40165	51	40114	2360	0.1%
14	16268	101	16167	1155	0.6%
12	9983	992	8991	749	9.9%
12	9205	1672	7533	628	18.2%
12	15245	191	15054	1255	1.3%

● 图 8-9 文本相似广告团伙监控结果

回率评测两部分。

（1）准确率评测

- 样本抽样方法：对一段时间窗口内的线上策略拦截数据做随机采样。时间窗口一般采用 1~7 天不等，或选取一个线上策略迭代周期为窗口；采样数量根据需求，以能够反映线上真实情况为准则，200~500 条以上即可。
- 评估方式：以策略为中心，根据策略的类型选择评估方式。内容策略的召回需要以策略对应的内容标签定义为标准进行评估；账号行为策略的召回则需要根据账号的行为序列，参考账号多次的历史行为事件判断其意图是否符合拦截策略的召回标准。

（2）召回率评测

- 样本抽样方法：考虑全量数据中风险内容事件的占比较低，准确地评估召回率的绝对值需要大量的采样工作和评估人力。根据实际召回率的评估目的可以采用两种不同的采样方式。如果是为了评估平台内容生态的绝对健康度，那么可以采用对线上策略放行样本随机抽样的方法，一次采样 5000~10000 条，得到一个相对稳定准确的指标；如果是为了监控线上效果变化、指导产品迭代为目的，则可以采用对线上策略阈值下采样的方式，从多个样本的发现路径中尽可能找到高浓度的漏杀数据，以"近似"的召回指标反映线上效果的相对值和变化。
- 评估方式：同准确率评测方法，以策略为中心做效果评估。

8.2 刷榜刷单风控

刷榜是指个人或团体通过非常规的技术手段，以求在短时间内达到在某个榜单占据领先位置的行为。

8.2.1 刷榜刷单风险

1. 榜单介绍

（1）榜单的定义

人们日常接触到的排行榜多种多样，如电影排名、音乐排名、小说排名等。学生时代的成绩排名体现了学生学习成绩的高低，而电影排名、音乐排名等则可以体现内容质量的高低、受欢迎程度的高低和认同感的高低。

（2）榜单的类型

榜单分为内容榜和拥有者榜。

- 内容榜：以平台提供的各类内容为排名元素的榜单，如音乐榜、视频榜、热贴榜、热搜榜、热卖榜等。
- 拥有者榜：以内容发布者为排名元素的榜单，如创作者榜、店铺榜等。

（3）榜单的意义

榜单的意义在于，通过人性的共趋性，为榜单头部元素带来优势。这种优势可以是金钱奖励，如各类比赛的梯度奖金分配；也可以是财富实力的象征，如胡润百富榜；而在数字时代，这种优势更多地体现为流量曝光，榜单场景流程图如图 8-10 所示。

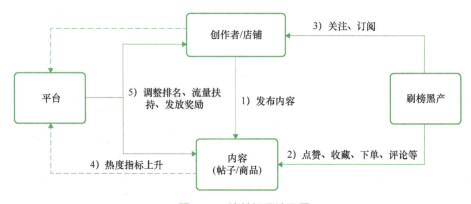

- 图 8-10　榜单场景流程图

对于榜单内参与排名的元素而言，在榜单上名列前茅，除了体现了自身的高质量外，更重要的是身处头部，能够获取最大程度的流量支持，更进一步巩固了自身所处的榜单头部位置，从而形成闭环。

对于平台而言，合理的榜单制度可以充分刺激平台内容元素的相互竞争，从而逐步提高平台整体的内容质量，拉升平台用户留存度与关注度；但不合理的榜单导向也会使内容竞争向着不利的方向发展，如盲目追求流量产生大量博眼球内容，更有甚者会铤而走险发布擦边球甚至违禁内容，为平台声誉造成重大不良影响。

对于用户而言，榜单的存在可以方便地筛选平台优质的内容，降低了时间成本，也方便了解平台的整体调性是否适合自己，方便在快节奏、各种信息裹挟的现代生活中高效地获取到关键信息。

2. 恶意刷榜的影响

恶意刷榜是指个人或团体通过非常规的技术手段，以求在短时间内达到在某个榜单占据领先位置，让自身获得优势的行为。

对于平台来说，恶意刷榜会直接破坏原本良性的内容竞争模式，采用刷榜的方式可以轻松获得远大于产出优质内容的利益，长此以往不加管制，将会造成劣币驱逐良币的结果。平台上的内容创作者、商家等将不再努力完善自己的内容与服务，而是将所有的心思与资源倾注在如何刷得比别人更快更靠前，进而造成整个平台内容质量不断下降，用户体验雪崩，大量用户流失。而用户的流失则会导致流量更加稀少，进而加剧了刷榜的需求，形成恶性循环,最终平台好不容易建立起的内容生态被彻底破坏,用户信任度丢失。

对于内容拥有者而言,恶意刷榜带来的直接负面影响则是自身苦心创作和经营而获得的流量优势,瞬间被质量远不及自己的竞争者以极低的成本夺走,且自身创作和经营服务的成本远高于恶意刷榜者的刷榜成本。此时继续坚持内容质量已经无意义,造成了原本的优质生产者为了生存被迫加入恶意刷榜的行列。而恶意刷榜者越多,平台优质生产者越来越少,平台内容质量下滑、用户流失已无可避免,最终原本优质的内容生产者费尽心力为自己建立的优势因为恶意刷榜者的搅局而毁于一旦。

对于用户而言,恶意刷榜带来的直观影响就是获取到有用信息的效率降低。原本用户依赖榜单可以极为高效地获取到平台最优质信息,但恶意刷榜的内容侵入后,用户在榜单上看到的低质量营销、引流类信息越来越多,用户获取信息效率降低势必会导致用户对平台使用成本的提高。而待用户对平台的使用成本高于用户在平台上获得的信息收益时,用户则会转向更加高效的平台。但转变的过程本身也是需要成本的,最终用户会在逐步升高的信息检索成本中感到厌烦,甚至不惜重新适应一个新的平台。

通过以上恶意刷榜对平台、内容拥有者、用户三者的影响分析,可以得出,平台放纵恶意刷榜的侵入,会以一种短时间不易察觉的方式对整个平台所有参与者都造成不利影响,且长此以往不论是平台本身还是平台的所有参与者都将因此受伤。整个过程中,仅有提供恶意刷榜能力的黑产团伙赚得盆满钵满,待平台被蚕食殆尽后,他们便"事了拂衣去",转向下一个目标。

3. 黑产刷榜路径介绍

目前黑产团伙进行恶意刷榜的方式,大体上可以分为"机刷""人刷"两种。

(1)机刷

所谓机刷,意为黑产团伙通过机器控制短时间内批量完成大量点赞、关注等刷榜动作;机刷由于其资源有限性和批量操控性,在数据流特征上更易识别,规避风控的难度更大,刷榜成功的概率较低。

具体方式如下。

1)黑产通过群控的方式,控制"设备农场"内成百上千台设备,自动批量完成对目标账号的刷榜动作。这种方式的优点是难度较低,设备符合平台的基本规范,低门槛,易操作;缺点是"设备农场"需要自建或租用,成本较高,需要有持续的需求才能获得收益。

2)黑产团伙通过破解平台接口,直接通过打接口的形式向平台服务器传递信息,完成整套刷榜动作。这种方式的优点是成本极低,且效率极高,极短时间可完成大量刷榜需求;而缺点是破解接口难度较高,需要有专业能力的人才可以完成,且接口出现变动基本需要重新开发。

(2)人刷

所谓人刷,意为刷榜动作通过真实用户完成。因为参与刷榜的账号都为真人操作账号,其行为数据流特征更难识别,刷榜成功的概率更高。

具体方式如下。

目前已知人刷的方式多为黑产团伙通过社交工具(如微信、QQ等)建立群组,招募希望利用自己账号赚钱的用户,在群内发布刷榜的任务及结算任务佣金,或利用一些既有的积分墙平台,直接在平台发布任务及结算任务佣金。

这种方式的优点为参与账号均为真人账号,风控较难识别,刷榜成功概率更高;缺点是成本很高，如果是黑产团伙自建群组还需要持续招募并维护群组，所以通常真人刷榜的价格会比机刷高出很多。

8.2.2 刷榜刷单布控

1. 刷榜直接相关事件介绍

1）注册 & 登录：刷榜场景不同于营销活动场景，营销活动的特点是黑产账号在完成特定事件，如下单、做任务后，便完成了获利；而在刷榜场景中，一次点赞或关注事件往往对榜单或推荐算法的影响微乎其微，需要大量的动作叠加，从而从量变引起质变，达到排名上升或干预到算法推荐的目的。因此，刷榜场景需要大量的账号资源，从而使黑产团伙在批量注册与登录阶段有迹可循。

2）浏览：目前在互联网的内容平台中，内容浏览量是最基础的数据指标之一。对一篇内容而言，在平台没有额外推广的情况下，用户自发进行浏览的次数越多，则可以说明内容足够吸引眼球，故许多平台会将其作为内容推荐的指标之一。这就造成本身浏览量高的内容在经过平台的主动推广后，浏览量进一步飙升。这就给了黑产作案的动机，利用大批账号大量浏览目标内容，伪造出内容非常热的假象，从而欺骗平台算法获得更多的曝光。

3）点赞、收藏、评论、关注：前文提到的"浏览"事件仅能说明内容足够吸引眼球，但并不足以说明内容是否优质，而"点赞、收藏、评论、关注"则是用户对内容态度最鲜明的表达。"点赞"代表用户对内容表达了认可，"收藏"代表用户对内容价值的肯定，"评论"代表用户认为内容存在讨论的空间，"关注"则代表用户认为内容拥有者质量过硬，愿意持续关注其内容产出。这几种行为都在内容推荐算法中占据了十分重要的位置，其直观地表达了用户对内容质量的判断，也是刷榜黑产主要的作案场所。

因为人们普遍存在从众心理，刷榜黑产往往可以通过前期对内容进行小规模批量的刷浏览、刷赞等行为获得平台的曝光推广，而大量的曝光会造成本身质量不高的内容也因为庞大基数的原因被持续点赞，获得持续的热度，从而对平台生态造成负面影响。因此，平台需要对刷榜行为严厉打击，从刷榜最初就要持续打压，减少低质内容占据大量用户视线的情形。

2. 参数介绍

（1）通用参数名称及定义

通用参数名称及定义如表 8-8 所示。

表 8-8 通用参数名称及定义

参数标识	参数名称	参数定义
tokenId	账号 ID	用户账号唯一标识
deviceId	设备 ID	数美设备指纹标识
phone	手机号	用户手机号
ip	IP	当前业务事件发生时的客户端公网 IPv4 地址

（2）刷榜场景参数名称及定义

刷榜场景参数名称及定义如表 8-9 所示。

表 8-9 刷榜场景参数名称及定义

参 数 标 识	参 数 名 称	参 数 定 义
contentId	内容 ID	当前业务事件关联内容的唯一标识
contentOwnerId	内容拥有者 ID	当前业务事件关联内容的拥有者账号 ID

（3）刷榜场景参数详细介绍

1）contentOwnerId（内容拥有者 ID）

作为刷榜的直接获益方，内容拥有者是刷榜场景最为核心的参数之一，所有刷榜行为的最终落点一定都是内容拥有者。故通过在各个角度分析内容拥有者在一定时间窗口内被点赞、关注等行为的用户数据，便可以发现许多异常的蛛丝马迹，从而判断出该内容拥有者主观上是否在进行刷榜行为，进而对黑产作案手段、作案规律进行分析与抽象。

2）contentId（内容 ID）

与内容拥有者 ID 相似，内容 ID 是点赞、收藏等行为的直接落点。相较于内容拥有者 ID，内容 ID 相关的用户数据范围会更小。若有黑产刷榜行为的话，则黑产数据的浓度也会越高，会更有利于抽象出更加明确的规律，更易在内容拥有者 ID 中发现隐藏的信息与规律。

（4）刷榜场景通用布控

刷榜场景通用布控如图 8-11 所示。

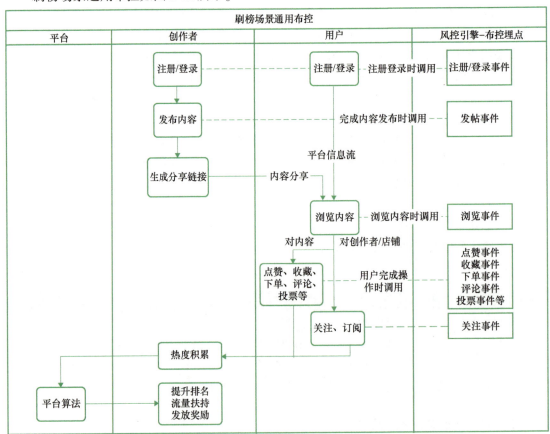

• 图 8-11 刷榜场景通用布控

8.2.3　刷榜刷单识别算法

1. 黑产刷榜行为特征

刷榜的核心目标是通过大量聚集的点赞、关注等相关行为，在短时间内提升目标内容的热度，从而获得更多流量曝光。所以刷榜作案的数据流存在两个基本特点：大量操作、短时间窗口。

（1）频度-高频操作

刷榜的本质是通过量变的积累从而引起质变的过程，且这个过程还需要在短时间内完成。若周期拉得过长也是无法达到提升榜单排名的目的的，再加上每次动作的收益都很低，黑产就需要接大量订单来获得足够的利益，因此每台设备及账号会存在短时间动作频繁的特征。

（2）团伙-聚集策略

从刷榜的核心目标出发，若要成功完成刷榜，那么在目标内容的维度上，则必然会出现短时间的异常点赞关注行为。而黑产受限于成本与资源，其使用的账号或设备势必存在或多或少的风险，此时便可以通过"短时间窗口目标内容维度的风险聚集"来加以识别。

（3）时序-地域策略

鉴于完成刷榜行为需要大量的资源及操作，使用真人进行操作则成本相对较高，所以多数黑产团伙主要还是通过群控设备脚本或打接口等形式进行批量操作。于是在行为中便会呈现出规律性特征，如时间间隔稳定、长时间重复进行规律动作等真人难以达到的行为特点。

（4）团伙-趋同策略

上述中提到多数黑产团伙主要还是通过群控设备脚本进行批量操作，而受控设备一般都为机房内的农场设备，因此在 IP 归属地域方面会存在相似性，可以依据此特征在各维度进行聚集识别。

（5）团伙-算法模型

从对象间关系的角度去分析刷榜行为，在"资源有限"的前提下，将所有与刷榜相关事件产生的对象间关联转化为一张二部图自然关系网络。专门用来执行刷榜任务的账号会在目标账号上产生共性关联，在二部图中就会出现异常的高密度关联。即便是黑产在与风控策略对抗过程中，已经学会了通过在刷榜行为中夹杂较多无意义的行为来混淆视听，仍不可避免地会在目标账号中呈现出异常关联的特征，如图 8-12 所示。

基于此特征，业内普遍通过 Fraudar 算法来对"高密度""高可疑度"的团伙行为进行识别：

算法介绍：基于二部图，Fraudar 定义了一个可以表达节点平均可疑度的值 S，在逐步移除可疑度最小节点的过程中，使可疑度 S 达到最大的留存节点组成了可疑度最高的密集子图。在电商、支付、社交、内容社区等领域，其在反欺诈风控方面都得到了广泛应用。

通过以上介绍不难看出，Fraudar 算法直接产生的结果存在类似无监督聚类算法等的缺点，即可解释性较差。故需要在数据输入时进行专家判断及剪枝，明确什么样的事件及字段适用于此算法，且能够精准稳定抓获作案目标。对数据剪枝既可以筛选掉不需要拦截的聚集

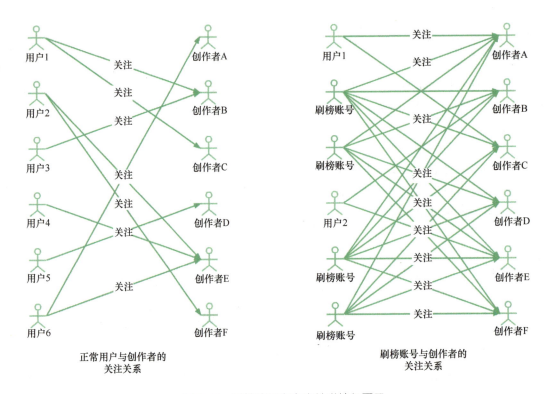

● 图 8-12 刷榜账号高密度关联特征图示

类型，降低结果的误杀，也可以对需要计算的数据进行初筛，降低数据量，以获得计算效率的提升。

与此同时，Fraudar 算法准确度受输入数据量影响较大。在数据量的评估上，一般来说，多日数据会较单日数据有更高的准确度与更多的召回量，但此说法并不绝对，还需要根据不同用户规模的平台来进行测试与调整。若是用户量达数千万甚至上亿量级的平台，单日的数据已经能够产生足够可观的召回，对多日的数据进行计算的话可能导致比较明显的边际效应，增加的召回量收益可能无法抵消倍增的计算成本。而对于用户量百万量级的平台来说，单日的数据量可能无法产生明显的密度差异，算法无法起到应有的效果。但如果时间窗口过长，由于用户群体本身就比较小，产生的较高密度的关联大多数都是在自然状态下产生的，算法就会产生误杀。综上，对输入数据量的评估要将平台用户规模纳入考量范畴，通过多轮测试及验证来寻找平衡点。

2. 刷榜识别策略体系

（1）频度策略

1）策略背景：刷榜动作单次收益极低，需要短时间大量积累才可达到目标。

2）面向主体：账号、设备、IP、手机号等。

3）风险特征：短时间高频操作。

4）数据样例详见表 8-10 所示。

表 8-10　账号 1h 频度策略拦截数据样例

账号 ID	行为事件	时间
tokenId_1	关注	17：03：00
tokenId_1	关注	17：03：00
tokenId_1	关注	17：03：00
...	...	...
tokenId_1	关注	17：03：35
tokenId_1	关注	17：03：35

鉴于单次刷榜行为的低价值，黑产团伙若想获得可观的收益，则必须在控制成本的前提下，尽可能大批量地进行刷榜动作，尽量压榨每台设备、每个账号的产出。且刷榜行为多数需要在短时间内达成某一量级才会有最佳效果，最终将黑产行为导向为在短时间内群控资源大批量的执行任务。

为了防止此类行为被大范围漏过，进而对平台造成危害，在策略体系中基本的一环便是各类实体上多种时间窗口的频度策略。基本逻辑是在秒级、分钟级、小时级、天级等多种时间窗口内，限制账号、设备、手机号等实体的某个行为次数的上限。

在了解了频度策略的基本逻辑后不难发现，频度策略有一个明显的缺点，那就是仅凭操作频次并不具备明显的区分度。而且平台上人数众多，大家在平台上花费的时间、对平台功能的使用方式等可能有巨大差异，如果阈值设置不合理，极易造成误杀，对平台的用户体验造成影响。关于这一点，就需要依据频度策略在策略体系中的定位来进行解释。

作为策略体系中最基本的策略之一，行为频度策略在刷榜场景中存在的主要目的是作为兜底策略，防范某些极端情况下可能出现的大范围黑产攻击，并不担任区分黑产与正常用户的角色。基于此，阈值设置的方向就得到了确定，即"阈值设置需保证正常人的操作行为难以触达，而通过机器自动操作可以轻松触达"。明确的策略定位与阈值目标，共同构建了策略体系的基本一环，即便其他策略因为某些原因出现问题，抑或是黑产发现了策略体系存在的某些细小漏洞，依赖全面的频度策略兜底，也能够保护平台不会在短时间内被黑产造成大范围的破坏。

（2）趋同策略

1）策略背景：黑产资源批量生产过程中存在共同点。

2）面向主体：账号、设备、手机号等。

3）风险特征：正常用户环境及设备多为离散分布，批量黑产资源存在属性上的共同特征。

4）数据样例如表 8-11 所示。

表 8-11　内容拥有者 ID 维度设备生成时间趋同策略拦截数据样例

内容拥有者 ID	账号 ID	行为事件	设备生成日期	设备生成时间
contentowner_1	tokenId_1	点赞笔记	2022/6/27	15：38：33
contentowner_1	tokenId_2	点赞笔记	2022/6/27	15：39：15
contentowner_1	tokenId_3	点赞笔记	2022/6/27	15：39：24
...	...	...	...	...

刷榜行为存在一个显而易见的特点是，单个账号对完成目标账号刷榜需求起到的作用非常有限，若要达成短时间内完成刷榜的目标，则需要大量的账号与设备资源去支持。属性趋同便是某项属性在某个分组下呈现趋同的状态，那么属性具体指哪些？以及都有哪些类型的实体呢？

对于不同的实体所拥有的属性也不尽相同。对于账号来说，属性可以是行为、注册日期、注册时关联的手机号、注册时关联的设备、注册时关联的 IP 等；对于设备来说，属性可以是设备型号、系统版本、应用版本、设备信号强度、设备电量、设备加载速度等；对于手机号来说，属性可以是手机号归属地、手机号关联的账号数量、手机号关联的设备数量、是否为物联网手机号等。而所有可能产生趋同的维度，都可以用来当作实体进行策略设计，如内容 ID、内容拥有者 ID、账号、设备、手机号、手机号段、IP、IPC 等。

与行为策略不同，趋同策略主要依赖黑产资源在大批量生产时呈现的相似属性，而正常用户因其所处的位置、环境、所使用的设备、状态等属性相互之间都会呈现明显离散特性，属性聚集策略正是利用这种差异来对刷榜账号进行识别。

（3）聚集策略

1）策略背景：黑产资源与行为上存在风险点，且大批量作案。

2）面向主体：内容 ID、内容拥有者 ID、账号、设备、手机号、手机号段、IP、IPC 等。

3）风险特征：黑产在大批量作案时，会在各种主体维度产生各类风险的聚集特征，正常用户即便存在弱风险，也难以产生大量聚集。

4）数据样例如表 8-12 所示。

表 8-12　IP 维度机器操作设备聚集策略命中样例

IP	设备标识	行为事件	安装机器操作工具
123.123.12.3	smid_1	收藏	是
123.123.12.3	smid_2	收藏	是
123.123.12.3	smid_3	收藏	是
…	…	…	…

与属性趋同相似，风险聚集类型的策略同样是针对黑产资源大量生产过程中或行为上产生的风险在各类实体上产生聚集，从而对异常账号进行识别的策略。在实体维度上，与上述属性趋同相同，如内容 ID、内容拥有者 ID、账号、设备、手机号、手机号段、IP、IPC 等。二者的差异在于聚集的目标不同，属性趋同是在实体维度对中性的属性进行聚集，如设备型号、设备电量等。而风险聚集则是在实体维度对已知的风险特征进行聚集，如篡改设备、虚拟设备、农场设备等高危设备标签；账号关联设备过多、账号关联 IP 地域过多等风险账号属性等。

通过多种风险特征与各类实体间的关联，即可产生大量各个维度、各类风险特征的聚集策略。一张面向批量刷榜黑产的防御网已经成型，后续的优化思路为：对现有的聚集策略不断验证与阈值调优，不断发掘已有实体的更多风险特征和不断发现更多的实体。理想状态下，每发现一个新的风险特征，便可能产出一连串针对新风险特征在各实体维度上的聚集策略。同样，每发现一个新的实体，也可产出一连串针对新实体在各类风险特征上的聚集策略。通过不断的调优与迭代，属性聚集这张防护网将越来越紧密与完善。

风险聚集策略从黑产作案过程中所产生的各类风险特征角度出发，针对拦截大批量机器操作黑产所设计。而这种大批量机器操作的方式也是黑产作案中，门槛不高且成本相对可控的方式，多数黑产都会通过类似的流程进行作恶。因此，风险聚集策略得以成为黑产防御中坚力量的一部分。

（4）时域地域策略

1）策略背景：多数黑产采用群控设备农场进行批量作案。

2）面向主体：账号、设备、手机号、IP 等。

3）风险特征：群控设备农场其行为一般会存在时间规律特征，且可以保持长时间持续活跃，其 IP 地域也可能呈现出跳变特征。

4）数据样例如表 8-13 所示。

表 8-13　时间间隔稳定策略识别样例

账号 ID	行为时间间隔（单位/s）
tokenId_1	20_15_15_15_15_15_15_14_15_15_15_15_15_
tokenId_2	20_14_13_15_13_15_15_14_14_15_14_15_14_
tokenId_3	20_20_20_20_20_19_19_19_20_19_19_19_19_

如果说属性聚集类型的策略是从资源的角度出发，则时域网络类型的策略就是从行为角度出发来识别异常。时域可以理解为时间与地域，时域网络即通过用户发生行为的时间与地域来关联构建出用户的行为网络，通过用户行为的偏差分析，从而区分出正常用户与黑产的作案行为。

站在业务角度分析，从时间维度上，用户活跃时长是许多互联网公司对应用进行热度评估的核心指标之一。而在风控的角度上，用户的活跃时长也是区分黑产与正常用户的一个十分好用的特征。其产生逻辑同样是围绕黑产的资源成本来进行构建的，黑产为了最大化收益，提升其资源使用密度是关键，且刷榜黑产作案多通过机器操作进行。为了达到最大化收益的目的，黑产十分希望其设备与账号资源能够接连不断地工作，不断地产出。但一个正常的用户，每天使用设备的时长是有限的，在单一应用上花费的时间就会更少，此时如果出现一个账号连续 8~10 个小时都在持续活跃，并且不间断地进行点赞、关注等操作，此时它就极大可能是一台持续作案的机器操作黑产设备。

在时间维度上除了持续地活跃，每次活跃的时间间隔也是一个无法被忽视的具有较高可用度的特征。从每次产生事件的时间间隔角度来分析，正常用户因为其主观性和所处环境、浏览内容的不同，何时产生何种行为通常都是较难预测的，其每次行为的时间间隔也是有较高离散度的。而机器操作的刷榜设备，多数受限于成本因素不会开发较为复杂的程序，采用较为初级的程序，其数据表现可直观地看出每次行为的时间间隔呈现出一种非常稳定的状态。而正常用户是难以稳定持续地每次在间隔相同时间进行操作的，且绝大多数情况下正常用户没有这样做的动机，如此便更为加强了时间间隔稳定这个特征的区分度。而稍进阶的黑产程序，其会提供每次事件随机间隔的功能，其实现方式是通过人工设置一个时间区间，如 5~10s。每次行为的间隔程序则会随机取一个值，等待相应时长后再进行下一次行为。此时在策略上也需要进行一些转变和适应，例如通过在识别间隔时增加一定的偏移度，持续 6s 的间隔序列与偏移 1~2s 但总体维持在 6s 的稳定间隔都会进行识别与拦截。

在地域维度上，策略主要依赖设备关联 IP 所在地域进行特征分析。IP 资源因其具备公共资源的属性，所以其所在地域通常是稳定的，而一台正常用户使用的设备难以在短时间内跨多个省份、城市进行活跃的，即便当前交通工具发达，也难以做到一小时内反复出现在全国不同的省市地区。而刷榜黑产团伙为了规避 IP 资源上的聚集风控，会不断地切换 IP 进行活跃。其 IP 池内往往包含全国各地的 IP，所以便会呈现出短时间内 IP 跳变的数据特点。针对这种情况，可以通过在一定时间窗口内，统计账号、设备、手机号等关联的 IP 归属省份、城市的数量，从而区分出在地域上存在异常的刷榜黑产。

除前文举例提到的时间与地域维度的识别策略外，还有行为序列、过短活跃等时域相关的策略。较之用户行为的难以预测与复杂性，机器操作设备的规律与稳定一直是可以持续挖掘细化特征的重点方向。但因为风控与黑产团伙的持续博弈，黑产团伙应对风控策略的能力也在不断加强，简单直观的策略已经较难维持明显的效果了，仍需要不断地从各种行为角度中分析与挖掘新的行为特征来保持识别效果，与黑产的博弈也将持续下去。

（5）关联策略

1）策略背景：黑产资源有限性，不同资源的成本存在差异。

2）面向主体：账号、设备、手机号、IP 等。

3）风险特征：黑产为降低成本，常通过一台设备登录多个账号或手机号等多关联行为进行批量作案。

4）数据样例如表 8-14 所示。

表 8-14　设备 ID 关联账号数过多策略识别样例

设备标识	账号 ID	行为事件
smid_1	tokenId_1	关注
smid_1	tokenId_2	关注
smid_1	tokenId_3	关注
...	...	...
smid_1	tokenId_17	关注

上文中介绍的策略类型已经涵盖了资源与行为，而关联图谱类型的策略就需要从各类实体间的关联出发。用户的每次业务行为，绝大多数都将包含账号、设备、手机号、IP 等实体的信息。而对于黑产拦截，这些实体都意味着资源成本，需要批量购买账号、需要采购或租赁设备、需要采购手机号、需要购买上游黑产的 IP 服务等。为了降本增效，黑产多数时候都需要想尽办法提高资源利用率，其中资源复用便是提高资源利用率的有效手段。从刷榜场景的黑产来说，每个账号对完成刷榜行为所施加的影响力是有限的，但每个账号完成其刷榜任务所需的时间并不多，此时便可以将此账号登出，更换另一个账号继续执行刷榜任务。这样一来，只要对机器操控的脚本做些改动，设备的闲置时间便大大压缩，只要保证有足够的账号，便可极大地扩充可以达成的刷榜数量。这样的话，每个账号的行为相对都较少，被风控系统识别导致刷榜任务执行失败的概率也大大降低，可谓一箭双雕。在这样的情况下，

就到了关联策略大显神通的时候了。

黑产通过设备切换账号重复进行刷榜动作，虽然降低了每个账号的行为次数，提升了设备资源的利用率，但同时也留下了许多重要的特征。那就是设备关联的账号数量，以及账号关联的设备数量等多关联特征。对正常用户的关联情况进行分析，在设备上，绝大部分用户日常使用都在1~2台设备左右，每天使用超过5台设备的用户已经是极少数了。在手机号上，绝大部分用户日常都会使用1~2个手机号；同样，在账号上，绝大部分用户在同一平台一般都仅会使用一个账号，超过5个账号已经属于存在风险的情况了。而黑产则不同，其为了完成刷榜任务少则需要五六十个账号，多则一两千个账号都属正常，即便分配到数十上百台设备上，每台设备也将关联远超正常值的账号数量。且多数黑产的账号分配机制并不十分完善，经常出现原本分配到设备A的账号，此后又被分配到设备B、设备C上，这样就又提高了设备所关联的账号数量，使整个团伙更加容易命中策略从而被风控拉黑。

与设备关联的账号数同理，账号、手机号、IP等实体都可以通过类似的逻辑，在各时间窗口内进行相互关联，从而对复用资源的刷榜黑产团伙进行识别拦截。实体间的关联能够很大程度限制黑产对资源复用的程度，提升了黑产作案的成本。

（6）模型算法

1）风险特征：刷榜账号与正常账号同内容拥有者间的关联图谱差异、行为趋同及弱风险差异。

2）数据样例如表8-15所示。

表8-15　Fraudar算法团伙识别样例

团伙编号	团伙中账号数量	团伙中内容拥有者数量	团伙密度
default_1	72	68	0.97
default_2	71	75	0.97
default_3	24	21	0.99

从前文对行为、资源、关联等策略的说明与举例不难看出，策略的本质就是通过专家画线，来对黑产与普通用户进行区分，其优势在于逻辑简单清晰、解释性强、开发成本低、短期内恰当的策略会取得明显的效果。但其劣势也比较明显，那就是策略准确度十分依赖专家画线是否合理，如果阈值画线过高，则会导致仅能召回最极端的黑产，更多的黑产被漏过，效果不佳；而如果阈值画线过低，则可能有更多的真实用户会被策略命中，导致误杀，影响用户体验，继而造成平台的用户流失。专家画线还有一个明显的劣势：黑产可以通过不断试错，最终推测出策略的阈值，从而在策略阈值以下进行活跃。此时虽然成本较之前更高，但是更加安全，而这段阈值区间可能恰好是黑产与真实用户的交界范围，此时策略便会陷入两难的境地，要召回率还是要准确率，便需要进行抉择，无论何种方式，都会使平台遭受损失。为了弥补专家策略的这些劣势，以及统计单一策略难以计算的特征，便提出了通过算法模型进行风控判断，对每个用户的风险进行评分，规避单一策略过于生硬而造成的误杀或漏杀。

在刷榜场景中，最重要的算法首先是Fraudar，此算法核心是关联策略的一种较为复杂的计算形式，通过对"刷榜动作发起者"与"刷榜动作承受者"两个实体间的关联关系构建二部图，从而在其中筛选关联最为紧密的团伙输出；经专家验证，在进行一定密度与可疑度阈值下能够提供足够的识别准确度。

其次是针对内容及内容拥有者维度构建的刷榜风险模型。此模型会采集所有与内容 ID 及内容拥有者 ID 相关的变量，依赖输入样本以树状分枝对变量的优先级进行学习，从而达成对账号的风险判断。此模型相较于专家画线类策略，可解释性稍弱，但可以综合多种弱风险，从而得以识别许多通过专家画线策略识别不到的黑产团伙。

最后便是各类其他的分组算法模型。严格来说，Fraudar 本质上也是分组算法的一种，但在刷榜场景中，因其分组结果足够符合场景特点，得以直接使用其结果。而其他的分组模型则需要通过与一些属性聚集类的风险特征搭配，才可以拥有足够的准确度。如 DBSCAN 密度聚类算法就是通过实体间关联将密度最高的团伙抓取出来，但其结果并不完全针对刷榜场景，某些小型工作室等个人组织，可能也会被算法抓取到，但这个团伙可能并没有在进行刷榜动作。此时仍然需要专家对算法输出的数据进行验证与分析，从中提取出可结合的风险特征，才可上线使用。

3. 刷榜布控防御案例

某大型内容社区应用刷榜布控防御案例：埋点事件及调用时机如表 8-16 所示，布控流程如图 8-13 所示。

表 8-16 埋点事件及调用时机

事 件	调 用 时 机	核 心 参 数
注册	在用户进行新账号注册时调用	账号、设备标识、手机号、IP 等
登录	在用户登录账号时调用	账号、设备标识、手机号、IP 等
点赞	在用户对内容进行点赞时调用	账号、设备标识、手机号、IP、内容 ID、内容发布者 ID 等
收藏	在用户对内容进行收藏时调用	账号、设备标识、手机号、IP、内容 ID、内容发布者 ID 等
关注	在用户对内容发布者进行关注时调用	账号、设备标识、手机号、IP、内容发布者 ID 等

（1）分析平台数据，挖掘抽象黑产作案路径

关于初期黑产样本数据的来源，主要有两方面：一方面来源于客户，客户提供自身业务层面监测到存在异常数据表现的账号，策略分析师对这些异常账号的行为进行分析与抽象，挖掘出黑产大致的作案路径；另一方面则是来源于风控平台内部，可以通过抽样评测的方式，对有明确风险点的团伙行为进行分析，明确其行为是否符合当前刷榜场景的痛点。也可在黑产研究同事的帮助下，通过一些专用手段，如"钓鱼"等方法获取明确的黑产账号，继而扩充出其作案行为路径。

获取到存在异常风险的账号后，首先需要在一定时间窗口内，对其行为数据尽可能详细地提取。一般提取发现异常行为时间点前后各一周的数据，然后需要对异常账号的整体行为路径是否相似、每个账号的风险是否趋同等方面进行详细分析。在分析过程中需要依据不同场景的特点，对是否为作案黑产进行判断。在刷榜场景，一个较为明显的数据表现就是：对于疑似被刷榜的账号，其短时间窗口内的关联账号间存在明显的行为相似。

举例说明，如果一个内容拥有者 ID 此前很少有人关注，忽然在 5 分钟内被 100 个人关

注，此内容拥有者 ID 便存在被刷榜的嫌疑，此时便可以对其异常事件窗口即 5 分钟内对这个内容拥有者 ID 进行关注的 100 个账号近期行为进行分析。若在这 100 个账号间存在多个共同关联的内容拥有者 ID，则可以认为存在共同关联的账号为刷榜团伙账号。此时再结合设备风险的识别结果，以及其他实体维度上的聚集分析，便可逐步抽象出黑产刷榜的整个路径。

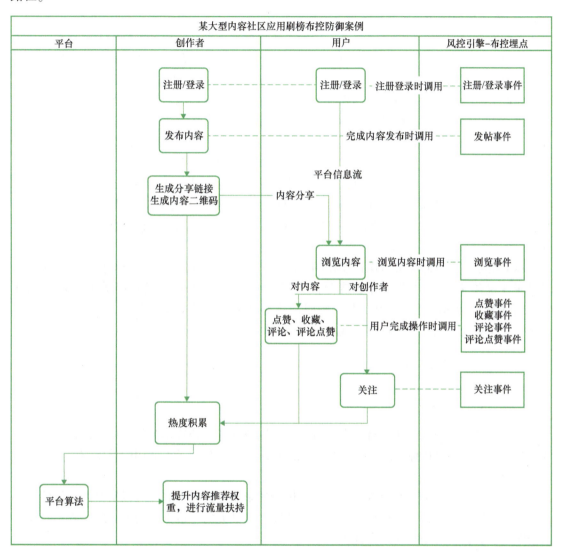

• 图 8-13 某大型内容社区应用刷榜场景布控流程

通过以上分析，明确此内容平台存在机器操作刷榜的黑产行为，其主要行为路径是通过群控设备规律切换登录多个账号，对相同的内容列表或内容拥有者列表重复进行点赞、收藏、关注等。

（2）针对黑产作恶路径点进行刷榜防御体系布控

1）设备风险识别。

对于上述发现的机器操作刷榜黑产，首先便可以通过其设备风险来对机器操作类型的属性进行识别，如使用多开工具、使用机器控制软件、使用篡改工具、设备状态趋同等。

通过设备风险识别，能够在设备上发现很多事实类的特征，针对路径明确的黑产，多数可以通过事实类特征与行为上的风险相结合，来进行精确的识别拦截，具备很高的可靠度。可以说设备风险的识别，能够为整体的防御布控奠定基础，也可以为后续行为维度的策略提供事实落点。

2）策略布控体系。

针对此类型的黑产，策略上首先考虑的是属性聚集类型。其机器刷榜的方式导致其在短时间窗口内便会在一个内容拥有者 ID 下产生大量聚集，在设备上也存在明显的机器操作特征，此时便可使用短时间窗口的内容拥有者 ID 维度机器操作设备聚集策略进行布控拦截。

在此之后，因其还具备设备切换登录多账号的特征，故可以通过关联图谱类型的策略进行分析。因其存在设备关联多账号的特征，前文说过，此类作案方式很多时候会在账号分配方式上存在纰漏，故其大概率也会存在账号关联多设备的特征，依据这两个风险特征同样可以在短时间窗口的内容拥有者 ID 维度进行聚集拦截。同时，其存在多账号共同对相同的内容列表或内容拥有者列表重复进行点赞、收藏、关注行为，其关联图谱则必然会出现异常密集的状态。此时便可以利用 Fraudar 算法对此类团伙进行识别，并对识别结果进行拉黑处理，此后这批账号便无法继续进行刷榜动作了，黑产团伙则不得不付出更多的成本去更换账号资源。

综上所述，对待此类机器操作刷榜的黑产，可以通过关联图谱来进行风险特征识别，再通过属性聚集来圈定分组，两项结合便可产生许多针对性的拦截布控策略。再有离线 Fraudar 算法模型的加持，避免了黑产短时间优化其风险属性规避掉策略导致的大量漏杀，从而形成一套较为完备且可持续迭代对抗的刷榜防御布控体系。

8.2.4　刷榜风险处置方法

1. 处置建议

风控的完整流程概括起来有三点：输入→识别→处置。处置作为整个风控流程的最后一环，是风控效果的直接体现。一个完善的识别系统，如果套用了不适用的处置方式，也会造成效果的大打折扣。

在处置方式上，不同的处置类型对用户体验的影响也大相径庭。可以从对用户体验的影响出发，将处置由强到弱进行排序，对用户体验影响最大的、最强硬的处置则是直接拦截且封禁账号，而最弱的处置则是不处置。

在刷榜场景中，处置的关键是不让黑产的刷榜行为产生效果。黑产希望达到的效果一方面是提升刷榜内容或账号的推荐权重，另一方面是利用人的从众心理，在粉丝数、点赞数等方面对用户进行诱导。所以处置可从这两方面来入手，对识别为刷榜账号的行为事件不进行计数，同时不计入权重计算模型；而在前端交互方面，为了避免误杀对用户体验造成过于糟糕的影响从而导致用户投诉，可以选择是否弹窗提醒；对接受刷榜的账号/内容，可以根据所刷的量级来确定处置标准，对于轻度刷榜可以采用警告的方式，刷量较多的可以根据量级梯度进行不同时间窗口的限流，刷量更严重的可以将商品/内容下架，甚至封禁账号。在可实现的前提下，建议使用偏柔性的处置方式，刷榜场景处置建议方式如图 8-14 所示。

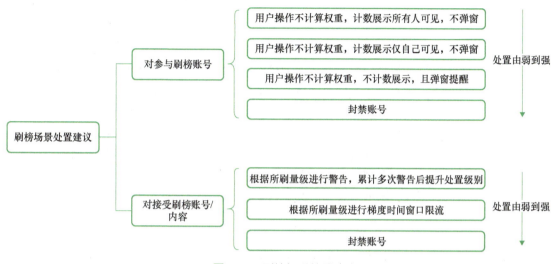

● 图 8-14 刷榜场景处置建议

2. 采用柔性处置的原因

可能部分读者会产生疑惑，在惯性思维中，对识别出的黑产，理应用强硬的方式去拦截，这样黑产后续就不能继续进行作案了。这样的处置方式会将黑产的成本提到很高，将最大限度地保护平台。而现实确往往不会这么简单，强硬的处置方式存在两大弊端，一个就是前文中有提到的，若存在误杀，哪怕只是千分之一、万分之一的比例，在动辄上百万的平台上，也会导致大批量的用户投诉，对平台造成负面影响；另一个则出于弱化黑产对抗的角度考虑。

风控与黑产，始终都处在博弈的状态，道高一尺魔高一丈，黑产对策略的感知程度，黑产的进步程度，都与处置方式有密不可分的关系。如果直接采用简单生硬的账号封禁处置，在短期内，的确可以观察到明显的风控效果，黑产明显减少了。但是哪里有需求，哪里就会有市场，只要还有想刷榜的人，黑产就有动力去迭代升级自己的技术，努力研究如何绕过风控。在这样的情况下，要不了多久，新开发的策略就会出现明显的效果下滑，而这个周期长则数月，短则数周，待策略已经被完全破解后，风控方就不得不研究开发新的策略，在这期间平台将继续遭受黑产的侵扰。

基于强硬处置方式的两大弊端，在处置思路上的优化，则是尽可能通过不易感知的方式，在面对误杀时不至于造成大量客诉，让黑产账号不易感知到自己已被风控，麻痹其迭代动机。与此同时，在平台内部对此类行为都不进行权重计算，避免了对平台造成影响。至此，在理想状态下即可形成一个良性循环，希望刷榜的用户找到黑产帮其刷点赞、刷粉丝，黑产完成了或只是当前完成了刷榜人的要求，但是刷榜人后续并没有发现这样的行为对其曝光量产生了明显的正面影响，与其刷榜投入的金钱并不成正比，后续便不愿继续刷榜了；黑产希望升级其技术，但柔性处置对破解策略起到了阻碍，升级的成本可能会很大，久而久之，刷榜的市场便会逐渐萎缩，便达成了风控的最终目的。

8.2.5 刷榜风险监控

1. 拦截异常波动风险监控

从出发点来说，刷榜场景的拦截异常波动风险监控主要目的是防止因系统、策略等原因导致持续的大量误杀，进而对正常用户的体验造成影响，对平台造成损失。

明确出发点后，在监控方法上便可明确、细化到每条策略、每个事件的维度，对拦截量的曲线进行监控。若出现拦截量在短时间内大幅上涨，便会进行报警。发现报警后，便会依照报警处理预案，启动报警处理流程。首先有专人承接报警信息，抽取拦截数据进行验证，辨别是否是误杀。若拦截数据都为黑产，非误杀，进行记录后完成处理；若明确误杀，则会优先对误杀策略进行下线，降低损失，后续对数据进行详细分析与复盘，明确误杀原因，开启迭代流程。

2. 主动评测监控

相较于短时间大批量误杀造成的严重影响，漏杀所产生的影响往往是短时间内难以发现的，拉长时间后则会以风控效果不佳来体现。所以针对漏杀的监控难以直接通过拦截量的波动来体现，更多的则需要依赖周期性的主动评测来发现。而主动评测的取样方式也需要经过评估，以求在有限的样本数中尽可能多地发现漏杀。在多数情况下，可以通过如"对线上拦截率较高的策略变量适当降低阈值"等方式进行取样，然后按照例行流程对样本进行验证后，再与线上拦截情况进行比较，对产生差异的数据进行详细分析。此后便可进入策略调整或新特征挖掘等迭代流中，通过不断地主动评测与策略迭代，不断完善策略体系，保证风控效果。

后　　记

风控，正在成为在线业务的基础设施。从营销、交易、生态，到内容的生产与传播，可以说，在线业务的各个核心环节的背后，都默默地运转着风控算法与策略，提升用户体验、保护用户财产，也降低企业的损失。

从前面的章节可以看到，为了准确地识别风险，大量 AI 算法应用于风控系统中，并且取得了非常亮眼的效果。可以预见，随着黑产的专业化程度与伪装能力越来越高，AI 也会在风控中发挥越来越大的作用。不过，应用于风控中的 AI，除了可解释性以外（不仅仅是风控，所有将 AI 算法应用在关键控制领域都需要解决可解释性的问题），仍然存在着两个隐忧值得研究探索。

第一，AI 对风险行为识别的泛化能力。今天，几乎所有 AI 算法的基础原理都是"统计学习"。统计学习有一个基础假设，即训练样本和需要预测的样本满足 IID（Independent Identically Distribution，独立同分布）。当 AI 用于预测正常人的行为的时候，这个假设大概率是满足的，一个人今天喜欢电子产品，明天大概率也喜欢。但是，对于风控的场景却存在隐患，黑灰产和风控始终处于攻防对抗状态。一个支付盗刷行为模式被识别出来并被阻止，第二天，甚至第二个小时，黑产的行为模式就会发生巨大的变化，以尝试绕过风控。也就是说，攻防对抗会导致黑产行为的分布发生快速、巨大的变化。基于统计学习的 AI 算法如何在这种情况下，仍然能够很好地识别新的风险行为模式，可能会成为后续风控 AI 算法改进的一个方向。

第二，AI 算法本身的安全。AI 算法本身面临着"对抗攻击"的风险。以图像识别领域为例，对抗攻击是指给图像添加一些非常细微的像素扰动，使得模型给出被指定的错误输出，而在人眼看来添加扰动后的图像和原图无异。在自然语言处理、语音识别等领域也有了相应的对抗攻击的研究。对抗攻击的基本原理和方法几乎可以应用到所有以统计学习为基础，以梯度反向传播为优化手段的所有 AI 模型上。根据攻击者对目标模型的了解程度，可以将对抗攻击分为白盒攻击和黑盒攻击。白盒攻击是指攻击者几乎了解目标模型的所有信息，包括模型结构、参数等信息。黑盒攻击是指攻击者无法了解模型的内部信息，通常只能获得模型的输出情况。此处，以白盒攻击为例，简单说明对抗攻击的原理。在训练模型时，将模型的参数作为优化变量，训练模型是最小化模型输出与真实标签之间的距离。和训练模型类似，对抗攻击也可以看作为一个最优化问题，只不过做了和训练模型正好相反的工作：将输入扰动作为优化变量，固定模型的参数，最小化模型输出与攻击者希望获得的目标标签（假标签）之间的距离，同时为了得到细微的扰动，增加了限制扰动大小的约束。设想一下，如果攻击者针对支付风控的 AI 算法进行对抗攻击，通过构造交易的金额、频率等特征增加让 AI 算法输出"安全"标签的特征扰动，将会带来非常大的风险。AI 算法本身的安全性，如何抵抗对抗攻击，可能会成为一个新的"风控"领域。